CAMPAGNE

DU

MARÉCHAL SOULT

DANS

LES PYRÉNÉES OCCIDENTALES

EN 1813-1814

D'APRÈS LES ARCHIVES FRANÇAISES, ANGLAISES ET ESPAGNOLES

PAR

Le Commandant CLERC
DU 49ᵉ D'INFANTERIE.

PARIS
LIBRAIRIE MILITAIRE DE L. BAUDOIN
IMPRIMEUR-ÉDITEUR
30, Rue et Passage Dauphine, 30

1894
Tous droits réservés.

CAMPAGNE DU MARÉCHAL SOULT

DANS LES PYRÉNÉES OCCIDENTALES

EN 1813-1814

PARIS. — IMPRIMERIE L. BAUDOIN, 2, RUE CHRISTINE.

CAMPAGNE

DU

MARÉCHAL SOULT

DANS

LES PYRÉNÉES OCCIDENTALES

EN 1813-1814

D'APRÈS LES ARCHIVES FRANÇAISES, ANGLAISES ET ESPAGNOLES

PAR

Le Commandant CLERC

DU 49ᵉ D'INFANTERIE.

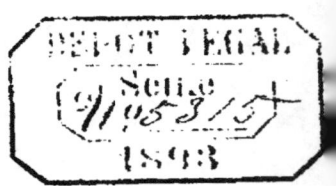

PARIS

LIBRAIRIE MILITAIRE DE L. BAUDOIN

IMPRIMEUR-ÉDITEUR

30, Rue et Passage Dauphine, 30

—

1894

Tous droits réservés.

AVANT-PROPOS.

Dans son grand ouvrage intitulé *Les guerres des Alpes* (1), M. le général Arvers, auquel l'affection nous porte à dédier ces études, a dit : « *Dans les pays de montagnes, les effets dus aux formations des armées et aux armes se font moins sentir que partout ailleurs; aussi la méthode historique y conserve-t-elle toute sa valeur, et reste-t-elle la meilleure et la plus sûre de toutes.* » Or cette caractéristique des hautes Alpes se retrouve dans le pays basque et le Béarn. Ici encore, la guerre de postes et de positions, la cavalerie sans emploi, et par surcroît, l'artillerie sans vues, dans l'impuissance trop souvent de tirer un coup de canon, si ce n'est à des distances où l'infanterie adverse la démonterait inévitablement. Enfin, morcelé jusqu'au bataillon et supprimant, grâce à des masques incessants, la phase critique des approches, le combat s'ouvre de plein pied sur la ligne des feux d'écrasement, précurseur de l'assaut. Haies, fossés, défends inextricables, chaque héritage, suât-il la misère, est clos, et l'on n'y peut cheminer que par petites et multiples colonnes, précédées chacune d'un groupe de travailleurs.

Exclusivement basé sur les archives françaises et étran-

---

(1) Berger-Levrault, 1892.

gères (1), dont la négation serait celle de l'histoire, sans cesse revu pendant quatre années, à la suite de fréquentes et minutieuses explorations tant au sommet des montagnes qu'au fond des gorges et des vallées, sur tous les points où le canon s'est fait entendre, cet ouvrage n'a point à se préoccuper de l'accueil qui lui est réservé : *son authenticité est absolue*. En rapport avec l'énorme collection de documents dont il s'étayait, ses dimensions étaient devenues considérables : il ne s'agissait de rien moins, en somme, que d'une campagne de huit mois..... Par suite, il a fallu élaguer, mettre les pièces en leur point, finalement en écarter à regret un bien grand nombre.

Le respect de la vérité a été poussé jusqu'au scrupule. Cette région est notre terrain de manœuvres, notre champ d'excursions, et la moindre erreur eût été infailliblement relevée. S'il est ordinaire d'entasser, dans leur ordre chronologique, des centaines de documents sur les guerres de l'Empire, sans qu'il soit besoin de connaître autre chose du Danube ou de l'Elbe que les cartes en usage, il n'en saurait être de même ici. Jusqu'aux limites de l'horizon, et bien au delà, le sang a coulé : chaque accident du sol a joué un rôle qui, aujourd'hui encore, s'impose avec autant d'évidence. En quoi importe-t-il que les armes allongent leur portée, si les terrains sur lesquels elles sont appelées à entrer en action demeurent aussi tourmentés, si leurs champs de tir sont aussi pro-

---

(1) Nous devons la communication de la plupart des pièces anglaises à l'obligeance d'un gentleman et ami vénéré à Bayonne, M. Philip Hurt, auteur lui-même d'une étude aussi impartiale que patriotique intitulée : *The Guards' Cemeteries, Saint-Étienne, Bayonne, with a concise narrative of the Campaign in S. W. France.*

blématiques? A quel point de vue se placer pour assurer que le combat s'y modernisera, que l'artillerie et la cavalerie y participeront?

La guerre des Pyrénées en 1813 est exceptionnellement pénible à suivre : tout différencie ce pays des théâtres du Nord et de l'Est, *et les opérations présentent un caractère presque montagneux, dans lequel nos formations usuelles cessent d'être praticables. L'infanterie porte et supporte tous les coups; elle périt de misère. Telle est aussi la pénurie des fourrages et des moyens de transport que l'artillerie et la cavalerie, reléguées dans les plaines de l'Adour, ne rendent, pour ainsi dire, aucun service* (1).

Déjà la campagne de 1793 à 1795 avait établi ces vérités : Soult en va faire une non moins lugubre expérience. Inhérentes à un sol hérissé d'obstacles, tourmenté, pauvre enfin, *ces vérités sont devenues des axiomes*, et pour ceux qui habitent la contrée, vainement chercheront-ils en quoi sa situation économique s'est transformée. *La guerre de 1813 a été soutenue à coups de fusil, et déjà si inférieur en forces, Soult était privé de la moitié de ses moyens naturels de défense. Aussi, quelle admiration lui est due! Son adversaire mit plus de quatre mois à franchir les huit lieues qui le séparaient de Bayonne!*

---

(1) Du 7 octobre 1813 à la bataille d'Orthez, l'artillerie, le génie et la cavalerie n'eurent *aucun officier tué ou blessé*. Pour preuve, consulter les grandes situations de quinzaine, dites « Livrets de l'Empereur ». A elle seule, la marche sur Pampelune nous coûta 378 officiers d'infanterie, dont 101 tués et 277 blessés.... L'armée comptait pourtant 100 bouches à feu dans les divisions et 46 escadrons.

CAMPAGNE DU MARÉCHAL SOULT

DANS LES PYRÉNÉES OCCIDENTALES

EN 1813-1814

PREMIÈRE PARTIE.

RETRAITE DE VITORIA. — RÉORGANISATION DE L'ARMÉE.

CHAPITRE PREMIER.

RETRAITE DE VITORIA.

Au mois de juin 1813, en apprenant, que Wellington avait passé l'Ebro, Napoléon pressentit un désastre; l'Espagne allait être perdue par la faute de « ce pauvre Joseph, dont les « plans, les mesures et les combinaisons n'étaient pas de « notre temps, mais semblaient tenir bien plutôt d'un Soubise (1) ». Déjà l'armée se retirant sur Vitoria, ne se trouvait plus qu'à cinq journées de marche de la frontière. « Une « dernière rencontre était inévitable, et tout l'annonçait; il « fallait la bien engager, et c'est ce qui n'eut pas lieu (2). »

L'armée se forme en avant de la ville, à cheval sur les routes de Madrid et de Bilbao, d'où elle couvre ses lignes de retraite sur Bayonne et Saint-Jean-Pied-de-Port. Faiblesse des positions, médiocrité du commandement, incurie de

---

(1) *Mémoires de Sainte-Hélène.*
(2) Fée, *Souvenirs de la guerre d'Espagne,* 245.

l'état-major, tout sera contre nous; depuis plusieurs jours, d'ailleurs, l'armée manque de pain (1).

Elle se compose de 4 corps ou armées partielles, savoir :

	Divisions d'infanterie.	Divisions de cavalerie.
Armée du Midi, Comte Gazan	4	3
Armée du Centre, Comte d'Erlon	2	1
Armée du Portugal, Comte Reille........	6	2
Armée du Nord, Baron Clausel..........	2	»

Deux divisions de l'armée du Portugal sont détachées auprès de Clausel qui se trouve à Logroño, en marche sur Vitoria. La division Foy, également de l'armée du Portugal, opère dans la Biscaye.

Ainsi, sur 14 divisions d'infanterie, Joseph n'en a que 8 sous la main, car le matin même de la bataille, — certes le moment est mal choisi, — la division Maucune escorte sur Irun un convoi d'artillerie, de munitions et d'émigrants.

La situation est critique; il faudrait gagner du temps, rallier Foy et Clausel, évacuer les convois. On tient conseil; le maréchal Jourdan, chef de l'état-major, propose de rallier les défilés de Salinas et d'y recevoir l'ennemi. Rien n'est plus sage; or, « empressés de se signaler dans les importants
« commandements dont ils sont investis, les chefs de corps
« opinent pour rester autour de Vitoria et leur avis est
« adopté; mais, par une inconcevable inactivité, aucun
« ordre ne prescrit de mettre en sûreté le parc d'artillerie.
« Des milliers de voitures d'équipages et de luxe, qui encom-
« brent la marche de l'armée, restent de même entassées
« pêle-mêle à Vitoria (2) ». C'est que Joseph traîne à sa suite sa cour, ses ministres, ses hauts fonctionnaires et employés de toutes catégories, une foule d'Espagnols compromis. Chacun de ces émigrants emmène avec lui sa famille

---

(1) Général Hugo, *Mémoires*.
(2) Lapène, *Campagnes de 1813 et de 1814 sur l'Èbre, les Pyrénées et la Garonne*, 33. L'auteur, capitaine d'artillerie, était attaché à la division Taupin.

et ce qu'il a pu sauver de sa fortune; avec les bagages des officiers, le trésor du roi et les caisses de l'armée montant à 25 millions, l'artillerie de réserve et de siège, il y a là un monde. Des milliers de comptables et d'ordonnances inondent la ville, dont les abords, couverts de voitures, empêcheraient l'armée, à supposer qu'elle fût chassée de ses premières positions, de se replier sur les hauteurs en arrière. Mais ce n'est point tout; l'état-major se croit si assuré d'effectuer la retraite sur Salinas, qu'il néglige de faire reconnaître et aménager la route de Pamplona (1), précaution d'autant plus urgente pourtant qu' « elle serpente, au sortir
« de Vitoria, à travers un grand nombre de marais, de
« ravins et de fossés (2) ».

Ainsi, le 21 juin, 90,000 alliés écrasent 35,000 Français. Se bornant à une démonstration contre la route de Madrid, Wellington fait déboucher la masse de ses forces par celle de Bilbao; il culbute notre centre et notre droite, enlève les ponts de la Zadorra, et gagne les derrières de Vitoria. La route de Bayonne coupée, l'armée n'a de retraite que sur Pamplona; elle s'entasse dans le cul-de-sac, où bientôt le désordre est à son comble. « En un instant, les passages
« sont obstrués; les projectiles atteignent les parcs et peu-
« vent leur faire faire explosion. Tous les moyens humains
« inutilement employés, les chevaux sont détélés et les parcs
« abandonnés. Cette funeste extrémité est commune aux
« fourgons du trésor de l'armée, aux voitures de luxe et aux
« équipages de Joseph et des individus attachés à sa cour.
« Désertées par leurs propriétaires, ces voitures restent au
« premier occupant. On en voit sortir effarées, baignées
« de larmes, les femmes les plus qualifiées. Elles rôdent çà
« et là sans suite et sans guides; leurs mains suppliantes
« tendues vers les militaires, elles nous conjurent de les dé-
« rober à l'affreuse vengeance qui les attend de la part de

---

(1) Lapène, *loc. cit.*, 30.
(2) Hugo, 135. Voy. aussi la *Relation du colonel Saint-Yon*, aide de de camp de Reille, et le *Journal de Miot de Mélito*.

« leurs compatriotes. Cependant on est rapidement poussé.
« Enveloppé par un tourbillon de poussière, le roi Joseph se
« trouve séparé de son escorte (1); le cheval du maréchal
« Jourdan s'abat. On se presse pêle-mêle vers les passages
« qui de loin paraissent praticables ; la plupart sont obstrués.
« Hors d'état de surmonter les obstacles, les chevaux s'abat-
« tent. Des hommes, des femmes renversés à leur tour, sont
« foulés aux pieds (2). » Pourtant, « personne ne fuit, per-
« sonne ne paraît frappé de terreur, mais les régiments sont
« si fortement mêlés, que leurs officiers doivent renoncer à
« l'espérance de les rallier ce jour-là (3) ».

C'est ainsi que par une pluie torrentielle, défilant sur une seule et mauvaise route, en pleine nuit, l'armée atteint Salvatierra. La correspondance de Wellington rapporte que dans ce bourg Joseph aurait abusé d'une servante d'auberge... Comment un homme de ce caractère a-t-il pu se faire l'écho d'un tel bruit? Le soir de la bataille, ce roi, que par dérision les Espagnols appelaient leur « Capitan de vestuario », c'est-à-dire leur *capitaine d'habillement*, d'après son dire, n'avait pas un écu en poche.... Le général Hugo, un de ses fidèles, avoue bien « qu'il sentait la douce influence du
« beau sexe espagnol », mais il s'en tire aussitôt par une boutade : « C'est un reproche dont tous les guerriers
« français se chargeront avec lui » (4). Les historiens sont unanimes sur ce point : « Hors du combat, l'intérêt
« public étant compté pour rien, les liens de la discipline et
« du devoir éprouvèrent un funeste relâchement; le respect
« dû aux personnes et aux propriétés fut souvent méconnu.
« Indiscipliné, maraudeur, le soldat ne recouvrait son vrai

---

(1) Abandonnant sa voiture, Joseph, dit Toreno, V, 279, fut obligé de monter à cheval, on y prit sa correspondance et plusieurs choses de luxe, *quelques autres que les bonnes mœurs ne permettent pas de nommer*. Jourdan perdit son bâton de maréchal.
(2) Lapène, *loc. cit.*, 40.
(3) (4) Hugo, *loc. cit.*, 139.

« caractère que sur le champ de bataille (1). » « Tout ce
« que les martyrs souffrirent des Romains dans les premiers
« siècles de l'Église, les Espagnols l'infligèrent aux Français :
« écartèlements, mutilations, strangulation lente et graduée,
« tout fut employé, excepté ce qui, par une mort prompte,
« délivre de la vie. Des femmes imitèrent ces crimes. Il en
« est qui brûlèrent des convois de blessés, en poussant des
« hurlements qui se confondaient avec les cris de leurs vic-
« times (2). » Lorsque la guerre revêt un tel caractère,
le viol n'est plus qu'une forme vulgaire des représailles
L'armée française « se retirait en désordre sur le chemin
« de Pamplona, brûlant, saccageant et commettant toutes
« sortes de ravages dans les villages (3) ». « Un bivouac
« était proche. Au milieu d'un verger se chauffaient, livrées
« au plus profond désespoir, couvertes de vêtements dé-
« chirés, plusieurs dames espagnoles ; plus loin, des soldats
« blessés. Je passai la nuit auprès d'officiers, gens de cœur
« qui gémissaient sur l'abaissement de nos armes... Nous
« marchions sur Burguete. En pénétrant dans un village que
« je croyais abandonné, je me vis entouré de femmes, pâles,
« échevelées, qui semblaient, voyant mon uniforme d'officier,
« se mettre sous ma protection. Je les fis entrer dans une
« maison et me mis devant la porte. Des soldats m'injurièrent
« et l'un d'eux, saisissant son fusil, m'ordonna de quitter au
« plus vite le village. Je m'éloignai, et *ce que mes yeux ne*
« *purent voir, mes oreilles l'entendirent* (4). »

Après une courte halte à Salvatierra, l'armée reprend sa
marche et se reforme le 23 à Irurzun. Là, Reille est détaché
sur Irun ; la colonne se range le 24 sous les murs de Pamplona, dont le gouverneur se hâte de fermer les portes, « afin
« que l'armée n'y pénètre et commette des excès (5) ». Toreno
va jusqu'à dire que les « soldats voulurent sauter par-dessus

---

(1) Lapène, *Considérations sur la guerre d'Espagne*.
(2) Fée, *loc. cit.*, 283.
(3) Toreno, V, 283, *Historia del levantamiento de España*.
(4) (5) Fée, *loc. cit.*, 252, 257, 254.

« les murailles et ne furent retenus que par le feu qu'on leur
« fit du dedans. Il fut question de faire sauter et d'aban-
« donner la place. Joseph s'y opposa et ordonna de la ravi-
« tailler. » Elle avait du pain et du biscuit pour 77 jours (1).

Enfin, dans la nuit du 24 au 25, Gazan se dirige sur Saint-Jean-Pied-de-Port et d'Erlon sur Elisondo.

Nous venions de perdre 6,700 hommes, toute notre artillerie (151 bouches à feu), 415 caissons, 100 fourragères, tous les bagages (2). Seuls, les attelages avaient pu suivre. Mais loin de donner des ailes aux alliés, la victoire les abattit aussi sûrement qu'une défaite. « Le champ de bataille ressemblait,
« par les dépouilles dont il était jonché, à ce que Plutarque
« raconte de celui d'Issus. Il s'établit dans le camp une sorte
« de foire où l'on échangeait tous les objets pris, et *jusqu'à*
« *la monnaie*, car on en vint à offrir 8 piastres pour une
« guinée, comme étant d'un plus facile transport (3). »

« Comme d'habitude, la victoire a totalement détruit
« l'ordre et la discipline. Au lieu de manger et de se reposer
« pour se trouver en état de poursuivre le lendemain, les
« soldats ont passé la nuit à piller. *Ils ont enlevé près d'un*
« *million sterling en monnaie, et il n'est entré qu'environ*
« *100,000 dollars dans la caisse de l'armée*. Aussi ont-ils
« été incapables de marcher et complètement éreintés. La
« pluie est survenue ; elle a augmenté leur fatigue, et je suis
« convaincu que nous avons en ce moment hors des rangs
« le double de ce que nous avons perdu dans la bataille.
« Chaque jour pourtant, nous n'avons fait qu'une marche
« ordinaire (4). D'après la situation d'hier, nous avons

---

(1) Toreno, V, 283.
(2) Relevé du colonel d'artillerie anglaise Dickson. Le duc de Feltre dit 124 pièces et 600 voitures. Saint-Yon parle de 200 pièces.
(3) Toreno, *loc. cit.*, V, 280.
(4) Suivant nos calculs, 21 kilomètres par jour. Il faut croire que Wellington ne s'attendait point à une telle débandade, car, en apprenant le pillage des caisses par les soldats, il se serait borné à dire : « *Lais-*
« *sez-les faire; ils méritent d'avoir tout ce qu'ils peuvent trouver, y en*
« *eût-il dix fois plus* ». (*Mémoires du général Picton*, II, 224.)

« 12.500 hommes de moins sous les armes que la veille de
« la bataille. Ils ne sont ni dans les hôpitaux, ni tués, ni
« prisonniers, ils se cachent dans les montagnes (1). »

Plus de 8,000 *déserteurs!* car à Vitoria, de leur propre aveu, les alliés perdirent 4,186 hommes. En vain, la cavalerie était lancée à leurs trousses, ils ne rejoignaient pas. Et Wellington d'ajouter : « Nous avons comme soldats l'écume
« de la terre; les officiers non commissionnés sont aussi
« mauvais qu'eux (1). »

En arrivant à Alsasua, il détache Graham avec la gauche de l'armée contre Foy et poursuit sa marche sur Pamplona. Le 26, laissant à Hill le soin de bloquer la place et de pousser la droite sur Roncevaux et le Baztan, il se rabat avec le centre sur Tudela, dans l'espoir de couper la retraite de Clausel sur Saragoza. Mais, en habile général, celui-ci qui, le 22, avait lancé sa cavalerie « jusqu'à deux portées de canon de Vitoria » et se trouvait à une journée de marche seulement de la ville, rétrograde sur Logroño en apprenant la défaite et qu'une division anglaise marche sur Estella. Coupé de Pamplona, il file le long de l'Èbre sur Saragoza et de là gagne Jaca, le port de Canfranc et Oloron. « Il a fait
« des marches extraordinaires. J'arrivai le 28 à Caseda;
« mais trouvant qu'il avait trop d'avance pour que je pusse
« le couper de Jaca, et pensant que, si je le poussais davan-
« tage, je pourrais le forcer à joindre le maréchal Suchet,
« j'arrêtai la poursuite. Les troupes retournent à Pam-
« plona (2). »

Certain président de la cour martiale, le juge-avocat Larpent, a laissé un journal de la campagne; on y lit : « Dans cette poursuite, l'armée est terriblement harassée.
« Nos soldats n'ont pas de chance avec les Français: la
« défaite rend ces derniers sobres et réglés, et, dans le
« malheur, leurs efforts et leur activité individuelle sont sur-
« prenantes. Les nôtres commencent à être de mauvaise

---

(1) *Wellington à lord Bathurst,* 2 et 9 juillet.
(2) *Wellington à lord Bathurst,* 3 juillet.

« humeur et désespérés ; ils boivent immodérément et
« deviennent de jour en jour plus faibles, plus incapables de
« marcher, et cela par leur faute. Après une courte étape,
« ils dévorent ce qu'ils trouvent. De là, des dysenteries, etc.
« Sous tous les rapports, sauf le courage, ils sont fort infé-
« rieurs aux Français. Lorsque avant-hier les divisions
« traversèrent Tafalla, l'aspect des soldats était mortifiant.
« Wellington en est véritablement affecté et blessé. Les Por-
« tugais étaient gais, en ordre, solides ; les Espagnols,
« éreintés, à moitié ivres, en débandade, n'avaient rien du
« soldat ; et pourtant les Portugais supportent de plus
« grandes privations, ils bivouaquent et leur intendance ne
« vaut rien. Hier, Wellington lui-même paraissait épuisé,
« il n'a pour ainsi dire rien mangé ; son regard était anxieux
« et il a dormi assis presque tout le temps après dîner. Je
« le crois inquiet. Le général Foy a pris, derrière Tolosa,
« une position si forte que Graham n'ose l'attaquer. En
« somme, il y a encore beaucoup à faire » (1).

Or Larpent n'exagère rien. L'armée française s'échappe ; Graham sera peut-être refoulé ; Murray vient de lever le siège de Tarragone et il y a perdu tout son canon ; Wellington ne prévoit-il pas les efforts, les sacrifices qu'exigeront Pamplona et San Sebastian ? que l'entrée de la France lui est pour longtemps interdite ? Jetant les yeux sur son armée, ne sent-il pas, qu'avant tout, elle a besoin de repos, d'ordre et de discipline ? Il nous a suivis à pas de loup, et n'est rien moins que rassuré.

Mais après avoir appelé à lui Maucune et les garnisons de la Biscaye, Foy ne pouvait opposer que 18,000 hommes au corps de Graham ; par une retraite méthodique et résolue, après les violents combats de Mondragon et de Tolosa, il s'achemine vers Irun, où Reille le recueille : finalement, le 1er juillet, le corps du Portugal repasse la Bidassoa et fait brûler le pont de Béhobie.

---

(1) *Private Journal of Larpent*, Caseda, 29 juin.

Telle est, à la fin de juin, la situation des armées; l'une immobilisée par la présence de San Sebastian et de Pamplona; l'autre se reformant sur la frontière, reconstituant son artillerie et ses services. Dès le 26 juin, le général Lhuillier, commandant la 11ᵉ division militaire à Bayonne, envoie 500,000 cartouches d'infanterie au devant de l'armée, à Saint-Jean-de-Luz, Sare, Ainhoa et Saint-Jean-Pied-de-Port. Le 30, par ordre de Reille, *le convoi de Maucune* est versé à l'arsenal de Bayonne, soit 62 bouches à feu, dont : canons de bataille français, 27 ; canons de montagne français, 2 ; canons étrangers, 33.

Ce fut là, sans doute, le noyau de la reconstitution de l'artillerie.

Reille occupe Vera, la Rhune et Hendaye ; Gazan a laissé la division Conroux à Saint-Jean-Pied-de-Port, il garde le bassin de Sare avec deux divisions et en tient deux autres en réserve à Saint-Pé et Ascain ; enfin d'Erlon, à Elizondo, garde les débouchés de la Maya. Cette position est excellente ; maîtrisant la Bidassoa, elle ne laisse à Wellington d'autre communication entre Pamplona et San Sebastian, que par Tolosa. En outre, à la Maya, d'Erlon garde la communication naturelle et la plus courte entre Saint-Jean-Pied-de-Port et Saint-Jean-de-Luz ; à cheval sur la route *directe* de Bayonne à Pamplona, solidement établie sur les formidables hauteurs qui commandent le débouché dans le Baztan, l'armée peut, en quelques heures, y faire irruption et couper à Irurita la route du Velate, par laquelle l'ennemi cherche à relier ses ailes et son centre. La valeur offensive et défensive de la Maya, d'Etchalar et de Vera n'est point douteuse, et il est certain que l'ennemi s'efforcera de nous en chasser. Répétant un propos entendu, Larpent a dit: « Nous avons besoin du « cours de la Bidassoa pour assurer notre communication avec « Irun. En ce moment, les Français l'interceptent (1) ».

Ici, écoutons Joseph : l'histoire est là tout entière, jetant

---

(1) *Private Journal of Larpent*, I, 296.

une vive lueur sur la situation dont le maréchal Soult va recueillir l'héritage :

« *Pampelune est en mauvais état sous tous les rapports ;* j'en ai renforcé la garnison. *Cette place a besoin d'être secourue et ne tiendra pas trois mois, si elle est attaquée vigoureusement. Je fais approvisionner et armer Saint-Sébastien qui n'était pas en état. Bayonne est aussi en mauvais état : on s'occupe de son approvisionnement et de son armement ; il faut pour cela beaucoup d'argent.* Il importe que Votre Majesté ordonne des envois de fonds pour faire face à tant de besoins ; qu'elle envoie des cadres et des conscrits, et *quelques généraux étrangers à la guerre d'Espagne, qui portent ici l'esprit et la confiance de Votre Majesté, et qui aient été témoins des événements du Nord* » (1).

Le duc de Feltre attribue aux armées d'Espagne une supériorité écrasante, et quoi que le roi lui représente à ce sujet, pousse à la reprise de l'offensive : « Votre Majesté disposait de quatre armées, dont la force totale s'élevait, en présents sous les armes, à 118,828 hommes. Wellington n'en avait guère plus de la moitié, en mettant les Espagnols en ligne de compte. L'offensive convient seule à la circonstance et à l'honneur des armes impériales. Il est instant qu'il n'y ait pas de temps perdu pour se porter en avant, afin de dégager Pampelune..... » (2). Joseph se fâche : « *L'armée sous mes ordres est de 46,000 combattants, et non de 118,000.* Ce sont des faits ; ils ne peuvent pas être contestés. Vous me parlez d'énergie et d'activité. Si vous jugez que pour en faire preuve il faille entrer en Espagne avec les 46,000 hommes que j'ai, donnez-m'en l'ordre positif au nom de l'Empereur. Mais vous ne me prescrivez jamais aucune mesure positive. Cependant vous ne devez pas douter de la vérité de ce que

---

(1) Par cette flatterie, le malheureux espérait-il apaiser la colère du maître ? *Joseph à l'Empereur*, 29 juin.

(2) *Clarke à Joseph*, 2 juillet.

je vous dis depuis longtemps, que *l'ennemi a des forces doubles des nôtres.* J'ai communiqué votre lettre au maréchal Jourdan et consulté les généraux Reille, d'Erlon et Gazan sur le projet d'entrer en Espagne : *leur opinion a été unanime, et j'ai pensé comme eux, que ce serait vouloir perdre sans fruit l'armée française. Je puis supporter le malheur, mais non les reproches indirects* (1) ».

Force lui sera de s'exécuter ; en attendant, l'armée se réorganise ; le commerce de Bayonne fait une avance de 500,000 francs ; peu à peu, Toulouse, Bayonne et Blaye fournissent un matériel de 80 bouches à feu attelées. Clarke écrit : « Je me suis concerté avec le Ministre du Trésor, afin que la solde courante soit payée, car pour la solde arriérée, c'est une chose à laquelle la situation actuelle de la France ne permet pas de faire face pour le moment. Je me suis concerté aussi avec le Ministre directeur de l'administration de la guerre pour que le service des vivres soit assuré : *et le comte de Cessac non seulement m'en a donné la certitude, mais il me promet encore que lorsque Votre Majesté rentrera en Espagne, elle pourra emporter pour un mois de vivres* » (2). Vaines promesses ; vingt jours plus tard, Soult marchera au secours de Pamplona, sans magasins, sans moyens de transport, et *avec quatre jours de vivres seulement;* lamentable opération qui, en quelque sorte, rééditera Vitoria !

Au surplus, quel décousu ! Joseph est sans nouvelles de Clausel qui semble s'isoler à Jaca ; le 4 juillet, jugeant d'Erlon trop faible pour garder le Baztan, il le fait relever par Gazan. Or, « ayant appris que l'ennemi n'avait pas fait
« de mouvement sur Clausel, je conçus le moyen d'aller au
« secours de Pampelune en attaquant l'ennemi par Saint-
« Jean-Pied-de-Port. Je me portai à Espelette le 7. Le
« même jour, Gazan fut vivement attaqué par *quatre divi-*

---

(1) *Joseph à Clarke*, 6 juillet.
(2) *Clarke à Joseph*, 5 juillet.

« *sions anglaises. J'arrêtai le mouvement de l'armée du*
« *centre* pour venir au secours de celle du Midi qui continua
« à être attaquée le 8 sur le col de Maya. *Les divisions*
« *du centre ne purent arriver que dans la journée du* 8,
« lorsqu'une tempête effroyable avait mis fin au combat.
« *Je me décidai à tenir six divisions réunies pour observer*
« *l'ennemi jusqu'à l'arrivée de Clausel à Saint-Jean-Pied-*
« *de-Port,* résolu de marcher alors sur ce point avec les
« armées du centre et du nord qui, réunies aux troupes
« amenées par le général Clausel, me mettraient en mesure
« de reprendre l'offensive avec plus de 30,000 hommes,
« tandis que les généraux Reille et Gazan auraient contenu
« ou suivi les mouvements de l'ennemi sur le centre ou sur
« notre droite (1) ».

Jourdan était souvent malade, et le roi ne lui faisait pas
toujours connaître ses intentions (2) ; certes, ces chassés-
croisés de corps d'armée étaient malheureux, au moment
où l'ennemi cherchait à nous chasser du Baztan, d'Etchalar
et de Vera. Le 8, Gazan est délogé de la Maya et rejeté sur
Urdach par *une division et demie,* et non par quatre ; le 13,
Reille se retire sur les passages du fond de Sare. Il est
clair que ces positions furent mollement défendues : l'ennemi
n'y perdit pas 150 hommes ! Vera est évacué ; il s'établit
là une sorte de zone neutre ; personne ne l'occupe et chacun
y pille.

Dès lors, les situations s'inversent ; quelques jours plus
tard, la perte de la Maya sera la cause *unique* peut-être de
notre échec devant Pamplona. Sans les enseignements
qu'elle renferme, l'histoire ne mériterait point d'être étudiée ;
or, comme une demi-ellipse, les montagnes qui, au sud, enceignent le bassin de Sare et d'Ainhoa, s'étendent de la Rhune
à l'Eréby. Au pied de ces môles, par des échancrures plus

---

(1) *Joseph à l'Empereur,* 10 juillet. Ce plan fut repris par Soult, avec
quelques modifications.
(2) *Joseph à Clarke,* 4 juillet, et *Jourdan à Joseph,* 3 juillet.

ou moins profondes, le faisceau des chemins de Vera, Etchalar, Zugarramurdi, débouche sur *Sare*, et la route de la Maya sur *Ainhoa*, c'est-à-dire sur les *foyers* de l'ellipse. Une fois maître de ces passages, Wellington commandera les foyers et menacera à la fois le flanc droit de l'Eréby et le flanc gauche de la Rhune.

Soult arrive à Bayonne le 12 juillet. Combien n'eût-il pas été heureux de trouver l'armée maîtresse de la Bidassoa! La victoire, d'ailleurs, ne devait point sortir de ses fourgons, et ici comme partout la fortune nous délaissait. Du moins, Joseph ne connut point Sorauren ; il eut même, la chose est triste à dire, l'honneur d'être insulté par un rival qui, peu de jours plus tard, allait échapper par un tour de force à une capitulation en rase campagne, se condamner au pire des systèmes, à la défense passive, abuser de la fortification et ne devoir le salut de l'armée qu'à la résistance de Pamplona et de San Sebastian, et qu'aux lenteurs de son adversaire.

Conséquence de l'abominable forfait commis à Bayonne, en 1808, cette guerre a causé la mort de 473,000 Français.... Paroles prophétiques et vengeresses, en 1811, un député des Cortès s'était écrié : « Que la désolation des campagnes, que
« la ruine des finances nous réduisent à la misère, *pauvres*
« *et misérables* nous partagerons notre pain avec le dernier
« soldat qui survivra. *Pauvres et misérables, à la fin nous*
« *serons libres.* Après quatre années de détresse, l'Espagne
« offre au tyran la terrifiante image d'un peuple qui préfère
« la mort à la servitude ; au ministre des finances l'atroce
« spectacle d'une misère sans remède ; au patriote, elle
« offre l'espérance (1) ».

---

(1) Arguëlles, *Observaciones sobre la Historia de la guerra de España*, I, 82, *Document LXXXII*.

CHAPITRE II.

SOULT RÉORGANISE L'ARMÉE.

I. — Arrivée du maréchal Soult.

Contre-temps fâcheux, la défaite de Vitoria arrivait en plein Congrès, au moment où, escomptant Lutzen et Bautzen, la France pouvait encore espérer une paix acceptable. Napoléon avait appelé le maréchal Soult « *la seule tête militaire de la Péninsule* » et par décret du 1er juillet, sous le titre de « lieutenant de l'Empereur », il lui avait donné le commandement des armées d'Espagne (1). Ses instructions comportaient la réorganisation de l'armée et des services, la reprise de l'offensive, la délivrance de Pampelune et de Saint-Sébastien. Parti de Dresde le 1er, après avoir remis ses fonctions de major général de la garde, il arrive à Bayonne le 12.

Extrêmement capable, grand organisateur et doué d'une activité prodigieuse, mais hautain, dur et cassant, grâce à ses services éclatants, il exerçait sur les troupes un ascendant sans limites. Né, comme Wellington, en 1769, il n'avait que

---

(1) *Correspondance de Napoléon Ier*, n° 20208. « Vous prendrez toutes « les mesures pour rétablir mes affaires en Espagne, pour conserver « Pampelune, Saint-Sébastien. Pour éviter toutes les difficultés, je vous « ai nommé mon lieutenant général.... Mon intention n'en est pas moins « que vous receviez les ordres de la Régence et que vous écriviez et « rendiez compte au Ministre de la guerre de tout ce qui concerne « votre commandement. Vos rapports me parviendront par ce Ministre. « Les gardes et toutes les troupes espagnoles seront sous vos ordres. »

44 ans; maréchal depuis le printemps de 1804, il avait pris part à toutes les guerres de la Péninsule jusqu'au mois de mars 1813, où ses conflits d'autorité avec le roi Joseph obligèrent l'Empereur à l'appeler en Saxe. Nul mieux que lui, dans la triste situation des affaires, n'était à même de les rétablir; nul doute aussi qu'il ne fût digne d'un adversaire avec lequel il s'était si souvent mesuré. Puis il retrouvait *Gazan*, son ancien chef d'état-major, *Foy*, *d'Erlon*, *Clausel*, *Darricau*, *Maransin*, *Villatte*, et combien d'autres vétérans qui avaient servi sous ses ordres, sans oublier le divisionnaire de cavalerie *Soult* (*Pierre*), dont les talents n'étaient qu'un bien modeste reflet de ceux de son frère.... Quitter l'Espagne avait été une disgrâce : y revenir n'était point une réhabilitation, mais la plus haute satisfaction que pût recevoir son amour-propre.

Partout, dans la correspondance des généraux, nous avons trouvé la preuve de la répugnance qu'ils éprouvaient à être placés sous ses ordres. En 1811, à la tête de l'armée du Midi « il paraissait être bien plutôt le roi du royaume d'An-
« dalousie, qu'un simple lieutenant de l'Empereur. Jamais
« monarque ne s'entoura de plus de majesté : jamais cour
« ne fut plus soumise que la sienne. Comme le Jupiter d'Ho-
« mère, il faisait trembler l'Olympe d'un mouvement de sa
« tête. Un officier estimable, le général *Godinot*, auquel il
« adressa des reproches au retour d'une expédition malheu-
« reuse, se brûla la cervelle, n'ayant pu soutenir le ton avec
« lequel il les lui fit. Le maréchal était toujours entouré
« d'une garde brillante. Le dimanche, des troupes d'élite
« formaient la haie jusqu'à la cathédrale, et attendaient le
« général en chef. Il paraissait suivi des autorités civiles et
« d'un brillant état-major. *Tout cet entourage doré briguait*
« *un sourire ou même un regard : il distribuait les uns et*
« *les autres avec une dignité froide et étudiée. Formé à*
« *l'école de l'Empereur, il en avait le geste et la sobriété de*
« *paroles*. Affectant cette hauteur, la plus grande partie des
« militaires étaient, chacun dans leur grade, la caricature du

« maréchal (1). » Bref, il s'était en quelque sorte inféodé à l'Andalousie, et lorsqu'il dut, l'année suivante, abandonner cette merveilleuse province pour se retirer sur l'Èbre, ce ne fut point sans protester contre le danger d'une telle mesure, et sans opposer aux ordres du roi une résistance qui, finalement, se traduisit par un refus d'obéissance. Non content d'adresser, en dehors de la voie hiérarchique, sa plainte au Ministre, il terminait sa lettre par une imputation à peine déguisée de crime de lèse-majesté. « ... J'ai lu dans les jour-
« naux de Cadix que l'ambassadeur du roi en Russie avait
« joint l'armée russe; que le roi a fait des insinuations au
« gouvernement insurgent de Cadix. Je ne tire aucune con-
« séquence de ces faits ! mais j'en serai plus attentif. Cepen-
« dant *j'ai cru devoir déposer mes craintes entre les mains*
« *de six généraux de l'armée, après avoir exigé d'eux le*
« *serment* qu'ils ne révéleront ce que je leur ai dit qu'à
« l'Empereur lui-même, ou aux personnes que Sa Majesté
« aura spécialement désignées pour en recevoir la déclara-
« tion. *Je crains que le but de toutes les fausses dispositions*
« *qu'on a prises, et celui des intrigues qui ont lieu, ne*
« *soient de forcer les armées impériales à repasser au*
« *moins l'Èbre, et ensuite de présenter cet événement*
« *comme l'unique ressource, dans l'espérance d'en profiter*
« *par quelque arrangement* (2). »

---

(1) Fée, *loc. cit.*, 135. Voyez aussi *Mémoires de Marmont*, IV, 46 et suiv.

(2) *Soult à Clarke*, Séville, 12 août 1812.
Dans cette réunion secrète de généraux, le maréchal, d'un ton ému, leur avait annoncé qu'il allait leur faire des révélations aussi pénibles qu'importantes : « J'ai, leur dit-il, *de fortes raisons de croire que le roi*
« *trahit les intérêts de la France*. Je sais d'une manière positive qu'il entre-
« tient des relations avec la régence espagnole. Son beau-frère, le prince
« de Suède, lui sert de médiateur..... Sujet de l'Empereur et général
« français, je dois avant tout veiller aux intérêts de mon souverain et à
« l'honneur de nos armes. *Je puis recevoir des ordres qui les compromet-*
« *tent, alors la désobéissance deviendrait un devoir* ».
(*Mémoires du roi Joseph*, VIII, 269.)

II. — Sa haine contre le roi Joseph et ses démêlés avec lui.

Quelle ne fut point l'indignation de *Joseph !* « Le passé ne
« nous appartient plus, Monsieur le duc ; venons au présent,
« et songez d'abord, sans aucune discussion, que votre
« devoir est d'exécuter mes ordres, et non de m'envoyer des
« instructions ; que si vous continuez à vous refuser à exé-
« cuter les dispositions que je vous prescris, vous continuez
« à être responsable de tous les désastres qui surviendraient
« encore aux armées impériales dont Sa Majesté m'a confié
« le commandement et la direction. Quelle que pût être la
« supériorité de vos vues, votre devoir est de les subordon-
« ner aux dispositions qui vous sont prescrites par celui qui
« vous donne des ordres : autrement c'est désobéir à l'Em-
« pereur. Si vous n'êtes pas disposé à m'obéir entièrement,
« vous êtes le maître de vous retirer du commandement,
« et de le remettre « au plus ancien général : l'obéissance
« est tellement indispensable à la guerre, que le dernier
« général de l'armée est préférable au plus grand capi-
« taine qui veut donner la direction générale, lorsqu'il doit
« la recevoir » (1).

Et plus tard, dans sa lettre à *Napoléon :* « ..... Je ne sais
« que dire des folles inductions du maréchal *Soult ;* mais la
« communication qu'il en a faite à six généraux est sans
« doute le seul moyen qu'il a cru pouvoir employer pour
« détruire l'effet de l'ordre que je lui ai donné de remettre
« le commandement au plus ancien officier général, s'il con-
« tinuait à se refuser à l'exécution de mes ordres pour l'éva-
« cuation de l'Andalousie ; c'est une révolte contre l'autorité
« que Votre Majesté m'a confiée. La communication qu'il a
« faite à Paris est aussi inconvenante : ni l'une ni l'autre ne
« sauraient rester impunies. *Je demande justice à Votre*
« *Majesté ; que le maréchal Soult soit rappelé, entendu et*

---

(1) *Joseph à Soult*, 17 août 1812.

« *puni. Je ne puis rester plus longtemps ici avec un tel*
« *homme ; je suis inquiet de la conduite qu'il va tenir ;*
« *envoyez au plus tôt un général qui le remplace ; prenez*
« *un parti quelconque : jusque-là, je ferai ce qui dépendra*
« *de moi pour empêcher la ruine totale des affaires, que la*
« *résistance d'un homme qui commande la plus grande*
« *armée, qui doit avoir beaucoup d'argent et des moyens*
« *d'intrigue, peut amener. Si vous n'avez pas une con-*
« *fiance absolue dans moi, et que vous ne la manifestiez*
« *pas d'une manière qui en impose aux ambitieux de*
« *principautés souveraines dans la Péninsule, il n'y a*
« *d'autre parti à prendre que de me permettre de rentrer*
« *en France* (1).

En présence d'une telle situation, et bien que l'Empereur vît dans son rappel un danger de nature à compromettre l'armée, il n'hésita point : Soult quitta son commandement à la fin de janvier 1813.

III. — Sa proclamation est un acte de vengeance.

On voit par là dans quelles dispositions d'esprit le nouveau général en chef arrivait à Bayonne. Inaccessible à la pitié, et pourtant à la veille lui-même d'un désastre, il se livra à un acte de vengeance inqualifiable ; au moment où, triste et résigné, le roi Joseph quittait la place et se retirait au château de Poyanne, il lança sa célèbre proclamation, trop célèbre, en raison du dédain qui s'y manifestait de l'adversaire qui devait le conduire à deux doigts de sa perte (2).

---

(1) *Joseph à l'Empereur*, 9 septembre 1812. La situation ne cessa d'empirer jusqu'au jour où le roi dut ordonner au maréchal de remettre le commandement au comte *d'Erlon*.

(2) Nous n'en pouvons donner qu'une traduction de l'anglais. L'original nous est inconnu.

L'Empereur écrivait, le 5 juillet, au comte de Cessac, ministre directeur de l'administration de la guerre : « J'ai donné au duc de Dalmatie
« toute l'autorité nécessaire pour réorganiser l'armée. *J'ai défendu au*

« Bayonne, 23 juillet 1813.

« Soldats ! Les derniers événements ont amené Sa Majesté l'Empereur à m'investir, par décret du 1er juillet, du commandement des armées d'Espagne, et à m'honorer du titre flatteur de son lieutenant. Cette haute distinction ne peut que faire naître dans mon cœur des sentiments de reconnaissance et de joie ; mais ces sentiments ne sont point sans mélange, car je regrette que la marche des affaires ait, dans l'opinion de Sa Majesté, rendu une telle charge nécessaire en Espagne.

« Vous le savez, poussée aux hostilités par l'éternel ennemi du Continent, la Russie a obligé de rassembler au printemps de nombreuses armées en Allemagne. *C'est pour cela que beaucoup de vos camarades vous ont quittés* (1). L'Empereur a pris le commandement, et les armes de la France, guidées par son puissant et impérieux génie, ont remporté une série de victoires aussi éclatantes que toutes celles qui parent les annales de notre pays. Les desseins présomptueux d'agrandissement qu'entretenait l'ennemi ont été anéantis. De pacifiques ouvertures ont été faites ; et l'Empereur, toujours prêt à consulter le bonheur de ses sujets, les a écoutées.

« Tandis que l'Allemagne était le théâtre de grands événements, l'ennemi qui, sous le prétexte de secourir les habitants de la péninsule, les a en réalité voués à la ruine, n'est point demeuré inactif. Il a mis toutes ses forces, Anglais, Espagnols et Portugais, sous les ordres de ses offi-

---

« roi *d'Espagne de se mêler de mes affaires. Je suppose que le duc de Dalmatie renverra aussi le maréchal Jourdan.* A moins que les pertes ne soient plus considérables que je ne le sais en ce moment, j'espère que 100,000 hommes vont se trouver réunis sur la Bidassoa et aux débouchés de Jaca, et que, *aussitôt que vous aurez pu lui réunir quelque artillerie et quelques transports, le duc de Dalmatie se portera en avant pour délivrer Pampelune et rejeter les Anglais au delà de l'Èbre* » (N° 20229.)

(1) Allusion à son départ de l'armée, et mensongère.

ciers les plus expérimentés: comptant sur la supériorité du nombre, il a marché en trois colonnes contre l'armée française assemblée sur le Duero.

« *Avec des forteresses bien munies sur son front et sur ses derrières, un général habile, qui eût possédé la confiance de ses troupes pouvait, en choisissant de bonnes positions, braver et battre cette levée bigarrée. Malheureusement, à ce moment critique, des conseils timorés et pusillanimes ont été suivis.* Les forteresses furent abandonnées et on les fit sauter; *des marches hâtives et désordonnées* donnèrent confiance à l'ennemi; et *une armée de vétérans*, numériquement faible, il est vrai, mais grande par tout ce qui constitue le caractère militaire, qui avait combattu, versé son sang et triomphé dans toutes les provinces de l'Espagne, *vit avec indignation ses lauriers ternis et se trouva dans la nécessité d'abandonner ses conquêtes, les trophées de maintes sanglantes journées. Lorsqu'à la fin la voix indignée des troupes arrêta cette fuite déshonorante et que leur chef ému de honte, se rendant au désir général,* livra bataille près de Vitoria, qui peut douter, d'après ce généreux enthousiasme et ce beau sentiment d'honneur, *du résultat qu'eût obtenu un général digne de ses troupes? A-t-il pris les dispositions et opéré les mouvements qui devaient assurer à une partie de son armée la coopération et l'appui de l'autre?*

« Ne privons point l'ennemi de l'honneur qui lui appartient. Les dispositions du général ont été promptes, habiles et bien combinées; la valeur et la fermeté de ses troupes ont été dignes d'éloges. Pourtant, ne l'oublions pas, c'est à notre exemple qu'elles doivent leur caractère militaire actuel; et toutes les fois que les devoirs réciproques d'un général français et de ses troupes ont été remplis avec talent, l'ennemi n'a eu d'ordinaire d'autre ressource que la fuite.

« Soldats! je partage votre chagrin, *vos griefs, votre indignation*. Je sais que *le blâme de la situation actuelle est imputable à d'autres.* A vous de la réparer! J'ai donné l'assurance à l'Empereur de votre bravoure et de votre zèle. Son intention est de repousser l'ennemi de ces montagnes d'où, avec orgueil, il surveille nos fertiles vallées, et de le chasser de l'autre côté de l'Èbre. C'est sur le sol espagnol que vos tentes doivent se dresser et vos ressources se puiser. Nulles difficultés ne sont insurmontables à votre valeur et à votre dévouement. Travaillons avec une mutuelle ardeur : rien ne saurait apporter au cœur paternel de l'Empereur plus de félicité que les triomphes de son armée, sa gloire croissante, et que d'apprendre qu'elle s'est rendue digne de lui et de notre chère patrie.

« Des mouvements vastes, mais combinés pour la délivrance des forteresses, sont sur le point d'être exécutés. Que le récit de nos succès parte de Vitoria ; et que la fête de Sa Majesté soit célébrée dans cette ville ; nous rendrons mémorable une date chère à juste titre à tous les Français. »

IV. — Fusion des armées.

Les armées de Portugal, du Centre, du Midi et du Nord formaient, avons-nous dit, un total de 14 divisions ; elles manquaient de généraux, le maréchal les fondit en une seule, qui prit le nom d'*Armée d'Espagne*.

L'Empereur au duc de Feltre (n°s 20234 et 20236).

« Dresde, 6 juillet.

« Il est important que, sur les fonds rentrés avec l'armée, n'importe à quel corps ils appartiennent, il soit payé un mois de solde à l'armée. Vous ne payerez ni gratification, ni traitement extraordinaire, mais simplement la solde.

« Vous aurez soin de déclarer aux généraux que tous les frais de représentation et dépenses extraordinaires qui leur étaient alloués sur pays ennemi sont non avenus en France. N'ayez aucun égard aux réclamations. L'armée d'Allemagne ne jouit pas de ces suppléments ; le Trésor ne peut pas les reconnaître. Vous refuserez toutes les demandes d'indemnités pour pertes d'équipages. *Ils ont fait ces pertes après une bataille et par leur faute.*

« Le duc de Dalmatie formera autant de divisions qu'il aura de fois 6,000 hommes ; ainsi, s'il réunit 72,000 hommes, il aura douze divisions. Il choisira les généraux. Il ne doit pas y avoir de corps d'armée ; il n'y aura que des divisions. Le général en chef mettra le nombre de divisions qu'il jugera convenable sous les ordres de ses lieutenants.

« Quant aux trois généraux, lieutenants du général en chef, faites-leur un traitement qui, tout compris, ne dépasse pas 40,000 francs. »

En conséquence, les divisions Leval, Cassagne, Barbot et Sarrut furent dissoutes et fondues dans les dix conservées, dont l'une, recevant une organisation spéciale, constitua la *réserve* de Villatte. Numérotées de 1 à 9, elles passèrent ou demeurèrent sous les ordres des lieutenants généraux *Reille* (aile droite), *Clausel* (centre) et *d'Erlon* (aile gauche). Le général *Gazan* reprit ses anciennes fonctions de chef de l'état-major.

Quant à la cavalerie, considérablement réduite par le départ pour l'intérieur des divisions Tilly, Mermet, Digeon et Boyer, elle se composa de la division de dragons de *Treilhard* et de la division mixte de *Soult (Pierre)*, chasseurs et hussards français et cavalerie espagnole.

Ce travail, d'ailleurs, et la reconstitution de l'état-major général ressortent de la situation de l'armée au 16 juillet, insérée aux pièces justificatives.

V. — Place de dépôt, de magasins et d'ateliers, Bayonne est, avec l'Adour, la ligne de ravitaillement de l'armée.

L'armée avait heureusement ramené ses attelages et l'arsenal de Bayonne renfermait 400 caissons. Le convoi de Maucune fut le noyau de la reconstitution de l'artillerie ; Rochefort, Blaye, Bordeaux et Toulouse expédièrent tout leur matériel de campagne. Le duc de Feltre avait demandé à l'Empereur 300,000 francs pour la réfection de ce matériel, la fabrication de la poudre et des projectiles ; celui-ci mit un million à sa disposition, et c'est ainsi qu'en peu de jours l'armée parvint à mettre en ligne 125 bouches à feu attelées et approvisionnées.

En ce qui concerne l'habillement, l'équipement et la chaussure, les magasins de Bayonne, « dépôt général de plusieurs armées en Espagne », pourvurent aux premiers besoins; ordre fut donné de les mettre en distribution.

Restait à assurer la subsistance de l'armée et à créer les approvisionnements de siège des places de la frontière. L'Empereur eut recours aux réquisitions et frappa le Midi d'appels.

L'Empereur au comte Mollien, ministre du Trésor (n° 20235).

« Dresde, 6 juillet.

« Vous recevrez deux décrets en date de ce jour, qui ordonnent, l'un qu'il sera fait des réquisitions pour la nourriture de l'armée d'Espagne; l'autre, qu'une partie du prix des journées d'hôpitaux pour les malades et les blessés de ladite armée sera payée, dans les départements voisins de la frontière, *en bons de la caisse d'amortissement admissibles en payement de domaines nationaux*, de même que le prix des denrées requises dans les mêmes départements. Par ce moyen, le *Trésor ne sera point appauvri, et les départements n'auront point à souffrir; on sentira, d'ailleurs, que c'est un moment de crise.*

« Envoyez donc les bons dans toutes les préfectures qui seront désignées. »

Mettre la main sur les biens communaux et payer les contributions en bons donnant droit au rachat ou à l'achat de ces biens, autrement dit en *papier-monnaie* portant intérêt, présentait bien à l'Empereur des « inconvénients », mais cela lui paraissait « sans remède ». Il fallut s'exécuter; le Midi fut surmené et les municipalités ne parvinrent qu'au prix des plus louables efforts à satisfaire aux besoins et demandes.

Le parc d'artillerie s'établit à Bidart. La brigade de

cavalerie Sparre cantonna à Anglet, Arbonne.....; *le reste, faute de fourrages, se retira sur les derrières.* Ordre fut donné de créer de grands approvisionnements à Captieux, Mont-de-Marsan et Dax, ce qui permit de ravitailler l'armée à la fois par la route des Petites-Landes et par la voie fluviale de l'Adour. Vu l'insuffisance de l'hôpital sédentaire de Bayonne, le général Garbé fit construire dans les cours de cet établissement des baraquements pour 600 malades ou blessés. En outre, il traça un camp, mi-baraques et tentes, sur les hauteurs de Mousserolles, pouvant recevoir 6,000 blessés, sans parler d'un dépôt de convalescents qui, d'ailleurs, ne tarda point à être évacué sur Dax. Au total, Bayonne put à lui seul hospitaliser près de 8,000 hommes, concurremment avec les hôpitaux de première ligne de Saint-Jean-de-Luz, Cambo et Saint-Jean-Pied-de-Port et avec ceux de l'arrière (1).

Le maréchal pourvut à tout. Le bétail abondait, mais non le pain, que d'ailleurs on ne pouvait fabriquer à Bayonne pour le transporter aux points de consommation. Il ordonna à Bayonne, Ainhoa, Sare, Urtubie, Urrugne, Saint-Jean-de-Luz, Serres, Espelette, et enfin à Saint-Jean-Pied-de-Port, la construction de 34 fours, dont la production journalière devait être de 100,000 rations. Le grand magasin à fourrages était à Bayonne, avec deux annexes, Saint-Jean-de-Luz et Cambo (2). Mais il tenait avant tout au rétablissement de l'ordre. « *La discipline n'avait plus de vie*, depuis « les derniers mouvements rétrogrades de l'armée. Il insti- « tua une cour martiale.

---

(1) Néanmoins, dans la suite, ces mesures furent insuffisantes; il fallut organiser en ambulances l'hôpital des Cordeliers, l'église de Saint-Esprit et diverses succursales. La charité publique déploya toutes ses ressources et on vit, à la bataille de Mouguerre, le 13 décembre, hommes, femmes et enfants relever les blessés sur le champ de bataille, les charger sur leurs épaules, et les transporter dans leurs maisons; conduite si noble que l'Empereur invita le maréchal à remercier la ville de son dévouement.

(2) *Journal du commandant du génie Vainsot.*

« A l'armée qui se battait en était accolée une autre, presque aussi considérable, d'employés subalternes et inutiles, de conducteurs d'équipages, de valets, de chevaux et de montures de toute espèce. Cette surcharge dévorait la plus grande partie de ses ressources. Une multitude de femmes, la plupart espagnoles et illégitimes, suivaient aussi l'armée et se glissaient parfois au milieu des colonnes.

« Des ordres du jour, tracés avec sévérité, firent rentrer dans les rangs les soldats écartés sans motifs légitimes, ceux restés sous divers prétextes auprès des officiers. Une sévérité encore plus marquée dépeupla les camps des personnes du sexe : elle s'étendit jusqu'aux épouses légitimes de plusieurs officiers supérieurs et généraux » (1).

En moins de quinze jours l'armée allait reprendre l'offensive ! Un tel résultat confond et serre le cœur, car tout cela est d'une école française et pourtant perdue..... Il n'était point ordinaire d'opérer loin de l'Empereur ; le théâtre des Pyrénées était neuf et, mortelle incurie, rien n'avait été prévu ! Une longue habitude de la victoire, la guerre portée au loin avaient détourné l'attention de cette frontière. Plus forte que le talent et le courage, la fortune ne cessa d'être contraire à Soult, mais *ce qui l'honorera éternellement c'est d'avoir, avec si peu de moyens, avec des ressources rassemblées sur place, tenu pendant* QUATRE MOIS *son adversaire à moins de dix lieues de Bayonne !* Comme si les dangers de la Patrie élevaient son talent, on le vit alors, dépouillé par surcroît d'une partie de son armée, privé de ses vieux cadres et ne comptant plus que des conscrits de 18 ans, loin de s'enfermer dans Bayonne où l'attendait une capitulation, l'abandonner après l'avoir munie et transformée en un des plus formidables boulevards de l'empire, et laissant une épine au pied de Wellington, gagner Toulouse par une retraite savante, méthodique, sans confusion ni désordre ; bref, succomber dans une lutte disproportionnée, autrement

---

(1) Lapène. 62.

digne d'admiration que son adversaire. Rien ne put abattre l'énergie morale du grand homme de guerre.

Certes, des faits de ce genre et si pleins du plus haut enseignement sont rares dans nos Annales. Wellington se plaisait à le dire : « *Les plans de Soult étaient bons, mais il « ne sut jamais saisir le moment favorable pour frapper* ». Or, si l'on étudie le caractère bizarre du général anglais, l'étrange mélange d'élévation et d'infériorité de son esprit, on reconnaît qu'il dut ses succès à la réflexion, à la ténacité : il a prouvé que la constance peut triompher de toutes les résistances.

CHAPITRE III.

SITUATION DES ARMÉES ALLIÉES.

Le 22 septembre 1812, les Cortès avaient investi Wellington du commandement en chef des armées espagnoles et, dès le 4 décembre, abreuvé d'ennuis et de dégoûts, se heurtant au mauvais vouloir du Gouvernement, il avouait n'avoir connu que trop tard le véritable état. « Sans cela, j'aurais « hésité à me charger d'un commandement qui est *un véri-* « *table travail d'Hercule.* Toutefois, l'ayant accepté, je le « conserverai, *bien que le succès soit désespéré* » (1). De profondes réformes s'imposaient; mais, si l'on en juge par les documents espagnols, *on le détestait* (2). Ses propositions au ministre de la guerre furent rejetées sans ménagement. Formes et fond, les procédés dont usa le gouvernement espagnol à son égard blessèrent son amour-propre et jusqu'à sa dignité. La situation de l'Espagne, ses hésitations, les embarras du général anglais ont joué un trop grand rôle dans les opérations pour qu'on puisse les passer sous silence. Quelque justice qu'il se plût à rendre à leur courage, aux services qu'ils rendirent à la cause commune, les Espagnols furent pour lui, en raison de l'impossibilité dans laquelle il se trouva de les entretenir, de les discipliner, de les empêcher de piller,

---

(1) *Wellington à Don Juan de Carvajal,* ministre de la guerre espagnol.

(2) « Les calomnies contre moi et contre l'armée n'en finissent pas; « je n'aurais le temps de rien faire si seulement je m'occupais à en « prendre connaissance. Ainsi, *on m'accuse d'avoir consenti à changer* « *de religion pour devenir roi d'Espagne!* » *Wellington à Wellesley,* 16 octobre.

de brûler et d'assassiner, un cauchemar perpétuel. Voyant les Cortès ne tenir aucun compte de ses observations et demandes, il en vint à écrire à lord Bathurst : « Animée par la « passion républicaine, cette assemblée n'a aucun frein : elle « est dirigée par la plus ignorante et la plus effrénée des « presses, celle de Cadix ; il est impossible de compter sur « ses desseins. *Je ne crois pas que l'Espagne soit jamais* « *une alliée utile, ou même soit jamais l'alliée de l'Angle-* « *terre, si le régime républicain n'est mis à bas* » (1).

Wellington estimait Castaños, le chef de la quatrième armée, et Giron, son chef d'état-major. Or, nous ne savons pour quels motifs, le gouvernement les mit en retrait d'emploi sans le consulter. — « Je crois qu'on aimerait mieux « faire la guerre aux évêques qu'aux Français : on vous re- « tire le commandement parce qu'on vous croit assez fou « pour penser qu'il est essentiel avant tout de chasser les « Français » (2). La mesure était comble : « Je vous serai « obligé d'expliquer de ma part au Gouvernement, au « Ministre de la guerre et au Señor Argüelles (3) que tout en « jugeant dure et injuste la conduite du Gouvernement à « l'égard des généraux Castaños et Giron, je ne m'en plains « point comme d'une infraction aux engagements qu'il a « pris avec moi. Je ne me plains point davantage du refus « du Gouvernement de nommer les officiers que je lui ai « recommandés après la bataille de Vitoria ; cela n'a point « été gracieux, mais il n'y a point là pour lui d'engagement. « J'aurais été déraisonnable de le demander, et peu conve- « nable de le faire.

« *Ce dont je me plains, c'est qu'après avoir pris vis-à-vis*

---

(1) *Wellington à Don Juan de Carvajal et à lord Bathurst*, 29 juin.
(2) *Wellington à Castaños*, 30 juin.
(3) Ledit Argüelles, mêlé aux affaires de la guerre, est l'auteur des « *Observaciones sobre la historia de guerra de España* », Londres 1829. que nous avons eu déjà l'occasion de citer. Il y relève, pièces en mains, les rodomontades des historiens anglais Napier, Clarke, Southey, etc. On peut se demander comment il trouva éditeur en Angleterre.

« de moi des engagements, sans lesquels je n'aurais ni pu
« ni voulu prendre le commandement de l'armée, le Gou-
« vernement les a rompus, non point une, mais mille fois ;
« et qu'il semble le faire malicieusement (wantonly),
« parce qu'il connaît ma répugnance à quitter le commande-
« ment, en raison du mauvais effet que ma retraite produi-
« rait en Espagne et dans toute l'Europe. *Sa conduite est
« outrageante ; elle est indigne et elle me prive de l'auto-
« rité que je puis avoir sur l'armée. Il me faut une satis-
« faction sur ce sujet.*

« Nul ne connaît mieux que moi le misérable état dans
« lequel se trouve réduit le pouvoir en Espagne, et le Gou-
« vernement me rendra justice de le reconnaître, chaque
« fois qu'il m'a appelé pour soutenir son autorité, je l'ai
« fait ; mais il sait combien est inefficace l'ordonnance en
« matière de punitions des officiers. L'autorité ne se main-
« tient que par l'influence ; et Dieu ! je crois avoir suffisam-
« ment d'autorité sur les officiers pour les amener à faire
« leur devoir, et je crois aussi que si je quittais le comman-
« dement, ils agiraient avec moi avec autant de bon vouloir
« pour le service public qu'ils le faisaient avant que j'en
« fusse investi. Mais je perdrais sur eux toute autorité si je
« supportais sans me plaindre ces indignités » (1).

Dans sa conviction, la cause de l'Espagne et sa persévérance à rester dans la coalition étaient attachées à son maintien à la tête de l'armée. Avec un général espagnol, l'armée
eût couru le danger d'intervenir dans les disputes des partis,
et de suivre l'opinion de ses chefs. Mais s'il avait gain de
cause de ce côté, si, à toute rigueur, il pouvait passer outre
aux blessures de son amour-propre, aux difficultés d'organisation et de commandement, d'autres surgirent insurmontables : notamment la situation financière de l'Espagne. Ne
pouvant lui venir en aide que dans une mesure restreinte,
hors d'état de nourrir, de solder, d'habiller l'armée espa-

---

(1) *Wellington à Wellesley*, 24 juillet.

gnole, il accusa le Gouvernement d'inertie, d'imprévoyance, et ce fut là son tort :

« Je suis parfaitement instruit de la rapine et de la confusion qui accompagnent l'approvisionnement de l'armée espagnole, de la misère et de la détresse que ses besoins et leur satisfaction attirent sur le pays. Pour l'instant, il n'y a aucun remède à ces malheurs.

« Le dénuement de cette nation consiste en hommes capables de conduire les affaires publiques ; et la *Révolution*, comme on l'appelle, loin d'avoir amené un progrès sous ce rapport, a plutôt accru le mal en poussant aux grands emplois un peuple sans expérience, et en donnant aux hommes de fausses notions, incompatibles avec la nature de leur profession ; puis, le Gouvernement et les Cortès dédaignent tous les progrès dans la direction et l'expédition des affaires. Ils n'y ont jamais songé (1). »

« Au mois de juillet, les armées espagnoles comptaient près de 160,000 hommes.

« Nous n'avons point tant besoin d'hommes pour défendre les Pyrénées que de moyens pour les payer, les nourrir, les habiller et les conserver dans un état de force et de discipline qui leur permette de rendre au pays des services réels. De ces 160,000 hommes, pas plus du quart ou du tiers est en ligne, et encore ne sont-ils point dans l'état de discipline et de force où ils devraient être. Mes efforts, cependant, ont plus tendu à augmenter les ressources financières de l'Espagne qu'à augmenter l'effectif de ses armées… Les troupes espagnoles ne manquent pas de discipline, si par ce mot on entend l'instruction. Ce qui leur manque, c'est un système d'ordre qui ne peut se baser que sur une paye et des vivres réguliers, des soins et de bons vêtements. Quoique les Portugais soient aujourd'hui les *coqs de bataille de l'armée*, je crois que leurs mérites sont plutôt dus au soin que nous avons pris de

---

(1) *Wellington à lord Bentinck*, 20 juillet.

« leurs poches et de leurs ventres, qu'à l'instruction que
« nous leur avons donnée.

« A la fin de la dernière campagne, les Portugais se
« sont fort mal conduits en maintes circonstances, parce
« qu'ils étaient dans une misère noire, leur gouverne-
« ment négligeant de les payer. Je l'ai forcé à prendre des
« mesures pour les payer régulièrement cette année, et cha-
« cun sait comment ils se comportent.

« Nos troupes se battent bien ; mais l'influence d'une solde
« régulière sur leur conduite leur santé et leur vigueur se
« fait sérieusement sentir, et, comme pour les troupes fran-
« çaises, il est notoire qu'elles ne feraient rien, si elles n'é-
« taient régulièrement payées et nourries » (1).

Il ne reste plus qu'à rapporter la lettre du 30 août, elle est
capitale : « *Plus de la moitié de l'Espagne a été évacuée*
« *depuis un an, et la totalité, à l'exception de la Cata-*
« *logne et d'une faible partie de l'Aragon, depuis les mois*
« *de mai et de juin derniers. La plus abondante moisson a*
« *été récoltée dans toutes les parties du pays, des millions*
« *de monnaie dépensés par les armées belligérantes circu-*
« *lent partout, et cependant vos armées, bien que numéri-*
« *quement faibles, meurent littéralement de faim.* Les
« armées anglaise et portugaise sous mes ordres ont vécu
« presque exclusivement sur les magasins importés par
« mer. Je suis peiné de vous informer qu'outre la solde de
« toutes les armées fournie par la caisse militaire de l'armée
« anglaise, les magasins anglais ont délivré quantité de

---

(1) *Wellington au comte de Liverpool*, 25 juillet. *Wellington à lord Bentinck*, 8 juillet.

« Je suis instruit du triste état des armées espagnoles. J'ai fait tout
« ce que j'ai pu pour l'améliorer, mais vainement ; ni le Gouvernement,
« ni les Cortès, ne me paraissent avoir souci de la guerre étrangère.
« Le premier n'est qu'un instrument et une créature des autres. Tout
« ce dont ils se soucient est la glorification de leur stupide Constitution,
« et la guerre aux évêques et aux prêtres. Vous avez vu que la direc-
« tion des affaires militaires revient aux Cortès et qu'un bureau d'officiers
« étudie une constitution de l'armée dans le but de la républicaniser... »

« vivres aux armées espagnoles, afin de leur permettre de
« tenir la campagne. En dépit de cette assistance, j'ai eu la
« mortification de voir les troupes espagnoles aux avant-
« postes réduites à piller des noix et des pommes pour
« vivre, et de savoir que celles qui sont employées au
« blocus de Pamplona et de Santoña, meurent de faim, faute
« de pain, tandis que l'ennemi qu'elles bloquent a tout en
« abondance.

« Je n'entends point dire par là que le pays est inca-
« pable de produire les ressources nécessaires à l'entretien
« des hommes nécessaires à sa défense ; ces ressources sont
« surabondantes ; et l'ennemi a prouvé que des armées
« peuvent vivre en Espagne aux frais de la nation infini-
« ment plus largement qu'il n'est nécessaire.

« La cause du défaut des ressources nécessaires à l'entre-
« tenir d'une armée doit donc être cherchée ailleurs ; et si
« l'on considère que les riches provinces d'Estramadure,
« Castille, Asturies, Léon et Galice n'ont rien fourni à la
« quatrième armée, et les autres peu ou rien à celles qu'elles
« doivent alimenter, il faut l'attribuer à l'inhabilité et à l'im-
« puissance des personnes employées à la réalisation et à
« l'application des ressources aux services publics.

« Le fait est notoire ; il n'y a dans le pays aucune autorité
« capable de faire exécuter la loi et rentrer les contributions.
« Les officiers de la Hacienda ne font point leur devoir.
« Ils sont infiniment plus nombreux qu'il n'est nécessaire,
« et leur conservation épuise les ressources qui devraient
« être consacrées à l'entretien des troupes. Je vous ai fourni
« la preuve que certaines branches du fisc coûtaient, pour
« être recueillies, 70 à 80 pour 100.

« *L'hiver approche, et aucun magasin n'a été constitué.*
« *Dès à présent, les troupes espagnoles n'ont même pas de*
« *quoi vivre au jour le jour.* L'état de la saison va rendre la
« navigation très difficile sur la côte nord de l'Espagne, si ce
« n'est même absolument impraticable. Je dois m'attendre à
« voir les magasins anglais moins abondamment pourvus ; une
« grande économie sera nécessaire et les livraisons seront

« forcément limitées aux troupes dont les besoins auront été
« prévus. Je vous prie aussi de le remarquer, les ressources
« pécuniaires de la Grande-Bretagne ne sont point illimitées,
« et leur réalisation ainsi que la possibilité de les mettre
« au service des Alliés sont restreintes par la continuation
« des troubles en Amérique » (1).

A quoi se réduisirent les fameux *subsides* de l'Angleterre qu'*enrichissait* l'interminable guerre qu'elle prétendait soutenir de ses deniers, et qui ruinait l'Europe ? En bons Anglais, *Napier*, *Southey*, *Londonderry* et autres admirateurs de Wellington exagèrent à plaisir les bons offices de leur gouvernement, comptent pour rien l'Espagne et attribuent à leur héros toute la gloire de la délivrance de la Péninsule. Un économiste anglais qui, d'ailleurs, ne pensait point à mal, réduit à néant leurs assertions; après avoir établi que, de 1810 à 1815, le Portugal reçut de l'Angleterre 208 millions, et *l'Espagne* 66 *seulement*, *Colqhoun*, fait le décompte de cette somme (2) :

En 1810 :	9,598,100 fr.
En 1811 :	3,939,550
En 1812 :	25,000,000
Valeur des armes et munitions envoyées....	10,612,350
— des effets d'habillement............	16,339,500
— des vivres....................	377,275
Total :	65,866,775 fr.

Encore n'étaient-ce que des *emprunts*.

Situation de l'armée espagnole.

Elle est extraite de l'admirable rapport de *Don Lopez Araujo* (3), secrétaire d'État des finances, présenté aux

---

(1) *Wellington à D. J. de Carvajol*, 30 août.
(2) *Treatise of the wealth, power and resources of the British empire*. Depuis cinq ans, l'Espagne avait, pour sa défense, dépensé *plus de six milliards de réaux*.
(3) *In* Argüelles : *loc. cit.*, II, *Documento XLVII*.

Cortès le 1er octobre 1813, et d'une telle clarté que l'historien anglais *Clarke* déclarait extraordinaire qu'une nation saccagée et pillée comme le fut l'Espagne par Napoléon et ses « mirmidons » ait pu le dresser. Les documents espagnols sont de la plus extrême rareté, et *Napier* n'en cite aucun. Aussi ce mémoire, et les *Estados de la Organizacion y Fuerza de los Ejercitos espanoles durante la guerra de Espana*, publiés en 1822 par la section historique du ministère de la guerre, sont de véritables trouvailles.

Wellington avait sous ses ordres *immédiats* la 4e armée et la Réserve d'Andalousie (1).

La 4e armée, commandée par *D. Manuel Freire*, formait huit divisions d'infanterie, savoir :

1re division Don Pablo Morillo ;
2e — Don Carlos ;
3e — Don Diégo del Barco ;
4e — Don Pedro de la Barcena ;
5e — Don Juan Porlier ;
6e — Don Francisco Longa ;
7e — Don Gabriel Mendizabal ;
8e — Don Espoz y Mina.

Quant à la Réserve d'Andalousie, elle était sous les ordres du maréchal de camp *Don Pablo Giron* (ante *O'Donnell*) et se composait de deux divisions :

1re division Don Viruès ;
2e — Don Antonio Latorre.

Les *Estados* donnent l'historique succinct de ces corps d'armée ; ils méritent d'être lus attentivement, et il sera d'autant plus utile de s'y reporter qu'ils démontrent la mauvaise foi ou l'ignorance de Napier, toujours habile à grossir nos forces et à réduire celles de son idole.

1. — Les 3e, 4e, 5e et 7e divisions de la 4e armée prirent part à la défense du San Marcial le 31 août, sous les ordres

---

(1) Voyez la situation de ces armées au 1er octobre.

du général *Freire* : 13,929 hommes d'infanterie, 140 de cavalerie.

Le 7 octobre, *Freire* conduisit 3 divisions d'infanterie, fortes de 11,430 hommes, à l'attaque de la Bidassoa.

Le 10 novembre, il engagea, à l'affaire d'Ainhoa, 32 bataillons, présentant une masse de 19,527 hommes, et sur les hauteurs de la Rhune, 26 bataillons formant un total de 17,075 hommes. Ainsi, à l'attaque des lignes de la Nivelle, il disposait de 36,602 hommes.

Au mois de décembre, cette armée comptait 61 bataillons et 34 escadrons ; soit 50,565 combattants *disponibles*, dont 3,854 cavaliers.

II. — Les 7 et 8 octobre, au passage de la Bidassoa, *Giron* mit en ligne 13 bataillons, s'élevant à 8,436 hommes, sur les hauteurs de la Rhune; le 13, il engagea 10 bataillons, soit 6,991 hommes.

A l'affaire de Sare, le 10 novembre, il engagea 12 bataillons, soit 7,322 hommes, sur la Rhune, et cependant, en dépit de ces sanglantes affaires, au mois de décembre, la réserve d'Andalousie comptait 10,868 combattants *disponibles*, dont 1158 de cavalerie.

III. — Au mois de novembre, la 3e armée, commandée par le *Duc del Parque* qui, jusqu'alors, avait opéré en Catalogne, passa en France par l'Aragon et la Navarre et se réunit à la grande armée de Wellington. En décembre, lorsqu'elle fut mise sous les ordres du prince *d'Anglona*, elle se trouvait réduite à 18,468 combattants *disponibles*, dont 148 cavaliers. Ainsi, dans la campagne de 1814, les 3e et 4e armées et la réserve d'Andalousie opérèrent en France avec l'armée anglo-portugaise ; mais il n'y eut que deux divisions de la 4e armée (sous les ordres du général *Freire*) fortes de 11 bataillons et 1 escadron, s'élevant à 7,434 hommes d'infanterie et 123 chevaux, qui assistèrent à la bataille de Toulouse.

Suivant *Toreno* (1), les deux divisions de *Freire* qui mar-

---

(1) Toreno, *loc. cit.*, V, 426.

chèrent sur Toulouse furent : la 4ᵉ division et une division « provisoire » formée des 1ʳᵉ et 2ᵉ brigades des 3ᵉ et 5ᵉ divisions. A ce moment, la 4ᵉ armée, entièrement disloquée, était ainsi répartie :

1ʳᵉ division *Morillo*, au blocus de Navarrenx ;
2ᵉ — *Don Carlos*, devant Bayonne ;
3ᵉ —
4ᵉ (pars.) } Avec *Freire*, en marche sur Toulouse.
5ᵉ —
6ᵉ division *Longa*, en arrière pour inconduite ;
7ᵉ — *Mendizabal*, au blocus de Santoña ;
8ᵉ — *Mina*, au blocus de Saint-Jean-Pied-de-Port.

Ces détails sont *inédits* et fort importants ; *les Espagnols se battaient comme des diables, et sans leur appoint, jamais Wellington n'eût osé pénétrer en France.* Tout le reste, dans l'impossibilité de subsister, demeura cantonné dans le Baztan et d'Yrun à San Sebastian.

DEUXIÈME PARTIE

SORAUREN, VERA ET LE SAN MARCIAL.

CHAPITRE IV

ESQUISSE DU THÉATRE DE LA GUERRE.

Trois masses montagneuses, les *Hautes-Nives*, à l'est, l'*Ursuya* au nord, la *Haya* et le *plateau des Cinco Villas* (1) à l'ouest, enceignent un bassin interne, le *Baztan*, et deux bassins externes, ceux de *Saint-Jean-Pied-de-Port* et de *Sare*.

Enclavé par les Cinco Villas et les Hautes-Nives, enfoncé en coin dans la direction de l'Ursuya, le bassin du Baztan se compose de deux parties : au nord, un palier qui s'allonge du Gora Mendi au Mondarrain et qu'évide la vallée de l'Ychuri, puis le Baztan proprement dit, ou vallée de la haute Bidassoa et de l'Ezcurra. En effet, une barre transversale s'étend du Jaisaleguy au pic d'Anciagne : épaisse, abrupte, sillonnée par de mauvais chemins ou sentiers, si elle ne mérite guère le nom de *Trouée de Bidarray* qu'on lui donne parfois, par contre, à son pied règne un couloir dont les extrémités sont les deux *portes* françaises du Baztan : la *Maya* et l'*Ispegui*, et deux localités, conjuguées en quelque

---

(1) Vera, Etchalar, Lesaca, Yanci et Aranaz : la dénomination est ancienne.

sorte, et qui en sont les *clefs* : *Ainhoa* et *Saint-Étienne-de-Baygorry*. Dans une guerre avec l'Espagne, notre ligne de communication la plus voisine de la frontière et la plus courte est :

Saint-Jean-de-Luz — Ainhoa — Baygorry — Saint-Jean-Pied-de-Port, en passant par la Maya et l'Ispegui.

L'Espagne rêve la vallée des Aldudes, c'est-à-dire l'Ispegui, d'où nous menaçons de flanc le Baztan et sa grande route d'invasion *Pamplona*—le Velate—la Maya—*Bayonne*. Déjà maîtresse de la Maya, si les Aldudes lui appartenaient elle intercepterait la route de Bayonne à Saint-Jean-de-Pied-de-Port par Cambo, rejetterait sur Hasparren la liaison entre les deux places, et enfin déborderait par sa gauche la ligne de la Nivelle. *Notre frontière naturelle, voulue par les traités étant la ligne de partage des eaux, devrait nous laisser le Val Carlos, Urdach et Zugarramurdi....* Nous ne pouvons rien céder sans aggraver l'entaille de notre flanc et rendre notre défense impossible.

I. — Massif de la Haya, de la Rhune et des Cinco Villas.

Sa forme est quadrangulaire, et il est compris entre Ascain, Sare, Urdach, la Maya, San Esteban, Leiza, Andoain et Irun. D'excellentes routes le contournent et la Bidassoa le traverse en brèche dans toute son épaisseur, de San Esteban à Irun. Aride, âpre, déboisé, dépeuplé, des gorges profondes, resserrées et sinueuses le découpent en présentant, de part et d'autre de la grande brèche de la Bidassoa, des étoilements du genre de ceux qui accompagnent la cassure d'une vitre par l'effet d'une violente pression latérale (vallées d'Aranaz, Lesaca, Vera, Etchalar).

La Haya forme deux masses parallèles que sépare l'étroit couloir d'Arichulegui par où s'établit une communication naturelle, mais très mauvaise en 1813, entre Vera et Oyarzun. La masse du sud, dite *Urdaburu*, traverse la Bidassoa en amont de Vera, et va, sous le nom de *Santa Barbara*, joindre l'Ibantely. De même, la *Haya* traverse le fleuve entre Vera et Irun, et forme, sur la rive gauche, la *chaîne du San Martial;* sur la rive droite, le morne de la *Rhune* et la chaîne attenante du *Mandela* qui s'affaisse vers Biriatou.

II. — Chaîne du Velate.

A première vue, la Bidassoa semblerait n'avoir de chenal et d'écoulement naturels que l'Ezcurra ; mais, issue du Lohiluz, tout en lançant au cœur du Baztan des digitations longues et pressées, la *chaîne du Velate* court de l'est à l'ouest à la rencontre de la façade sud du plateau des Cinco Villas. De la sorte, le sol se relève vers Zubieta ; en d'autres termes, le *Baztan est un bassin fermé* dont San Esteban occupe le fond ; et comme, suivant une loi orographique connue, les masses montagneuses s'accolent et ne se pénètrent point, le *port de Leiza* est le point d'osculation du plateau des Cinco Villas et de la chaîne du Velate. Le Baztan serait un lac sans issue si, précisément en face de San Esteban et de son point le plus bas, le plateau des Cinco Villas n'était rompu par les *brèches de la vallée de Lérin*, à la faveur desquelles, arrivée à San Esteban, la Bidassoa s'achemine vers l'Océan.

Ces traits ont échappé aux géographes. *Le Baztan présente deux portes de fond*, la Maya et le port de Leiza, et *deux portes latérales*, le défilé de Lérin et le faisceau des trois ports adjacents du Velate, de la Sangre et d'Arraiz.

Le port du Velate et les portalets de la Sangre et d'Arraiz sont exceptionnellement avantageux à l'Espagne ; et en effet :

1° Le Velate est situé en face du débouché de la vallée de Lérin ; il forme, avec San Esteban, l'axe diamétral du Baztan, l'axe longitudinal étant marqué par la route de la Maya à Leiza qui suit le thalweg du bassin ; il est à égale distance (35 kilomètres) de Vera, de la Maya et de Roncevaux, et à une simple journée de marche (25 kilomètres) de Pamplona ;

2° Si l'on tire une ligne droite de Pamplona à Bayonne, elle traverse le Velate et la Maya, montrant combien est détournée la route de Saint-Jean-Pied-de-Port ; de même, une ligne droite tirée d'Irun et de Vera au Velate, tombe sur San Esteban ;

3° Au Velate, enfin, les Espagnols commandent le Baztan, couvrent Pamplona et observent les débouchés des Hautes-Nives sur Eugui et Linzoain, c'est-à-dire les débouchés des chemins de Saint-Jean-Pied-de-Port et de Saint-Étienne-de-Baygorry.

Si, le 26 juillet 1813, des hauteurs du Linduz, Reille avait pu, comme le portaient ses instructions, mettre la main sur le Velate, coupés en deux, pris en flanc et en queue par d'Erlon, les Alliés ne seraient point parvenus à rallier Pamplona ; une partie eût été écrasée, l'autre ne serait parvenue qu'avec les plus grandes difficultés à gagner la grande route de Pamplona à Tolosa. Les brouillards, et sans doute aussi l'absence de bons chemins, l'en empêchèrent. Un pitoyable critique, le général Vaudoncourt, a dit que « les « brouillards étaient dans les plans de Soult ». Cela est inepte : n'avons-nous point constaté qu'au cœur même de l'été, dans ces montagnes, il est fort ordinaire de voir les vallées noyées dans une brume compacte que le soleil dissipe vers huit ou neuf heures du matin ?

III. — Massif des Hautes-Nives. — Trouée de Roncevaux.

La Nive est formée par la réunion, au-dessous de Saint-Étienne-de-Baygorry, de la *Nive de Saint-Jean-Pied-de-Port* et de la *Nive des Aldudes*. La Nive de Saint-Jean-Pied-de-Port est elle-même constituée par la confluence, sous le château de cette place, des rivières de *Laurhibar*, *Béhérobie* et *Arnéguy*. C'est aux montagnes qu'elles traversent jusqu'à Ossès que nous donnons le nom de *Massif des Hautes-Nives*. Sa forme est celle d'un triangle isocèle dont la base s'étend du Pic d'Orhy au Lohiluz par l'Altobiscar et le Linduz, et dont le sommet est à Ossès où convergent, en accompagnant les côtés, les Nives maîtresses de Saint-Jean-Pied-de-Port et des Aldudes.

Il est à remarquer que la grande vallée de la Nive présente deux masses de fermeture successives : la première, au pied de laquelle s'étend le *bassin de Saint-Jean-Pied-de-Port*, se compose du Jarra et de l'Aradoï, d'où l'on commande à toute volée les débouchés des quatre Nives ; l'autre est le vaste et puissant massif du Baygoura, du Mondarrain et de l'Ursuya. La première barre est rompue en son centre, où s'engage la Nive de Saint-Jean-Pied-de-Port, et débordée latéralement par les vallées des Aldudes et de Lacarre. Il en est de même pour l'autre, entre Ossès et Itsassu. Ce n'est point là une voie naturelle, et l'on peut dire que la nature n'a rien fait pour relier Bayonne avec Saint-Jean-Pied-de-Port. Les routes qui, de la côtière méridionale, convergent sur Saint-Jean et sur Ossès n'ont pas de débouché *naturel* vers Cambo, mais sur Mauléon et Saint-Palais.

Or, appelée avec l'Ursuya à appuyer la gauche de l'armée rangée derrière la Nive entre Bayonne et Cambo, la place de Saint-Jean-Pied-de-Port doit être indébordable par la gauche. Une marche dérivée sur Orthez ou Peyrehorade constitue un mortel danger ; car, dès lors, l'armée privée de ses communications avec Tarbes et Toulouse, n'a d'autre ligne de communication et de retraite sur la Garonne que par la route des Petites-Landes, c'est-à-dire Dax, Mont-de-Marsan et Langon. Wellington ne cessa de se préoccuper d'une diversion sur Saint-Palais et Mauléon : « Je désire « être renseigné sur les chemins qui conduisent de Saint-« Jean-Pied-de-Port à Oloron et Navarrenx. Est-il possible « de tourner la place hors de la portée de l'ennemi?... (1) ».

Du Linduz à l'Altobiscar, la côtière méridionale présente une déhiscence angulaire profonde : à l'entrée, Roncevaux et Burguete ; au fond, Val Carlos. C'est un ancien golfe qu'encadrent les escarpes de l'Atheca à l'est, de l'Arola à l'ouest. Sur les falaises courent la vieille route, dite chemin de l'Artillerie, de Saint-Jean-Pied-de-Port au Château-Pignon et à Roncevaux, et le chemin de Saint-Jean au Linduz (Atalosti).

---

(1) *Murray, chef d'état-major général, à Byng,* 24 juillet.

La marche de l'escalier s'est en quelque sorte affaissée, facilitant l'accès du massif ; il en est résulté que les vallées espagnoles d'Orbaiceta, Burguete, Eugui sont plus élevées et moins profondes que celles des Nives qui leur sont opposées. Il y a donc, entre le Linduz et l'Altobiscar une *trouée* de 4 kilomètres de largeur, à laquelle nous donnerons le nom de *Roncevaux*, un simple bourrelet aux formes arrondies, couvert de pâturages et sillonné de chemins d'un accès et d'un parcours également faciles. En 1813, la grande route d'Arneguy, qui remonte la vallée de la Nive de ce nom, n'existait pas, et de Saint-Jean-Pied-de-Port on ne se rendait à Roncevaux que par le chemin de l'Artillerie qui passe au Bentarté et à l'Ibañeta, ou par le chemin muletier d'Arola et du Linduz (Atalosti). Parfois, les muletiers suivaient le fond de la vallée d'Arnéguy, mais le chemin était encore plus mauvais, embarrassé de rochers, etc.

Le pays entre Saint-Jean et Pamplona est pauvre et peu habité : sur le versant des Nives, les vallées sont boisées et les sommets chauves ; sur celui de l'Arga, au contraire, les côtes sont chauves et les sommets boisés. Au premier aspect, on ne découvre qu'un amas inextricable de hauteurs, de ravins et de précipices, mais de notre côté tout se rapporte à la *trouée de Roncevaux* ; l'Altobiscar et le Linduz en sont comme les colonnes d'Hercule.

IV. — Massif de l'Ursuya.

Son rôle est considérable. C'est un immense triangle dont les sommets seraient Hasparren, Ainhoa et Irrissary, et dont la base est échancrée par la Nive qui, de Bidarray, détache le Mondarrain de l'Ursuya et traverse à Itsassu le côté nord-ouest. De même, la dépression suivie par la route d'Attisane à Louhossoa sépare l'Ursuya du Baygoura. Le côté nord-est est suivi par la grande route de Bayonne à Saint-Jean-Pied-de-Port. Le piédestal du Mondarrain est fort large ; il domine Cambo, Espelette, Ainhoa et Urdach, sous les noms d'*Ereby* et de *Gorospila*. De l'Ereby, au col de Finodetta, se détache à l'ouest, à la rencontre de la Rhune, un étroit appendice, la *barre d'Amotz*, qui, comme un diamètre, sous-tend l'hémicycle du bassin de Sare et le ferme. C'est ainsi entre ce massif et celui des Cinco Villas (Alcorrunz) que règne le seuil de la Maya.

Ces montagnes sont déboisées, couvertes de bruyères et à pentes raides. D'un socle élevé, d'accès pénible, émergent çà et là des cônes gazonnés, à flancs arrondis, que séparent des cols évasés et d'une régularité parfaite. Nous avons vu dans ce massif un bloc de fermeture de la vallée de la Nive, analogue au Jarra et à l'Aradoï, et dont l'occupation est nécessaire pour le maintien des communications entre Bayonne et Saint-Jean-Pied-de-Port. Ce n'est point d'aujourd'hui que l'on considère l'Ursuya comme un *appui définitif* de la gauche de l'armée ralliée à la rive droite de la Nive. On lit, en effet, dans un mémoire du général Servan, écrit en 1792 (1), et reproduisant d'ailleurs dans ses grands traits celui du maréchal de Mailly : « Supposons nos forces repous-
« sées de la Bidassoa et même de la Nivelle, Saint-Jean-de-
« Luz au pouvoir de l'ennemi. L'armée française (se porte)
« au camp de Bidart fortifié à l'avance, et détache des
« troupes à Espelette et Ustaritz, afin de défendre la Nive et
« de couvrir sa gauche. Si l'ennemi force le camp de Bidart,
« l'armée vient occuper près de Bayonne le camp du front
« de la porte d'Espagne, la droite à l'Adour, la gauche à la
« Nive.

« *Dans cette dernière position, à peu près inexpugnable,*
« *le général français, réduisant son armée dans le camp*
« *sous Bayonne, pourrait porter le reste sur la gauche,*
« *pour défendre la Nive, lequel alors passant cette rivière*
« *à Ustaritz ou à Cambo, pour se porter sur Saint-Pé et*
« *Serres, menacerait l'armée ennemie de la prendre par*

---

(1) *Mémoires sur les moyens offensifs et défensifs contre l'Espagne, vers les montagnes des Pyrénées*, par le général Servan.
Mémoires sur la frontière des Pyrénées, par le maréchal de Mailly.

« *derrière, de la mettre entre deux feux ou de couper sa
« ligne d'opération....* » Soult n'eut qu'à reprendre et
compléter l'idée, car tout est là en germe : l'organisation de
l'Ursuya, une tête de pont à Cambo, une base en équerre.
Après la défaite de la Nivelle, il voulut se retirer derrière
la Nive et appuyer sa gauche à l'Ursuya; la ligne Bayonne-
Ursuya était indébordable, mais de puissants motifs l'obligèrent à abandonner ce projet. Dans l'état peu avancé de ses
travaux, loin de lui servir d'appui, Bayonne lui-même avait
besoin d'être protégé.

CHAPITRE V

DÉSASTRES DE SORAUREN ET DE SUMBILLA.

Il n'entrait point dans notre dessein de retracer la marche de Soult au secours de Pamplona, et la non moins lugubre tentative sur le San Marcial. Organisation de la frontière, défense successive de la Bidassoa et de la Nivelle, protection de l'Adour, batailles enfin de Bayonne et d'Orthez : c'était là, nous semblait-il, un sujet suffisamment vaste et complet, et par-dessus tout une poignante expérience que l'avenir peut nous condamner à renouveler. Mais il n'est point possible de les passer sous silence, car le moral de l'armée y sombra, et voyant la situation perdue, le maréchal se confina dans le pire des systèmes : la défense passive.

Les succès d'une armée ont pour garants la patience et la constance de leur préparation ; or, débutant par des échecs, elle se vouait à la misère. Dans l'état où Soult la recueillit, refonte des cadres, renforts, réorganisation des services, constitution du matériel et des approvisionnements : tels étaient ses besoins ; tâche qu'il était passé maître à remplir, mais qui exigeait plusieurs mois, alors qu'il ne s'accorda qu'un délai de peu de jours. Aussi, le 23 juillet où l'armée déboucha sur la Maya et l'Altobiscar pour dégager Pamplona, elle emportait *4 jours de vivres seulement*, manquait de magasins et de moyens de transport, et n'était fondée qu'à un succès... *moral*. Prématurée, la marche sur cette forteresse ne pouvait être qu'une folie aventureuse : elle tourna au désastre.

Le Maréchal reprend les projets de Jourdan.

Sur le point de céder aux objurgations du ministre, le roi

Joseph avait invité Jourdan à lui soumettre un plan d'opération. Le 5 juillet, celui-ci en présenta plusieurs dont, quelques jours plus tard, Soult prit connaissance et parmi lesquels il choisit. On pourrait, disait Jourdan « *laisser un corps d'observation sur la Bidassoa pour* « *contenir le corps qui est à Irun, protéger la frontière* « *autant que possible, tandis que le reste de l'armée se* « *dirigerait sur Pamplona par la vallée de Roncevaux,* « qui paraît être la moins difficile. Ce parti aurait l'avantage « de porter plus immédiatement des secours à Pamplona, « puisqu'on marcherait sur cette place par la ligne la plus « courte; il aurait aussi celui de conserver la communication « de l'armée sur Saint-Jean-Pied-de-Port. Mais *je ne suis* « *pas bien assuré qu'on puisse conduire de l'artillerie par* « *cette communication, et on doit s'attendre qu'en débou-* « *chant on trouvera l'armée anglaise prête à livrer bataille* « *avec tous ses moyens.* En second lieu, *la Navarre n'offre* « *aucune ressource pour faire vivre l'armée : il sera diffi-* « *cile de surmonter ces difficultés si on opère par la vallée* « *de Roncevaux* ». Toutes ces prévisions se justifieront. Inutile donc d'exalter les mérites du prétendu plan de Soult; l'auteur en est connu, et il en signalait les dangers. Mais poursuivons : « On pourrait aussi *laisser un corps d'obser-* « *vation sur la Bidassoa, et porter toute l'armée en Aragon* « *par la vallée de Jaca, afin de se réunir au maréchal* « *Suchet, et de former une masse capable de chercher l'ar-* « *mée anglaise partout où elle serait. Je pense que ce* « *dernier parti serait celui qu'il conviendrait le mieux de* « *prendre*. On ne peut espérer de rétablir les affaires en « Espagne qu'en réunissant une armée capable de battre « l'armée anglaise ; l'Aragon me paraît le point le plus favo- « rable pour opérer cette réunion, et je pense *que toute* « *opération de plusieurs corps isolés ne réussira pas* ». Nous marchons de surprise en surprise; ainsi, Soult n'est même point l'auteur du célèbre projet de débouché par le port de Canfranc et de coopération avec Suchet, dont il s'entretint si longuement avec ce dernier et avec le ministre !

Jourdan sacrifié et englobé dans la retraite et le discrédit de Joseph, ses plans d'opérations sont repris, on s'en prévaut peut-être !

Les opérations de l'armée sur Pamplona embrassent une période de huit jours de combats continuels ; terrible semaine, assez embrouillée et qui se divise naturellement en trois parties, savoir :

1° Les combats d'avant-postes des 25 et 26 juillet à la Maya et dans la trouée de Roncevaux ;

2° La bataille de Sorauren, le 28 ;

3° La retraite sur San Esteban et Etchalar, du 30 juillet au 1er août.

En effet, le 25 les Alliés sont chassés de la Maya, du Linduz et de l'Altobiscar ; les 26 et 27, ils rallient les avancées de Pamplona ; le 28, Soult s'épuise vainement contre les formidables hauteurs de Sorauren, et d'Erlon n'est encore parvenu qu'à Lanz. La retraite s'impose et, le 30, d'Erlon la soutient, nouveau désastre. Derrière lui, les débris de l'armée traversent le Baztan, défilent dans les gorges de Lerin et atteignent Etchalar le 1er août.

Dans une lutte aussi ardente, aussi désespérée, l'issue de chaque journée engage celle du lendemain : « *Je n'ai jamais vu de tels combats*, dit Wellington ; *nous nous sommes battus tous les jours jusqu'au 2 août, et Sorauren a été comme un coup de massue* ».

Dispositif des Alliés. — Projets de Soult.

L'armée alliée est singulièrement répartie ; son dispositif, comparable à un immense système d'avant-postes, observe les débouchés sur Roncevaux, la Maya, Vera, Etchalar et Irun, et couvre à la fois le blocus de Pamplona et le siège de San Sebastian. Derrière un rideau de postes, les réserves s'échelonnent sur deux lignes : la première à Viscarret, Errazu, Lesaca et Oyarzun, la deuxième à Olague et San Esteban. Sans doute, la configuration du pays impose cette distribution des forces, mais les réserves sont trop éloignées des positions de combat. Ainsi, on compte 18 kilomètres d'Espinal au Bentarté, 22 à Val Carlos, et 26 d'Olague à Espinal; la réserve d'Olague a donc 2 marches à faire pour arriver au secours du Bentarté. De même, il y a 30 kilomètres de San Esteban au port de Maya.... Wellington l'avouera plus tard : « Les communications étaient longues et « difficiles entre les divisions. En cas d'attaque, hors d'état « de se soutenir mutuellement, elles ne pouvaient recevoir « du secours que des derrières (1) ».

Le grand quartier général est à Lesaca, sur la ligne des réserves.

Le 20 juillet, l'armée française quitte ses positions et, sous le couvert des montagnes, s'achemine sur Saint-Jean-Pied-de-Port. Reille, laissant la division de réserve de Villatte en rideau derrière la Bidassoa, doit couper au court par Cambo; mais des pluies torrentielles gâtent tellement les chemins, qu'il perd une journée à tourner par Bayonne et n'arrive à Saint-Jean que le 23. Déjà Clausel s'y est rendu. Sentant le prix du secret et du temps, le maréchal voudrait commencer l'attaque le lendemain; malheureusement la persistance du mauvais temps, des distributions à faire, les chemins du Bentarté et du Linduz à réparer, l'artillerie à monter à la Venta d'Orisson, l'obligent à remettre le mouvement au 25. D'Erlon échelonne son corps d'Espelette à Urdach, au pied de la Maya.

« *Lord Wellington attache peu d'importance aux tenta-*
« *tives de l'ennemi pour tourner la droite de nos positions.*
« Les difficultés d'une telle opération ralentiraient suffisam-
« ment sa marche, pour donner le temps de prendre des
« mesures de nature à arrêter ses progrès, *sans abandonner*
« *l'appui des passages de la frontière* » (2). En quoi il se trompera. Du reste, il n'ignore pas le mouvement de Soult :
« Je sais, à n'en pouvoir douter, que *la majeure partie des*

---

(1) *Wellington à Bathurst.* San Esteban, 1ᵉʳ août.
(2) *Murray à Cole.* Lesaca, 24 juillet.

« *forces de l'ennemi a été dirigée sur Saint-Jean-Pied-de-*
« *Port.* Deux équipages de pont sont à Urrugne. Ainsi,
« *on croirait vraiment que l'ennemi veut attirer notre*
« *attention de ce côté, et tenter le passage de la Bidas-*
« *soa* (1) ». Démonstration sur la basse Bidassoa, offensive
par Saint-Jean-Pied-de-Port, les projets du maréchal sont
éventés ; mais, croyant n'avoir rien à craindre du côté de
Roncevaux et de la Maya, Wellington ne modifie point ses
dispositions. Il se rend même le 24 à San Sebastian, pour
juger de l'état des travaux du siège, et le lendemain, alors
que le canon gronde dans la direction du Baztan, il n'est
point de retour encore à son quartier général, où affluent
les rapports et où l'on est sans ordres. « Tout y était en
« émoi. La retraite, et rapide, s'imposait ; notre droite était
« forcée et complètement tournée (2) ».

Le 24 au soir, les deux armées occupent les positions suivantes :

---

(1) *Wellington à Giron.* Lesaca, 24 juillet.
(2) *Private Journal of Larpent.*

ARMÉE ALLIÉE.		ARMÉE FRANÇAISE.	
Quartier général : Lesaca.		Quartier général : St-Jean-Pied-de-Port.	
		Reille.	
		Div. Foy.......	Sur le revers de la montagne d'Arola ; chemin de Linduz.
Brig. Byng......	Bentarté, Orbaiceta, Val Carlos.	— Maucune....	
Div. Morillo.....	Yrulepe.........	— La Martinière.	
Brig. Campbell....	Les Aldudes.....	*Clausel.*	
Div. Cole (rés.)..	Espinal.........	Div. Taupin.....	Venta d'Orisson.
Div. Picton (rés.)..	Olague.........	— Conroux.....	Chemin du Bentarté.
		— v. der Maësen.	
Div. Stewart.....	Puerto de Maya...	*d'Erlon.*	
Div. Silveyra.....	Errazu (observe l'Ispegui et l'Elhorietta.........	Div. Maransin....	Urdach.
		— Darmagnac..	Ainhoa.
Div. Pack (rés.)..	San Esteban.....	— Abbé........	Espelette.
Div. Dalhousie...	Vera, puerto d'Etchalar.........		En rideau de Hendaye à la Rhune, etc.
Div. Alten......	Santa Barbara....	*Réserve de* Villatte	
Corps de Giron...	San Marcial, Irun, Fontarabie.....		
Brig. des Gardes (rés.).........	Oyarzun.		
Brig. Aylmer.....			
Div. Longa......	Lesaca.		
Corps de siège.			
O'Donnell......	Pamplona........	Cassau	»
Graham........	San Sebastian....	Rey...........	»

(Corps de Hill.)

D'après son ordre de mouvement du 23, le maréchal se propose de « forcer la droite de la ligne ennemie, de s'em-
« parer de la position d'Altobiscar et de se rendre maître
« des passages qui viennent à Pampelune. Ce résultat obtenu,
« Reille et Clausel manœuvreront dans la direction de Zu-
« biri. Il est à présumer que les troupes ennemies qui sont
« dans le Baztan, aux Aldudes et aux ports d'Ispeguy et de
« Maya, se retireront aussitôt qu'elles seront instruites du
« mouvement. D'Erlon saisira ce moment pour les attaquer
« et s'emparer du port de Maya, d'où il se dirigera sur
« Elisondo, et ensuite sur le port de Velate, *mais il ne*
« *perdra point de vue qu'il doit chercher à se réunir le*

plus tôt possible au reste de l'armée, et à communiquer avec Reille » (1).

Le mouvement est fixé au 25, à 4 heures du matin. Reille, avec huit pièces de montagne portées à dos de mulet, suivra la crête des montagnes, et marchera sur le Lindux. A sa droite, la garde nationale de la vallée de Baygorry se rendra avant le jour sur la montagne de Hausa, s'en emparera et y allumera beaucoup de feux, afin de faire croire à l'ennemi qu'il y a « immensément de troupes », et lorsque d'Erlon débouchera par le port du Maya, elle communiquera avec lui. Maître de Linduz, Reille menacera les ports d'Urtiaga, d'Ernaçabal *et de Velate.*

De son côté, Clausel (le maréchal est avec lui) se formera sur le plateau, en avant de Château-Pignon, et se portera contre la position d'Altobiscar, que l'ennemi défendra faiblement, lorsqu'il se verra tourné sur sa gauche par Reille et menacé sur sa droite par les gardes nationales réunies sur le plateau d'Yropil, allumant de grands feux et descendant sur Orbaiceta. L'Altobiscar enlevé, Clausel gagnera Roncevaux et Burguete par l'Ibañeta, et se reliera avec Reille.

Combat du Bentarté. — Marche sur Pamplona.

Mais dès le premier jour, par la faute de Reille, et les jours suivants par celle d'Erlon, peu à peu l'habile combinaison du maréchal avorte, et les prévisions de son adversaire se justifient. Dans la nuit, en effet, Byng, établi sur une forte position près d'une maison ruinée dite Mentabarté, au port de Bentarté, informe Cole qu'il s'attend à être attaqué au point du jour. Celui-ci accourt d'Espinal, et porte sa division au Lindux. En faisant diligence, Reille aurait pu l'y devancer ; il perd un temps précieux à incorporer des recrues et à terminer des distributions, et n'est formé *sur l'Arola*

---

(1) *Ordre général*, Château d'Olhonce, 23 juillet.

qu'à 5 *heures du soir* (1) ; sa tête de colonne trouve le Linduz occupé et ne réussit point à l'enlever. A la fin pourtant Byng, voyant des forces croissantes et supérieures marcher contre Cole et se sentant menacé du côté d'Orbaiceta, ayant 16 kilomètres à parcourir pour regagner Burguete, craint d'être coupé : il bat en retraite, et ce mouvement, qui découvre la droite de Cole, oblige celui-ci à faire de même. Par une marche de nuit, ils vont prendre position le lendemain matin sur les hauteurs en avant de Zubiri. Campbell et Morillo se dérobent par l'Urtiaga sur Euguy, d'où Picton les amène à Zubiri.

En vertu de ses instructions, « après avoir forcé le Linduz, « Reille devait manœuvrer par sa droite pour s'emparer « successivement des débouchés qui viennent du Baztan. » Or il était nuit lorsqu'il s'établit sur cette montagne, et le lendemain « ses guides refusent de le conduire sur les dé- « bouchés. Le brouillard empêche de distinguer les objets à « dix pas : ils craignent d'égarer la colonne dans quelque « précipice, et Reille vient joindre Clausel à Espinal » (2). Soult veut sans tarder attaquer l'ennemi, mais Picton, qui a pris le commandement des troupes, rompt le combat. Dans la soirée du 26, « le pays, jusqu'à Pamplona, n'offrant « aucune position sur laquelle il fût prudent de se hasarder « contre un ennemi de telle force », il se retire et « fait « filer les bagages », afin « de prendre position le plus près « possible de la place » (3).

Le 27 au matin, Clausel et Reille marchent sur Pamplona par les deux rives de l'Arga, et talonnent l'arrière-garde anglaise. « En arrivant à Zabaldica, l'ennemi « se montre en position sur toutes les hauteurs des débou- « chés des vallées qui aboutissent à Pamplona, notamment

---

(1) Pellot, *Mémoires sur la campagne des Pyrénées*, 25. Lapène, *loc. cit.*, 75.
(2) *Soult au Ministre.* Linzoain, 26 juillet.
(3) *Picton à Wellington.* Zubiri, 26 juillet.

« sur la montagne d'Oricain, au pied de laquelle passent les
« deux routes que les colonnes viennent de tenir, ainsi que
« sur la position de Goraiz » (1). Picton a fait volte-face, et
le malheur veut qu'au moment où la garnison de Pamplona,
par une vigoureuse sortie, oblige « l'ennemi à évacuer ses
« magasins, désarmer ses batteries et détruire ses muni-
« tions » (2), l'arrivée sous les murs de la forteresse de la
division don Carlos, permet de disposer du corps de
siège ! Vainement, pour reconnaître la position, le maréchal
engage le combat : cinq divisions, au moins, l'arrêtent.
« L'impossibilité où je fus de faire déboucher l'artillerie et
« la cavalerie m'obligea de les laisser dans l'étroite vallée
« de Zubiri. Clausel prolongea sa droite jusqu'au village de
« Sorauren, dans la vallée de Lanz, qu'il occupa. Sa gauche
« s'étendit dans la direction de Zabaldica, où elle se relia
« avec la droite de Reille, qui prolongea sa gauche jusqu'au
« village d'Elcano, en coupant transversalement la chaîne
« de montagnes qui est à la gauche de l'Arga » (3).

Néanmoins, la retraite de Hill et des divisions de la basse
Bidassoa sur Pamplona est coupée : elle ne peut plus s'effec-
tuer que par Lizaso et Marcalain, sur la grande route de
Tolosa.

**Combat de la Maya. — Retraite de Hill sur le Velate.
Lenteurs de Drouet d'Erlon.**

A la Maya, le succès de Drouet d'Erlon a été incomplet.
Le terrain s'opposait-il à ce qu'il prît de meilleures dispositions ? Il consacre la division Maransin à l'attaque de
front, et les deux autres à un mouvement débordant par
le Gorospila et le chemin des Anglais. Appelant à lui Sil-
veyra, Hill se cramponne à l'Alcorrunz, où il est renforcé
par une brigade de Dalhousie, venue d'Etchalar ; mais,

---

(1) *Soult au Ministre*. Zabaldica, 28 juillet.
(2) Belmas, *Journal du siège de Pampelune.*
(3) *Soult au Ministre*. Zabaldica, 28 juillet.

découvert sur sa droite par l'abandon de la vallée des Aldudes, il se retire pendant la nuit sur les hauteurs d'Irurita, en avant du Velate (1). « D'Erlon n'a pas lieu de se vanter, pourtant j'ai été si vigoureusement attaqué sur les hauteurs, qu'il m'a été impossible d'emmener mes pièces. Je les ai enclouées et jetées dans les précipices » (2).

La droite des alliés en pleine retraite sur Pamplona, et le centre sur Irurita, un mouvement énergique de Drouet d'Erlon contre le Velate compromettrait leur gauche; car, enfin, à la Maya, il n'est qu'à 20 kilomètres d'Almandoz, alors, qu'Alten et Dalhousie s'en trouvent à 36 et 40!

A son retour de San Sebastian, Wellington expédie ses ordres et accourt auprès de Hill et de Picton. « Graham
« lèvera le siège et embarquera les pièces et le matériel.
« Pack s'établira à Legasa, en soutien de Hill. Dalhousie
« se portera à San Esteban. Alten filera sur Santa Cruz par
« les hauteurs de la rive gauche de la Bidassoa. Enfin, le
« quartier général se dirigera par Yanci sur Elgorriaga, où
« il recevra de nouveaux ordres » (3).

Pourquoi d'aussi courtes marches? C'était faciliter la tâche de Drouet d'Erlon que de ne laisser en face de lui que les deux faibles divisions de Hill. « Je ne voulais pas perdre
« un lambeau des montagnes de plus qu'il n'était néces-
« saire » (4). En vérité, si le propos a été tenu, il est singulier ; Wellington devait avoir d'autres préoccupations... Quoi qu'il en soit, les 26 et 27, la route du Velate n'est gardée que par Hill : d'Erlon couche au port de Maya et ne se porte le lendemain (26) qu'à Elizondo! « J'ai pris position à Elizondo. Ce matin, j'avais devant moi deux divisions enne-
« mies, campées entre Irurita et Berroeta ; *je n'ai pas cru*
« *devoir me mettre en marche tant que je serais en pré-*
« *sence de l'ennemi* » (5). On conçoit l'irritation du maré-

---

(1) (2) *Hill à Murray.* Irurita, 29 juillet.
(3) *Wellington à Graham,* Lesaca, 25 juillet.
(4) *Private Journal of Larpent.*
(5) *D'Erlon à Soult,* 26 juillet.

chal. « Je regrette d'autant plus ce contre-temps que je lui
« avais ordonné de manœuvrer de manière à se rapprocher
« de moi, *quelque force que l'ennemi lui présentât*. Je viens
« de lui réitérer cet ordre » (1). Mais il n'en tient point
compte et attend qu'il plaise à son adversaire de repasser le
Velate, et certes, bien que la route soit encombrée par le matériel, les blessés et les colonnes, celui-ci en a tout le temps.
Après avoir rallié Pack et Dalhousie à Almandoz, Hill les
fait filer derrière lui par le Velate et l'Arraiz; ils arrivent à
Olague le 27; mais comme la route de Pamplona est interceptée, Wellington leur fait rebrousser chemin sur Lizaso et
les dirige à marches forcées sur Pamplona par le chemin
d'Oricain. Alten va prendre position à Zubieta, pour couvrir
la gauche de la route de Tolosa. Enfin, Hill, fermant la
marche, repasse le Velate le 27 et s'établit sur les hauteurs
de Beunza, en arrière de Lizaso, et *d'Erlon ne débouche
du Velate que le 28, le jour de Sorauren! Il a mis quatre
jours à faire huit lieues!* Dès lors, les alliés étant parvenus à rallier Pamplona, le maréchal ne cesse de manifester « une véritable conviction de non-réussite » (2).

Quel enchevêtrement ! *le quartier général des Alliés
arrive le 27 à Lanz, sur les derrières de Clausel !* Écoutons
Larpent :

« J'étais couché, la nuit du 25, lorsque vint l'ordre de
marcher. Le quartier général fut dirigé à travers les montagnes, par Yanci, sur un petit village appelé Elgorriaga,
juste à la descente dans la vallée de San Esteban. Vers
2 heures de l'après-midi, nous quittâmes ce village, traversâmes la Bidassoa et gagnâmes Almandoz, sur les derrières
de Hill, dont le quartier général était à Berroeta, à une demi-lieue en avant.

« Nous vîmes, à Almandoz, les effets de la bataille de la
Maya. Les blessés y arrivaient, on les pansait, et tous étaient

---

(1) *Soult au Ministre*, 28 juillet.
(2) Lapène, *loc. cit.*

poussés sans retard sur le passage du Velate et Lanz : le village est très petit, ils venaient qui en voitures, qui à dos de mulets. Il était près de 7 heures et nous n'avions rien pris depuis le matin, le quartier général était mal ; les habitants, dans la plus grande détresse, pliaient bagages, désertaient leurs maisons. Une retraite est la scène la plus lamentable, alors même qu'elle est dirigée à la perfection.

« Vers 9 heures, l'ordre fut donné de marcher à la pointe du jour sur Olague. La route était encombrée de bagages, d'artillerie, de fuyards. Nous arrivâmes à midi à Lanz, et y trouvâmes le général Murray, ainsi que beaucoup d'officiers, très sérieux et fort tristes. Là, on empêcha de continuer sur Olague, parce que Cole avait été refoulé. Le feu était très vif et les Français poussaient sur cette route ; prenant à droite, nous marchâmes vers la route de Pamplona à Tolosa, par Arraiz et plusieurs villages, jusqu'à Lizaso. Là, nous étions à deux lieues et demie de la route de Tolosa et à trois de Pamplona.

« A Lizaso, la scène fut terrible ! Tous les blessés arrivaient en ce moment, en voiture ou sur mulets, marchant en béquilles, clopin-clopant : ceux qui étaient blessés aux mains, aux bras, etc., marchaient. Comme ils devaient s'y arrêter, on leur céda tous les logements, à l'exception de celui de Wellington. En attendant mes bagages, je gravis une hauteur pour observer : je découvris le pays au delà de Pamplona, mais ne pus voir la place à cause de la fumée. Vers 6 heures du soir, les blessés eurent l'ordre de se diriger sur Yrurzun ; à 7 heures, un furieux orage éclata et les surprit en route ; ils ne purent dépasser Berrio Plano. Enfin, à 9 heures, arriva l'ordre de se porter le lendemain sur Yrurzun. Ainsi se passa la journée du 27... »

« Ce soir (4 août) Wellington s'est assis avec moi sur le mur du cimetière de Lesaca et m'a dit : « Eh bien, certaine-
« ment, un moment l'affaire a été alarmante et sérieuse.
« Lorsque j'arrivai au pont de Sorauren, je vis les Français
« sur les hauteurs de l'autre côté. Je résolus de prendre
« position, mais je dus écrire mes ordres à Sorauren et les

« expédier immédiatement. Je m'arrêtai pendant que les
« habitants ne cessaient de me crier : « *Les Français*
« *arrivent! les Français arrivent!* » Je me dépêchai pas-
« sablement, et lorsque j'eus fini, je les vis à une entrée
« du village au moment où je sortais par l'autre ». Je lui
rappelai combien, lorsque nous fûmes dirigés sur Lizaso,
toutes les figures étaient longues, combien l'évacuation
des blessés avait été précipitée. Il me dit: « Si j'avais été
« aussi régulièrement informé de ce qui s'était passé les
« 26 et 27, que je le fus de ce qui était arrivé le 25, cette
« nécessité ne se serait point produite; mais Cole ne me fit
« jamais connaître exactement jusqu'où il était obligé de
« reculer, ce qu'il avait devant lui; mes dispositions auraient
« été bien différentes et les Français eussent été arrêtés plus
« tôt » (1).

D'ailleurs, Wellington ne s'en prit point seulement à Cole :
« C'est un grand inconvénient que l'absence ou l'éloignement
« du commandant en chef. Aussi, n'est-il rien que j'aime
« moins que ces opérations étendues que je ne puis diriger.
« En fait, l'affaire du 25 a été une surprise occasionnée par
« l'habitude qu'ont les gens de s'occuper de ce qui ne les re-
« garde pas et de se former une opinion sur ce qui se passe
« ailleurs. *On savait que Soult avait marché à Saint-Jean-*
« *Pied-de-Port et que Cole serait attaqué le 25. Et Hill,*
« *qui avait 10 à 12,000 hommes devant lui, décida que*
« *l'ennemi ne l'attaquerait pas : il envoya la moitié de ses*
« *troupes faire la soupe à une lieue en arrière, et vint de*
« *sa personne à Elizondo.* Pendant ce temps, les Français
« se formèrent dans le bois, sous la hauteur, où il n'y avait
« personne. C'est un grand honneur pour les troupes de
« s'être tirées d'embarras comme elles l'ont fait.

« *Avec de vulgaires précautions, Hill avait assez de*
« *monde pour défendre le passage.* La retraite de Cole a
« tout entraîné; il s'est retiré, non point parce qu'il ne pou-

---

(1) *Private Journal of Larpent.*

« vait tenir sa position, mais parce que son flanc droit a été
« tourné.

« L'ennemi n'a obtenu de succès sur aucun autre point,
« et lorsque j'eus rejoint l'armée à Sorauren, il a été terrible-
« ment battu. *Je n'ai jamais vu de batailles comme celles
« des* 27 *et* 28, *ni résolution pareille à celle que montrèrent
« les troupes* » (1).

Bataille de Sorauren (28 juillet).

Le 27 au soir, le maréchal est en position avec les corps de Clausel et de Reille, la droite entre l'Arga et l'Ulzama, sur les hauteurs au nord de Sorauren et de Zabaldica, la gauche sur celles qui s'étendent de Zabaldica à Elcano ; faute de débouchés, l'artillerie et la cavalerie, sont entassées sur les routes entre Iroz et Zuriain. En face, Picton s'est établi avec 5 divisions sur les hauteurs de Sorauren. L'Arga et l'Ulzama débouchent dans la plaine de Pamplona par les formidables cluses de Huarte et de Villaba. La forteresse est assise derrière un rideau de chaînons dont l'ordonnance rappelle celle des petites Pyrénées. En avant, les hauteurs d'Oricain se dressent comme un cavalier entre les routes de Roncevaux et du Velate, et leurs flancs s'appuient, en arrière, aux murailles de Goraiz et de San Cristobal. Pamplona n'est accessible que par les souricières de Huarte et de Villaba, et encore échappent-elles à nos vues. Enfin, les trois masses de fermeture, disposées en échiquier, le centre en avant, s'épaulaient mutuellement. Il n'est plus temps de les tourner par Lizaso ; déjà Hill s'y porte ; déjà Pack et Dalhousie atteignent Marcalain ! Il ne nous reste qu'une ressource, la baïonnette. Pourtant, le maréchal combine une démonstration sur le front avec une attaque décisive et enveloppante sur le défilé de Sorauren. Mais ces mouvements

---

(1) *Wellington à Liverpool,* 4 août. Lettre confidentielle ; du moins, les noms propres sont laissés en blanc.

ne peuvent qu'amener la perte d'une armée qui ne dispose point de la supériorité des forces (déjà l'égalité s'est établie) et qui les exécute à la vue de l'ennemi...

« Aujourd'hui (28), après avoir employé toute la matinée à reconnaître la ligne ennemie, j'ai cru nécessaire de faire attaquer les troupes en position sur la montagne d'Oricain, dont il était indispensable de s'emparer pour pouvoir déboucher et utiliser mon artillerie. *Clauzel, avec ses trois divisions, devait attaquer le revers de la montagne d'Oricain, en partant du contrefort au pied duquel est situé le village de Sorauren, tandis que Maucune et La Martinière, chacun avec une brigade de leur division, attaqueraient par diversion cette position de front.*

« Le mouvement commença à 1 heure de l'après-midi. Toutes les troupes désignées pour l'attaque devaient s'ébranler en même temps; mais par l'arrivée inopinée d'une division ennemie dont la marche avait été annoncée, une brigade du corps de Clausel s'est engagée une demi-heure avant; les dispositions que l'on a dû faire pour la soutenir ont fait successivement engager les autres troupes, et il n'y a pas eu l'ensemble prescrit. Cette circonstance et les renforts arrivés à l'improviste à l'ennemi m'ont porté à donner l'ordre que l'attaque ne fût pas poussée plus avant » (1).

Cette brièveté est voulue. Évidemment le maréchal dissimule une partie de la vérité; on la trouve dans une note de Murray : « Nous fûmes rejoints, le 28, vers 11 heures du matin, par la division Pack. Je lui ordonnai d'occuper les hauteurs à la gauche de la vallée de Lanz et de se former en travers de cette vallée, en arrière et à la gauche de Cole, sa droite à Oricain et sa gauche aux susdites hauteurs.

« A peine Pack venait-il de prendre position que l'ennemi lança contre lui les grandes forces qu'il avait rassemblées au village de Sorauren. Mais son front fut si bien couvert par

---

(1) *Soult au Ministre*, 28 juillet.

le feu des troupes légères postées sur les hauteurs de gauche et par celui des hauteurs qu'occupait Cole, que l'ennemi fut repoussé par un feu croisé de front, des deux flancs et d'arrière.

« Afin de dégager ses troupes dans la vallée de Lanz, l'en-
« nemi attaqua la hauteur (de la Chapelle San Salvador),
« sur laquelle se trouvait Cole ; il s'en empara », mais à la fin en fut « culbuté avec une perte immense » (1). Tout cela est clair ; Clausel s'est engagé dans une impasse, et pour le tirer d'une situation aussi grave, le maréchal a vainement, et, à plusieurs reprises, donné l'assaut à la hauteur d'Oricain. Suivant leur usage, les Anglais se plaçaient un peu en arrière des crêtes. La fusillade et le repliement de leurs tirailleurs les avertissaient de l'approche de nos colonnes d'attaque, et au moment où elles paraissaient, après un feu meurtrier, ils chargeaient à la baïonnette et nous refoulaient. Mais les tirailleurs seuls poursuivaient : quant à eux, ils reprenaient leur position.

Retraite sur Etchalar (30 juillet — 2 août).

Pas un coup de fusil n'est échangé le lendemain. D'Erlon arrive à Ostiz, mais renouveler l'attaque serait une folie ; nous sommes à notre dernier jour de vivres. La retraite s'impose ; dès le 28 au soir, l'artillerie, qui a été à peu près inutile, les blessés et les bagages s'échappent sur Saint-Jean-Pied-de-Port. La leçon de Vitoria porte ses fruits.

D'Erlon n'a apporté au maréchal que des racontars. « *J'ai*
« *entendu dire que Villatte opère son passage de la Bidas-*
« *soa et que San Sebastian est dégagé. Je suis à mon der-*
« *nier jour de subsistances. Je vais manœuvrer par ma*
« *droite dans le but* de me rapprocher de la frontière pour
« prendre des subsistances et *donner la main à Vil-*

---

(1) *Note de Murray, chef de l'état-major général.*

« *latte* » (1). Sans doute, le siège de San Sebastian est levé, mais Villatte n'y est pour rien ; comment avec 10,000 hommes aurait-il pu passer la Bidassoa et affronter trois divisions ennemies? Sur quoi se basaient les affirmations d'Erlon? « *J'ai entendu dire.....* » Et c'est sur un ouï-dire que le maréchal change sa ligne de retraite et court, par la manœuvre la plus dangereuse, au-devant d'un désastre !

Renforcé de la division La Martinière, d'Erlon reçoit l'ordre de pousser, le 30, des *reconnaissances* dans la direction d'Irurzun : « Clausel se portera de Sorauren à Olague ;
« Reille, à Zabaldica, prolongera sa droite jusqu'à Sorauren,
« y restera jusqu'à la nuit et se portera ensuite sur
« Olague » (2). Mais Hill couvre la route de Pamplona à Tolosa ; il s'est établi derrière l'Ulzama, la droite à Arosteguy, la gauche à Beunza, sur des hauteurs extrêmement fortes, et pour le relier avec Wellington, Dalhousie a pris position sur les hauteurs en face d'Ostiz. D'ailleurs, dans l'ignorance de notre dénuement, et prêtant à Soult le projet de « tourner sa gauche par une attaque contre Hill », Wellington s'apprête à prendre l'offensive et charge Picton de tourner la nôtre par la route de Roncevaux.

Évidemment, en prenant pour ligne de retraite le Baztan, le maréchal ne pouvait, sans s'exposer aux plus graves dangers, laisser Wellington sur ses talons et Hill sur son flanc droit. A ce moment, le dernier mot de la situation était, suivant l'énergique expression de Bugeaud, de « savoir f..... le camp ». Or combien il était difficile de faire défiler cinq divisions sous les yeux et le canon de l'ennemi ! D'Erlon attaqua Hill, afin de dégager sa droite : attaquer n'est-il point parfois un moyen de contenir ?

Le 30, au point du jour, l'armée s'ébranle, et Soult accourt auprès d'Erlon pour presser son mouvement. Hill est délogé des hauteurs de Beunza et refoulé au delà d'Aros-

---

(1) *Soult au Ministre*, 29 juillet.
(2) *Soult au Ministre*, 31 juillet.

tegui : « Malheureusement, tandis que d'Erlon obtient des « succès, Reille et Clausel éprouvent des revers » (1). Un *désastre*, fallait-il dire, car en voyant nos divisions se prolonger sur son front et traverser l'une après l'autre le village de Sorauren pour remonter la vallée de Lanz, Wellington saisit le projet de son adversaire ; retraite ou concentration devant sa gauche. Déjà Taupin et Van der Maësen sont sur le point d'atteindre Ostiz ; Conroux quitte Sorauren et Maucune s'apprête à le suivre, lorsque les flanc-gardes détachées sur les hauteurs de gauche de la vallée sont culbutées par Dalhousie ; la colonne défile sous le feu des Anglais. En même temps, la ligne ennemie marche contre Sorauren et l'attaque en queue ; Maucune est obligé de se frayer passage à travers le village. Pour échapper au feu qui la décime, la colonne, dans le plus grand désordre, active sa marche et se jette à travers les pentes opposées aux montagnes d'Ostiz ; en arrivant à Olague, elle a perdu 2,500 tués ou blessés et 3,000 prisonniers, dans un funèbre couloir de 11 kilomètres ! Par surcroît, Foy qui ferme la marche est coupé de Sorauren, et Picton le déborde sur la route de Roncevaux ; il file par la crête des montagnes avec 8,000 hommes, se dérobe, descend sur Eugui et gagne les Aldudes. En l'absence de nouvelles, le maréchal le croit perdu...

« Maucune était à peine établi dans le village de Sorauren
« et Conroux commençait son mouvement, lorsque l'ennemi
« renouvela son attaque sur le village et la poussa avec
« beaucoup de vigueur. Au même instant, 2 régiments que
« Clausel avait placés en position sur la rive droite, au re-
« vers d'une montagne en face de Sorauren, furent forcés :
« l'ennemi profita de cet avantage pour faire descendre
« dans la vallée quelques centaines de tirailleurs et *il y eut*
« *quelques désordres dans ces deux divisions* (!) Le général
« Foy avait été destiné à les soutenir avec sa division ; il
« paraît qu'il ne put arriver assez à temps ; il garda la crête

---

(1) *Soult au Ministre*, 31 juillet.

« des montagnes qui est entre Sorauren et Zabaldica et se
« trouva lui-même isolé du reste de l'armée ; depuis, je n'ai
« pas eu de ses nouvelles.

« *Clausel soutint la retraite* (!) de l'aile droite et de l'aile
« gauche. Le soir, il prit position à Olague (1). »

Il paraît que l'intention du maréchal était de passer le
Velate et de gagner la Maya, route la plus courte et la meilleure. Mais il écrit : « *D'Erlon était trop engagé sur la droite*
« *pour qu'il fût possible de le ramener à la gauche pour*
« *venir passer le col de Velate; aussi, je fus conduit à*
« *diriger l'armée sur San Esteban*, et je commençai le
« mouvement à 1 heure du matin, le 31 : d'Erlon eut ordre
« de faire l'arrière-garde (2) ». Or, examinons la situation.
Trompé par la force des troupes qui se sont échappées avec
Foy et l'estimant de 2 divisions, *Wellington croit que l'armée s'est partagée sur Lanz et sur Roncevaux* (3). De là, les
mesures que prescrivent son ordre de mouvement du 30,
relatif à la poursuite, et l'instruction de Murray. Il faut rapporter cette dernière, car, on va le voir, *l'armée dut son salut au fourvoiement du général anglais et à la fausse direction qu'il donna à sa colonne principale.*

Murray à Hill, 30 juillet.

« La poursuite continuera demain matin.
« La colonne de droite (Picton) marchera sur Roncevaux;
« La colonne du centre suivra la route de Lanz, et sera
composée ainsi :

1° Brigade Byng et 1 escadron du 13e dragons;
2° Division Pack;
3° 13e dragons;
4° Corps de O'Donnell;

---

(1) *Soult au Ministre*. Bivouac des hauteurs d'Etchalar, 31 juillet.
(2) *Id*. Nous sommes tenté de croire que l'armée s'échappa en deux colonnes par les ports d'Arraiz et de Loyondi dont les chemins convergent sur Doña-Maria.
(3) *Murray à Alten*, 30 juillet.

« En arrivant à Olague, Pack marchera sur Eugui, d'où il rejoindra Picton à Linzoain ;

« Cole manœuvrera entre les routes de Lanz et de Roncevaux ; il reliera les colonnes qui suivent ces routes, puis remplacera Pack dans la colonne du centre ;

« Dalhousie suivra les hauteurs de gauche de la vallée de Lanz et communiquera par sa droite avec la colonne engagée sur la route de Lanz et par sa gauche avec le corps de Hill. Lorsque le mouvement pourra se faire sans entraver les opérations plus urgentes, Il franchira le col de Doña-Maria (Loyondi). Dalhousie s'entendra avec Hill au sujet du passage de sa division à la gauche de celles de ses troupes qui doivent se porter sur le Baztan.

« Le quartier général suivra la route de Lanz. »

Ainsi, Wellington traverse le Velate avec la colonne principale, et n'a personne devant lui ; de même, à sa gauche, Hill qui débouche du port d'Arraiz sur Almandoz, de telle sorte que *Dalhousie est seul à suivre les traces de l'armée en retraite sur Dona-Maria.*

En arrivant à Irurita, Wellington est vivement inquiet au sujet de Dalhousie ; il pousse Cole sur San Esteban, rappelle Alten de Zubieta sur Sumbilla ; bref, tout en facilitant le mouvement de Dalhousie, il cherche à nous couper de la vallée de Lerin et à nous envelopper dans le cul-de-sac de Dona-Maria (1). Mais Soult comprend qu'une marche de nuit est la dernière chance de salut qui lui reste. Le 1er août, il s'engage dans les gorges de Lerin par la rive gauche de la Bidassoa, la moins exposée, et se dirige sur Etchalar. Cole et Dalhousie se mettent à nos trousses ; Alten arrive à Elgorriaga. Après avoir traversé San Esteban, Clausel, qui commande l'arrière-garde, s'engage à peine dans les défilés lorsque Cole tombe des hauteurs sur son flanc droit et y ramène le désordre de l'avant-veille. Que

---

(1) *Wellington à O'Donnell*, Irurita, 1er août.

fût-il arrivé si Alten, répondant aux appels réitérés du général en chef, avait débouché sur la gauche, et si Longa s'était solidement établi au pont d'Etchalar? Dans une telle impasse, il eût fallu mourir ou capituler; l'incurie de Longa et l'impuissance d'Alten assurent notre salut. L'un ne détache qu'un bataillon au pont d'Etchalar, on lui passe sur le ventre; l'autre, semant par les sentiers de Santa Cruz une grande quantité d'hommes morts de fatigue, n'atteint le pont que dans la soirée, incapable d'arrêter la colonne qui défile sous ses pieds.

Le maréchal a jeté un voile sur cette lamentable retraite. Nous n'avons pas un canon, il est vrai, mais le convoi presque entier reste aux mains de l'ennemi. L'armée rentre en France par le port d'Etchalar où elle exécute un passage de défilé en arrière sous la protection d'une division qui, à bout de forces, soutient dans la nuit du 1er au 2 août et dans la journée du 2 un violent combat d'arrière-garde contre Alten et Dalhousie, et finalement ne se replie sur Sare qu'à 10 heures du soir sous les rafales d'un affreux ouragan.

On conçoit qu'au bivouac d'Etchalar, voyant l'état d'épuisement et de démoralisation des débris de l'armée, Soult ait écrit : « *Le moral des troupes est très ébranlé;* les effectifs « sont beaucoup trop faibles. *La mission que l'Empereur* « *m'a donnée est excessivement difficile à remplir* (1) ». Le moral de l'armée, on ne le verra que trop par la suite, ne se relèvera pas; elle ne cessera point d'être brave, mais la confiance lui manquera.

Cette lugubre semaine nous a coûté 378 officiers tués ou blessés, et plus de 13,000 hommes; que demeurait-il des engagements, de la sanglante ironie renfermés dans la proclamation du 23 juillet? Le maréchal ne vient-il pas d'excuser le roi Joseph et de lui faire pardonner Vitoria?

Il faudrait conclure; la bataille de Sorauren était-elle prévue, *pensée?* Pour obliger les Alliés à lever le siège de

---

(1) *Soult au Ministre.* Etchalar, 31 juillet.

Pamplona, ne suffisait-il point d'occuper en forces Zubiri et le Velate? Mais pourquoi insister? Est-il rien dont on doive plus se méfier que des idées qui surgissent, non point dans l'oubli du temps, des moyens et des circonstances, mais à la suite d'un examen trop soutenu des conditions sous lesquelles se présente le but à atteindre? D'un mot, Soult éclairerait la situation; l'histoire aussi sera muette.

CHAPITRE VI

BATAILLE DE VERA ET DU SAN MARCIAL

Emporté par sa haine contre Joseph, trompé sur l'état de l'armée, ou jouet d'une illusion sur ses forces, le maréchal avait accepté le mandat auquel s'apprêtait à obéir le malheureux souverain. Aussi, pour nous, demeure-t-il responsable de la défaite que son prédécesseur n'a cessé de prédire.

« Je crains d'avoir cédé trop facilement aux *pressantes*
« *insinuations* qui m'ont été faites pour reprendre les opé-
« rations, et d'avoir accordé trop de confiance aux *rap-*
« *ports* qui m'ont été donnés sur l'état d'abandon dans
« lequel se trouvaient les places lorsqu'elles furent investies,
« motifs qui m'ont peut-être porté à agir avec *trop de pré-*
« *cipitation* (1) ».

Mais quelle surprise ! Trois mois plus tard, retranché dans les lignes de la Nivelle, et les voyant devenir de jour en jour plus respectables, il fait un retour sur ses précédentes opérations et tient ce langage extraordinaire : « J'envi-
« sageai l'état de la frontière et la situation des places de
« Bayonne et de Saint-Jean-Pied-de-Port, qui n'auraient pas
« arrêté pendant quatre jours l'ennemi, s'il avait pris la
« peine de se présenter devant elles. Je considérai aussi qu'il
« était de la plus haute importance de prouver à la France,
« à l'Europe, aux ennemis même, qu'il existait encore une
« armée française sur les frontières des Pyrénées. *Dès lors,*
« *je me déterminai à entrer de suite en opérations, dans*
« *l'espoir qu'il se présenterait peut-être une chance favo-*

---

(1) *Soult au Ministre*, 2 septembre.

« *rable qui me ferait atteindre le but que je m'étais pro-
« posé. Ce n'est pas que je comptasse sur de grands succès,
« car je sentais bien que, ne pouvant faire vivre l'armée
« dans le pays où j'allais porter le théâtre de la guerre, et
« n'ayant rien en magasin, ni même la possibilité de faire
« transporter à ma suite des subsistances, je serais forcé de
« revenir, quelque avantage d'ailleurs que je pusse ob-
« tenir.*

« Vous connaissez le résultat des opérations que j'ai entre-
« prises pour dégager les places de Pampelune et de San
« Sebastian, et vous avez sans doute considéré que, si elles
« n'ont pas rempli l'*objet apparent*, du moins, elles ont re-
« tardé celles de l'ennemi et donné le temps de se mettre en
« défense sur la frontière (1) ».

Qu'entendre par *objet apparent?* le déblocus de Pamplona? Certes, l'*objet réel*, le moral, le relèvement de l'armée
ne fut pas plus rempli que l'autre. Napoléon a dit qu'un
général « doit donner sa démission, plutôt que d'être l'in-
« strument de la ruine de son armée » ; le maréchal ne dé-
missionna point.

En arrivant à Etchalar, le 1ᵉʳ août, il a toute raison de
craindre que son adversaire ne fasse irruption dans le bassin
de Sare. Wellington, en effet, a prévenu Graham qu' « 'il se-
« rait le lendemain au delà de la frontière, et que le quar-
« tier général serait à Etchalar. » « Préparez, ajoutait-il,
« vos bateaux, votre artillerie et votre cavalerie, et prenez
« vos mesures pour passer la Bidassoa, tout en reprenant
« le siège de San Sebastian » (2). De son côté, Hill reçoit
l'ordre de pousser sur la Maya et Ainhoa. Aussi, le 3, à
Sare, le maréchal, qui a fait arriver l'artillerie de Saint-Jean-
Pied-de-Port sur le plateau de Bidart, ne croyant pouvoir
tenir sur la frontière, ordonne de reconnaître immédiatement les routes d'Ascain, Serres et Bidart, et les hauteurs de

---

(1) *Soult au Ministre*, 26 octobre.
(2) *Ordres à Graham et à Hill*, 1ᵉʳ août.

Serres, « afin d'y mettre des batteries » (1). Il compte ainsi défendre le passage de la Nivelle.

Ses appréhensions ne se justifieront heureusement point. L'ennemi change de dessein : San Sebastian et Pamplona lui lient les bras et l'obligent à une défense passive. Résolu de son côté à disputer le territoire pied à pied, sans s'illusionner pourtant sur les dangers d'une telle détermination, le maréchal se renferme dans le même système, et dorénavant ne s'occupe plus que d'organiser la ligne de la Nivelle, les camps retranchés de Bayonne et de Saint-Jean-Pied-de-Port, la tête de pont enfin de Cambo.

I. — Emplacement des armées.

L'armée reprend donc, sans être inquiétée, ses premiers emplacements. De Sare, le quartier général vient à Ascain, le 8 août, puis le 26, définitivement, à Saint-Jean-de-Luz. Nul doute qu'au cours d'une période de stationnement — elle durera trois mois — le déplacement du quartier général ne soit un fait grave et l'indice d'une modification dans les vues du général en chef; or le transfert d'Ascain à Saint-Jean-de-Luz, sur la grande route d'Espagne, sera le point de départ de nos malheurs.

En face des trouées de la frontière, les Alliés calquent leurs dispositions sur les nôtres et s'assurent partout une énorme supériorité numérique. D'ailleurs, Wellington l'avoue : il se sent « trop fort pour Soult sur la défensive » (2).

A la droite, le *corps de Reille* (2 divisions) occupe la Croix des Bouquets, Biriatou, la montagne de Louis XIV ; en réserve, Villatte est au camp d'Urtubie. Devant lui s'établissent six divisions ennemies, du San Marcial à Irun et Fontarabie.

Au centre, le *corps de Clausel* (3 divisions) occupe Sare

---

(1) *Rapports du commandant du génie Vainsot*, 4 et 6 août.
(2) *Wellington à Stuart*, 15 août.

et la Rhune; cinq divisions ennemies sont réparties aux ports de Vera, d'Etchalar, de Zugaramurdi, au Santa Barbara et à Lesaca.

A la gauche, le *corps de Drouet d'Erlon* (3 divisions) est à Urdach, Ainhoa et au camp de Suraïde : il n'a devant lui que deux divisions à la Maya.

Enfin, la seule division Foy, détachée à Saint-Jean-Pied-de-Port, tient tête aux trois divisions de Hill.

Graham, avec sa division et deux brigades portugaises, a repris le siège de San Sebastian; Don Carlos, le blocus de Pamplona.

On le voit, la Rhune et la trouée de Sare sont particulièrement menacées, et le maréchal ne cache point ses pressentiments : « Vous voyez la situation de l'armée, vous connais-
« sez ses forces et celles de l'ennemi, et vous vous faites
« sans doute une idée de ses projets : vous pouvez donc
« d'avance apprécier ce qu'il est en mon pouvoir de faire.
« Je ne charge point le tableau, je dis ma pensée sans
« détour, et j'avoue que si l'ennemi emploie tous ses
« moyens (1), ainsi que probablement il le fera, ceux que
« je suis en mesure de lui opposer étant très inférieurs, je
« ne pourrai empêcher qu'il ne fasse beaucoup de mal. Mon
« devoir est de vous le dire, quoique je tienne un autre lan-
« gage aux troupes et au pays, et que je ne néglige rien
« pour remplir de mon mieux la tâche qui m'est impo-
« sée » (2). Par mesure de prudence, pourtant, les Alliés se retranchent derrière la Bidassoa : « Notre premier objet est
« la sécurité présente, jusqu'à ce que nous soyons maîtres
« de San Sebastian. Il nous faut assurer notre tranquillité
« cet hiver. Nos affaires ont bien marché cette année, mais

---

(1) Wellington n'y manqua jamais : il mit toujours en ligne jusqu'à son dernier régiment, alors que, fortuitement ou non, Soult ne s'engageait point à fond.

(2) *Soult au Ministre.* Ascain, 12 août.

« pourtant nous ne sommes point aussi sûrs de nos con-
« quêtes qu'il le faudrait » (1).

II. — Bataille du San Marcial et de Vera.
(31 août.)

Le temps presse : les brèches de San Sebastian sont praticables et l'assaut imminent. Avec moins d'espoir encore que pour Pampelune, le maréchal tente de secourir la place, et ne s'y décide que « *par honneur et par devoir...* » (2). Reprenant sa manœuvre favorite, il porte ses forces sur sa droite. Foy laisse un rideau devant Saint-Jean-Pied-de-Port et se dirige par Lombossoa sur Espelette, d'où, par une marche de nuit, il vient le 30 août se placer en réserve, derrière le corps de Reille. En même temps, Darmagnac et Maransin quittent le camp de Suraïde et joignent Clausel, qui se trouve à la tête de quatre divisions. Quant à Conroux et à Abbé, leur mission consiste à garder les débouchés sur Sare et sur Ainhoa, et à faire jour et nuit des démonstrations pour cacher à l'ennemi le mouvement qui s'opère. Enfin, la brigade de dragons Ismert s'établit en avant de Saint-Jean-de-Luz. Le maréchal veut franchir la Bidassoa à Vera et à Biriatou, enlever les hauteurs de San Marcial, clef de la gauche ennemie, et se cramponner au massif de la Haya, tandis que la droite, de position en position, marchera sur San Sebastian.

Malheureusement, Wellington est sur ses gardes; il « sait
« la majeure partie de nos forces rassemblée au camp d'Ur-
« rugne » (3). Prévoyant une attaque pour dégager San Sebastian, et sentant que le danger n'est point tant du côté d'Irun et du San Marcial, qu'au débouché de Vera sur

---

(1) *Murray au lieutenant-colonel Fletcher*, 22 août. Allusion à la mauvaise tournure des événements en Catalogne.
(2) *Soult au Ministre*, Saint-Jean-de-Luz, 2 septembre.
(3) *Wellington à Bathurst*, 2 septembre.

Oyarzun (port d'Arichulegui), il y fait appuyer deux divisions. Par un mouvement parallèle à celui de son adversaire, non seulement il barre l'accès d'Oyarzun, mais il soutient la droite de Freyre, établi sur le San Marcial avec 14,000 Espagnols.

Traverser une rivière sous le feu de hauteurs escarpées, livrer bataille avec un fleuve à dos dont la marée et une crue à prévoir, puisque la nuit qui précède l'action a été orageuse, vont gonfler les eaux, doubler le courant et compromettre la retraite : c'est courir au-devant d'un désastre. « L'honneur et le devoir » exigent-ils un tel sacrifice (1)? Il se consomme le 31 août. « Il tonnait d'une manière ef-
« frayante, et la pluie tombait à torrents ; ce jour ne sera
« jamais oublié de ceux qui prirent part à ces événe-
« ments » (2).

A l'aube, le colonel du génie Michaux se rend, avec trois compagnies, sur la montagne de Louis XIV. A son arrivée, le maréchal fait reconnaître, devant les gués de Biriatou, de l'autre côté de la Bidassoa, une hauteur qu'il paraît avantageux d'occuper pour couvrir le passage : on en trouve le sommet couronné par une sorte de redoute suffisante pour assurer les mouvements (3); une compagnie jette un pont de chevalets vers le gué de Telleria; l'ennemi évacue les maisons qu'il occupe à la rive gauche et qu'il a retranchées; une autre fait des rampes d'accès à la hauteur de la redoute. Une troisième compagnie rase le mamelon boisé en avant de la maison du maire de Biriatou, dite aujourd'hui Anderré, et y aménage un emplacement pour une batterie dont les feux se croisent sur le San Marcial avec ceux de la batterie placée sur la hauteur immédiatement à l'est de Béhobie.

---

(1) « Dans la soirée du 30 août, on vit distinctement un grand parc
« d'artillerie et un pont de bateaux sur la route de Bayonne, ainsi que
« divers corps de troupe en mouvement. La nuit fut fort orageuse. »
Colonel Jones, II, 147.

(2) Gleig, *The Subaltern.*

(3) *Rapport du commandant du génie Vainsot.*

Ainsi, le pont est jeté sous la protection de ces deux batteries et de la hauteur retranchée à la rive gauche.

Soult au ministre de la guerre.

Saint-Jean-de-Luz, 1er septembre, 5 heures du matin.

« Hier matin, j'ai attaqué l'ennemi. Le général *Reille* a passé la Bidassoa aux gués qui sont au-dessous de Biriatou (1). Il s'est emparé d'une position isolée qui est au bas de la montagne de San Marcial, où il a formé les divisions *Maucune* et *La Martinière*, et disposé ses colonnes pour attaquer la ligne ennemie.

« La division *La Martinière* devait attaquer la droite de cette ligne : la brigade *Pinoteau*, de la division *Maucune*, avait reçu l'ordre de gagner la gauche de la ligne ennemie, en suivant le contrefort qui se détache du San Marcial et vient aboutir à la Bidassoa, entre Biriatou et le pas de Béhobie (2). La brigade *Montfort*, de la même division, restait en réserve pour soutenir l'une ou l'autre de ces deux attaques, et la division du général *Villatte*, qui était formée sur la Bidassoa, se disposait à suivre le mouvement.

« La division *La Martinière* et la brigade *Pinoteau* n'ont pu forcer le camp ennemi de San Marcial où deux colonnes, *qui n'avaient gardé aucun ordre dans leur marche*, se sont laissé ramener par le premier corps que l'ennemi a présenté : *les réserves n'ont pu même arriver à temps pour les soutenir, et il a fallu plusieurs heures pour les rallier* (3).

« Le général *Clausel* avait passé la Bidassoa au hameau dit Barrio de Lesaca, au-dessous de Vera, et avait gagné le contrefort qui aboutit à ce village, venant de la Montagne

---

(1) Gués de Telleria, de l'Étudiant, d'Akerria.
(2) Défilé de Béhobie, au village même.
(3) Quoi d'étonnant ? Le San Marcial est à pentes longues et vives sur la Bidassoa ; les colonnes ne pouvaient guère s'y élever qu'en rampant, et la Bidassoa ronge en quelque sorte le pied de la montagne : comment s'y rallier ?

Couronnée (la Haya), et il était près d'arriver à une forge (San Antonio) qui se trouve à l'intersection des routes de Lesaca et de Vera sur Oyarzun et Irun, que les troupes ennemies qui étaient campées sur la montagne de Santa Barbara et sur les hauteurs d'Etchalar, n'avaient encore fait aucun mouvement et paraissaient attendre l'issue du combat qui avait lieu en même temps du côté d'Urdach. La réunion de ces troupes formait un corps de 10 à 12,000 hommes, devant lequel le général *Clausel* a dû laisser une de ses divisions et manœuvrer les autres avec plus de circonspection. Une fois arrivé à la forge dont j'ai parlé, il ne put s'engager plus avant, dans la crainte que le corps ennemi qui était resté sur la montagne de Santa Barbara et qui occupait une maison retranchée dans le village de Vera, ne se portât sur ses derrières et ne le compromît.

« Le général d'*Erlon* m'a écrit à 5 heures et à 9 heures du matin que la division *Abbé*, qui occupait le plateau en arrière d'Urdach, avait été attaquée à la pointe du jour ; une colonne était descendue par Zugaramurdi, une autre par le col de la Maya, et une troisième tournait par le rocher du Mondarrain. Le général *Conroux*, qui occupait la position en avant de Sare, avait aussi été attaqué, mais faiblement.

« Dans cette situation, j'ai dû ordonner au général *Foy* de se porter de suite, avec sa division, sur les hauteurs de Serres, pour soutenir au besoin le général d'*Erlon*, duquel il prendra les ordres. J'ai aussi envoyé sur Saint-Pé, pour le même objet, six compagnies de dragons, aux ordres du général *Ismert*.

« J'ai ordonné au général *Clausel* d'arrêter son mouvement, et 2 heures plus tard je lui ai envoyé un second ordre, pour qu'à la nuit il repassât la Bidassoa, et qu'il ne laissât qu'une division pour garder les débouchés sur Vera et sur la montagne de la Bayonnette, et *ensuite de diriger les trois autres divisions sur Ascain et Serres.*

« J'ai maintenu jusqu'à la nuit les divisions *Maucune* et *La Martinière*, ainsi que la réserve du général *Villatte*, sur la rive gauche de la Bidassoa, *gardant la position détachée du San Marcial*, et soutenant divers engagements contre des colonnes ennemies qui se détachaient successivement de leur masse.

« J'ai donné ordre au général *Reille* de reprendre sa position sur la rive droite de la Bidassoa, et j'ai fait revenir la division du général *Villatte* au camp, à gauche d'Urrugne (1).

« Ainsi, *je me suis préparé à marcher* avec toutes les troupes qui ne sont pas rigoureusement nécessaires pour garder notre ligne *contre le corps ennemi, qui a paru vouloir forcer notre gauche.* »

Soult au ministre de la guerre.

Saint-Jean-de-Luz, 1er septembre.

« Dans ma lettre précédente, je vous ai rendu compte de l'ordre que j'ai donné au général *Clausel* de repasser la Bidassoa. Cet ordre avait été exécuté en partie, lorsqu'une crue subite est survenue, rendant les gués impraticables. Le général a dû alors s'emparer de vive force *du pont de Vera qui, la nuit précédente, avait été occupé par l'ennemi.* Cette opération s'est effectuée heureusement sans grandes difficultés, mais le général *Van der Maësen* y a trouvé la mort.

« Les rapports du général d'*Erlon* annoncent que l'ennemi s'est établi sur le plateau d'Urdach et de Zugaramurdi, où il se retranche.

« L'ennemi tire beaucoup sur le fort de Saint-Sebastien : la ville paraît entièrement livrée aux flammes. »

Suivant le rapport du commandant Vainsot, le chef de bataillon du génie Burel, qui s'était porté à la Bayonnette pour surveiller les mouvements de l'ennemi d'Urdach à

---

(1) Ou camp d'Urtubie. La position isolée, détachée au-dessous de San Marcial nous paraît être le bas plateau qui s'élève en face de la montagne Louis XIV.

Hendaye, et qui de là communiquait avec le maréchal et avec Clausel, voyant la Bidassoa grossir, descendit sur la rivière pour chercher des passages. « Il se convainquit de « l'impossibilité d'en établir, en risquant avec le comman- « dant de l'artillerie Lunel la perte de quelques avant-trains, « qui devaient former une chaîne pour briser le courant et « servir d'appui aux troupes ; *la crue ayant été considé- « rable, tout fut emporté, et l'on dut recourir au passage « forcé du pont de Vera*, appuyé par un petit fortin, dont le « feu a été cependant éteint par celui de l'artillerie » (1).

Peu d'événements sont aussi lugubrement instructifs. Tandis que la droite se brise contre les inexpugnables positions du San Marcial, le centre et la gauche sont ramenés ; de ce côté les choses prennent, *au moins en apparence*, une tournure si dangereuse que le maréchal se voit dans la nécessité de ramener la majeure partie de ses forces sur la Nivelle. En effet, d'Etchalar au port de Maya, trois brigades

---

(1) Le pont de chevalets ne fut emporté qu'après la retraite de *Reille*. Témoin oculaire, Lapène dit : « Le général Clausel dut passer la nuit *avec tout son corps d'armée*, sur la rive gauche. Le 1ᵉʳ septembre, la Bidassoa roulait ses flots avec la même impétuosité que la veille. Il ordonna de tendre des cordages fixés à des avant-trains d'artillerie, et d'établir ainsi une communication d'une rive à l'autre : mais les prolonges rompirent et cet expédient ne servit qu'à engloutir les hommes et les chevaux employés à cette infructueuse tentative. Dans cette position critique dont un ennemi audacieux eût si facilement tiré avantage, les Français se résolurent à remonter la Bidassoa, *la distance d'une demi-lieue*, et à atteindre le pont de Vera. Ce pont se trouvait couvert du côté de l'Espagne, par un couvent crénelé qui lui servait de tête, et *dont on n'avait point eu la veille l'idée de s'emparer : négligence funeste qui obligea la colonne, réunie en une seule masse, à défiler dans cet étroit passage, tandis que l'ennemi faisait le feu le plus actif par les créneaux... La perte de 1000 hommes paya cette déplorable absence de précautions.* La batterie du commandant Lunel portée à hauteur de Vera, sur la rive droite, dirigea son feu sur le couvent et protégea le passage. A la tête de 200 voltigeurs, le général Van der Maësen tint aussi en respect la garnison du couvent tout le temps que la colonne employa à franchir ce dangereux défilé. Mais, à la fin, cet intrépide général tomba blessé à mort. » (Lapène, *loc. cit.* 110).

lui donnent le change et refoulent Conroux sur Sare, Abbé sur Ainhoa. Il envoie en toute hâte la division Foy à Serres et les dragons d'Ismert à Saint-Pé pour les soutenir; Clausel rallie Ascain, *en laissant une division à la garde de la Rhune...* A quel type, aujourd'hui que la question de la démonstrative et de la décisive est si controversée, rapporter la manœuvre du maréchal? Était-elle conçue « suivant les règles »? L'attaque de front sur le San Marcial, poussée même par 4 divisions, n'avait aucune chance de réussite, et si la décisive devait être conduite de Vera contre la Haya, il faut reconnaître qu'elle manquait d'*espace* et ne pouvait faire avancer que des têtes de colonnes. Combien ce jeu est difficile et dangereux, vis-à-vis d'un adversaire qui occupe, ici des positions inabordables, là d'autres devant lesquelles il est impossible de se former, *faute d'espace!* Pourquoi comparer l'ennemi à un enfant sous les yeux duquel, pour le distraire, on agite un jouet? Manœuvre pour manœuvre, c'est lui et non l'assaillant qui souvent réglera la marche du combat et l'imposera dans la forme et dans le fond; l'un sera téméraire, et l'autre avisé. Bien que l'armée eût été massée sur sa droite et son centre sous le couvert des montagnes, les dispositions de Soult n'avaient point échappé au général anglais, et vainement à Sare, à Ainhoa, Conroux et Abbé avaient « agité le jouet »; à leur démonstration, il en opposa d'autres qui furent prises pour une attaque réelle de nature à compromettre la sûreté de notre gauche.

Finalement, le 1er septembre, le maréchal écrit au ministre: « Je désespère d'arriver à débloquer Saint-Sébastien. *Cet « effort, même fût-il couronné de succès, n'arriverait pas à « compenser les pertes énormes qu'il occasionnerait. Si « j'engageais ma tête de colonne jusqu'à Oyarzun, l'ennemi « se porterait immédiatement sur mon flanc gauche et me « couperait de la route de Bayonne. Je vais fortifier mes « positions actuelles...* »

A-t-il attendu au lendemain de la bataille pour deviner les « pertes énormes » auxquelles il s'exposerait, et le danger que courait sa gauche? Le 2 septembre déjà, comme pour

excuser son échec, il écrit : « Votre Excellence a pu remar-
« quer dans ma correspondance que *je n'avais pas une
« grande confiance dans le résultat de cette opération* et
« *que j'ai toujours considéré comme dangereux pour la
« conservation de l'armée, tout projet d'opérations par la
« grande route qui passe à Irun* ». Honneur et devoir, opération dangereuse et ne pouvant inspirer la confiance...; il
faut avouer qu'il était difficile de concilier tant d'intérêts ;
or le premier de tous n'était pas la délivrance de San Sebastian, mais le salut de l'armée.

III. — Pertes considérables en officiers. — L'infanterie légère des Anglo-Portugais.

La marche sur Pamplona et la bataille du San Marcial
avaient coûté à l'armée environ 500 officiers tués ou blessés,
dont 8 généraux ; La Martinière et Van der Maësen étaient
tués ou mouraient des suites de leurs blessures. Cette situation émut le maréchal, qui en rechercha les causes ; dans
un but facile à deviner, les historiens anglais, Napier notamment qui prit connaissance des archives de la guerre, ne
soufflent mot de la curieuse lettre qui suit :

Soult au ministre.

Saint-Jean-de-Luz, 1er septembre.

« Les pertes en officiers supérieurs et particuliers que
l'armée a éprouvées depuis quelque temps sont tellement
hors de proportion avec les pertes en soldats, que j'ai dû
considérer quelle cause pouvait y donner lieu. Voici des renseignements que j'ai recueillis à ce sujet, lesquels expliquent
naturellement un effet aussi extraordinaire.

« Il existe à l'armée anglaise 1 bataillon du 60e composé
de 10 compagnies (le régiment a 6 bataillons, les 5 autres
sont en Amérique ou aux Indes). Ce bataillon n'est jamais
réuni ; il fournit 1 compagnie à chaque division d'infanterie
de l'armée ; *il est armé de carabines ; les hommes sont*

choisis parmi les meilleurs tireurs; ils font le service d'éclaireurs et, dans les affaires, il leur est expressément recommandé de tirer de préférence sur les officiers et particulièrement sur les chefs et les généraux (1). Ainsi, il a été remarqué que dans une affaire, lorsqu'un officier supérieur est dans le cas de se porter en tête, soit pour observer, soit pour diriger sa troupe, ou soit même pour l'exciter au combat, il est ordinairement atteint.

« Cette manière de faire la guerre et de nuire à son ennemi nous est très désavantageuse ; *les pertes en officiers que nous éprouvons sont si considérables que, dans deux affaires, ils sont ordinairement tous hors de combat.* Hier, j'ai vu des bataillons qui ont eu des officiers hors de combat dans la proportion de 1 sur 8 hommes ; j'ai vu aussi des bataillons qui étaient réduits à 2 ou 3 officiers, quoiqu'ils n'eussent pas le sixième de leurs hommes hors de combat. Vous concevez que si ces pertes se renouvelaient, il serait très difficile de pourvoir au remplacement des officiers, eût-on même les nominations faites d'avance.

« Du reste, je ne pense pas que la troupe ait fait ces observations. »

Le maréchal était bien informé. L'infanterie anglaise comportait en compagnies franches :

5e bataillon du 60e, dit *Royal Rifle*.........	10	compagnies.
95e (3 bataillons), dit *Rifle corps*............	30	—
Bataillon de Brunswick-Oels (allemand).......	12	—
Chasseurs britanniques.		

L'infanterie portugaise comptait 11 *bataillons de caçadores.* Enfin, la légion germanique avait 2 *bataillons légers.*

---

(1) Sous le titre : « *Celer et Audax* », le major général Gibbes Rigaud, ancien colonel du 60e, a publié l'historique du 5e bataillon de ce régiment qui avait déjà fait toutes les guerres d'Espagne. On y lit, dans l'ordre du régiment du 27 juin 18.3 : « *Le vrai rifle ne doit jamais* « *faire feu sans être sûr de son homme* ».

Le 5ᵉ bataillon du 60ᵉ et le bataillon de Brunswick fournissaient 1 ou 2 compagnies à chaque brigade. La division Dalhousie en avait jusqu'à 9, non compris 1 bataillon de caçadores. Enfin, la division *dite légère* d'Alten comptait le 95ᵉ entier, plus 2 bataillons de caçadores.

IIIᴱ PARTIE

DÉFENSE DE LA BIDASSOA.

CHAPITRE VII

MESURES DE DÉFENSE.

I. — État de la frontière.

Larpent, fait prisonnier le 1ᵉʳ septembre et conduit à Bayonne, a laissé une esquisse de l'état du pays :

Lesaca, 7 octobre.

« Tout le long de la route de Bordeaux, le sol est stérile et improductif : des bruyères sablonneuses, des vignes et quelques prairies le long de l'Adour. Je n'ai pas vu de blé, mais du maïs, très petit, pour le fourrage. Aussi, les approvisionnements français en fourrages viennent d'une distance immense et les besoins sont difficiles à satisfaire. Cependant, les réquisitions ne sont point comparables à celles que les Espagnols font dans leur pays. Tout, à 200 milles et plus à la ronde (320 kilomètres) est réquisitionné : tout le blé enlevé, contre *bons* seulement ; de même, le vin ; de même, le foin. Les voitures des marchands à Bayonne, toutes les voitures à bœufs des paysans sont en mouvement pour le service public. Les districts expédient sur les dépôts établis en certains points des grandes routes ; de là, le blé, etc., sont envoyés à l'armée, aux dépôts de Bayonne, etc. Ainsi, que me l'a dit le général Gazan lui-même, le foin pour les chevaux de l'état-major et de la cavalerie, vient de 100 lieues, c'est-à-dire de 300 à 400 milles, de plus haut que Toulouse, etc., par eau et par voie de terre. Les habitants savent maintenant pour la première fois ce que c'est que nourrir sa propre armée dans son propre pays, et leur peine est grande.

« L'armée a reçu un demi-mois de solde ; vingt lui sont dus. Cependant, bien qu'ils grognent tous, ils agissent avec zèle et entrain, et je crois volontiers que les Français s'uniraient tous contre l'invasion.

... « Bayonne a été déclaré en état de siège. Un ordre de la police affiché au café Wagram interdit les discussions politiques, sous peine d'arrestation. L'activité déployée par le gouverneur a été très grande; 120 pièces sont montées d'une manière ou d'une autre ; chaque jour, de nouveaux ouvrages s'élèvent autour de la place. Les conscrits de la levée ordinaire sont bien exercés ; ce sont de beaux gars de 17 à 18 ans, trop jeunes pour l'Espagne, mais qui bientôt feront d'excellents soldats ; au premier abord, ils paraissaient tristes et malheureux, mais au bout de quelques jours, ils étaient gais comme les autres.

« La nouvelle levée de 30,000 hommes dans les 24 départements pour l'Espagne arrivera cette semaine. On m'a dit qu'elle serait meilleure, étant formée des vieilles listes de ceux qui avaient antérieurement échappé ; quelques-uns âgés de 24 ans. La peine est fort grande, mais les conscrits paraissent s'oublier, et leurs vieux parents n'y peuvent rien » (1).

II. — Plan de défense du maréchal.

La garnison de San Sebastian avait capitulé le 8 septembre, et la ville avait été égorgée et brûlée par ses alliés. Le corps

---

(1) *Private Journal of Larpent.*

de siège devenant disponible, la gauche de Wellington retrouvait la liberté de ses mouvements ; pourtant, habitué à ne marcher qu'à coup sûr, ce général emploiera un mois entier à méditer et préparer le passage de la Bidassoa !

Certes, le maréchal avait besoin de ce répit : « *J'étais tellement pressé d'agir que je ne pouvais attendre d'avoir complété mon organisation.* Les événements se sont succédé avec une telle rapidité *depuis le désastre de Vitoria*, que tous les calculs doivent être inexacts » (1). Dès le 16 juillet, il a ordonné d'élever à Bayonne « deux camps retranchés, l'un sur les hauteurs de Mousserolles et l'autre sur le front de la route d'Espagne, *qui portent la défense tout à fait à l'extérieur, et donnent appui à un corps destiné à tenir campagne, qui serait trop fort pour s'enfermer dans la ville* » (2).

On organise la frontière, mais malheureusement il en juge la clef à Saint-Jean-de-Luz, et il y établit son quartier général : « *Je reconnus que je ne pouvais faire prendre à l'armée une bonne ligne de défense qu'en appuyant la droite à Saint-Jean-de-Luz et en prolongeant la ligne par les contreforts de la Rhune, les hauteurs en arrière de Sare et d'Ainhoa, sur le rocher du Mondarrain et le cours de la Nive vers Bidarray, jusqu'à Saint-Jean-Pied-de-Port. Je fis retrancher cette position et, dès ce moment, je ne regardai celle de la Bidassoa que comme une position d'avant-garde, n'étant pas assez fort pour y tenir les troupes nécessaires à sa défense, et ne pouvant même, en cas d'attaque, y faire arriver à temps des secours* ». Cette lettre est du 26 octobre, et postérieure, par conséquent, à la perte de la Bidassoa ; malgré soi, on ne peut s'empêcher de penser que le maréchal fait entrer gratuitement dans ses prévisions la moralité, les conclusions du

---

(1) *Soult à Suchet*, 3 septembre.
(2) *Soult au Ministre*, 16 juillet. Qui pressa ? Quels calculs ? N'est-ce là qu'une phrase ? Parler de Vitoria, après Sorauren et le lendemain du San Marcial ? En vérité...

fait accompli.... Il ajoute : « En vous parlant de la double tête de pont de Cambo, j'ai omis de vous entretenir de *la ligne que je me propose également de fortifier, dont la droite à Saint-Jean-de-Luz sera couverte par le camp retranché des hauteurs de Bordagain. Elle suivra le cours de la Nivelle jusqu'à Saint-Pée, passera la Nive à Cambo et ira appuyer sa gauche à l'Ursuya, couvrant la grande route de Saint-Jean-Pied-de-Port à Bayonne. Les hauteurs de Serres et d'Abancen, où passera la ligne, seront également retranchées. Cette seconde ligne étant forcée, on aurait celle de la Nive, dont la droite serait au camp retranché de Bayonne et la gauche à la double tête de pont de Cambo, qui serait appuyée par les ouvrages de l'Ursuya et le corps que l'on y ferait établir* » (1).

Ainsi, il ne s'agissait de rien moins que l'horizon entier au sud de Bayonne, soit 30 kilomètres ! Le temps et l'argent feront défaut, mais ce qui manquera surtout, ce sera un *corps de réserve*. Condamné à une stricte défensive et à « couvrir le pays », le maréchal va nous exposer sa ligne de conduite : « J'ai considéré que, dans l'état actuel des affaires, *je devais plutôt me préparer à livrer une bataille générale dans une bonne position,* que de courir la chance de combats partiels sur des positions que je ne pourrais ni garder, ni défendre après les avoir reprises, en raison de leur étendue. *Si j'éprouvais un échec dans une de ces attaques isolées, je serais, le lendemain, dans la nécessité de repasser la Nive, et peut-être même l'Adour,* par suite de l'impossibilité où je me trouverais de garnir les autres points de la ligne pour renforcer les

---

(1) *Soult au Ministre*, 26 octobre. Dans son ordre du 2 septembre, il dit « que la double tête de pont de Cambo devra être armée de 20 pièces et pouvoir résister à une attaque de vive force. Le colonel du génie Michaux présentera un projet pour construire trois ouvrages détachés sur l'Ursuaya, dont l'un aurait pour objet de battre et protéger la grande route du côté de Mendionde, l'autre de battre et protéger la route d'Itsassou par Louhossoa sur Attissane ; le troisième, sur le point le plus élevé de la montagne, servirait de réduit et de point d'appui aux deux autres ».

points affaiblis, *attendu que l'armée est partout en présence de l'ennemi, et que toutes les divisions ont devant elles, à portée de fusil, plus de troupes qu'elles ne peuvent en mettre en bataille... J'ai toujours considéré ma position comme trop étendue... Sans doute, l'offensive nous convient mieux que la défensive; mais, pour prendre l'offensive, il faut être au moins à parité de forces avec l'ennemi* » (1).

Ce n'est pas qu'il attende rien de la défensive, loin de là :

« *Il faut s'attendre à soutenir avec désavantage une guerre défensive sur nos frontières; pour les préserver d'une invasion, il faut beaucoup plus de monde que n'en exigerait une guerre offensive au delà des Pyrénées, où il faut à tout prix se porter incessamment pour empêcher les armées ennemies de s'accroître d'une manière effrayante comme elles le font* » (2).

S'il ne peut dire, comme Napoléon, que 50,000 hommes et lui en font 150,000, du moins les dangers de sa situation le trouvent prêt à une inébranlable résistance. Répandue en cordon de Saint-Jean-de-Luz au Mondarrain et à Saint-Jean-Pied-de-Port, sur un front immense (3), *l'armée est immobilisée devant Bayonne, et cette place est un boulet rivé à ses pieds.*

III. — Camp retranché de Saint-Jean-Pied-de-Port.

Saint-Jean-Pied-de-Port est le complément nécessaire de la défense, mais là encore la situation est non moins précaire. Il y passe les premiers jours d'octobre et ordonne la

---

(1) (2) *Soult au Ministre*, 26 octobre.
(3) A vol d'oiseau, on compte, en effet :

Hendaye	» kilomètres.
La Rhune (S.)	14 —
Mondarrain	16 —
Saint-Jean-Pied-de-Port	22 —
Attobiscar	13 —
Total	65 kilomètres.

création d'un camp retranché. « J'ai parcouru les approches de la place et reconnu que, si elle était livrée à ses propres forces et régulièrement assiégée, elle ne pourrait faire une longue résistance ; elle n'arrêterait pas l'ennemi dans ses opérations défensives, d'autant qu'il pourrait faire passer ses colonnes hors de la portée du canon de la citadelle et même, avec des travaux, masquer le mouvement de son artillerie... D'après ces considérations, j'ai ordonné l'établissement d'un camp retranché en avant de Saint-Jean-Pied-de-Port, duquel j'ai donné le commandement au général Foy qui, avec ses troupes, fera exécuter les ouvrages désignés... Suivant le calcul que j'ai fait, le camp retranché et la citadelle pourraient rigoureusement être défendus par 3,000 hommes, au moins pendant quelque temps. J'y laisserai une division entière tant que les opérations m'en laisseront la faculté : *les ouvrages sont si avantageusement placés à portée du canon de la place, que je dois avoir le temps d'arriver à leur secours avant que l'ennemi puisse avoir fait aucun progrès, quelque force qu'il emploie.*

« *Cet avantage est incalculable ;* il est plus naturel de se disposer à livrer bataille à l'ennemi sur une position reconnue et fortifiée, que de marcher à sa rencontre pour le combattre après qu'il aurait forcé la ligne et pénétré dans l'intérieur. Il en résultera aussi qu'une invasion sera moins à craindre et que *le camp retranché en avant de Saint-Jean-Pied-de-Port présentera une attitude offensive par le nombre de troupes qu'il sera possible de mettre à couvert sous sa protection* » (1).

---

(1) *Soult au Ministre,* 2 octobre. Le camp retranché de Saint-Jean-Pied-de-Port se composait des ouvrages suivants :

A l'est de la Nive : *Redoute de Castelomendy, Iparce, Picocury, Çaro, Franchesmendy, Ispoure.*

Entre la Nive et la rivière d'Arnegny : *Redoute de Bel-Aspect, Crutchemendy, Arignale, de la Liberté, Roqueloux, Eyhalar.*

A l'ouest du ruisseau d'Arnegny : *Redoutes d'Ascarat* (2)*, Harcomendy.*

Enfin, avant de quitter la place, il ordonne la création d'un dépôt de convalescents, annexe de l'hôpital, la mise en état des fours et de la manutention, la fabrication de 100,000 rations de biscuit destinées à former un approvisionnement de réserve pour l'armée (1).

IV. — Organisation de la défense des hautes vallées.

Le secteur de défense de l'armée s'étend jusqu'aux sources de la Garonne et comprend ainsi la moitié des Pyrénées. Comme aux guerres de la Révolution, une « division des vallées », la brigade Paris, forte de 10 bataillons et 2 escadrons (4,500 hommes), est chargée de couvrir Pau et Tarbes contre les incursions par les nombreux passages de la haute chaîne qui viennent de l'Aragon. En principe, les gardes nationales doivent élever les travaux nécessaires dans les vallées et les défendre. Dans ses ordres des 7 septembre et 18 octobre, le maréchal dit : « Les préfets des Hautes-Pyrénées et de la Haute-Garonne, ainsi que les généraux commandant dans ces départements, donneront à ce sujet des ordres... Comme la garde et la défense des postes et passages intéressent particulièrement les habitants des vallées, c'est par leurs soins et à leurs frais qu'ils doivent être mis en état de défense et défendus. Leur fidélité à l'Empereur est suffisamment éprouvée pour qu'un objet de cette importance puisse être confié à leurs soins ». Navarrenx et le château de Lourdes complètent la défense.

Par suite, la brigade Paris devient disponible ; elle quitte Oloron et se rend, le 13 octobre, à Saint-Jean-Pied-de-Port, pour renforcer la gauche de l'armée. « Le général Paris ne laissera que les postes nécessaires pour garder les débouchés

---

Les travaux commencèrent le 9 octobre et furent poussés avec la plus grande activité, car le maréchal entendait que les ouvrages fussent occupables avant huit jours. (*Ordre de Foy*, 8 octobre, et *Foy à Barabino*, 12 octobre).

(1) *Ordre de Soult*, Saint-Jean-Pied-de-Port, 2 octobre.

des vallées d'Aspe, Ossau et Tardets, et se dirigera, avec le surplus de ses troupes, sur la route de Saint-Palais à Saint-Jean-Pied-de-Port, par Saint-Just, où il sera à la disposition du général Foy, et, en cas d'événement, couvrira les débouchés sur Saint-Palais et Mauléon » (1). Dès lors, le maréchal est délivré d'inquiétude pour sa gauche.

V. — Inspection des travaux et positions de l'armée.

De Saint-Jean-Pied-de-Port, le maréchal est de retour à Bayonne le 4 octobre, et, le même jour, il se rend à Cambo et Ainhoa pour inspecter les troupes et les travaux. Sa correspondance est optimiste, et pourtant les rapports lui annoncent l'imminence d'une attaque.

Soult au Ministre.

Bayonne, 8 octobre.

« *De jour en jour notre ligne devient plus forte, et l'armée, en acquérant un moral qui lui manquait, peut déjà se faire respecter et bientôt devenir menaçante.* Je vois tous les jours les troupes et les travaux qui s'exécutent ; sous l'un et l'autre rapports, j'ai lieu d'être satisfait. *Dans un mois, notre ligne de défense ne laissera rien à désirer, elle sera formidable.* L'établissement du camp retranché de Saint-Jean-Pied-de-Port et la double tête de pont de Cambo complètent le système. »

Soult au Ministre.

Espelette, 6 octobre.

« Aujourd'hui j'ai passé en revue les divisions de la gauche ; elles sont en parfait état, bien disposées, s'occupant de leur instruction, le soldat jouissant d'une bonne santé. Les ouvrages qu'elles ont élevés sur la ligne, depuis le rocher

---

(1) *Soult au Ministre,* 9 octobre.

CHAP. VII. — MESURES DE DÉFENSE.

du Mondarrain jusque vers le pont d'Amotz, en suivant le contrefort qui passe en arrière d'Ainhoa et en avant de ce village, sont déjà défensifs. Dans quinze jours, ils seront terminés. L'ennemi perdrait beaucoup de monde, s'il s'avisait d'attaquer de front cette position.

« J'ai vu il y a deux jours les ouvrages de la double tête de pont de Cambo ; dans leur état actuel, ils offriraient un bon appui. *Cambo sera un excellent poste militaire qui facilitera les opérations sur les deux rives de la Nive et liera en quelque sorte la défense du camp retranché de Saint-Jean-Pied-de-Port et celle du restant de la ligne jusqu'à la mer.*

« Demain 7, je me propose de voir les divisions du centre qui sont en avant de Sare et les ouvrages qu'elles ont construits sur les contreforts de la Rhune.

« Les bruits d'une prochaine attaque de l'ennemi se soutiennent. »

En effet, le lendemain, Wellington force le passage de la Bidassoa. Le maréchal est aux avant-postes de Darmagnac, à Ainhoa ; il accourt à la droite et trouve le combat engagé au village d'Urrugne ; la Bidassoa est perdue.

CHAPITRE VIII

STRUCTURE DE LA RÉGION DU MONDARRAIN A HENDAYE.

I. — Orographie.

Supposons que la région s'affaisse de 200 mètres ; revenant sur ses pas, l'Océan engloutit le territoire compris entre Bayonne, Hendaye, la Rhune, le fond de Sare et l'Éreby. Une muraille rectiligne s'étend des montagnes de la Chouhille, et de Mandela à la Rhune, d'où elle s'abîme sur le col de Saint-Ignace. Là, une *passe étroite* sépare la Rhune d'un *chapelet d'îlots* : *Esnaur, Saint-Ignace, Suhamendia, Louis XIV de Sare* (1), *Harismendia* et *Ordosgoïtia*, qui s'alignent de l'ouest à l'est jusqu'au promontoire de l'Éreby. C'est la *Barre d'Amotz*, qui, comme une corde, sous-tend la baie de Sare, et présente trois *brèches* importantes : une centrale à *Amotz*, et une à chaque extrémité à *Saint-Ignace* et à *Finodetta*. En effet, envahissant la vallée de la Nivelle, l'Océan traverse la *trouée d'Amotz*, et se répand dans le bassin de Sare jusqu'au pied des ports de Vera, d'Etchalar et de Zugaramurdi : par les couloirs de Saint-Ignace et de Finodetta, il se déverse sur Ascain, sur Espe-

---

(1) Il existe, sur cette partie de la frontière, deux croupes ou montagnes *dites de Louis XIV* ; l'une, touchant à Béhobie : l'autre, au nord de Sare. Nous n'avons pas eu l'occasion de rechercher l'origine de ces noms. Pendant la guerre de la Révolution, *Louis XIV de Béhobie*, couronné d'ouvrages, joua un certain rôle, parce qu'il commandait le seul débouché de la Bidassoa. Quant à *Louis XIV de Sare*, bien qu'il s'y trouvât déjà une ancienne redoute, il fut *découvert* en 1843 par le commandant du génie Burel, chargé de l'organisation de la partie de la ligne de la Nivelle sur laquelle il se trouvait.

lette, et finalement ses flots viennent baigner les rampes de la Maya.

La carte d'état-major, dressée par des officiers qui ignoraient la langue basque, et surchargée au dernier point, est pour ainsi dire *illisible*. Nous en avons élagué les écritures inutiles, ce qui nous a permis d'y faire figurer la plupart des ouvrages de la Croix-des-Bouquets, de la Rhune et de la Nivelle avec les numéros d'ordre qui leur ont été donnés dans le présent mémoire. N'est-il pas ridicule de donner un nom à toutes les chaumines éparses dans la campagne! La plupart d'ailleurs sont écrits de travers, et l'on ne parvient à les déchiffrer qu'à la loupe...

Le plateau de la Croix-des-Bouquets est submergé, la mer s'engouffre dans la vallée de la Bidassoa entre les murailles parallèles du Mandela et du San Martial : les vallées de Vera, Etchalar, Lesaca sont envahies ; les hauteurs de ceinture du bassin de Sare, l'Ibantely, la Peña Plata... s'élèvent encore à plus de 500 mètres, mais les ports de Vera, d'Etchalar ne sont plus que des *langues de terre étroites et déprimées*.

Il en est de même au cœur de la Rhune, où une simple *digue*, au *port d'Insola*, sépare la Bayonnette de la Rhune proprement dite : la *percée d'Olhette* paraît ainsi dans toute sa netteté.

Enfin le Jaïzquibel devient une côte rectiligne à flancs escarpés ; entre cette montagne et le massif de la Haya règne le *canal d'Irun*, dont le fond est à San Sebastian et Hernani.

Si, maintenant, le sol se relève de 100 mètres, le plateau de la Croix-des-Bouquets émerge, mais il demeure séparé de la Chouhille et du Mandela par un goulet resserré, le *col de Courleco*, qui délimite les domaines de la Rhune et de la Croix-des-Bouquets.

La forme générale du plateau est triangulaire ; son sommet, la montagne Louis XIV, touche à la Bidassoa, et sa base qui s'étend de la Croix-des-Bouquets au Gastelusahar est parallèle à la rivière (1). La route d'Espagne décrit la médiane.

---

(1) Vues de la Chouhille, les hauteurs entre la Bidassoa, le Calvaire

De la base enfin, c'est-à-dire de la Croix-des-Bouquets, partent deux nervures soutenues, qui encadrent le vallon de Troubaenia et se dirigent vers Saint-Jean-de-Luz : l'un est le rameau de la chapelle Socory, l'autre celui de l'ancien camp des Sans-Culottes.

III. — Esquisse de la Rhune et des régions avoisinantes.

Escaladons la Rhune et faisons le tour de l'horizon. Sous nos pieds, du côté de la France, à une grande profondeur, règne, comme un fossé à flancs arrondis, le ravin qui, de la haute *conque marécageuse d'Ithurriaderrac* (1), s'ouvre au sud-est sur le bassin de Sarre et au nord-ouest sur Olhette. En face se dresse l'arête rectiligne et rocheuse de la petite Rhune que divise en deux tronçons le *col d'Argaïneco*; celui de l'ouest, couvert de murs en pierre sèche tendus entre les rochers, s'abaisse au delà du marais et s'enfonce dans le lit d'un torrent qui, de chute en chute, descend sur le village d'Ascain. Par suite de son accolement aux rides maîtresses de la grande et de la petite Rhune, la croupe déprimée de Mouiz échappe à la vue; mais au delà de l'abîme de Saint-Ignace, aussi loin que l'œil le permet, on fouille le fond des vallons, les moindres replis du sol, les chemins et sentiers; les hauteurs voisines de la montagne s'écrasent et les redoutes qui les couronnaient se dessinent par leur cadre d'ajoncs épineux ou de fougères, et laissent apparaître çà et là, sur leurs flancs, les tranchées qui complétaient leur défense.

C'est un des traits caractéristiques de la région, *et des plus frappants ;* à un bas plateau coupé de bouquets de bois ou tapissé de maigres cultures, succède un massif de

---

et la Croix-des-Bouquets rappellent deux gigantesques vagues s'élevant de la plaine, entre Irun et Fontarabie, et sur le point de s'abîmer dans la direction d'Urrugne. La plus élevée est celle de la Croix-des-Bouquets et le sillon qui les sépare est évasé et très net.

(1) Ithurriaderrac. — *Belles fontaines.*

côtes chauves et puissantes, qui donnent à l'ensemble, dès l'automne, une teinte feuille morte d'une indéfinissable tristesse : Croix-des-Bouquets, Calvaire, Chouhille, Mandela, groupe de la Rhune, hauteurs de Sare à Saint-Pé, Éreby, Mondarrain....; à une pauvreté relative succèdent ainsi la solitude et la misère. La géologie seule a le secret des contrastes qui frappent les yeux de l'observateur; mais n'insistons pas, bien qu'il suffise pourtant de regarder à ses pieds, si ce n'est même de s'entendre marcher.

De Sare à Saint-Pé s'étale, dans une nudité absolue, un plateau aux lisières duquel surgissent, comparables à des taupinières, coniques et effilées, les croupes de Biscarsou, Esnaur, Saint-Ignace, Suhamendia. Du côté d'Ainhoa et de Sare, la falaise d'Amotz, par bois et rideaux de cultures, plonge vers un bassin qu'accidentent seuls les vallons d'érosion de la Harane, de la Nivelle et de leurs affluents de tout ordre, dont le fond se relève par une pente générale et insensible vers les montagnes encadrantes de l'est, du sud et de l'ouest. Ces montagnes sont dentelées, sans présenter pourtant d'autres masses, en dehors de la Rhune et de l'Éreby qui limitent l'amphithéâtre, que l'Ibantely et la Peña Plata.

De la trouée de la Nivelle à la Dancharseña, tous les passages se découvrent et l'on en voit descendre dans le bassin de Sare chemins ou sentiers; mais plus bas, plus large, et d'une ouverture parfaitement régulière, le port de Vera est une véritable *brèche*.

De chaque côté du cirque de Sare et d'Ainhoa, aux extrémités du diamètre de l'ellipse dont ces villages occupent les foyers, les massifs de la Rhune et de l'Éreby rivalisent de puissance; la barre d'Amotz leur sert de *trait d'union*, mais elle s'infléchit à leur contact et laisse place aux cols et défilés de Saint-Ignace et de Finodetta.

A ses rideaux d'arbres, aux bois qui l'accompagnent se devine le cours de la Nivelle jusqu'au pont d'Amotz; elle disparaît alors, mais si l'on suit les contours du plateau de Sare à Saint-Pé, si l'on observe le contraste de ce steppe et des groupes de blanches maisons qui, de l'autre côté, semblent reposer sur un sol différent, on entrevoit les méandres de la rivière jusqu'à Ascain, où son lit bordé de vertes prairies donne au paysage une teinte nouvelle et gaie à la fois ; là, plus de montagnes, et rien qui rappelle les fortes ondulations du bassin de Sare ; un bas plateau émaillé d'un fouillis de maisons, de bois et de cultures.

Depuis lors, les yeux gagnent sans transition Saint-Jean-de-Luz et le rideau qui borde la mer, de Socoa à la Croix-des-Bouquets. Ramenant enfin ses regards sur la montagne, les hautes croupes nues apparaissent de nouveau, et la Bayonnette, le Mandela, la Chouhille s'abîment par degrés vers Biriatou.

Avant de descendre, observons encore la *petite Rhune* ; les rochers qui la crénèlent, *très fortement redressés*, présentent une pente constante au nord-est et regardent l'Espagne. Or supposez qu'un bloc se fende par le milieu, et que l'un des fragments s'adossant à l'autre glisse jusqu'aux deux tiers de la hauteur de celui-ci ; telle est la conformation générale du massif. Le fragment surélevé représentera la *grande Rhune* ; l'autre, la *petite Rhune* ; d'Olhette à Sare, la *Combe* ou *Couloir d'Ithurriaderrac* gît entre eux et les sépare.

IV. — Cours de la Bidassoa.

Sujette à des crues rapides, à des débordements qui parfois interceptent la communication entre Béhobie et Biriatou, la *Bidassoa* a un cours fort sinueux, et sa vallée, très encaissée, ne présente qu'une largeur de fond de 150 à 200 mètres, si, même en certains points où les pentes se rapprochent, elle ne se réduit pas, ou peu s'en faut, à celle de la rivière ; mais, à partir de Béhobie, le fleuve se divise en plusieurs bras qui forment des îles appelées *Jonco* et uniformément livrées à la culture du maïs. En face de Biriatou, sa largeur est de 60 mètres, au pont de Béhobie 80 ; enfin, à l'embouchure, entre Hendaye et Fontarabie, 600 dont 400 découverts à la marée basse. Son courant ordinaire est de 0ᵐ,90 et sa profondeur moyenne, à partir de Biriatou, 1ᵐ,50.

La marée se fait sentir jusqu'à Biriatou, où elle n'est plus que de 0ᵐ,60. On peut dire qu'à partir de ce point la rivière cesse d'être un obstacle, car dans l'anse qu'elle décrit sous l'escarpe du village, on compte déjà quatre gués de piétons. Du confluent du Liçarlan à l'embouchure, leur nombre est pour le moins de 15, dont la profondeur à marée basse varie de 0ᵐ,20 à 0ᵐ,60, savoir :

1.2. — *Gués de Hendaye* conduisant à Fontarabie — ne peuvent être franchis qu'à *marée très basse;*
3. — *Ihirpeta* — très bon à marée basse;
4. — *Vieux-Moulin*, sur la rive droite;
5. — *Asken-Portou* — hameau espagnol entre Irun et Béhobie;

Les gués 4, 5 traversent les îles du Jonco.

6. — *Béhobie*, ou *île de la Conférence;*
8. — *Telleria* — tuilerie, sur la rive droite;
9. — *L'Étudiant* — sous l'escarpe de Biriatou;
10. — *Akerria* —
     Ilerdoï —
     Arroupia —
11. — *Ihitzoki* —

Les gués 9, 10, 11 sont dans l'anse de la Bidassoa, au-dessous de Biriatou.

12. — *Ondarola;*
13. — *Champ de l'Abeille.*

En 1813, de Vera à la mer, il n'y avait d'autre point de passage que le pont de bois de Béhobie. Le général Reille l'ayant brûlé dans la retraite de Vitoria, les Alliés, le 7 octobre, franchirent le fleuve aux 13 gués qui viennent d'être énumérés, puis jetèrent des ponts de bateaux entre Béhobie et Biriatou, pour relier les deux rives.

CHAPITRE IX

COMBAT DE LA CROIX-DES-BOUQUETS.

I. — Répugnance de Wellington à entrer en France.

« Mon intention est de porter notre gauche en avant dans trois ou quatre jours. *Je me bornerai là jusqu'à la chute de Pamplona* » (1). « Le 7, la marée sera favorable, et comme le temps est beau, ce jour-là je porterai l'armée sur la rive droite de la Bidassoa. Une lettre chiffrée du gouverneur de Pamplona a été interceptée : il croit pouvoir tenir jusqu'au 20 ou 25 ; d'ici là, nous ne pourrons mettre la droite en mouvement. Mais les *hauteurs de la rive droite de la Bidassoa ont sur nous de telles vues qu'il nous les faut, et que le plus tôt sera le meilleur* » (2).

A vrai dire, Wellington se décide avec peine à passer la frontière : « J'éprouve une grande aversion d'entrer en France dans les circonstances actuelles. La supériorité que j'y puis avoir consistera en 25,000 Espagnols environ qui, n'étant ni payés ni nourris, pilleront et soulèveront le pays. Il nous faudra assiéger ou bloquer Bayonne et Saint-Jean-Pied-de-Port. D'ailleurs, envahir la France où chacun est soldat, où toute la population est en armes et organisée, non point comme dans d'autres pays, par des gens sans expérience de la guerre, mais qui ont servi quelque part depuis vingt-cinq ans que la France est en lutte avec toute l'Europe. *Sans doute, je puis entrer demain en France et éta-*

---

(1) *Wellington à Beresford*, 2 octobre.
(2) *Id. à Graham*, octobre.

blir l'armée sur l'Adour (1), *mais je ne pourrais aller plus loin. Si les puissances faisaient la paix, il faudrait rentrer en Espagne, et la retraite serait difficile, étant donné l'hostilité et les dispositions belliqueuses des habitants* » (2).

Se plaçant à un autre point de vue, lord Bathurst lui avoue : « Le côté politique de votre entrée en France, si elle n'a pour but de refouler Soult et de s'emparer de Bayonne, m'a toujours paru très douteux. *L'occupation de Bayonne n'est à envisager que sous le rapport de l'Espagne : l'établissement d'un ouvrage avancé destiné à assurer la frontière de ce pays* (3). Si vous allez plus loin, vous devez vous attendre à rencontrer une opposition générale, bien que vous agissiez d'accord avec un parti. Si ce parti l'emporte, la tentative d'imposer un gouvernement à la France armera le pays contre vous, et la cause y sera impopulaire. Sommes-nous suffisamment sûrs que le parti des Bourbons prévaudra ? Le duc de Marlborough entra en France sans avoir l'intention de détrôner Louis XIV. Pourquoi agir différemment ? D'un autre côté, si vous refusez le concours des royalistes, ils se tourneront contre vous, et s'ils l'emportent, vous aurez élevé un retranchement contre vous-même » (4).

« Je fus un jour, dit un témoin oculaire (5), vers les hauteurs du San Marcial ; c'est cette position que Soult avait attaquée avec tant de vigueur, le 31 août. Elle était défendue par les Espagnols, que la dépêche de Wellington représentait comme ayant repoussé l'ennemi avec une grande bravoure (6) ; mais, pour ma part, *je ne pus m'empêcher*

---

(1) Il ne pourra s'y présenter que trois mois plus tard !
(2) *Wellington à Bathurst*, 8 août.
(3) La phrase est louche, elle dissimule une arrière-pensée.
(4) *Bathurst à Wellington*, 9 septembre.
(5) Gleig, *The Subaltern*. L'auteur était officier du 85° d'infanterie. Brigade Aylmer.
(6) *Wellington à Bathurst*. Lesaca, 2 septembre. Il avait fallu les soutenir. Les Espagnols se battaient bien, et pourtant ils mouraient de faim et de misère. D'Yrun, Freire écrivait à Wellington, le 2 sep-

d'admirer le courage des troupes qui avaient osé attaquer une pareille position, car les hauteurs du San Marcial s'élèvent si brusquement au-dessus de la Bidassoa, que ce ne fut qu'en m'accrochant de branche en branche que j'en pus descendre. Cependant *une colonne de* 15,000 *Français força son chemin presque jusqu'au sommet, et l'aurait probablement enlevé sans l'arrivée d'une brigade anglaise.*

De ces hauteurs, j'eus une vue distincte du camp des Français. La rangée de collines qu'ils occupaient était en quelques endroits moins haute, en d'autres plus escarpée et même plus élevée que celle sur laquelle je me trouvais. Entre leur camp et moi coulait la Bidassoa, au fond d'une vallée étroite, riche et fort belle, tant à cause des bois qui la couvraient en grande partie que des champs, des prairies et des fermes répandus sur les deux rives du fleuve. Les avant-postes français se tenaient dans le vallon, et leurs sentinelles au bord de la rivière ; les nôtres, c'est-à-dire les postes espagnols, étaient stationnés à mi-hauteur et n'envoyaient pas leurs sentinelles plus loin que sa base. Les tentes des Anglais étaient dressées dans des plis de terrain, de façon

---

tembre (en français) : « Le défaut de santé me prive de passer à
« votre quartier général pour vous parler de l'état de débilité où se
« trouve l'armée espagnole qui réclame votre protection *auprès de notre*
« *gouvernement*, puisque sans cela je vois anéantir cette armée et ne
« puis espérer d'elle que des efforts infructueux. Me vous ne sauriez peut-
« être que depuis que je suis à la tête de l'armée, le soldat n'a pas
« mangé que la moitié ou les deux tiers de sa ration de pain et 8 onces
« de riz ; que la disette ne diminue parce que les provinces de l'inté-
« rieur ne nous envoyent rien et n'obéissent aux ordres du gouverne-
« ment ; que les blessés ont été mal pansés, et il y en a qui sont
« morts pour n'avoir un hôpital ambulant, faute de mulets ou cha-
« riots de transport ; que le soldat ne peut, *même dans un jour de*
« *bataille*, boire de l'eau-de-vie, et jamais de vin, ni manger de la
« viande ; qu'il n'a pas un sou, et je ne sais comment faire pour lui
« donner quelque auxile. Pour remédier à tant de maux, j'ait fait et
« fais tout ce que je peux ; mais crier, écrire, représenter ne suffit pas ».
Auxile ! on le voit bien par ce mot d'origine latine, Freyre était un
lettré ; il savait que Wellington le comprendrait.

à les dérober à la vue de l'ennemi; mais, en revanche, les baraques des Français étaient visibles sur beaucoup de points. Les Français sont certainement les soldats les plus habiles dans l'art de se construire des abris. Ce n'étaient pas des huttes composées de branches d'arbres couvertes de rameaux et de feuilles sèches et dépourvues de cheminées, mais de bons et confortables cottages avec des murs de terre et des toits de chaume, arrangés en longues rues étroites. Le camp de chaque régiment ressemblait plutôt à un village qu'à l'abri momentané de troupes en campagne. Armé de ma longue-vue, je distinguais les soldats, les uns faisant l'exercice, les autres jouant, et je ne pus m'empêcher d'admirer la parfaite insouciance qui paraissait régner chez des hommes si récemment battus. »

De Lesaca, son quartier général, Wellington ne communiquait avec l'aile gauche, à Oyarzun, que par le mauvais chemin muletier d'Arichulegui: les hauteurs de la rive droite de la Bidassoa et le cours entier du fleuve lui étaient nécessaires.

En rapprochant les effectifs, on constate que 112,000 Alliés font face à 68,000 Français. Wellington parle d'ailleurs de 25,000 Espagnols, alors que les « Estados » font ressortir plus de 47,000 *présents*. Une dernière observation: Napier dit qu'au commencement d'octobre, il arriva d'Angleterre un renfort de 12,000 hommes. Il est de notre intérêt de le croire. Pourtant, la situation du 22 octobre n'accuse, sur celle du 8 septembre, qu'une augmentation de 1,325 hommes. Il faudrait donc admettre qu'entre ces deux dates, où il n'y eut d'autres affaires que celles des 7 et 8 octobre, l'armée anglaise perdit plus de 10,000 hommes...

II. — Défauts de nos dispositions.

Dispositions défectueuses, avant-postes hors de portée, infériorité numérique, l'issue de l'attaque n'est point douteuse. La Rhune est mal occupée, les gués de Fontarabie mal gardés, si même ils le sont: du vieux camp des Sans-

Culottes, il ne subsiste que les vestiges; enfin, la redoute du San Benito et les ouvrages de la Bayonnette sont laissés dans l'état où ils se trouvaient en 1795. Évidemment, le danger est à la Rhune et à la trouée de Sare, *il fut toujours là;* or le maréchal, « ayant plusieurs raisons de croire « que l'attaque principale aurait lieu du côté d'Ainhoa », s'y trouve le 7 au matin; bien vite détrompé, *il craint pour la droite, traverse Sare sans s'y arrêter et accourt à Urrugne* (1).

Etabli à la Croix-des-Bouquets (brigade Pinoteau) et à Biriatou (brigade Montfort), Maucune a ses avant-postes le long de la Bidassoa. A 6 et 8 kilomètres en arrière, Boyer campe à Urrugne et au Bordagain; enfin, la réserve de Villatte a deux brigades à Serres, une à Ascain et une (espagnole) détachée aux travaux de la tête de pont de Cambo. Il faut 2 heures à Boyer, 3 à Villatte pour venir au secours de leur collègue; et encore Boyer a-t-il un régiment en l'air, absolument hors de sa portée, au col du Poirier. Répartie sur un front de 6 kilomètres, la division Maucune supportera l'effort de 26,000 Alliés (2); Boyer arrivera trop tard.

Les ordres de Wellington sont tellement précis et furent exécutés si ponctuellement, qu'il est utile d'en donner la substance.

Ordre pour la gauche de l'armée.

Lesaca, 5 octobre.

« La division Graham traversera la Bidassoa aux gués de Fontarabie, avec sa batterie et un escadron du 12ᵉ dragons.

---

(1) *Soult au Ministre,* 18 octobre.
(2) Nous donnerons les chiffres :
De l'aveu de Napier : Anglo-Portugais 15,000
D'après les *Estados* : corps de Freyre.............. 11,430
soit au total 26,430 présents. Or Maucune n'avait pas plus de 4,000 hommes en ligne; et avec Boyer 9,914.

Elle stationnera dans les fossés de la place et franchira les gués dès que la mer sera suffisamment basse, c'est-à-dire vers 7 heures et quart du matin. En arrivant de l'autre côté du fleuve, elle occupera le plateau et manœuvrera par sa droite, de manière à menacer la droite des forces opposées aux colonnes qui doivent passer près du pont détruit de Béhobie (1).

« La division Hamilton et la brigade Wilson passeront aux gués de Béhobie, Asken Portou et du Vieux-Moulin (2). Elles marcheront aux gués en même temps que celles de Fontarabie, et l'on conviendra d'un signal qui, partant de cette ville, annoncera le mouvement de ces dernières (3). Avec elles passeront le reste du 12e dragons, la batterie de la division et une batterie de réserve.

« Dès que cette colonne aura traversé la Bidassoa, elle s'établira sur la montagne de Louis XIV. Elle sera rassemblée avant le jour près d'Yrun et dissimulée jusqu'au moment de marcher.

« On jettera un pont de bateaux près du pont de Béhobie. Pour protéger cette opération, trois batteries se rangeront sur les hauteurs de San Marcial.

« Le corps du général Freyre franchira les gués dans l'ordre suivant. La colonne de gauche passera au gué de Telleria, près duquel l'ennemi avait jeté un pont le 31 août; elle occupera la hauteur (d'Anderré), sur laquelle se trouvent une grande maison couverte de tuiles et des baraquements. La colonne voisine traversera les gués de l'Étudiant et d'Akerria; elle aidera la précédente à occuper la hauteur

---

(1) Par le général Foy, le 1er juillet, et naturellement non rétabli.

(2) L'ordre de Wellington désigne les gués par des numéros. Après un minutieux examen du cours du fleuve, nous sommes parvenu à remplacer ces numéros par les noms actuels. Un gué a disparu, sous la montagne de Louis XIV, entre ceux de Béhobie et de Telleria.

(3) Toreno dit, V, 362, que la nuit du 6 au 7 fut pluvieuse, avec pluie et tonnerre. Une fusée, tirée du clocher de Fontarabie, devait servir de signal aux Anglo-Portugais, et un drapeau blanc planté au San Marcial aux Espagnols.

(d'Anderré). Le centre sera poussé en avant et occupera la montagne Verte (Lumaferde), et la droite occupera le ravin qui s'étend entre cette montagne et le Mandela. En soutien du centre, on laissera une réserve à Biriatou.

« Le reste du corps de Freyre passera aux gués d'Istoki, Ondarola et Champ de l'Abeille, gagnera le sommet du Mandela et s'y établira solidement, afin d'appuyer les opérations de la gauche de l'armée. A la droite, il remontera le ravin de Lancetenia (1). L'artillerie espagnole, deux batteries anglaises, appuieront le passage du général Freyre : elles se porteront, pendant la nuit du 5, aux points où elles devront s'établir.

« Dans la matinée du 7, on jettera un pont de bateaux à une petite distance au-dessous du gué d'Akerria (2).

« Le général Freyre s'entendra avec le général Hamilton au sujet du signal qui sera fait à Yrun pour lui annoncer que les troupes s'y ébranlent, et qu'il doit mettre les siennes en mouvement.

« La brigade Bradford sera en réserve sur la droite du San Marcial; la brigade Aylmer formera la réserve de la colonne Hamilton et s'établira entre Yrun et le pont de Béhobie... »

Ce fut une surprise. Les gués de Hendaye n'étaient observés que par un poste de quarante hommes (3), et l'ennemi avait déjà franchi la Bidassoa lorsque l'alarme fut donnée.

Voici les emplacements du corps d'armée :

---

(1) Ce ravin conduit au *col du Poirier*, où se trouvait la gauche des avant-postes de Reille.
(2) C'est-à-dire sous l'escarpe de Biriatou.
(3) Du 3e de ligne.
Suivant les rapports anglais, la division Graham passa la Bidassoa en trois colonnes aux gués de Fontarabie et de Ibirpeta; elle enleva dans les batteries et ouvrages de la Croix-des-Bouquets 8 pièces en fer tirées de l'arsenal de Bayonne et celles qui armaient la vieille batterie de Trêmes.

Division Maucune.

Brigade Pinoteau. — 3 bataillons des 3ᵉ de ligne, 17ᵉ léger et 15ᵉ de ligne, sur les hauteurs entre Hendaye et Béhobie, à Béhobie et derrière la montagne de Louis XIV.

Brigade Montfort. — 10ᵉ léger (2) sur les positions de Biriatou.
16 101ᵉ de ligne (1) *en réserve* à la montagne du Calvaire.
105ᵉ de ligne (2) *en réserve* à la Croix-des-Bouquets.

Division Boyer.

Brigade Boyer. — 2ᵉ léger (2) au col du Poirier.
24ᵉ de ligne (1) à Urrugne.
118ᵉ de ligne (3) à Urrugne.
Brigade Gauthier. — 5 bataillons au Bordagain.

Les numéros entre parenthèses à la suite de ceux de régiments indiquent le nombre des bataillons.

A 7 heures et demie du matin, Reille, à Ciboure, est prévenu qu'on aperçoit des mouvements dans les camps ennemis : il donne l'ordre à Boyer de se porter à la Croix-des-Bouquets, et accourt de sa personne à la montagne de Louis XIV, où est établie l'artillerie. L'ennemi déloge le poste du 3ᵉ à Hendaye, refoule sur la Croix-des-Bouquets ce bataillon qui, paraît-il, ne résiste pas (1), et

_____

(1) Gleig (*loc. cit.*) nous raconte la surprise de Hendaye. « On « imaginera facilement la curiosité ardente avec laquelle nous sur-« veillions la descente graduelle de la rivière et les lignes françaises, « au milieu desquelles régnait une tranquillité inexplicable... L'alarme « fut enfin communiquée au gros de l'armée ennemie qui se forma en « toute hâte sur les hauteurs et s'efforça vainement de défendre « Hendaye. Une panique semblait s'être emparée des ennemis. Je vis un « commandant qui se tenait au milieu de son bataillon, l'exhortait et « frappait avec son épée ceux qui se trouvaient près de lui; il semblait « au moment de le rallier lorsqu'il tomba. Il fut aussitôt debout et « remonta sur un autre cheval; mais, à ce moment, une balle l'atteignit « au cou et le tua raide. La mort de cet homme décida de la journée sur « les hauteurs de Hendaye. » Ce bataillon était celui du 3ᵉ de ligne, et son brave chef, le commandant Astor.

filant le long de la mer, se dirige sur les ouvrages du camp des Sans-Culottes. Reille détache de ce côté un bataillon du 105ᵉ pour l'arrêter. Mais au même instant la brigade Pinoteau, délogée de Béhobie et de la montagne de Louis XIV, se replie sur la Croix-des-Bouquets, où l'autre bataillon du 105ᵉ la recueille. La brigade Boyer est encore en arrière, et celle de Gauthier n'est arrivée qu'à Urrugne. Tourné par sa droite, et voyant le feu engagé sur sa gauche, à la montagne du Calvaire, ce qui lui prouve que l'ennemi est maître des positions de Biriatou et de la Chouhille, Reille ordonne à la brigade Boyer de couvrir la retraite et de s'établir à cheval sur la vieille et la nouvelle route de Saint-Jean-de-Luz, en avant de la chapelle Socory ; puis à la brigade Gauthier de prendre position au camp d'Urtubie ou des Gendarmes, où viennent se rallier la division Maucune et le 2ᵉ léger. « Les « troupes de Boyer n'ayant pu arriver que pour soutenir « la retraite de celles qui étaient en ligne, celles-ci, qui « n'avaient que 4,600 combattants, se trouvaient nécessairement trop faibles partout. Le rapport du général « Montfort porte qu'en même temps que l'ennemi atta- « quait Biriatou, il a forcé et tourné sa gauche à la « Chouhille ; que les trois pièces qui étaient à gauche de « Biriatou ont été coupées par ce mouvement. Le 2ᵉ léger « a été attaqué par environ 10,000 Espagnols ; ayant été « débordé par sa droite, il a été obligé de se retirer (1).

III. — Jugement du maréchal sur l'affaire de la Croix-des-Bouquets.

Comment le maréchal jugera-t-il l'affaire ? « Maucune était en ligne depuis Biriatou jusqu'à Hendaye. Boyer était en réserve au camp à gauche d'Urrugne pour le soutenir (camp d'Urtubie). *Depuis plusieurs jours, j'avais directe-*

---

(1) *Rapport du général Reille sur l'affaire du 7 octobre.* Soubalette, 18 octobre.

ment prévenu les généraux que l'ennemi se proposait de nous attaquer, et je leur avais prescrit les dispositions nécessaires. Dans la nuit du 5 au 6 et dans celle du 6 au 7, on entendit des mouvements de voitures du côté d'Irun : l'ennemi ne commença à passer qu'entre 6 et 7 heures (1); *il était grand jour et on avait le temps de voir former ses masses. Maucune était trop faible pour lui résister, Boyer aurait dû le joindre beaucoup plus tôt, mais il n'arriva au bas de la Croix-des-Bouquets que lorsque l'ennemi en était déjà maître.*

« Cependant il s'engagea et facilita le mouvement de Maucune. Les troupes firent bonne contenance et se retirèrent en arrière d'Urrugne, pour s'appuyer aux ouvrages du camp retranché de Bordagain.

« *La division de réserve, commandée par Villatte, qui était placée entre Ascain et Serres, avait pour instruction de se porter rapidement sur le contrefort situé entre Olhette et Ciboure* (plateau d'Urtubie), *pour soutenir les troupes chargées de défendre la Bayonnette et la ligne de la Bidassoa. Elle arriva à propos*, et sa présence contribua à arrêter le mouvement de l'ennemi (2). J'ai témoigné au général Reille mon étonnement que la division Boyer fût arrivée trop tard à l'appui de la division Maucune. Il m'a répondu qu'il l'avait fait partir aussitôt qu'il avait été prévenu que l'ennemi attaquait; mais il était trop tard; elle aurait dû être rendue sur les lieux au point du jour.

« *J'avais plusieurs raisons de croire que la principale attaque de l'ennemi aurait lieu sur Aïnhoa*, et je m'y trouvais rendu le 7 au matin lorsque l'engagement commença;

---

(1) *Soult* se trompe d'une heure et n'en a que plus de raison de dire qu'il était grand jour.

(2) Il n'est pas d'officier qui, connaissant le pays, ne voie que *Villatte* était absolument hors de portée pour « soutenir » les troupes établies à la Bayonnette. Ce n'est point « soutenir » qu'il faut lire, mais « *recueillir* ». Comme fatigue, pour une colonne, de Serres à la Bayonnette, il y a une *forte* étape.

mais ayant reconnu que ce n'était qu'une fausse attaque, *je me suis porté rapidement à la droite, où j'arrivai lorsque tout était fini...* » (1).

IV. — Il incrimine les généraux et ceux-ci les soldats.

Ici, la note grave et le découragement : « Je vous avouerai sans peine que si, sur notre droite, l'ennemi avait poussé son attaque avant mon arrivée, il est probable qu'il serait entré à Saint-Jean-de-Luz, par suite du *peu de confiance que les généraux avaient dans leurs moyens de défense; c'est aussi cette considération qui me fait depuis ce temps tenir de préférence à la droite;* je ne m'en éloigne que lorsque le service est parfaitement assuré et que les reconnaissances sont rentrées. Actuellement que les retranchements avancent, on est plus confiant et on serait inexpugnable » (2).

Mais s'il incriminait les généraux, ceux-ci s'en prenaient aux soldats. Le bruit courait-il le soir d'une retraite sur Bayonne? Une nouvelle attaque le lendemain paraissait-elle imminente? Dans une lettre probablement destinée au gouverneur de Bayonne, Villatte, dont les troupes n'eurent pas un coup de fusil à tirer, dit : *Bordaberria, 7 octobre, 9 heures du soir.* — ... « *Nos soldats se battent mal, ils ne vaillent rien* (sic); *avec de pareils gens, on ne peut que se déshonorer.*

« Nous occupons en ce moment les positions suivantes : une brigade de Maucune est à Urrugne, l'autre au Bordagain; Boyer est en seconde ligne de Maucune. La réserve est à Sainte-Croix, sur la rive gauche de la Nivelle, entre Saint-Jean-de-Luz et Ascain. Darricau a une brigade sur les hauteurs d'Ascain et l'autre sur celles de Serres.

« Dieu seul sait ce qui se passera demain; l'ennemi a de grandes forces, et nous, nous sommes bien décousus...

« Veuillez, mon cher général, donner des ordres pour

---

(1) (2) *Soult au Ministre*, 18 octobre.

qu'il me soit fait un logement à Sainte-Étienne (!) afin que mes gens et tout mon train puissent y être reçus » (1).

Enfin, un témoin oculaire, très sobre dans ses appréciations avoue que « les succès de l'ennemi, *trop facilement obtenus*, devinrent à Bayonne et dans les camps le sujet d'entretiens. On se montra, dans cette occasion, peu avare d'assertions incohérentes, absurdes ; avancés sans réflexion, les ouï-dire circulèrent, trouvèrent des organes et des oreilles complaisantes qui les recueillirent. Mais la grande masse de l'armée repoussa un langage toujours d'obligation après quelque défaite. Du reste, un coin du voile qui enveloppe les causes de notre insuccès dans la journée du 7 octobre sera peut-être soulevé dans la suite » (2).

Il nous en a coûté d'entrer dans ces pénibles détails. Assez embouchent la trompette héroïque et présentent l'histoire sous un jour qui est rarement le sien. La Croix-des-Bouquets n'avait été qu'une surprise, qu'une grosse affaire d'avant-postes ; par contre, la perte de la Rhune devait porter un coup mortel aux espérances du maréchal ; et si l'arrivée de Darricau à Serres écartait tout danger du côté de Saint-Jean-de-Luz, il s'était irrémédiablement aggravé dans le bassin de Sare.

---

(1) Il s'agit du faubourg de Bayonne, sur la rive droite de l'Adour.
(2) Lapène, *loc. cit.*, 123.

CHAPITRE X.

COMBATS DE LA RHUNE, D'AINHOA ET DE SAINTE-BARBE.

Avec la Croix-des-Bouquets et le Mandela, nous venions de perdre toute vue sur la trouée d'Yrun et le San Marcial. Mais encore n'était-ce là qu'une partie du programme de l'ennemi, auquel il fallait aussi la Rhune et le fond du bassin de Sare.

De la mer au Mondarrain, la frontière figure un bastion dont le morne de la Rhune est le sommet culminant, et dont les faces s'abîment vers les trouées d'Yrun et de Sare. La Rhune enlevée, non seulement le bassin de Sare n'est plus tenable, mais la communication d'Ascain et de Sare, par où se lient la droite et le centre de l'armée, se trouve compromise. Sous le couvert des montagnes de la rive droite de la Bidassoa, Wellington aura la faculté de masser ses forces devant les points faibles de notre ligne. De la Rhune enfin, comme d'un observatoire unique dans la région, progrès de nos travaux, répartition et mouvements de nos troupes, rien ne lui échappera. Isolée de toutes parts, dominant le pays jusqu'à Bayonne, objectif désigné, cette montagne qui étaye la droite et le centre de l'armée, aurait dû être l'objet d'un commandement spécial (1). Par malheur, il n'en fut rien : elle réclamait une occupation sérieuse, énergique, et la division Taupin, peu s'en faut, abandonnée à elle-même, se trouva hors d'état d'y résister aux 16,000 alliés qui l'assaillirent.

---

(1) Suivant Marcillac, *Mémoires sur la guerre d'Espagne*, « déjà en 1794 « la possession de la Rhune était très avantageuse aux Espagnols, en ce « qu'elle forme une sorte de vigie d'où l'on découvre tout l'espace entre « les Pyrénées et Bayonne ».

Le corps de Clausel était ainsi réparti, le 7 octobre au matin :

Division Taupin.

Brigade Béchaud. 9ᵉ léger (2), à la Bayonnette.
26ᵉ de ligne (1), 47ᵉ (2), au port d'Insola.
Brigade N. (1). 31ᵉ léger (3) au port d'Insola, avec 1 bataillon sur l'Alzate Real.
70ᵉ (1), au port d'Insola.
88ᵉ (1),   id.

Division Conroux.

Brigade Rey. 12ᵉ léger (2), au Rocher de Fagadia.
32ᵉ de ligne (2),   id.
43ᵉ de ligne (2), au camp de Sare.
Brigade Baurot. 3 bataillons à la garde de la redoute de Sainte-Barbe et couvrant le camp de Sare.

Division Maransin (réserve).

Brigade Barbot. 4ᵉ léger (1), au camp de Sare.
34ᵉ de ligne (1),   id.
40ᵉ de ligne (2),   id.
50ᵉ de ligne (1),   id.
Brigade Rouget. Au camp de Sare. 4 bataillons.

Détruits en 1795, à la signature de la paix avec l'Espagne, les ouvrages de la Bayonnette, d'Insola, du San Benito et les redoutes de Sainte-Barbe et Grenada avaient été incomplètement restaurés, et 18 pièces seulement étaient affectées au corps de Clausel qui n'en mit ou n'en put mettre que 8 en ligne : savoir, aux redoutes de Sainte-Barbe et de Grenada 4, à la Bayonnette et au port d'Insola 4, *à Abancen* 10!..... D'ailleurs, toutes pièces en fer.

Nous ne reproduirons pas l'ordre de Wellington en ce qui concerne l'attaque de la Rhune, en l'absence d'indications

---

(1) Grièvement blessé à Sorauren, le général Lecamus, qui commandait cette brigade, n'avait pas été remplacé.

suffisantes de la carte. Réduit à tracer les « lignes de marches » (1) et à désigner les objectifs des colonnes d'après « le ravin », la « terrasse boisée », la « maison et son pré vert », les chemins « rougeâtres, blanchâtres », etc., on conçoit qu'il faudrait voir le terrain. De Vera part sur la Bayonnette un chemin qui traverse la redoute étoilée de San Benito; au sortir d'Alzate, le chemin d'Olhette contourne à l'est la hauteur dite Alzate Real, et, remontant le ravin d'Insola, gagne le port de ce nom, d'où il tombe en droite ligne sur le hameau d'Olhette; de l'Ibardin et du Pas-des-Mulets descend un autre ravin qui rejoint celui d'Insola à une portée de fusil du village d'Alzate; d'Anderlaza, une arête rocheuse qui sert aujourd'hui de frontière, s'élève vers la Bayonnette; enfin d'Alzate, le chemin de Vera à Sare suit le fond du vallon jusqu'à la basse cloison qui sépare ces villages.

Cela posé, tandis que Dalhousie s'établit au port d'Etchalar, une brigade de Giron occupe celui de Vera, masque Conroux et Maransin à Sare et couvre le flanc droit des colonnes obligées, pour attaquer Taupin, de le prêter. Giron se porte en deux colonnes contre la gauche de Taupin et pousse un bataillon sur le sommet de la Rhune. Deux brigades d'Alten marchent contre le centre de ce général en position au port d'Insola et sur les hauteurs du San Benito. Entre ces hauteurs, dans le ravin qui les sépare, doit s'engager la moitié de la division Longa, destinée à relier les colonnes d'Alten chargées de l'attaque de la redoute étoilée et du port d'Insola. Quant à l'autre moitié, elle épaulera la brigade de gauche d'Alten qui se porte sur la redoute étoilée, et menacera la retraite de Taupin sur Olhette.

En réserve enfin, Cole s'établit sur les hauteurs de Santa Barbara, au sud du ruisseau de Vera, prêt à suivre Alten, à mesure qu'il gagnera du terrain.

Depuis le commencement d'août, Vera est une sorte de

---

(1) Expression de Wellington.

terrain neutre entre les deux armées et pillé par les deux partis. Le village est ruiné et à moitié détruit (1).

Ce qui suit est la substance du rapport détaillé de Clausel. Wellington agit à coup sûr et dispose de tels moyens que les événements se déroulent de la façon dont il les prépare. Il est extraordinaire d'entendre les sycophantes anglais exalter un génie qui eut toujours besoin de tant d'aides et qui, à un contre un, ne cessa de dire qu'il n'était point suffisamment fort. En remontant aux opérations contre Junot en 1808, contre Soult en 1809, contre Masséna enfin, chacun peut s'en convaincre : ce piédestal se rabaisse trop souvent à la hauteur d'un escabeau. Ainsi conçue, l'attaque du Rhune était imprudente, car Clausel pouvait déboucher en masse par le col de Vera et, les prenant en flanc, acculer Alten, Longa et Giron à la Bidassoa. S'il la tenta, c'est qu'il disposait de forces assez considérables pour commettre une faute et la réparer. Ne savait-il pas son adversaire dans l'impuissance de *manœuvrer?* Mais écoutons Clausel (2).

« Les avis qui nous parvenaient depuis quelques jours annonçaient une attaque prochaine. J'informai les généraux de division du corps d'armée des dispositions de l'ennemi. Pensant que la gauche de Taupin était trop faible et que l'ennemi pourrait passer entre la Rhune et sa division, j'ordonnai à Conroux de multiplier ses postes au col de Vera, de se bien lier avec lui, et de porter le 12e léger sur le flanc de la Rhune, au-dessus du port d'Insola, ayant derrière lui le rocher de l'ermitage, le 32e au rocher de Fagadia pour renforcer le 12e léger, et de faire monter le général Rey pour diriger ses deux régiments.

« Les quatre autres régiments de Conroux restaient dans leur camp pour couvrir Sare. La division Maransin, à l'exception d'un bataillon qui gardait la redoute de Grenada, était en réserve.

---

(1) *Journal of Larpent*, 15 octobre.
(2) *Rapport du général Clausel.*

« Le 7, à 4 heures du matin, je fus averti que les Espagnols se portaient dans la direction de Vera. Les tentes de la division Dalhousie, en face de Conroux, restaient tendues. Vers 7 heures et quart, j'entendis une fusillade vers Urdach et des coups de canon vers Yrun et la Bayonnette. En même temps, Taupin m'informa qu'il voyait les Espagnols descendre des camps entre l'Ibantely et Santa Barbara, dans la vallée de Vera, se formant pour l'attaque : les divisions Alten et Cole aussi formées en colonne et la division Longa dans les prairies de Vera, disposées à monter par le chemin d'Insola et sur la Bayonnette. J'ordonnai au général Barbot d'envoyer les 34e et 50e près de l'ermitage de la Rhune, sur le chemin qui y conduit depuis le col de Vera, pour appuyer Taupin, et de tenir les deux autres régiments de sa brigade prêts à monter à la Rhune. Puis je me rendis au col de Vera où j'aperçus une brigade espagnole qui avait refoulé une grand'garde de Conroux et se dirigeait vers la Rhune. Le 12e léger était à la position indiquée; le 32e montait au rocher de Fagadia. On était ainsi en mesure pour la Rhune. »

Une brigade d'Alten et la division Longa « partant du « Barrio de Lesaca, montèrent à la Bayonnette, attaquèrent « la redoute étoilée (San Benito) et à la troisième attaque s'en « emparèrent ». L'autre brigade d'Alten prit la droite de Vera, après s'être emparée du rocher (d'Alzate Réal) que défendaient quatre compagnies du 31e léger.

Le corps de Giron « tourna la gauche de Taupin et s'établit sur un contrefort de la Rhune au col d'Insola. Le 70e n'ayant pas tenu dans sa position, le 88e fut obligé de s'appuyer à l'ermitage de la Rhune, et le 31e léger, qui se trouvait à la droite du col d'Insola, se trouva tourné. »

Pendant ce temps « les Espagnols, qui avaient passé la Bidassoa à Birialou, tournèrent la Bayonnette par le col du Poirier que venait d'abandonner le 2e léger. Ils se portèrent sur la borde (1) qui se trouve sur le chemin de la Bayonnette à Jolimont et coupèrent la communication et la retraite » de

---

(1) En basque, *borda* veut dire maison, ferme isolées.

la brigade Béchaud. Poussé par son centre, tourné par sa droite et par sa gauche, Taupin dut, avec les 9e et 31e légers, 26e et 47e de ligne, se retirer sur Olhette et Ascain par les chemins d'Ibardin et d'Insola (1), laissant les 70e et 88e sur le Soubicia et le Ziburu.

Dans ces mouvements, les mulets qui portaient les pièces ayant été tués, son artillerie fut abandonnée.

Aussitôt Clausel fit monter le restant de la brigade Barbot (4e léger et 40e) sur la petite Rhune afin de soutenir les troupes qui étaient rangées sur la grande.

Vers 4 heures du soir, trois bataillons espagnols délogèrent le 32e du rocher de Fagadia et s'y établirent. Le 12e léger avait pris position à l'Ermitage. Le général Rey se plaça avec le 32e à la chapelle d'Olhain, ainsi que sur les rochers de Béchinen qui la relient à la Rhune.

« Le plateau de l'Ermitage de la Rhune était inabordable par son front, par sa droite et par sa gauche; six bataillons espagnols (formés en deux colonnes sous les ordres des généraux Latorre et Viruès) voulurent le tourner en forçant les 34e et 50e; ils furent repoussés. La nuit mit fin au combat et on resta de part et d'autre dans cette position jusqu'au lendemain soir à 4 heures... » (2).

La suite du rapport est embarrassée; Clausel évite de parler des « mouvements » qui ont lieu vers Sare dans la soirée du 8; ils sont pourtant fort graves, car le bassin est envahi, Sainte-Barbe abandonné, et la situation du centre de l'armée est fort critique.

En effet, le 8 au matin, Wellington se rend à la Rhune. Le brouillard s'étant levé, il reconnaît que l'Ermitage est inabordable par la droite, mais qu'il est possible d'en combiner l'attaque avec un mouvement offensif sur les ouvrages

---

(1) Quelle singularité! tandis que la retraite de Conroux et de Marransin était sur Saint-Pé, celle de Taupin ne pouvait s'effectuer que sur Olhette....

(2) *Rapport de Clausel* (sans date ni lieu d'origine).

situés en avant de Sare. « En conséquence, j'ordonnai à Giron
« de masser son armée sur la droite, et aussitôt il fit attaquer
« par le bataillon de Las Ordenes le poste ennemi sur le
« rocher à la droite de sa position (chapelle d'Olhain), lequel
« fut emporté instantanément. Puis ses troupes marchèrent
« sur la redoute de Sainte-Barbe et l'enlevèrent. L'ennemi
« évacua les ouvrages qui défendaient les approches de
« son camp. Des détachements de la division Dalhousie
« vinrent par le port d'Etchalar en prendre possession » (1).
On conserva la redoute de Grenada, mais le pont d'Amotz
était menacé.

Ainsi Rey, avec le 32e, a été refoulé sur Sare. Le 12e léger
et le 34e, restés sur la cime de la Rhune, voient leur retraite
par le col de Saint-Ignace compromise; ils se replient le 8 au
soir sur la Petite-Rhune et envoient un officier informer
Clausel de leur mouvement et lui dire qu'ils se sont décidés à
le faire en voyant que le seul chemin par lequel ils pouvaient
se retirer sur le col de Saint-Ignace était encore libre. « J'eus
« tort de ne point expédier l'ordre positif de remonter incon-
« tinent sur la Rhune et de me borner à faire dire au colonel
« du 34e qu'il devait s'être trouvé dans la position prévue
« par mes instructions, pour s'être décidé à évacuer l'Ermi-
« tage » (2).

Clausel est fort au-dessous de la vérité lorsqu'il estime à
15,000 hommes les troupes qui assaillirent Taupin. A lui
seul, Giron en mettait en ligne 8,436, et, sans compter la division Dalhousie qui resta au port d'Etchalar, nous pouvons
tabler sur 18,000. « *Taupin n'avait à leur opposer que*
« *4,600 hommes. Il était trop éloigné pour que les renforts*
« *pussent lui arriver à temps, à cause du grand détour par*
« *Ascain et, comme il fallait d'ailleurs observer les mou-*
« *vements de l'ennemi sur le pont d'Amotz, la chose de-*
« *venait impossible* » (3).

---

(1) *Wellington à Bathurst*, 9 octobre.
(2) *Rapport de Clausel*.
(3) *Rapport de Clausel*.

Le 9, à la pointe du jour, Clausel marche sur Sainte-Barbe d'où l'ennemi se retire pour revenir à dix heures le reprendre avec 8,000 hommes. On se fusille jusqu'à la nuit dans le faubourg de Hembiscay.

« L'ennemi s'est prolongé par sa droite vers Grenada qui a fait un feu vif pendant quatre ou cinq heures. De fortes reconnaissances paraissaient vouloir le doubler du côté de l'est ; mais le général Maransin qui le protège est toujours prêt à en recueillir la garnison. *Ce poste nous rend des services ; il contient l'ennemi depuis deux jours.*

« Cette position d'affaires à la nuit close a décidé le général Clausel à faire barricader la grande rue de Hembiscay. Je l'ai fait en deux endroits avec des tables, chariots, tonneaux, abatis, etc., et j'ai appelé la compagnie Marcelot pour couvrir le village par une suite de tranchées.

« Il est 6 heures, et l'ennemi qui hier (8) paraissait se glisser vers Amotz ne fait point de démonstration ; il est caché par la brume » (1).

V. — Combat d'Ainhoa.

A la gauche, sur le front de Drouet d'Erlon, il n'était rien survenu d'important. D'ailleurs, « Colville devait conserver
« ses positions au port de Maya et faire des démonstrations,
« afin de laisser l'ennemi dans l'incertitude et de l'empêcher
« d'affaiblir ses forces en arrière d'Ainhoa (2) ».

Suivant Lapène : « Le 7, Darmagnac fut vivement abordé
« à la forge d'Urdach. Cette forge et les montagnes qui
« l'avoisinent, ainsi qu'une maison crénelée, à l'extrême
« droite (3), faiblement défendues par nos troupes, restèrent
« au pouvoir de l'ennemi. Celui-ci médita alors une marche
« oblique par sa gauche, pour tomber sur la droite de Dar-

---

(1) *Rapport du commandant du génie Burel*, Sare, 9 octobre.
(2) *Ordre de Wellington.*
(3) *Maison Ponçagaray*, sur la gauche de la Nivelle, au-dessus du pont actuel de Geloz.

« magnac et le rejeter en arrière d'Ainhoa, malgré la pro-
« tection qu'il retirait d'une batterie placée sur une émi-
« nence au-dessus de la forge (1). D'Erlon, empressé de le
« dégager et d'empêcher surtout que les coalisés, poursui-
« vant leur marche, ne fissent jonction avec les troupes qui
« menaçaient plus à gauche la redoute de Sainte-Barbe (2)
« et la vallée de la Nivelle, envoya l'ordre à Darricau, *dont
« la division était inactive au camp de Suraïde*, de des-
« cendre de cette position et de tomber d'équerre sur la
« gauche de la colonne ennemie au moment où celle-ci dé-
« borderait le flanc droit de Darmagnac. Cette manœuvre
« força l'ennemi à suspendre sa marche ; il ne tarda pas à
« abandonner la maison dont il avait voulu se servir comme
« point d'appui, et regagna à la hâte ses premiers
« postes. »

VI. — Causes de notre échec. — Soult pouvait le réparer dès le lendemain.

De Saint-Jean-de-Luz à Sare, le maréchal disposait de 31,000 hommes ; il n'en a engagé que 14,000 : savoir, Reille 5,000 et Clausel 9,000. Et tandis que Wellington attaquait à fond avec 42,000 hommes, c'est-à-dire à 3 contre 1, de notre côté 16,000 ont assisté au combat sans intervenir, ou ne sont intervenus que partiellement et pour soutenir la retraite !

L'armée était sur deux lignes ; la première de 14 bataillons (8,000 hommes) et la deuxième de 59 (23,000 hommes), y compris la réserve de Villatte. C'est avec 8,000 hommes répartis en cordon entre les cols de Vera et d'Insola, le Mandela, Biriatou et la Croix-des-Bouquets que l'affaire s'engagea. Véritables avant-postes que 6,000 hommes seulement renforcèrent. Puisque le maréchal attachait tant d'importance à ces positions (ses reproches et ses inquiétudes

---

(1) Au lieu dit *Arbona*.
(2) Ou mieux, redoute de Grenada.

sur les suites de l'affaire en témoignent), il devait se tenir en mesure de les défendre, et pour cela rapprocher la deuxième ligne, l'établir à Urrugne même, à Olhette, à Ascain... N'était-il pas toujours temps de rallier la Nivelle? « *Les généraux n'ont pas confiance* », dit-il, et Villatte : « *les soldats se battent mal* ». En vérité, jamais le système de cordon ne reçut plus cruel démenti. Napoléon a dit : « Toute « la science de la guerre consiste à se battre deux contre « un. » Ce principe, Wellington l'a toujours suivi ; il ne paraît pas avoir fait *la guerre de « positions »*. Le public militaire, pourtant, jugera que sa manœuvre fut mal conçue : *Attaque parallèle*, c'est-à-dire enfance de l'art, *modeste démonstration* du côté d'Ainhoa ; passage de vive force à tous les gués existants entre Vera et Hendaye ; *attaque de front* de hauteurs étendues, il est vrai, et faiblement gardées, mais dominantes et fortifiées ; *absence de réserves* enfin, quoi de plus en dehors des règles et de plus dangereux ? Temps, moyens, espace, rien ne lui avait manqué.

Point n'était besoin d'attaquer le plateau de la Croix-des-Bouquets, non plus que la montagne dite de Louis XIV ; une démonstration suffisait. L'attaque eût pu se porter contre la Rhune et le Mandela seulement, car des colonnes débouchant de Biriatou sur Hereboure et Olhette, et menaçant Urrugne, Ascain, nous auraient obligés d'évacuer la Croix-des-Bouquets et même la Rhune...

Offensive pour offensive : autrement, c'est le suicide, la gorge tendue au couteau. Dans la nuit qui suivit l'affaire, Soult pouvait réunir 6 divisions en avant de Saint-Jean-de-Luz et culbuter les Alliés dans la Bidassoa ; *ils se sentaient si peu en sûreté de ce côté qu'ils s'y retranchaient en toute hâte...* Il lui était également loisible de masser derrière Sare le corps de Clausel, renforcé d'une partie de celui de Drouet d'Erlon et de toute la division de réserve de Villatte, puis de foncer sur Etchalar et Vera. Certes, Wellington eût expié par un désastre son facile succès de la veille ; mais la confiance était morte, et, dans la crainte de compromettre l'armée par des « combats partiels », *Soult ne manœuvra pas*. Dans une situation analogue et bien connue, le maréchal de Berwick, grâce à d'habiles et foudroyantes manœuvres, préserva la frontière des Alpes...

VII. — Reprise de la redoute de Sainte-Barbe.
(Nuit du 12 au 13 octobre.)

Les sommités de la Rhune perdues, les avant-postes de Clausel se reportent à la Petite-Rhune, et à la redoute de Grenada. Son corps d'armée occupe Sare et les hauteurs en arrière ; mais l'ennemi, maître de Sainte-Barbe, commande le village ; à tout prix, il faut l'en chasser. « J'ai été aujourd'hui sur la Petite-Rhune, et j'ai donné divers ordres pour les ouvrages de défense qui doivent y être construits.

« La possession de la Petite-Rhune nous est très avantageuse et *elle nous sera aussi utile que si nous occupions la sommité de la montagne*. J'ai également indiqué les positions que Clausel doit faire occuper aux divisions sous ses ordres, et je lui ai prescrit de reprendre pendant la nuit la redoute de Sainte-Barbe, *qui a été évacuée sans motif dans la journée du 8*.

« On s'est tiraillé pendant une partie de la journée. Deux pièces de canon que Clausel a portées sur le plateau ont contribué à éloigner l'ennemi, et à le repousser jusqu'au pied des plus hautes montagnes.

« Lorsque l'ennemi a voulu reprendre la redoute, il a présenté cinq bataillons espagnols (1), soutenus par une brigade de la division Cole. »

Ce coup de main est diversement rapporté. Suivant Lapène « Conroux forma ses deux brigades en colonnes. La pre-
« mière (Rey) marcha droit à l'ouvrage ; la seconde (Baurot)
« observa les Espagnols et les contint à droite et à gauche.

---

(1) D'après les situations officielles espagnoles, *Giron* mit en ligne 10 bataillons et 6,991 hommes.

« Conroux en personne, avec les grenadiers de la 12ᵉ légère
« en tête de la division, dirigea le mouvement. Les deux bri-
« gades s'ébranlèrent à la fois, *une heure avant le jour*. »
Mais le commandant Burel, acteur dans l'affaire, est plus
explicite.

« Hier (12), j'ai reçu l'ordre de préparer les moyens, travailleurs, outils et sapeurs, pour reprendre et conserver la
redoute de Sainte-Barbe.

« A 1 heure du matin, 3 bataillons de la division Conroux,
35 sapeurs de la compagnie Marcelot et moi les conduisîmes
chargés d'outils tranchants et de planches.

« Nous avons débouché du hameau d'Istilarte (1) en trois
colonnes. En huit minutes, nous sommes parvenus au fossé
de la redoute ; une compagnie de grenadiers de la 32ᵉ l'a
escaladé de revers, une compagnie de voltigeurs l'a escaladé
à droite, et les bataillons ont pris position pour protéger les
tirailleurs, *le tout sans tirer un coup de fusil* (2).

« Nous avons pris 174 hommes, égorgé 20 ou 25 à la
baïonnette, 15 officiers sont pris et une compagnie de sapeurs. Des individus se sont échappés en petit nombre. Le
tout fait 225 hommes (3). »

A la pointe du jour, l'ennemi tenta vainement de reprendre
l'ouvrage ; une deuxième tentative dans la matinée échoua
pareillement.

Wellington en prit son parti ; à l'entendre, « le poste fut
« surpris, et le soutien de la redoute n'eut point le temps
« d'arriver à son secours. Cette redoute était plus éloignée

---

(1) Sur le chemin de Sare à Etchalar.
(2) *Larpent* dit : « La veille de cette surprise, des officiers anglais
« s'étonnaient que les Espagnols conservassent la redoute : ils ne se
« couvraient pas et les hommes faisaient la soupe sans armes à 20 yards
« des sentinelles françaises et sans s'en occuper. Je m'attends à ce
« qu'une nuit les Français attaquent les Espagnols, bien que cela soit
« contraire à leur méthode, qui est de marcher deux heures avant le
« jour et de commencer l'attaque à l'aurore. »
(3) *Rapport du commandant du génie Burel.*

« de la ligne d'où elle pouvait être soutenue que je ne le
« supposais lorsque j'ordonnai de l'occuper; en outre, elle
« était si voisine des maisons de Sare qu'à tout instant elle
« courait le risque d'une attaque par surprise. *Aussi n'ai-je*
« *point permis de la réoccuper* (1) ».

On vient de voir ce qu'il faut penser de cette assertion.

---

(1) *Wellington à lord Bathurst*, Vera, 18 octobre.

CHAPITRE XI

INQUIÉTUDES DE SOULT.

Tout porte à croire que dès le lendemain l'ennemi poursuivra ses avantages; le maréchal ordonne à Reille de défendre, avec Boyer et Maucune, la position de Bordagain, le fort Socoa et même la position d'Urtubie; de défendre aussi le village d'Urrugne et de lier sa défense sur la gauche avec la division Villatte; ajoutant que « les ou- « vrages du camp retranché de Bordagain et ceux en avant « doivent être occupés à poste fixe par des troupes désignées « d'avance (1) ». Enfin, dans la soirée, *en prévision d'une retraite sur Bayonne*, il écrit à Thouvenot :

« Il est probable que demain l'affaire sera plus sérieuse; j'espère que les ouvrages de Bordagain feront bonne résistance. Je vous répète de presser, par tous les moyens imaginables, les travaux du grand camp retranché de Bayonne et de faire entreprendre tous les ouvrages qui donnent sur les routes, afin d'avoir de suite un appui pour les troupes qui, en cas d'événement, viendraient s'y former; cela est de la dernière importance : *tout le monde doit y travailler, même les bourgeois, s'il est nécessaire, et pendant la nuit.*

« Faites armer la totalité des conscrits que vous avez reçus. Employez-les aux travaux. »

Au reçu de cette lettre, Thouvenot ordonne la réunion de 2,400 ouvriers civils de Bayonne, Saint-Esprit et communes voisines, le démeublement des campagnes, l'évacuation sur les derrières des habitants de la frontière, l'abatage des

---

(1) *Ordre de Soult,* 7 octobre au soir. Voyez aussi les lettres des 8 et 9 octobre au Ministre.

arbres et clôtures à portée du camp retranché, l'évacuation du camp des blessés, etc.

Mais le lendemain, le maréchal commence à se rassurer : « *...Il sera donné plusieurs batailles avant que le canon de Bayonne soit dans le cas de tirer*. Nous sommes en présence et bien décidés à faire payer chèrement à l'ennemi sa témérité, s'il vient nous attaquer (1) ».

Néanmoins les projets de son adversaire ne lui apparaissent clairement que le 11. Il se trouvait alors en mission à Bayonne un aide de camp du ministre dont les lettres éclairent vivement la situation (2) :

« *Le caractère circonspect du général ennemi et l'habitude qu'il a de ne jouer qu'à jeu sûr* doivent faire présumer qu'il se croit les moyens de pousser son entreprise. Cette réflexion mérite d'autant plus de considération qu'aujourd'hui il ne s'agit de rien moins que du territoire français déjà envahi. Le maréchal s'attendait aujourd'hui à une attaque sérieuse; cependant l'ennemi n'a rien entrepris. La difficulté de coordonner les parties d'une attaque sur une ligne aussi longue et dans un terrain où les communications sont lentes, en est sûrement la cause; il faut s'y attendre pour demain. Le maréchal a écrit au général Thouvenot pour accélérer autant que possible les travaux de Bayonne, notamment ceux du camp retranché du côté d'Espagne. Il lui prescrit d'y employer même les bourgeois. C'est un moyen peu efficace et dont on ne doit attendre qu'un résultat médiocre. *De l'argent! de l'argent, mais il n'en a pas*. Je vois clairement aux dispositions qu'il prend quels sont ses projets dans le cas où il

---

(1) *Soult à Thouvenot*. Saint-Jean-de-Luz, 8 octobre, midi.

(2) En retournant à Paris, cet officier engagea Thouvenot à correspondre *directement* avec le Ministre; situation délicate et fausse, ce général n'y consentit qu'avec répugnance. Le Ministre se trouva informé à la fois par le commandant en chef et par un sous-ordre; il est vrai de dire que la correspondance de Thouvenot est, en somme, vide et décolorée.

« serait forcé à la retraite, *et ce cas est plus que probable*.
« Le général d'Erlon se retirerait sur Cambo où il y a une
« tête de pont ébauchée sur la Nive : et lui, selon toute ap-
« parence, se retirerait sur Bayonne *dans le camp retranché,*
« *qui n'est également qu'ébauché.*

« On pourrait peut-être tenir quelques jours derrière la
« Nive. Cependant elle est guéable au-dessus de Cambo.
« Ensuite il faudra bien se placer derrière l'Adour et alors
« tout le pays à la droite de l'ennemi lui est ouvert.

« Les habitants du pays en avant de Bayonne se retirent
« dans l'intérieur. Tous ceux de la ville qui le peuvent en
« font autant. C'est une chose qu'on ne peut empêcher,
« mais dont le contre-coup se fera vivement sentir dans les
« départements où ils se retirent.

« *Il paraît que nous avons été surpris sur la droite et*
« *que l'ennemi était à Hendaye avant que nous le sussions*
« *dans la Bidassoa.*

« Je regrette de devoir répéter ce que je disais il y a
« quelque temps : *l'armée ne saurait avoir moins de con-*
« *fiance en elle-même. C'est une chose désespérante de*
« *voir tout le monde persuadé que nous devons être*
« *battus. Je dois convenir que l'ennemi montre des forces*
« *bien plus considérables que les nôtres*. On peut calculer
« que sur les 71,000 hommes qui composent l'armée, il y a
« environ 60,000 combattants. En retranchant de ce nombre
« la cavalerie et les armes accessoires, il reste à peu près
« 50,000 baïonnettes. D'où, déduisant encore la division
« Foy, qui est à Saint-Jean-Pied-de-Port, j'estime que le
« maréchal a sous la main 45 à 46,000 combattants d'in-
« fanterie (1).

« Ma lettre présente la situation des affaires sous un
« aspect un peu rembruni. Je ne crois pas exagérer, mais,

---

(1) Les calculs du major Balthazar sont un peu au-dessous de la vérité. Nous avons compté 58,898 fusils au 1ᵉʳ octobre ; si l'on en déduit les 4,958 de Foy, on trouve 48,940 fantassins.

« dans tous les cas, j'aimerais mieux inspirer des inquié-
« tudes trop vives qu'une fausse sécurité (1) ».

Ce découragement perce dans les correspondances : « des
« dispositions sont prises à Saint-Jean-de-Luz pour recueillir
« nos blessés, mais les pauvres habitants, consternés, ne
« feront pas cette fois tout ce qu'ils voudraient faire. Chacun
« cherche à s'éloigner et ne croit pas devoir se rassurer
« *d'après la contenance de ceux qui, étant chargés de nous*
« *défendre, ne paraissent pas trop rassurés eux-mêmes.*
« *La troupe s'est mal comportée sur le territoire d'Urrugne.*
« Elle s'est livrée à un pillage qu'elle excuse en disant qu'il
« vaut mieux pour des Français être dépouillés par des
« compatriotes que par l'ennemi (2) ».

Enfin, le 11, devant l'inaction de son adversaire, le maréchal constate qu'il n'a eu d'autre but que de s'emparer des hauteurs de la Bayonnette pour être maître du cours de la Bidassoa, afin d'avoir une communication directe d'Yrun sur la vallée de Batzan, par le chemin qui suit la rivière (3). « *L'événement du 7 de ce mois ne peut donc avoir aucune influence sur la sûreté de la frontière*, quoiqu'en s'éloignant les habitants des communes envahies aient répandu la terreur dans le pays; *il aura même produit deux effets avantageux :* le premier, de faire prononcer avec plus d'énergie l'opinion publique contre les ennemis, par les horreurs qu'ils ont commises à Hendaye et dans les maisons isolées où ils ont pénétré, et le second en me mettant à même de tenir l'armée plus concentrée qu'elle ne l'était auparavant, et *la rapprochant de la seconde ligne de*

---

(1) *Balthazar au Ministre*, 8 octobre.
(2) *Rapports de la frontière*, 7 octobre.
(3) Il ne se trompait point. Dès le 10 octobre, Wellington quitte Lesaca que Larpent nous dit être devenue « malsaine comme une vieille volaille », et porte son quartier général à Vera ; il ajoute : « Maintenant « nous serons tranquilles jusqu'à la chute de Pamplona. Le pillage et « les désordres dans les villages français ont commencé. Wellington est « fort irrité. » (*Private Journal.*)

défense établie sur la Nivelle, que depuis longtemps je fais *retrancher. A ce sujet j'avouerai que j'ai craint plusieurs fois, pendant que j'occupais la ligne de la Bidassoa qui présentait un développement immense, que l'ennemi en la forçant ne profitât d'un premier succès pour me pousser jusqu'au delà de la Nive et de l'Adour* (1) ».

Quel revirement! et avec quel art, pourrait-on dire, toutes ces considérations sont présentées! Il sera besoin parfois, souvent même, de distinguer entre la forme et le fond, entre la parole et le fait. Déjà le 11 l'échec du 7 a valu deux « avantages »; le 18, jusqu'aux actes d'indiscipline commis par les hommes en atténueront la portée. Ce jour-là « *militairement parlant* », il se félicitera. Tel n'est pas le côté le moins curieux de son caractère.

Un général n'a de confident que son chef d'état-major. Aussi, de ses mécontentements, de ses préoccupations, n'at-il transpiré que ce qui se lit dans sa correspondance avec le ministre, et celle-ci présente les faits sous des aspects différents le soir d'une affaire et lorsque, plusieurs jours s'étant écoulés, ils ont pris les proportions que son amour-propre lui permet de leur accorder.

« Je suis loin d'excuser les excès commis par nos troupes; mon cœur en a été navré et j'en ai témoigné mon extrême mécontentement en prenant toutes les mesures de répression qui étaient en mon pouvoir. Il est fâcheux de reconnaître que le manque de fourrage a été le prétexte de la troupe pour s'introduire dans les maisons; la pénurie que nous éprouvons sous ce rapport est telle que, si elle continue, il ne sera plus possible de tenir des chevaux en ligne et le service des subsistances en souffrira beaucoup.

« *C'est aussi une des considérations qui devaient me forcer à abandonner tôt ou tard les positions détachées qui sont sur la Bidassoa, par la difficulté d'y alimenter les troupes, les transports étant de beaucoup insuffisants, et*

---

(1) *Soult au Ministre.* Saint-Jean-de-Luz, 11 octobre.

les équipages militaires de l'armée, dont la réorganisation a été infiniment retardée, n'ayant pu encore nous rendre aucun service (1) ».

Le moment est venu de conclure : « Vous aurez vu par les rapports que j'ai eu l'honneur de vous adresser journellement, que je m'attendais à une nouvelle attaque de l'ennemi, et que je faisais des dispositions non seulement pour le repousser avec vigueur, mais aussi pour affermir les troupes dans leurs positions. Je n'ai été intimidé ni par l'avantage qu'il a obtenu le 7 de ce mois, ni par la grande supériorité de ses troupes, ni enfin par ses démonstrations offensives. *J'ai considéré que, dans l'état actuel des affaires, je devais plutôt me préparer à livrer une bataille générale dans une bonne position que de courir la chance de combats partiels sur des positions que je ne pouvais ni garder, ni défendre après les avoir reprises, en raison de leur étendue. J'ai aussi considéré que si j'éprouvais un échec dans une de ces attaques isolées, je serais le lendemain dans la nécessité de repasser la Nive, et peut-être même l'Adour, par suite de l'impossibilité où je me trouverais de dégarnir les autres points de la ligne pour renforcer les points affaiblis*, attendu que l'armée est partout en présence de l'ennemi, et que toutes les divisions ont devant elles, à portée de fusil, plus de troupes qu'elles ne peuvent en mettre en bataille.

« Les positions de la rive droite de la Bidassoa, dont l'ennemi s'est emparé, sont sans doute importantes. Dans la dernière guerre, elles furent en partie occupées par nos troupes, mais elles n'étaient point menacées par une armée aussi formidable que celle que j'ai devant moi. Alors aussi il y avait un élan qui n'existe plus aujourd'hui, malgré tout ce qu'ont pu faire acquérir aux troupes l'expérience et l'habitude de combattre. Je vous prie de relire ma correspondance : *vous y verrez que j'ai toujours considéré ma position comme trop étendue, en raison de l'impossibilité où je*

---

(1) *Soult au Ministre.* **Saint-Jean-de-Luz,** 18 octobre.

me trouve de faire arriver à temps du secours sur tous les points d'attaque et que je ne pourrais empêcher l'ennemi de forcer quelques-uns de ces points, parce qu'il pourrait les attaquer avec une supériorité de forces qui ferait aussitôt tourner la chance en sa faveur, sans que pour cela il fût obligé de dégarnir le reste de sa ligne.

« Mon opinion est tellement fixée à cet égard que, *militairement parlant, je regarde l'événement du 7 comme avantageux,* parce que l'armée se trouve plus concentrée et qu'elle a sa droite beaucoup mieux appuyée qu'auparavant. *Sans doute l'offensive nous convient mieux que la défensive, mais pour prendre l'offensive il faut être au moins à parité de forces avec l'ennemi,* transporter sur un autre point le théâtre des opérations sans craindre de découvrir momentanément une partie de la frontière.

« D'après ce rapport, vous pourrez fixer votre opinion sur les *motifs de mon inaction apparente, et sur les fautes qui ont été commises.* Le commandement ne m'a jamais paru aussi difficile que dans les circonstances où je me trouve, et je désire vivement que Sa Majesté daigne confier celui dont je suis revêtu à des mains plus habiles que les miennes (1). »

---

(1) *Soult au Ministre,* 18 octobre.

QUATRIÈME PARTIE

DÉFENSE DE LA NIVELLE.

CHAPITRE XII

ORGANISATION DES LIGNES DE LA NIVELLE.

Fatale conséquence des désastres de Sorauren et du San Marcial, ainsi que de l'écrasante supériorité de l'ennemi, le maréchal s'est renfermé dans une défense passive; il a cherché dans l'organisation du terrain le complément de forces qui lui fait défaut.

« Les places de Bayonne et de Saint-Jean-Pied-de-Port qui, dans le principe, étaient embarrassantes, pourront bientôt offrir un appui assuré à l'armée et lui servir de places d'armes. *Il est bien plus pressant, étant inférieur en forces, de se mettre en défense que de prendre l'offensive.* J'ai examiné avec le plus grand soin la position militaire de l'armée, et j'ai reconnu que je ne pouvais lui faire prendre une bonne ligne de défense qu'en appuyant la droite à Saint-Jean-de-Luz, et en prolongeant la ligne par les contreforts de la Rhune, les hauteurs en arrière de Sare et d'Ainhoa, sur le rocher du Mondarrain et le cours de la Nive vers Bidarray jusqu'à Saint-Jean-Pied-de-Port. Je fis retrancher cette position. » Or, de la mer à la Rhune et au Mondarrain, on compte 30 kilomètres, et du Mondarrain à Saint-Jean-Pied-de-Port, 23; au total 53 kilomètres. A ce moment, l'armée ne disposait que de **70,000** *présents!*

« Dès ce moment, je ne regardai plus la ligne de la

Bidassoa que comme une *position d'avant-garde ;* n'étant pas assez fort pour y tenir les troupes nécessaires à sa défense et ne pouvant même, en cas d'attaque, y faire arriver à temps des secours.

« *Par un mouvement inconsidéré, je puis perdre une partie de l'armée et rendre inévitable l'invasion des départements méridionaux : le mal serait extrême. Je dois donc manœuvrer de manière à éviter des conséquences aussi fâcheuses et me tenir toujours en mesure de livrer bataille à l'ennemi sans rien compromettre.*

« Je me propose de terminer les ouvrages de défense que je fais établir sur toute ma ligne, ainsi que les camps retranchés de Bayonne et de Saint-Jean-Pied-de-Port, *afin de réduire cette défense au minimum des troupes nécessaires, et pour disposer du surplus en cas d'attaque contre le corps ennemi qui aurait forcé un des points de la ligne* (1). »
L'idée est excellente, mais les lignes de la Nivelle montreront, par un ensemble de fausses mesures, combien sa pensée fut peu comprise ou combien peu il en poursuivit l'accomplissement.

Pour lui, d'ailleurs, le salut est dans une offensive combinée avec Suchet, de Tarbes et de Pau sur Saragosse par le port de Canfranc. Mettant tout amour-propre de côté, il offre de servir en sous-ordres. Or Suchet ne se soucie point d'une collaboration; il invoque l'insuffisance de ses forces pour contribuer à la réussite d'une pareille tâche, étant donné les masses qui lui sont directement opposées. « Il s'agit moins, riposte Soult, de disputer sur la valeur et le nombre des troupes ennemies que d'aviser aux moyens de faire échouer les entreprises auxquelles elles peuvent se livrer, et de chercher à éloigner le théâtre de la guerre des frontières de l'empire. J'ai déjà dit qu'il y aurait du danger sans espoir de succès à diriger les opérations par le Guipuzcoa et la Biscaye; j'ai aussi exposé qu'en raison des

---

(1) *Soult au Ministre*, 26 octobre.

forces que l'ennemi peut opposer, il est extrêmement difficile de déboucher sur Pampelune par la vallée de Roncevaux (1) ; l'on ne peut non plus penser à porter le théâtre de la guerre au delà de l'Èbre en dirigeant les opérations par la Catalogne. Ainsi, les idées sont ramenées sur l'Aragon et la Navarre ; mais, pour cela, il faudrait se déterminer à une concentration générale de tous les moyens, et je pense qu'on peut en réunir de suffisants sans rien compromettre, si le renfort de 30,000 hommes que vous m'annoncez se réalise promptement.

« A cet effet, je propose de se préparer à déboucher avec 70,000 hommes, dans le courant du mois d'octobre, en Aragon par Jaca, et ensuite de se diriger, soit sur la Navarre par la vallée de l'Aragon, soit sur Saragosse » (2). Laissant des corps d'observation devant Gerona et Bayonne, les deux maréchaux auraient réuni l'armée entre Pau et Tarbes, et 100 pièces de canon auraient traversé le port de Canfranc en traîneaux. « Il n'est pas douteux que les places assiégées seraient dégagées, du moment que l'armée aurait pénétré en Aragon ou en Navarre. *S'il n'est pas pris promptement des mesures pour porter le théâtre de la guerre en Espagne, il faut s'attendre à soutenir avec désavantage une guerre défensive sur nos frontières, et, pour les préserver d'une invasion, il faudra beaucoup plus de monde que n'en exigerait une guerre offensive au delà des Pyrénées*, où il faut à tout prix se porter incessamment pour empêcher les armées ennemies de s'accroître d'une manière effrayante comme elles le font (3) ».

Une correspondance active s'engage entre les deux généraux : « Il y aurait sans doute de grandes difficultés pour faire passer un train de 100 pièces de canon par le col de Canfranc, mais avec une volonté bien décidée, de la patience

---

(1) Le maréchal venait d'en faire la lugubre expérience.
(2) *Soult au Ministre*, 2 septembre.
(3) *Soult au Ministre*, 2 septembre.

et des travaux, nous en viendrions à bout. Vous saisirez que, par cette concentration de forces et par la direction que nous donnerions à la guerre, nous serions bien malheureux et bien maladroits si nous ne parvenions pas à rétablir les affaires de l'Empereur en Espagne, ou du moins à éloigner de nos frontières les craintes d'une invasion. Vous et moi nous commanderions cette armée, et l'accord qui régnerait entre nous serait le garant des succès que nous obtiendrions (1) ». De l'avis de l'ingénieur chargé de la route d'Oloron à la vallée d'Aspe, les travaux à exécuter pour la rendre accessible aux voitures, sur une largeur de 3 à 4 mètres, jusqu'au col, ne doivent pas coûter plus de 75,000 francs...; et Soult d'ajouter : « *Le problème est résolu* (2) ».

Finalement, devant le mauvais vouloir de son collègue, il se résigne au pire des systèmes, à « *couvrir le pays* ».

Détaché au camp retranché de Bayonne, le général Léry abandonne la direction des travaux au colonel Michaux, sous les ordres duquel sont placés le colonel Juchereau à Saint-Jean-de-Luz, les commandants Burel et Calmet à Sare et Ainhoa. On fabrique les outils à Bayonne, le reste vient de Metz et de Sédan (3); quant aux ouvriers, requis en masse par le préfet des Basses-Pyrénées dans les communes environnantes, ils travaillent avec les troupes, mais, comme on doit s'y attendre, sans suite et sans entrain.

Enlaçant les deux rives de la Nivelle, la ligne de défense s'étend du Mondarrain à Saint-Jean-de-Luz, *sur une étendue de 30 kilomètres; l'horizon entier au sud de Bayonne!*

La Nivelle et ses principaux affluents présentent des directions remarquables au point de vue des communications qui traversent la frontière; d'Urdach à la brèche d'Amotz, elle

---

(1) *Soult à Suchet*, 3 septembre.
(2) *Soult au Ministre*, 16 octobre.
(3) Ces outils, en mauvais état d'ailleurs, « ont été oubliés, au nombre « de 8,000, pendant plusieurs semaines dans un village près de Lan- « gon, où le hasard les a fait retrouver. » *Soult au Ministre*, 26 octobre.

court au nord-ouest comme la rivière de Zugaramurdi. Là, jusqu'au hameau d'Amotz, elle coule au nord-est dans la direction prolongée du Lissunaga et du Lourgorietta, qui, après s'être réunis devant Sare, prennent le nom de Harane sous lequel leurs eaux se jettent dans la Nivelle. D'Amotz à Saint-Pé, d'Urgury à Ihins, la rivière revient à sa direction nord-ouest, puis d'Ihins à Ascain au sens nord-est. A Ascain débouche, sur le prolongement de la rivière de Zugaramurdi, le Guilhandy descendu du col de Saint-Ignace. Enfin, sortant des gorges qui l'étranglaient, la Nivelle devenue, grâce aux marées, un obstacle sérieux, gagne l'Océan dans une vallée orientée au nord-ouest, large et facilement inondable. La forme en baïonnette du cours de cette rivière, la persistance et le retour des directions nord-est et nord-ouest de ses éléments et de ses affluents résultent de fractures du sol que les eaux auraient mises à profit pour s'acheminer vers la mer.

Ce réseau de vallées, en convergeant ici sur Sare, là sur Ainhoa, au cœur du *bassin*, expression caractéristique dont déjà se servaient Soult et ses généraux, comme sur les deux foyers d'une ellipse, avant de diverger sur Cambo, Saint-Pé et Ascain ; ce réseau, disons-nous, est à notre désavantage ; et la barre d'Amotz, en raison de son étendue et de son contact avec la Rhune et avec l'Éreby, n'en compense point les dangers. La triste expérience va en être faite.

La ligne de la Nivelle n'a aucune valeur sans l'occupation du bastion de la Rhune, d'où l'on commande les trouées de Sare et d'Irun ; et le maréchal, tout en déplorant la perte de ce *musoir d'invasion*, se trompa lorsqu'il crut que la Petite-Rhune en serait le palliatif ; là n'étaient pas les clefs du massif, mais au port de Vera, à l'Insola, à la Bayonnette sur lesquels, le 7 octobre déjà, Wellington avait dirigé le fort de l'attaque. Il n'existait plus, dès lors, d'autre ligne de défense en rapport avec nos moyens que celle d'Arrauntz à Bidart. Surcroît de malheur, plus tard le maréchal ne s'y arrêtera point : il s'épuisera en vains efforts pendant cinq mortelles journées pour reprendre le terrain volontairement abandonné qui, aujourd'hui encore, forme le périmètre naturel de la défense de Bayonne.....

A chaque corps est affecté un groupe d'ouvrages. Celui de la droite comprend les *camps de Bordagain* et *d'Urtubie*, séparés par la route d'Espagne. Le plateau qui s'enfonce dans l'angle de la Nivelle à Ascain est également retranché ; c'est le *camp de Serres et d'Ascain* qui relie la droite avec le centre de l'armée.

Le centre occupe la partie ouest de la barre d'Amotz, du col de Saint-Ignace au pont d'Amotz : c'est le *camp de Sare*, dont les avant-postes gardent la Petite-Rhune et les ouvrages de Sainte-Barbe et Grenada.

Enfin, la gauche, établie sur la partie Est de la barre, escalade l'Ereby et s'appuie au Mondarrain : c'est le *camp d'Ainhoa*, et ses avant-postes ont pour centre la forge d'Urdach, où la grande route de la Maya traverse la Nivelle.

Les ponts de la Nivelle, entre Amotz et Ascain, sont les directions de retraite du centre ; la gauche se retirerait sur Suraïde et Espelette.

Partout guéable jusqu'à Ascain, et ne présentant qu'une largeur de 15 à 20 mètres, la Nivelle n'est pas un obstacle ; mais d'Ascain, où remonte la marée, jusqu'à Ballierenia, elle cesse d'être guéable et prend 40 mètres de largeur. En dernier lieu, on comptait quatre ou cinq gués entre Ballierenia et la mer, dont trois praticables à l'infanterie à marée basse.

A cette époque aussi, le pays était presque impraticable, et le génie dut consacrer le mois d'août à ouvrir des chemins, faire sauter les rochers, aménager les pentes, mettre en état les voies existantes : travail colossal, qui marcha de front avec la construction des ouvrages.

CHAPITRE XIII.

DESCRIPTION DES LIGNES.

I. — Camps du Bordagain et d'Urtubie.

Ils commandaient la route d'Yrun et les chemins qui, de la Bayonnette à la percée d'Olhette, descendent sur Saint-Jean-de-Luz ; la route d'Espagne les séparait.

Le *camp du Bordagain* formait la tête du pont de Saint-Jean-de-Luz, celui d'*Urtubie*, la tête du pont de chevalets jeté un peu en amont de la ville, au lieu dit Gastelusahar.

L'inondation de l'Unxain, s'étendait jusqu'à Larria et couvrait le front du Bordagain. A cette époque, Ciboure et Saint-Jean-de-Luz confinaient à des marais. Le pont de la ville, situé au-dessous du pont actuel, débouchait sur Ciboure et se trouvait masqué par la croupe du Bordagain surchargée d'ouvrages et de batteries. Une nervure en descend vers la route d'Espagne et forme, avec les hauteurs opposées de Sainte-Anne, le *col de Larria* qu'elle traverse pour se diriger de là sur Urrugne, village à l'est duquel s'étale le *plateau ou camp d'Urtubie*, renfermé entre l'Unxain, le ruisseau d'Olhette et la Nivelle.

Au pied de la Rhune et en tête du plateau d'Urtubie règne une dépression au fond de laquelle se donnent rendez-vous les chemins du Poirier, des Mulets, d'Ibardin et d'Insola ; de là, par Jolimont et Olhette, ils vont se réunir en avant de Chucuton, pour former le chemin de crête qui sillonne le plateau et, par Pendichenia et Sainte-Anne, se dirige sur Saint-Jean-de-Luz.

De la ferme de Chucuton, point culminant du plateau, partent cinq nervures sur Jolimont, Olhette, Dorria, Sainte-Croix et le château d'Urtubie. La nervure d'Olhette à Urtubie constituait le front de la défense ; celle de Gaïneco, entre le Firiri et le ruisseau d'Olhette, n'avait point besoin d'être occupée parce que le vallon du Firiri, inondé jusqu'au moulin, assurait le flanc gauche de la position.

Enfin, de la nervure centrale de Chucuton à Sainte-Croix, se détachent deux croupes parallèles au front avancé et qui se dirigent vers la route d'Espagne. Le colonel Michaux mit à profit cette disposition en trois rideaux successifs pour élever sur chacun d'eux des lignes d'ouvrages qui reçurent les noms de *camps des Allemands, des Italiens* et *de la Réserve*. Situés en arrière et aux extrémités de la nervure, les ouvrages de Sainte-Anne, Sainte-Croix, Saint-Marc, Olaberieta, formèrent un groupe appelé *Réduit* et destiné à couvrir le pont de Gastelusahar.

Ainsi, le chemin de crêtes de Jolimont à Saint-Jean-de-Luz fut barré par une enfilade de redoutes, et en même temps une sorte de muraille de fer s'étendit de Selaya à la redoute d'Olhette (cote 81). C'était le *camp des Allemands*, avec ses *trois batteries de Selaya, de la redoute d'Olhette (cote 94) et d'Undiorrueta*.

Les avant-postes s'étendaient des redoutes d'Etwail et de Socory, couvertes par des abatis, au village fortifié d'Urrugne, et de là par les pentes d'Undiorrueta à la redoute d'Olhette 81.

L'échelle de la carte ne nous a pas permis de marquer les ouvrages du Bordagain ; ils offraient un développement de 2,888 mètres, étaient armés de 35 pièces et exigeaient, sans compter la réserve nécessaire, une garnison de 4,164 hommes.

Nous donnerons aux ouvrages les numéros de la carte. Certains sont envahis par les ajoncs et impénétrables, de sorte qu'il ne nous a pas toujours été facile de déterminer leur forme et leur destination.

CAMP D'URTUBIE.

1re ligne — *Camp des Allemands et des Italiens.*

Camp des Allemands.

1. Batterie de Selaya, 4 pièces.
2. Redoute de Bitchetelé.
3. Batterie d'Olhette (94) 4 pièces.
4. Demi-redoute en avant.
5. Batterie d'Undiorrueta, 4 pièces.
6. Demi-redoute en avant.
7. Redoute de Chucuton.
8. Redoute d'Olhette (81).

Camp des Italiens.

9.-10. Deux redoutes sur le contrefort entre les vallons de Calia et de Larraldia.

2° ligne. — *Camp de la réserve.*

11. Redoute de Jominyo, 2 pièces.
12. Demi-redoute de Mouchoury.
13. Demi-redoute de Pendichenia.
14. Maisons fortifiées de Belchenia, 5 pièces.
15. Ouvrage à la croisée des chemins de Sainte-Anne et de Belchenia.

3° ligne. — *Réduit.*

16. Sainte-Anne, 4 pièces.
17. Redoute de Sainte-Croix, 2 pièces.
18. Redoute de Saint-Marc.
19. Maison d'Olaberieta, 2 pièces.

Au total, 1987 mètres d'ouvrages, 27 pièces et une garnison de 3,730 hommes. Et pour l'ensemble, 4,875 mètres de développement de travaux. 10,000 hommes dont 2,000 de réserve et 62 pièces, dont 8 de réserve.

Ne comptant que 11,000 hommes, les divisions Boyer et Maucune étaient impuissantes à fournir un tel service et celui des avant-postes. On tâtonna, et finalement, le 1er novembre, l'aile droite était formée sur deux lignes, savoir :

Première ligne. — Divisions Boyer et Maucune aux camps d'Urtubie et du Bordagain, fournissant chacune leurs avant-postes.

Deuxième ligne. — Réserve de Villatte : 2 brigades à Saint-Jean-de-Luz et Ciboure ; 2 au camp de la Réserve.

Appuyée à la mer et occupant un front resserré, la droite était très forte, et c'est là précisément, l'exagération des travaux aidant, que s'entassent les troupes. Avec ses quatre brigades, Villatte disposait d'un effectif de moitié plus élevé que ses collègues. Ne suffisait-il pas d'une brigade de réserve ? Dès lors, les trois autres auraient pu être portées à Saint-Pé et, par suite, Clausel et d'Erlon se fussent trouvés en mesure de défendre la barrière d'Amotz. Mais le maréchal n'a d'yeux que sur la grande route d'Espagne ; il y accumule un si grand nombre d'ouvrages qu'il lui faut 10,000 hommes pour les occuper, et 8,000 pour les soutenir !

Certes, un tel abus de la fortification portera de funestes fruits. Appauvris, privés de réserves, chargés de la défense d'une ligne démesurément longue, le centre et la gauche seront réduits à un mince cordon, et la droite ne sera point honorée de l'attaque à laquelle le maréchal et l'état-major du génie se préparent avec un tel luxe d'ouvrages, d'artillerie et d'hommes. Ce savant échafaudage s'écroulera devant une simple démonstration...

II. — Camp d'Ascain et de Serres.

Il reliait la droite avec le centre, et défendait les passages de la Nivelle tant au village d'Ascain qu'en amont et en aval. On avait jeté un pont de bateaux entre Ascain et Dorria pour faciliter les mouvements de la division Darricau établie, une brigade sur le plateau de Serres, l'autre à Ascain. Cette division occupait aussi les hauteurs du Biscarsou et d'Egenaour (Esnaur), par où elle se rattachait à la droite de Clausel retranchée à Saint-Ignace :

1. Hauteur de la Croix d'Uramendi et hameau de Portucarrica, fortifiés pour servir de tête au pont de bateaux.
2. Redoute d'Egenaour.
3. Redoute de Biscarsou.

CHAP. XIII. — DESCRIPTION DES LIGNES.

4. Batterie de Chanoneta, battant le pont d'Ascain : 6 pièces.
5, 6, 7. Redoutes de Serres et de Béhéré : 4 pièces.
8, 9. Tranchées battant les gués de la Nivelle jusqu'à Helbarren.

Les redoutes d'Egenaour et du Biscarsou n'étaient encore qu'à l'état d'ébauche le 10 novembre.

III. — Camp du Centre ou de Sare.

Du 7 octobre au 9 novembre, le corps de Clausel se retranche à la Petite-Rhune et sur la barre d'Amotz. Front, du col de Saint-Ignace au pont d'Amotz, 4,600 mètres. La redoute de Sainte-Barbe a été reprise le 12 aux Espagnols, qui sont restés maîtres du grand ouvrage de Monho. Nos avant-postes s'étendent de la Petite-Rhune à Arossa par Boreya, Sainte-Barbe et Grenada. En arrière, sur la barre d'Amotz, s'étend ce qu'on appelle la *grande position de Sare*. Enfin, entre les avant-postes et ouvrages de première ligne, et ceux de cette grande position, on a créé des *positions intermédiaires*.

1re ligne.

Petite-Rhune (1).
Mouiz et annexes.
9. Redoute Sainte-Barbe, pour 200 hommes et 2 pièces.
10. Redoute Grenada, pour 200 hommes et 2 pièces.
11. Poste d'Arossa, pour un bataillon.

Positions intermédiaires.

7. Ouvrage de Larraldea, pour un bataillon.
17 et 18. Ouvrages des entrées de Sare et d'Yhalar, pour 3 bataillons

2e ligne ou grande position de Sare.

12, 13. Redoutes de Saint-Ignace (Mondadibia et Hermitzebaïta) pour un bataillon et 6 pièces.

---

(1) La Petite-Rhune et Mouiz, objet d'un combat de montagnes des plus intéressants le 10 novembre, seront décrits à part, d'après un croquis spécial.

14. Redoute de Suhamendia, ou des Signaux, pour un bataillon.
15. Redoute de Louis XIV, pour un bataillon.
16. Batterie de la Chapelle de la Madeleine, pour un bataillon et 6 pièces.

Les redoutes de Louis XIV et de la Chapelle sont précédées de vastes abatis, et la dernière en outre, de longues tranchées pour plusieurs bataillons.

Tous ces ouvrages sont inachevés le 10 novembre.

Le total des garnisons nécessaires est de 14 bataillons. Or, le corps de Clausel en comptant 28, il en restait 14 disponibles.

IV. — Camp de l'aile gauche ou d'Ainhoa.

Le corps de Drouet d'Erlon occupe la partie Est de la barre d'Amotz, qui s'étend du pont au col de Finodetta, et de même que Clausel occupe la Petite-Rhune par sa droite, il occupe l'Ereby et le Mondarrain par sa gauche. De là, deux camps séparés par le col de Finodetta : le *camp de Suraïde*, équivalent de la grande position de Sare située sur son prolongement, et le *camp de l'Éreby*, équivalent de celui de la Petite-Rhune.

Les avant-postes couvrent Ainhoa et les rampes d'accès de l'Ereby jusqu'au pont de Lapitzchuri ; ceux qui se trouvent à la rive gauche de la Nivelle peuvent se retirer sur la barre d'Amotz par le pont de chevalets de Betrienia. D'ailleurs, entre le village d'Ainhoa et la barre d'Amotz, on a élevé un ouvrage intermédiaire sur la hauteur d'Ordokiso.

Camp de Suraïde.

Avant-postes.
1. Forge d'Urdach et abatis.
2. Hauteur de Ritou, position pour un bataillon et abatis.
3. Maison Ponsogaray, crénelée et abatis.
5. Tranchées éclairant les débouchés de l'Aisaguerry.
6. Batterie d'Arbona.
7. Ouvrage intermédiaire d'Ordokiso.

Grande position de Suraïde.

8. Redoute de Harismendia, pour 2 compagnies ; tranchées en avant.
9. Redoute, cote 233, pour 4 compagnies ; tranchées en avant.
10. Redoute à l'ouest de la précédente, pour 3 compagnies.
11. Tranchées en avant pour 3 compagnies.
12, 13. Deux redoutes dites d'Ordosgoïtia, pour 9 compagnies.
14. Ouvrage de Finodetta, pour 3 compagnies.
15. Batterie de Finodetta, sur les pentes de l'Éreby.

Camp de l'Éreby.

16. Redoute du Mondarrain, pour un bataillon.
17. Redoute d'Atchulegui, pour une compagnie.
18. Redoute de Chapora et tranchées, pour 4 compagnies.
19. Chapelle et redoute d'Ainhoa, pour 3 compagnies.
20. Tranchées sur l'Aisaguerry, pour 4 compagnies.

Ainsi, Drouet d'Erlon, ne disposant que des divisions Abbé et Darmagnac, depuis que Darricau a été détaché au camp de Serres et d'Ascain, de 16 bataillons, il ne pouvait en conserver que 5 en réserve.

CHAPITRE XIV.

TROUÉE DE SARE.

« Tout est préparé pour mettre l'armée en mouvement, dès que Pampelune sera entre nos mains; mais le temps a été si mauvais la semaine dernière et les routes sont si abîmées par les pluies dans les montagnes qu'il est douteux que Hill ait pu se mettre en marche (1). » Pampelune ayant capitulé le 31 octobre et la droite de l'armée alliée cessant d'être obligée d'en couvrir le blocus, ce général avait quitté les environs de Saint-Jean-Pied-de-Port et s'était rendu dans le Baztan les 7 et 8 novembre afin de coopérer à l'attaque générale qu'il fallut remettre au 10.

Soult n'ignorait point les projets des Alliés; par malheur, il maintint ses dispositions et méconnut le véritable point d'attaque. Déjà pourtant, le 6, Foy l'informait du mouvement de Hill sur le Baztan. Par quel enchaînement d'idées, à la suite de quels calculs il commit l'étrange faute d'où allait résulter la défaite de la Nivelle; comment il prit le change et perdit de vue la trouée de Sare, sa correspondance nous le montrera. Wellington disait : « *La droite de l'ennemi est si forte, que je ne crois pas devoir l'attaquer* (2) ». Il n'y eut donc point surprise, mais aveuglement.

---

(1) « Des torrents perpétuels jour et nuit à Roncevaux ; 14 pouces de neige ; des pièces y sont ensevelies ; des Espagnols et des Anglais y sont morts de froid; un poste a dû être abandonné. » *Private Journal of Larpent*, 5 novembre.

(2) *Wellington à Bathurst*, 13 novembre.

Soult au Ministre.

14 octobre.

« Le général Foy m'a rendu compte hier (13) de Saint-Jean-Pied-de-Port, que le général Pâris venait d'y arriver avec 2,500 hommes d'infanterie. Ce renfort le met à même de soutenir l'attaque que l'ennemi pourrait diriger contre lui. Il me rend compte que la division Morillo et tout le corps de Mina sont venus renforcer la division Hill et la division portugaise qui occupent la position d'Altobiscar, Roncevaux, Orbaïcela, le val Carlos et les Aldudes. Cette réunion de forces devant Saint-Jean-Pied-de-Port pourrait faire supposer que l'ennemi a le projet de forcer la gauche de notre ligne. Je regrette de ne pouvoir renforcer davantage la division Foy (1). »

Au même.

19 octobre.

« J'ai reconnu les camps ennemis qui sont devant ma droite. Ils sont très nombreux et il y aurait de la témérité à les attaquer avec les troupes que je pourrais y employer. *L'ennemi a au moins 50,000 hommes depuis la Rhune jusqu'aux hauteurs de Hendaye. Le restant se prolonge depuis le col de Vera à Sare, les hauteurs d'Etchalar et d'Urdach, jusqu'à la crête du Gorospila, de manière à présenter sur tous les points plus de troupes que je ne puis lui en opposer. Le corps qui est devant Saint-Jean-Pied-de-Port, que je fais contenir par le général Foy, paraît agir isolément.*

« *Une affaire générale aura certainement lieu; les ennemis paraissent évidemment s'y préparer.* »

---

(1) Le général Foy partageait ces craintes; il poussait activement les travaux de Saint-Jean, et l'on voit par sa correspondance avec le capitaine Barabino, chef du génie de la place, qu'il s'attendait à être attaqué, non point de jour en jour, *mais d'un moment à l'autre*. (*Archives du génie de Bayonne.*)

Soult à Suchet.

26 octobre.

« L'ennemi paraît se préparer à forcer ma gauche et, dans cette vue, il a fait arriver à Roncevaux un équipage de pont (1). Il est probable qu'il attend la reddition de Pampelune pour recommencer ses opérations.

« Quoi qu'il en soit, j'espère qu'il nous trouvera partout en mesure; l'armée est aujourd'hui beaucoup plus concentrée qu'elle ne l'était sur la Bidassoa, où elle ne pouvait tenir qu'une avant-garde, au lieu qu'à présent elle est sur sa ligne de bataille. Sous ce rapport, nous avons plutôt gagné que perdu (2). »

Soult au Ministre.

8 novembre.

« Malgré les apparences qui me portaient à croire que je serais attaqué ce matin, la journée a été parfaitement tranquille. A 3 heures et demie du matin, l'armée était sous les armes. J'attribue cet ajournement *à quelque retard des troupes venant de la Navarre* et à quelque autre contrariété que le général anglais a éprouvée dans ses préparatifs; car d'ailleurs il les continue et fait toujours porter en ligne du canon.

« J'avais ordonné au général Foy de pousser de fréquentes reconnaissances dans les directions qui aboutissent à Saint-Jean-Pied-de-Port, pour être instruit des mouvements de l'ennemi et des renforts qu'il pourrait recevoir.

« Par une lettre datée du 6 novembre, il m'avait rendu compte que la division Hill s'était dirigée dans la vallée de

---

(1) Un équipage de pont à Roncevaux ! Pour quoi faire ?
(2) *Gazan au colonel Michaux*, le 30 à 2 heures 1/2 du matin : « L'ennemi avait le projet de nous attaquer ce matin, mais le mauvais temps lui a fait donner contre-ordre ; il est possible que ce ne soit qu'une partie remise ».

Baztan et qu'elle avait été remplacée par le corps de Mina. Il était important de s'en assurer.

Le général Foy a marché hier (7) à la tête d'une reconnaissance; il a fait attaquer les retranchements d'Altobiscar. On a encore trouvé dans ces ouvrages 300 Anglais qui ont été secourus par une brigade de la division Hill venue de Roncevaux. Les renseignements que l'on a acquis détruisent en partie ceux donnés la veille par un émissaire des Aldudes; et *il paraît que cette division ne s'est pas dirigée sur la vallée de Baztan, ainsi qu'on l'avait dit.*

« *Il paraît aussi que le corps de Mina est arrivé à Roncevaux et a été porté en ligne, ainsi que la division Morillo, venue du blocus de Pampelune.*

« Tout me porte à croire que l'ennemi fait de grands préparatifs d'attaque et qu'au premier jour, peut-être demain, elle aura lieu. *Je ne serais point étonné que son entreprise se bornât à faire des démonstrations;* si j'obtenais ce résultat, je le considérerais comme un grand avantage dans les circonstances actuelles; *en attendant je suis toujours disposé à lui livrer bataille, et je maintiens les dispositions que j'ai ordonnées à ce sujet.* »

L'espion des Aldudes avait bien vu : quittant Roncevaux, le corps de Hill était arrivé les 7 et 8 dans le Baztan. D'ailleurs, le 9, plus d'incertitudes.

Soult au Ministre.

9 novembre.

« *L'ennemi ayant retiré une partie des troupes qu'il avait devant Saint-Jean-Pied-de-Port pour les porter dans la vallée de Baztan, le général Foy a reçu l'ordre de ne laisser que les garnisons nécessaires pour la défense des ouvrages du camp retranché et de se porter avec le surplus de ses forces à Bidarray où il est arrivé hier au soir* (8).

« *Ainsi, il est en mesure de manœuvrer sur le flanc droit de l'ennemi et de le compromettre si celui-ci dirige son attaque sur les divisions d'Erlon* qui défendent le rocher du Mondarrain et les contreforts qui en descendent, *ou bien de venir joindre d'Erlon sur les hauteurs entre Espelette et Ainhoa*, si l'attaque de l'ennemi prenait une autre direction. J'ai autorisé le général d'Erlon à donner des ordres en conséquence au général Foy, suivant ce qui surviendra devant lui.

« J'ai donné l'ordre à la 1re division de cavalerie, commandée par le général Soult, de venir se former sur les hauteurs de la rive droite de la Nive vis-à-vis de Cambo, où elle se tiendra prête à déboucher par la tête de pont et à se porter en ligne s'il était nécessaire. Une brigade de la 2e division de cavalerie aux ordres du général Treilhard doit se rendre à Saint-Palais pour soutenir au besoin les troupes qui sont à Saint-Jean-Pied-de-Port. L'autre brigade restera jusqu'à nouvel ordre à Orthez. Je regrette vivement que le manque absolu de fourrages m'empêche de faire venir quelques escadrons sur la droite ; leur présence serait d'un bon effet.

« *Je crois être en mesure de repousser l'attaque de l'ennemi : je suis surpris qu'elle n'ait pas encore eu lieu, car je suppose que depuis hier les préparatifs sont terminés ; aussi, je m'attends à tout instant à voir déboucher ses colonnes. Demain, avant le jour, tout le monde sera à son poste.* »

Crainte pour la gauche, à Saint-Jean-Pied-de-Port, pour la droite à Saint-Jean-de-Luz, le maréchal prend le change ; ses yeux se détournent de la trouée de Sare, et bien qu'il en ait tout le temps, il n'apporte aucun changement à ses dispositions. La concentration de Hill à la tête de la vallée de Baztan, c'est-à-dire au port de Maya, la présence de la majeure partie des forces ennemies entre Vera et la Maya ne l'amènent point à faire soutenir Clausel et d'Erlon par la réserve de Villatte... Il persiste à croire que la droite supportera les coups décisifs, alors que Wellington se propose seulement de fixer son attention de ce côté et de l'empêcher d'en détacher des troupes pour renforcer d'autres points de sa ligne (1).

---

(1) *Instructions de Wellington au général Hope*, Vera, 27 octobre.

CHAPITRE XV

BATAILLE DE SARE.

I. — Dispositions générales de la défense.

Établi à Sare et sur les hauteurs en arrière, Clausel occupe les débouchés de la Petite-Rhune, Vera, Etchalar et Zugaramurdi. Taupin, dans les ouvrages de Saint-Ignace et de Suhamendia, fait face à la Petite-Rhune ; on n'a pu lui donner la garde de cette montagne, en raison de l'escarpement de la gorge de Saint-Ignace qui s'étend sur son front et des difficultés presque insurmontables à des colonnes, qu'en présentent les pentes. Ce soin incombe à Maransin qui, placé à sa gauche, a une brigade dans les baraquements de Sare et l'autre en avant-postes au camp de la Petite-Rhune, avec un poste intermédiaire ou de ralliement, la hauteur de Larraldea. Autrement dit, cette division est échelonnée de Sare à la Petite-Rhune, par Larraldea. En potence par rapport à Maransin et à Taupin, Conroux a une brigade en avant-postes à Boreya, se reliant avec la Petite-Rhune et par la redoute de Grenada, avec Arossa ; enfin, l'autre est à Sare et détache un bataillon au pont d'Amotz.

La grande position de Sare a été divisée en *trois secteurs* : celui de Taupin comprend les redoutes de Saint-Ignace, c'est-à-dire de Mondabidia et de Hermitzebaïta, et la redoute de Suhamendia ; celui de Maransin est le large col de Mendiondo, entre les redoutes de Suhamendia et de Louis XIV, d'où partent des chemins sur Ascain, Arosteguia et Saint-Pée ; enfin, le secteur de Conroux est le terrain compris entre Louis XIV et le pont d'Amotz.

On a cru devoir conserver la Petite-Rhune, et le maréchal

y attache une si grande importance qu'il l'a fait couvrir de retranchements, jusqu'à y porter des pièces de montagne. Or, la défense de la Petite-Rhune et de son annexe, l'étoile de Mouiz (1), exige une brigade. Dans quelle situation se trouve par suite Maransin! De Larraldea, il ne peut soutenir ses avant-postes sans faire une pénible ascension, et ceux-ci n'ont de retraite que par le sentier sinueux et découvert qui descend d'Ithurriaderrac par le col de la Traverse, situé entre Mouiz et la Petite-Rhune. Ralliée, enfin, à Larraldea, la brigade, la division même ont 2 kilomètres à parcourir sur un terrain hérissé d'obstacles pour gagner leur secteur, le col de Mendiondo; dans cette marche, elles courent le risque de masquer les feux du Suhamendia!

Mais ce n'est point tout : tandis que Taupin et Maransin font presque exclusivement face à la Petite-Rhune, Conroux est seul à garder les avenues du fond de Sare! et il n'a personne derrière lui! Il n'y a qu'une lieue d'Ascain soit à Saint-Pée, soit au col de Mendiondo, et Darricau se croisera les bras! se laissera amuser par une division espagnole!

En résumé, le redressement de la barre d'Amotz aux approches du piédestal de la Rhune, d'où l'ennemi peut descendre et venir couper la route de Sare à Ascain, la nécessité de conserver cette communication ; quels motifs encore, *amènent Clausel à concentrer ses forces en face des rampes de la Rhune, et à dégarnir sa gauche.*

II. — Ordres de Wellington.

L'ordre de mouvement de Wellington est daté de Vera, 27 octobre.

1. — Le 10 novembre, avant le jour, la division Alten se formera près de ses avant-postes à la gauche de l'Ermitage

---

(1) Ce nom de *Mouiz* est inconnu dans le pays. Les habitants appellent l'étoile de Mouiz, la *Coralhandia;* ce qui veut dire « la grande Cour ». Elle est, en effet, construite en pierres sèches.

de la Rhune. De là, elle attaquera la Petite-Rhune, s'y établira et attendra, pour coopérer à l'attaque de la grande position de Sare, que les divisions à sa droite, qui marchent sur Sare, soient en mesure. Elle aura trois pièces de montagne.

2. — A la gauche d'Alten, une partie de la division Longa se portera sur le contrefort qui se dirige sur Olhette, afin de s'opposer aux forces que, d'Ascain, l'ennemi pourrait diriger sur la Rhune. A la gauche de Longa, « le général Freyre, « (avec les divisions del Barco et Barceña et une brigade de « la division Porlier), débouchera du Mandela en deux co« lonnes, l'une dans la direction d'Ascain, l'autre dans celle « de Chucuton, et laissera une réserve à Olhette pour les « relier » (1).

3. — Le corps de Giron se formera à la pointe du jour sur le contrefort de droite de la Rhune, descendra sur Sare par les ravins, et s'emparera des pentes inférieures de la montagne, ainsi que des bouquets de bois et jardins. Il détachera trois bataillons sur sa gauche dans le ravin qui sépare les deux Rhunes ; ces bataillons marcheront sur le Rocher (et le col d'Argaineco). « Ils s'y lieront à la division Alten et « l'aideront à chasser l'ennemi de la Petite-Rhune. Le reste « du corps de Giron se dirigera sur la partie de Sare située « entre l'église et la montagne, et sur les pentes inférieures « de la Rhune. A mesure que la colonne avancera, elle « poussera sa gauche dans la vallée qui sépare la Petite« Rhune du vallon de Saint-Ignace, afin de tourner la « gauche de l'ennemi, au cas où il continuerait à défendre « la Petite-Rhune.

« Le centre et la droite du général Giron marcheront « contre la grande position de Sare ; la droite enlèvera « d'abord le baraquement de l'ennemi établi sur une ter« rasse sombre immédiatement derrière le village.

---

(1) Démonstration qui retiendra Darricau à Serres pendant toute la journée. Toreno, V, 371.

« La colonne du général Giron aura trois pièces de mon-
« tagne. »

4. — A la droite de Giron, la division Cole se portera contre la redoute de Sainte-Barbe. « Après l'avoir enlevée, « elle s'engagera dans Sare en prenant pour direction « l'église, puis elle marchera rapidement sur la gauche « du baraquement de l'ennemi et contre la grande position « de Sare. »

Elle coopérera avec le corps de Giron à l'attaque de la redoute de Suhamendia, tandis que « la droite et le centre de « la division se porteront un peu à main droite où la posi- « tion ennemie est un peu en retraite et où les pentes com- « mencent à être coupées de clôtures et boisées dans le « haut (col de Mendiondo).

« Elle aura une batterie qui sera d'abord employée contre « la redoute de Sainte-Barbe. »

5. — La division Le Cor descendra d'Etchalar avant le jour et longera le ravin du Lourgorrietta ; elle attaquera la redoute de Grenada, et après l'avoir emportée, passant par Ihalar et couvrant le flanc droit de la division Cole, elle gravira les hauteurs de la grande position de Sare « par la « partie qui s'avance le plus vers nous, où le terrain est « coupé de bois et de cultures (redoute de Louis XIV) et où « les pentes paraissent plus allongées et plus graduées que « sur les autres points de cette chaîne ». Elle aura une batterie, qui sera d'abord employée contre la redoute de Grenada.

6. — La division Colville s'avancera par la route d'Urdach à Saint-Pée (1). Elle coopérera avec la division Le Cor et couvrira son flanc droit. Suivant les progrès de l'attaque, elle poussera des troupes dans le ravin d'Amotz et s'emparera du pont. Il est probable que sa batterie pourra être employée contre la redoute de Grenada, « suivant les positions qui se « trouvent entre sa ligne de marche et celle de la division « Le Cor ».

---

(1) Par Zugaramundi et Arossa.

« Elle se liera avec la division Clinton qui sera à sa droite, de l'autre côté de la Nivelle. »

7. — Lorsque les hauteurs de la grande position de Sare auront été enlevées, les corps chargés de leur attaque, c'est-à-dire les divisions Alten et Longa, le corps de Giron, les divisions Cole, Le Cor et Colville s'y établiront solidement et lanceront des détachements à la poursuite de l'ennemi. Ils recevront alors de nouveaux ordres.

8. — La division de gauche du général Freyre prendra le chemin de Jolimont à la ferme de Chucuton; son artillerie battra les ouvrages ennemis, « mais son objet est moins « d'attaquer que de servir de réserve à la division de droite « qui marche contre Ascain. En se plaçant près de Jolimont, « elle pourra soutenir cette division, avec laquelle elle se « liera par de forts détachements dans la direction d'une « maison près de laquelle s'élèvent de grands peupliers (1) ».

Nous avons hâte de le dire, Wellington ne cite presque jamais de localités, et son ordre, à moins de le lire sur le terrain, serait incompréhensible. Un examen attentif des lieux nous a seul permis de fixer les lignes de marche. Colville a pour objectif le pont d'Amotz; Le Cor, les redoutes de Grenada et de Louis XIV; Cole et Giron, le col de Mendiondo et la redoute de Suhamendia; Alten et Longa, la Petite-Rhune et les ouvrages de Saint-Ignace; enfin, Freyre, Ascain et, comme démonstration, les redoutes de Chucuton.

Ainsi, les Alliés s'avancent avec plus de 40 bouches à feu, par colonnes d'une division chacune, très voisines, soudées ensemble et suivies chacune d'une réserve particulière. Ils ne présenteront à nos bataillons épars que des têtes de colonnes couvertes d'une nuée de tirailleurs; mince, sans consistance, sans réserves, notre ligne sera percée sur tous les points et ses tronçons rejetés sur Saint-Pée, sur Espelette, où les pousseront les masses débouchant par toutes les brèches des montagnes.

---

(1) Olhette, probablement.

La Rhune isole en quelque sorte Freyre de Giron et des divisions de la droite ; mais par surcroît de malheur, elle permettra au général ennemi de se rendre compte de la marche du combat, de le diriger et de surveiller nos mouvements. Ce détail est inconnu ; les historiens anglais se taisent, la victoire du grand homme est par trop facile !

III. — Observatoire de la Rhune.

Instruction pour les officiers en observation sur la Rhune.

9 novembre.

« Être au sommet de la Rhune demain à la pointe du jour.

« Prendre note des forces de l'ennemi, en spécifiant les points qu'elles occupent et leur nombre en chaque point : *bataillons, compagnies* ; l'artillerie et la cavalerie, si on en découvre.

« Les mouvements les plus importants de l'ennemi sont :

« Mouvements indiquant une action offensive contre un point de notre ligne ;

« Mouvements de l'ennemi par sa droite ou sa gauche pour renforcer quelque point de sa ligne ;

« Apparences d'une retraite sur une nouvelle position ; d'une retraite à la fois sur Bayonne et de l'autre côté de la Nive.

« Les observations seront envoyées à lord Wellington. Chaque rapport sera numéroté et l'heure de son envoi sera indiquée. Le général Alten laissera à l'Ermitage de la Rhune un officier et un détachement à la disposition des officiers en observation. Le général Cole échelonnera des petits postes pour porter rapidement les rapports au camp du général Giron (Fagadia-Olhain), où une partie de l'état-major se tiendra pour les recevoir. »

En vérité, fut-il jamais situation plus extraordinaire ?

On vit ce jour-là, par l'effondrement de l'échafaudage

des travaux de tous genres, le cas restreint qu'il faut en faire. Tout est décousu, alors que la fortification, assignant le rôle et la place de chaque unité, fixe le combat dans le fond comme dans la forme. Un ouvrage tombe, entraînant tout parce que tout est soudé; le combat est localisé dans chaque groupe. C'est l'immobilisme, la gorge tendue au couteau, la négation de la tactique. N'ayant d'autre but et d'autre devoir que *de tenir* et de conserver ses positions, on souscrit d'avance à la défaite, *on ne manœuvre pas*. Exagération? On entendra le maréchal et chacun pourra former son jugement.

IV. — Rapports du maréchal.

Soult au Ministre.

Serres, 10 novembre.

« Ce matin, au point du jour, l'armée a été attaquée sur toute la ligne. Les divisions Boyer et Maucune, ainsi que la division de réserve de Villatte, qui étaient à la droite, et la division Darricau qui était sur des hauteurs de Serres et d'Ascain ont parfaitement défendu leurs positions. *L'ennemi n'a pas obtenu le moindre succès sur elles, quoiqu'il fût en forces supérieures* (1).

« Les divisions Conroux, Taupin et Maransin occupaient les hauteurs en arrière de Sare et deux redoutes en avant (2); elles avaient aussi une brigade sur la Petite-Rhune (3). L'ennemi les a attaquées avec 20 ou 25,000 hommes et les a forcées. *Le général Clausel se plaint que tout le monde n'a pas fait son devoir;* ce soir, il leur a fait prendre position à Saint-Pée, où l'ennemi est entré.

---

(1) Le maréchal s'y trouvait : cela devait être. Pourtant Darricau n'eut affaire qu'à une division espagnole de Freyre, et Hope, qui commandait la gauche des Alliés, avait ordre de ne livrer qu'un combat démonstratif.
(2) Redoutes Sainte-Barbe et Grenada.
(3) Brigade Barbot, de la division Maransin.

« Le général Conroux a été blessé.

« *Les divisions de Clausel ayant quitté la position en arrière de Sare, d'Erlon ne pouvait plus se soutenir sur celles en arrière d'Ainhoa, où l'ennemi s'est porté par la droite en très grandes forces.* La position a été vivement défendue, mais d'Erlon a dû céder au nombre, et il s'est replié sur Abancen. Il a envoyé des ordres à la brigade qui occupait le Mondarrain et le Chapora de se diriger sur Cambo. *La division Foy était à Bidarray; je l'avais mise à la disposition d'Erlon; elle devait venir le rejoindre en avant d'Espelette pour manœuvrer sur le flanc droit de l'ennemi*, et après-midi, d'Erlon n'en avait encore aucune nouvelle. J'espère cependant qu'il aura opéré son mouvement sur Cambo, ainsi que ses ordres le portaient en cas de retraite. »

Soult au Ministre.

Bayonne, 19 novembre.

« Je vous envoie les rapports des généraux Reille (1), d'Erlon et Clausel, ainsi que des généraux Taupin et Maransin. Les rapports des généraux Taupin et Maransin sont importants, attendu que leurs divisions ainsi que celle du général Conroux de Pépinville qui occupaient le centre de la position de l'armée, *sont celles qui ont été forcées et qui, ayant été poussées jusque sur les hauteurs en arrière de Saint-Pée m'ont mis dans le cas de replier les divisions qui occupaient la gauche et la droite de la position, quoiqu'elles fussent retranchées*... (2).

« Je n'ai pas cru avant l'événement que les trois divisions du général Clausel pussent être forcées dans la position de

---

(1) Nous n'avons pu trouver aux Archives de la guerre le rapport de Reille.

(2) Soult fit replier la droite, mais d'Erlon n'eut point à attendre d'ordres pour évacuer ses positions ; *il en fut chassé.*

Sare et dans celle de la petite Rhune, qu'elles étaient chargées de défendre (1). Je suis même persuadé que tous les efforts de l'ennemi auraient échoué malgré la supériorité de ses forces, *si, au lieu de défendre le village de Sare, Clausel avait réuni ses trois divisions sur les hauteurs en arrière qui étaient sa position de combat*, et où il avait déjà la division Taupin et deux bataillons de celle de Conroux.

« *Ces événements sont hors des règles du calcul et je ne pouvais prévoir que je n'aurais pas le temps d'arriver au secours des divisions attaquées avant qu'elles eussent perdu leurs positions* (2). Je ne pus juger de ce qui était survenu que par la direction que le feu prenait (3), car les rapports ne m'étaient pas parvenus. Cependant, j'arrivai assez à temps à la division de réserve, sur les hauteurs à gauche de Serres, pour empêcher que l'ennemi se précipitât à la poursuite de Clausel, et pour arrêter le mouvement de deux divisions anglaises qui se portaient sur sa droite et passaient la Nivelle au-dessous d'Ybarron.

« Les pertes de l'ennemi sont considérables, mais *il devait perdre 25,000 hommes pour s'emparer de la position, encore était-il douteux qu'il réussît !* Je ne puis donc que regretter qu'il l'ait gagnée à si bon marché, d'après les peines qu'elle nous avait données pour la rendre *inexpugnable* (4) ».

---

(1) Ainsi, le maréchal ne voit point dans la Petite-Rhune de simples avant-postes, mais « *une position à défendre* » au même titre que les hauteurs de Sare.

(2) De Saint-Jean-de-Luz à Saint-Pée, il y a 13 kilomètres, soit quatre heures de marche. Le maréchal ne pouvait être prévenu par Clausel de l'attaque qu'il soutenait que vers 6 heures 1/2. Villatte ne pouvait donc arriver à Saint-Pée qu'à 11 heures du matin et au col de Mendioude qu'à midi au plus tôt. Il eût été trop tard.

(3) La place du maréchal était à Saint-Pée avec Villatte, et non point à Saint-Jean-de-Luz.

(4) *Inexpugnable !* Voyez ce que dit Clausel de la redoute Louis XIV et de celle de la chapelle Sainte-Madeleine, des abatis, etc.

Avant tout, le maréchal se couvre et laisse entendre au Ministre qu'*il dirigeait la défense!* Or, ce qui se passe à Sare, à Ainhoa lui échappe totalement; il a pris le change. Son attention ne s'est point portée sur la trouée de Sare; il ne s'est point dit que plus sa droite serait forte, plus son centre et sa gauche seraient menacés.

Pays, travaux, effectifs sous les yeux, envisagée sous tous ses aspects, la question ramène invariablement aux mêmes conclusions, et ne dégage qu'une responsabilité, *la sienne.*

Certes, il est pénible de voir un homme aussi illustre reculer devant l'aveu de dispositions défectueuses, faire l'éloge d'une aile qui n'eut devant elle qu'une simple démonstration, invoquer la supériorité des forces de l'ennemi, sur un point naturellement très fort, formidablement organisé, où s'entassaient 25,000 hommes, alors qu'il laissait Clausel au point le plus exposé, derrière une seule ligne d'ouvrages, recevoir, avec 13,000 hommes, le choc de 40,000 !

Cette bataille présente deux phases :
1° *La défense de la Petite-Rhune et des redoutes de Sainte-Barbe et de Grenada;*
2° *La défense de la position de Sare.*

V. — Combat de la Petite-Rhune et de Mouiz.

Le camp de Mouiz se compose de deux parties : la Petite-Rhune, et l'étoile de Mouiz, que relie une tranchée dite Traverse.

En avant de l'étoile s'étend une longue crémaillère terminée par une sorte de redoute prenant des vues sur le ravin d'Uharte, qui présente plusieurs passages permettant de tourner le camp par la droite.

L'arête de la Petite-Rhune, fort étroite et hérissée de rochers en feuillets presque verticaux est escarpée du côté de la Grande-Rhune, à pente régulière et très forte, comme un toit du côté de Mouiz. Elle n'est accessible qu'en deux points :

1° en face de la tourbière d'Ithurriaderrac; 2° au col d'Argaïneco, au milieu même du chaînon qui figure ainsi une voûte rompue au sommet.

D'Ithurriaderrac, un chemin muletier gagne la crête en quelques pas, se dirige vers le col de Mouiz, où il coupe la traverse et de là descend rapidement sur Larraldia.

Mais si la Petite-Rhune est, ou peu s'en faut, inattaquable pour un ennemi qui, du faîte de la Grande-Rhune, se porterait normalement contre elle, on peut l'escalader dans le sens de l'arête, à partir du chemin d'Ithurriaderrac à Mouiz, car la pente ascendante, bien qu'accidentée par des amoncellements de rochers, est douce et régulière. Cet ensemble de travaux, enfin, pouvait être tourné par une colonne qui, descendue sur les croupes étalées en plateau à l'ouest du ravin d'Uharte, aurait fait face à droite pour se porter par sa gauche sur les pentes nord de la croupe de Mouiz en traversant successivement ce ravin et celui qui naît du col de Mouiz. Et, en effet, ils s'encaissent rapidement, sans prendre aucune largeur de fond et sans se cercler de rochers; autrement dit, ils échappent aux vues de Mouiz et de la crémaillère, et même le plus souvent à celles de l'extrémité ouest de la Petite-Rhune qui pourtant plonge jusqu'au fond du ravin d'Uharte, en travers duquel elle s'avance.

Le col d'Argaïneco permet de déboucher sur les derrières de la défense, mais ce n'est qu'une brèche de 60 mètres de largeur entre les rochers de la Petite-Rhune; la pente d'accès est si raide qu'on ne s'y élève qu'en rampant. D'ailleurs, en avant, un rocher isolé au fond du vallon qui sépare les deux Rhunes commande absolument ce passage.

Tous les ouvrages, à l'exception de la *Traverse* et de la tranchée qui relie la *Place d'Armes* au *Nid-de-Pie* sont en pierre sèche. Nous les avons mesurés au pas, autant qu'il a été possible sur un terrain aussi abrupt :

1. Redoute étoilée de Mouiz ou Coralhandia, hexagonale. 60 mètres de diamètre; pas de fossé extérieur. En pierres sèches. Angles coupés par une traverse. Un petit mur servant de banquette.

2. Ouvrage à droite. Excavation bordée de murs. 50 mètres.
3. 1re crémaillère, sur le bord des rochers qui regardent la Petite-Rhune. 115 mètres.
4. Abris au-dessous et dans les encorbellements de rochers. 45 m.
5. 2e crémaillère, en arrière et à droite de la première, contournant la croupe de Mouiz. 90 mètres.
6. Redoute quadrangulaire prenant des vues sur le ravin : avec des murs flanquants en arrière. 85 mètres.
7. Traverse reliant l'Etoile de Mouiz et le Donjon. Au milieu, un redan pour 2 pièces. 330 mètres. Tranchée-abri.
8. Rocher de la Place d'armes. 80 mètres.
9. Place d'armes et tranchée la reliant au Nid-de-Pie. 155 mètres.
10. Nid-de-Pie, pâté de rochers amorcés et reliés par des murs. 180 mètres.
11. Murs battant le vallon de Mouiz. 15 mètres.
12. Donjon. Pâté de rochers semblable au Nid-de-Pie et de même élévation. 115 mètres.
13. Poste du Rocher du Ravin.

Au total, 1460 mètres d'ouvrages, dont 420 mètres de tranchées et 1040 mètres de murs en pierres sèches.

La pente de la Petite-Rhune au-dessus du vallon d'Uthurriaderrac, toujours très forte, s'aggrave rapidement à partir du col en descendant vers Sare.

Toute cette région est absolument découverte; pas un arbre, pas même un modeste buisson; la tourbière d'Ithurriaderrac est appliquée contre l'arête, à la hauteur de la Place d'Armes. Les crénèlements de rochers cessent un instant entre la Place d'Armes et le Nid-de-Pie; mais, là, on avait construit une tranchée de 90 mètres. A côté de Mouiz, au Donjon et au Nid-de-Pie, on voit des cahutes en pierre qui durent servir d'habitation aux officiers, des cavités dans lesquelles s'abritaient les troupes, où l'on préparait la soupe, etc.

Partout, les rochers sont reliés par des murgers et les anfractuosités utilisées pour loger escouades et sections. Il fallait bien qu'exposés au froid et aux tourmentes de l'arrière-saison, violents à de telles hauteurs, ces malheureux se couvrissent. De là un luxe d'ouvrages, d'ailleurs faciles à élever, la roche se trouvant sur place et se délitant en minces dalles. Quel séjour !

Dans la nuit du 9 au 10 octobre, la division Alten, défilant à portée de nos postes, vient s'établir sur le plateau, face au ravin d'Uharte ; la droite, vis-à-vis l'extrémité de la Petite-Rhune et la gauche devant la croupe de Mouiz, dont la séparent les deux ravins. Voici sa composition :

Brigade Kempt, 43°, 52°, 95°.
— Colborne, 17° portugais, 1ᵉʳ, 3° caçadores ; 3 pièces de montagne.

Le 43° attaquera la Petite-Rhune en suivant la crête ; à sa droite, le 17° portugais remontera le vallon d'Ithurriaderrac et se portera contre le col d'Argaïneco, en même temps qu'un bataillon portugais descendant le sommet de la Grande-Rhune y marchera directement sous la protection de deux pièces de montagne, mises en batterie pendant la nuit, et que trois bataillons de Giron s'y élèveront depuis les bas-fonds de Sare. Ainsi, trois colonnes convergeront sur Argaïneco. Enfin, le 95° abordera les crémaillères et Mouiz, tandis que le 52° tournera cette croupe par le nord.

Maransin a laissé la relation de sa défense :

« Le 10 novembre, à 5 heures du matin, les troupes de ma division étaient sous les armes et disposées de la manière suivante :

4° *léger* (1 *bataillon*) :
    2 compagnies à l'Étoile de Mouiz ;
    Compagnie de voltigeurs derrière le mur à crémaillères et la redoute flanquant la droite de l'Étoile ;
    1/2 compagnie sur le bord du ravin, en face de la Traverse,
    2 compagnies 1/2 en réserve derrière l'Étoile.
40° *de ligne* (2 *bataillons*) :
    2° *bataillon* ;
    1ʳᵉ compagnie au Rocher de l'avant-poste de la Place d'armes ;
    Voltigeurs et 1ʳᵉ compagnie à la Place d'armes ;
    1 compagnie à la Traverse.
    2 compagnies en réserve derrière la Traverse ;
    1ᵉʳ *bataillon ;*
    Grenadiers, au Rocher dans le ravin qui sépare les deux Rhunes

1/2 compagnie de voltigeurs sur la crête de la Petite-Rhune qui descend sur Sare ;
1 compagnie au Nid-de-Pie ;
1 compagnie au Donjon ;
2 compagnies 1/2 en réserve sur le col, vis-à-vis le poste du Rocher occupé par les grenadiers du 1ᵉʳ bataillon.

(Tous ces postes, ainsi composés de gardes montantes et descendantes, devaient diminuer de moitié au grand jour.)

34ᵉ de ligne (1 bataillon) ;
Grenadiers et 1 compagnie sur le petit mamelon en arrière de la rampe de la Rhune ;
1 compagnie sur la rampe de la Rhune, se liant par sa droite avec le poste du dernier rocher occupé par les troupes de la Rhune et, par sa gauche, avec les avant-postes du 12ᵉ léger ;
1 compagnie dans un bouquet de chênes au pied de la rampe ;
Voltigeurs, dans la maison du médecin et deux autres ;
1 compagnie dans le chemin qui conduit à la Rhune (1).

« Les 50ᵉ, 27ᵉ et 59ᵉ de ligne étaient au camp situé au col de Sare, à la droite du chemin d'Ascain ; enfin, le 130ᵉ au camp en arrière de Sare.

« Au point du jour, l'ennemi attaque et enlève, après une vive canonnade, les redoutes de Sainte-Barbe. Le 50ᵉ se porte au premier coup de fusil sur le mamelon qui domine le camp (2) et établit deux compagnies derrière un parapet en pierre sèche qui défend le terrain. Les trois compagnies du 34ᵉ renforcent les avant-postes que ce régiment doit défendre.

« La prise de la redoute de Sainte-Barbe et l'évacuation de celle de Grenada rapprochent de Sare la tiraillerie : bientôt, le faubourg est forcé par une nuée de tirailleurs soutenus du feu des troupes qui se forment sur le plateau de Sainte-Barbe.

« Cependant, la Rhune est attaquée. Deux colonnes anglaises se dirigent sur Ascain et font un changement de direction à droite, arrivées aux deux tiers de la montagne.

---

(1) Autrement dit, le 34ᵉ est en réserve entre Larraldea et le camp.
(2) Larraldea.

« Aussitôt une compagnie du 4ᵉ léger renforce vers ce point la compagnie de voltigeurs du même régiment qui y était déjà établie. En même temps, deux masses anglaises et une portugaise débouchent de la Rhune. Les deux premières, précédées d'une grande quantité de tirailleurs, attaquent vivement le poste du Rocher, en avant de la Place d'Armes et s'en emparent, marchent ensuite sur la Place d'Armes, la prennent d'assaut et enlèvent le Nid-de-Pie.

« Dès que la colonne portugaise est arrivée vis-à-vis le poste du Rocher, situé dans le ravin qui sépare les deux Rhunes, un bataillon portugais descend perpendiculairement sur ce poste qui est forcé de replier sur le restant du bataillon du 40ᵉ, placé en réserve au col (1), lequel est bientôt attaqué par les deux colonnes réunies, secondées du feu de deux pièces de montagne que l'ennemi avait placées pendant la nuit à mi-côte de la Grande-Rhune.

« Le donjon tenait encore ; mais il succombe bientôt après, malgré le feu des défenseurs, celui de la Traverse et des deux pièces de montagne. Au même instant, les redans de la droite de l'Étoile sont forcés ; aussitôt deux compagnies du 4ᵉ léger se portent sur ce point, mais ne contiennent l'ennemi que pendant quelques minutes.

« Le donjon pris, les redans de la droite de l'Étoile enlevés, la réserve du 40ᵉ repoussée, l'Étoile engagée, ne pouvant plus tenir, est évacuée par ordre du général Barbot, qui effectue sa retraite sur le camp de la 2ᵉ brigade. Les brancards des pièces de montagne, qui se brisent dans la marche rétrograde, sont un accident qui les laisse au pouvoir de l'ennemi.

Le 50ᵉ soutient la retraite des troupes qui descendent de la Rhune. Le 34ᵉ se trouvait vivement engagé et tenait encore à la rampe de la Rhune. L'ennemi, contenu sur ce point, forçait sur d'autres tous les obstacles. Les troupes de la division Conroux évacuent Sare.

---

(1) Col d'Argaïneco.

« Dans cet état de choses, Barbot rallie ses troupes et les dirige sur la position de la redoute de Louis XIV. Les troupes de la 2ᵉ brigade (Rouget), qui ne sont point engagées, restent en position pour soutenir celles qui sont aux prises, dégager le 34ᵉ qui se trouve débordé et contenir l'ennemi qui descend de la Rhune.

« Un combat très vif s'engage à la position du camp de la 2ᵉ brigade.... » Ainsi rapportée dans ses détails, cette affaire est très curieuse. A côté d'un excès d'ouvrages, il nous paraît que l'organisation et l'occupation de la position ne furent point absolument judicieuses. Si l'on considère le camp de Mouiz comme faisant partie de la première ligne de défense (et cela était le cas), il n'y suffisait pas d'une brigade ; s'il n'y avait là, au contraire, qu'un système d'avant-postes, deux bataillons étaient tout ce qu'il fallait, à la condition de les distribuer de la manière suivante (1) :

Étoile de Mouiz......	2 compagnies	⎫
Traverse................	2 —	⎬ 1ᵉʳ bataillon.
Nid-de-Pie et Donjon........	2 —	⎭
Réserve.............	....	2ᵉ bataillon.

En effet, il était facile d'escarper le col d'Argaïneco et des coupures devant le Nid-de-Pie auraient rendu ce dernier inabordable. On pouvait aussi borner la défense de la Petite-Rhune au Donjon, à la condition de rendre infranchissable l'arête, si étroite déjà, qui s'y rattache. Dans ces conditions, un bataillon au moins se serait opposé au débordement de l'Étoile de Mouiz.

Mais tout tombe avec le col d'Argaïneco et avec le mouvement sur la droite de Mouiz. En serrant son jeu, le général Barbot eût porté sa réserve à deux bataillons, sans amoindrir la force de sa position.

---

(1) Là, comme partout sur les positions de la Nivelle, nous avons passé de longues heures à étudier le terrain, pièces en main. La crainte d'avoir mal vu nous y a ramené.

VI. — Défense de la grande position de Sare.

Voici les emplacements du corps de Clausel :

Division Maransin.

Brigade Barbot : 4ᵉ léger (1), 34ᵉ de ligne (1), 40ᵉ de ligne (2), aux avant-postes de la Petite-Rhune ;
Brigade Rouget : 27ᵉ, 50ᵉ et 59ᵉ de ligne, chacun un bataillon ; 130ᵉ de ligne, échelonné entre le camp de Sare et la Petite-Rhune.

Division Taupin.

Brigade Dauture (1) : 9ᵉ léger (2), 26ᵉ, 70ᵉ, 88ᵉ de ligne, chacun un bataillon ;
Brigade Dein : 31ᵉ léger (2), 47ᵉ de ligne (2), au camp des redoutes de Saint-Ignace.

Division Conroux.

Brigade Rey.
Brigade Baurot.

« Le 10 novembre, à 6 heures du matin, l'ennemi déboucha par le chemin de Zugaramurdi, par le col de Vera et par la Grande-Rhune. La colonne sortie de Zugaramurdi se porta directement sur nos ouvrages du pont d'Amotz. Il attaqua en même temps les redoutes de Grenada et de Sainte-Barbe ; la garnison de Sainte-Barbe l'abandonna et bientôt celle de Grenada en fit autant. Les ouvrages de la Rhune furent attaqués par une division anglaise et emportés de vive force ; à 8 heures du matin, ils étaient au pouvoir de l'ennemi.

« Les colonnes qui avaient débouché du côté de Vera entrèrent à Sare et y firent leurs dispositions pour attaquer la grande position entre Sare et Saint-Pée. J'avais ordonné à Conroux de former sa division sur les hauteurs d'Amotz,

---

(1) Le colonel Dauture, du 9ᵉ léger, commande la brigade en remplacement du général Béchaud, blessé à la Rhune le 7 octobre. Le colonel Dein, du 47ᵉ de ligne, remplace le général Le Camus blessé à Sorauren.

appuyant sa droite vers la redoute de Louis XIV et gardant les ouvrages que nous y avions établis. Je plaçai la division Maransin entre la redoute de Louis XIV et celle des Signaux (col de Mendionde), et je chargeai Taupin de mettre un bataillon dans chacune des redoutes du col d'Ascain (Saint-Ignace), un autre dans la redoute des Signaux, de garnir de tirailleurs tous les redans, et de tenir la réserve disponible pour être portée à la redoute de Louis XIV, si les circonstances venaient à l'exiger (1). » En conséquence, Taupin mit les 9ᵉ léger et 36ᵉ de ligne dans les tranchées sur son front et sur ses flancs, puis le 70ᵉ dans les redoutes de Mondabidia et de Hermitzebaïta, et le 88ᵉ dans la redoute des Signaux ; il ne lui restait comme réserve que les deux bataillons du 31ᵉ léger (2).

« Avant 9 heures du matin, l'ennemi avait déjà tourné et fait évacuer les derniers ouvrages d'Erlon sur le pont d'Amotz. A 9 heures et demie, je vis les colonnes ennemies formées à Sare et au-dessous d'Istilarte, cherchant à gagner la montagne et à passer entre la redoute de Louis XIV et le pont d'Amotz. J'envoyai alors la brigade Barbot à gauche de cette redoute, celle de Rouget à la droite, et le 59ᵉ dans la redoute.

« J'ordonnai à Maransin d'attendre l'ennemi à bout portant et de charger lorsqu'il serait engagé entre les abatis et la redoute. Le 31ᵉ léger se rapprocha du col de Mendionde, afin d'empêcher une colonne ennemie venant de Sare de monter par ce point.

« Pendant que ces dispositions s'exécutaient dans la division Maransin, Conroux était fortement engagé avec la division Colville venant de Zugaramurdi ; il l'avait repoussée plusieurs fois, mais ayant été blessé (3), ses troupes se découragèrent ; les Anglais se reformèrent, s'emparèrent

---

(1) *Rapport de Clausel*, Arcangues, 11 novembre.

(2) *Rapport de Taupin*, camp de Marrac, 15 novembre.

(3) Le général Conroux de Pépinville mourut des suites de ses blessures, le 11 novembre.

de sa position et purent ainsi soutenir la division Cole et les Espagnols qui attaquaient la redoute de Louis XIV. Deux fois, Maransin chargea ceux-ci avec la brigade Rouget; la troisième attaque des Anglais eut un plein succès. Les deux brigades qui soutenaient la redoute de Louis XIV furent repoussées; les Anglais pénétrèrent dans la redoute; on s'y défendit bravement à la baïonnette, mais l'ennemi parvint à s'en emparer.

« La division Maransin, ayant vu celle de Conroux ployer à sa gauche, ne montra plus la même vigueur. Maransin ne parvint point à la rallier; il fut un instant prisonnier; il s'échappa (1).

« ..... Je fis placer le 31ᵉ léger, pour couvrir le chemin d'Arosteguia, sous la redoute de Suhamendia, en attendant de pouvoir réunir les deux autres divisions et *de voir arriver d'ailleurs les réserves de Serres*. Il était alors plus de onze heures. L'ennemi continuait à faire monter son infanterie et son artillerie sur notre position. Je voyais que la redoute de Suhamendia allait être attaquée à son tour. Je m'y portai de ma personne pour exhorter les soldats à faire leur devoir. M'étant aperçu, de cette redoute, qu'on abandonnait les deux redoutes fermées (de Mondabidia et Hermitzebaïta), je fis dire à Taupin de les reprendre et je lui répétai que mon intention était de tenir dans cette position, bien que nous ayons perdu les redoutes de Louis XIV et de la Chapelle-sur-Amotz.

« ..... Le 31ᵉ léger était vivement engagé; l'ennemi cherchait à le forcer sur le chemin d'Arosteguia, notre seule communication avec Saint-Pée. Il ne put le forcer pour le moment; il se renforça de plusieurs régiments, établit plu-

---

(1) Dans son Rapport, Maransin dit : « ... Ma division a succombé avec honneur, et il est probable que l'ennemi n'aurait pas tiré avantage de son attaque contre la position de Sare, si une division de renfort, *peut-être même une brigade*, s'était trouvée placée, au premier moment de l'engagement, depuis la redoute de Louis XIV jusqu'au pont d'Amotz. »

sieurs bataillons en face du 31ᵉ pour le contenir et fit tourner la redoute des Signaux, dont la garnison ne pouvait apercevoir ce mouvement, attendu que l'ouvrage n'occupe pas toute la circonférence du plateau.

« Sur ces entrefaites, Taupin me rapporta qu'il n'avait pu faire reprendre les redoutes de Saint-Ignace que le 70ᵉ avait abandonnées. Dès lors, je vis qu'il était impossible de se soutenir dans la position du col de Mendionde, et que j'étais contraint à passer la Nivelle. Je voulus cependant sauver le 88ᵉ, qui était dans la redoute des Signaux, et j'ordonnai à Taupin de rejoindre les autres régiments de sa division, de se rapprocher de la redoute des Signaux d'un côté, tandis qu'avec le 31ᵉ léger j'attaquerais les bataillons ennemis rangés entre la redoute et le 31ᵉ. Mais la division Taupin continua son mouvement rétrograde, se dirigeant entre Serres et Arosteguia, suivie par les bataillons ennemis qui avaient tourné la redoute des Signaux. Je renouvelai inutilement l'ordre de s'arrêter et de revenir sur le chemin d'Arosteguia ; les régiments continuèrent à s'en aller. Alors, le 31ᵉ léger, n'ayant plus les moyens de se soutenir, fut attaqué et repoussé par la division Le Cor ; il se dirigea sur le pont d'Arosteguia, où il passa la Nivelle. La division Taupin passait cette rivière un peu plus bas et les divisions Maransin et Conroux l'avaient passée à Saint-Pée.

« Il était environ 2 heures du soir. Les divisions anglaises, qui se trouvaient en face de mon corps d'armée, se divisèrent en plusieurs colonnes et se portèrent sur tous les ponts de Saint-Pée. Ce village était déjà occupé par des tirailleurs de la division Colville. On ne put qu'inquiéter le passage de la rivière. Nos troupes n'étaient point assez ralliées pour mieux faire. A 4 heures, deux colonnes passèrent la Nivelle, l'une à Arosteguia et l'autre plus haut au pont de bois de Maluenia (Urgury). Conroux s'établit à Abancen, Taupin et Maransin au-dessus de Saint-Pée, où ils bivouaquèrent.

« La masse des forces ennemies s'est particulièrement portée sur Sare, où je n'avais que la brigade Rey qui a bien

CHAP. XV. — BATAILLE DE SARE.

disputé le terrain, quoiqu'elle se vît déborder par la gauche.

« J'étais trop faible pour résister à tant de forces : nos deux redoutes commencées, celle de Louis XIV et de la Chapelle, n'étaient point en état de défense ; les terres n'étaient point massées, les abatis inachevés. Nous avons combattu plus de sept heures en avant de nos positions et sur nos positions mêmes, et jusqu'à huit heures du soir en arrière de Saint-Pée. J'ai ordonné qu'on me fît un rapport sur la conduite des garnisons de Sainte-Barbe et de Grenada (1). »

Le président Larpent, qui s'était transporté à la Rhune, auprès du poste d'observation, raconte l'abandon des redoutes de Saint-Ignace et l'enlèvement de celle des Signaux : « La journée était belle, le feu et la fumée s'en-
« tendaient et se voyaient tout le long des hauteurs de
« Saint-Jean-de-Luz, vers Saint-Jean-Pied-de-Port. On dé-
« couvrait tout à la fois et je pouvais même distinguer les
« hommes à l'œil nu, par le scintillement de leurs armes.
« Les redoutes françaises couronnaient le sommet de toutes
« les positions, avec leurs profonds fossés, etc. ; ils avaient
« beaucoup d'abris dans les bois, dans les maisons ; mais
« nos camarades s'avançaient lentement et se frayaient pas-
« sage. Deux redoutes sur la hauteur au-dessous de moi
« (Saint-Ignace) furent abandonnées honteusement à leur
« approche. Un grand fort étoilé sur la cime (redoute des
« Signaux) tint plus longtemps, mais il tomba ; l'ennemi
« s'efforça vainement de le secourir : ses défenseurs étaient
« entourés par les nôtres qui montèrent, en tiraillant par
« quatre ou cinq côtés, jusqu'à 50 mètres de l'ouvrage.
« Sur la rangée des hauteurs à la droite, les files de bara-
« ques incendiées n'ajoutaient pas peu à cette scène. Qui
« les brûla, je l'ignore (2). »

Devant les reproches qui leur furent adressés, Taupin et

---

(1) *Rapport de Clausel.*
(2) *Journal de Larpent.*

Maransin crurent devoir se disculper d'avoir abandonné le 88ᵉ dans la redoute des Signaux et mal défendu celle de Louis XIV. L'un avoue que le 70ᵉ a évacué sans coup férir les redoutes de Saint-Ignace. « Alors, l'ennemi est
« tombé sur le 9ᵉ léger et le 47ᵉ de ligne et les a attaqués
« de front et de flanc ; ils ne purent, comme ils en avaient
« l'ordre, rallier la redoute des Signaux ; culbutés dans
« le ravin à l'ouest (Miguelou), ils se retirèrent.... (1). »
L'autre dit : « L'ennemi n'ayant rencontré qu'une faible
« résistance, entre la redoute de Louis XIV et le pont
« d'Amotz, s'en était rendu maître avant l'arrivée de ma
« division sur la position de Louis XIV, qu'elle défendit
« jusqu'à ce qu'il eût réuni toutes ses forces pour l'accabler.
« Le 130ᵉ, qui formait l'arrière-garde, et qui contenait
« l'ennemi, n'arriva sur la hauteur du col (de Mendionde)
« qu'au moment où la redoute de Louis XIV venait d'être
« enlevée.

« ... J'ai pour moi la conscience de mes actions, le général
« Clausel et des braves pour témoins de ma conduite. La
« redoute de Louis XIV était prise que j'étais encore en
« avant, pêle-mêle avec les Anglais. Si je n'ai pas été tué,
« c'est que la mort n'a pas voulu me prendre (2). »

---

(1) *Rapport de Taupin.*
(2) *Rapport de Maransin.* Sans date ni lieu d'origine.

CHAPITRE XVI

COMBAT D'AINHOA ET DU GOROSPILA.

I. — Dispositions de la défense.

Drouet d'Erlon ne dispose que de 11,000 hommes et son secteur présente une étendue de 11 kilomètres. Plus avisé que Clausel, les démonstrations de Wellington contre sa gauche ne l'amènent point à dégarnir sa droite ; il laisse le bataillon du 5ᵉ léger sur le Mondarrain et la brigade Maucomble dans les ouvrages du Chapora et de l'Atchuleguy, dont l'occupation n'exige qu'une garnison de 1400 hommes ; le reste de la brigade est aux avant-postes de l'Aisaguerri, depuis la forge d'Urdach jusqu'au pont de Laphitzchuri. Ces positions, d'ailleurs, sont presque inaccessibles à des colonnes.

De la sorte, la division Darmagnac et la 1ʳᵉ brigade d'Abbé (1) occupent la partie de la barre d'Amotz, qui s'étend du pont au col de Finodetta. Installés sur la rive gauche de la Nivelle et protégés par des abatis, leurs avant-postes gardent le chemin d'Urdach à Amotz et la route d'Ainhoa à Suraïde ; une batterie sur la hauteur d'Arbona balaye le pont d'Urdach, et, pour couvrir l'intervalle entre Ainhoa et la Nivelle, on a muni de retranchements la croupe d'Ordokiso. Issu de Finodetta, le ruisseau l'Urma décrit un arc de cercle en avant de la barre d'Amotz dont les pentes s'allongent à sa rencontre. Enfin, une batterie établie sur le

---

(1) Le général *Boivin* qui la commandait, admis à la retraite et non remplacé.

rameau rocheux qui, de l'Atchuleguy, descend vers le col de Finodetta, prend d'enfilade les avancées du front et croise ses feux avec ceux de la barre.

Là, s'élèvent six redoutes : la première commande la trouée d'Amotz, de concert avec celle de la Chapelle ; entre les suivantes et la redoute de Harismendia, règne un col où s'engage le chemin d'Ainhoa à Saint-Pée. Chacune d'elles, y compris les tranchées de l'avancée, demande une garnison d'environ un bataillon. Ainsi, sur les douze bataillons d'Abbé et de Darmagnac, à peu près six sont prélevés pour la garde des ouvrages ; les autres fournissent les avant-postes *et constituent la réserve.*

Le point faible est la droite, comme il est la gauche pour Clausel : autrement dit, la brèche d'Amotz.

II. — Ordre de Vellington.

« Le général Clinton quittera ses positions dans la nuit, de manière à être en mesure de marcher à la pointe du jour contre la droite de l'ennemi, en arrière d'Ainhoa ; il se liera par sa gauche avec le général Colville. L'attaque se fera en échelons par la gauche. Les autres divisions du corps de Hill soutiendront la division Clinton, en refusant leur droite et menaçant l'ennemi de ce côté, afin de lui faire craindre une attaque et de l'empêcher de jeter des forces sur sa droite.

« La brigade de cavalerie Grant opérera avec les troupes affectées à l'attaque des positions de la rive droite de la Nivelle.

« Lorsque le corps de Hill se sera emparé du terrain à la droite des positions ennemies derrière Ainhoa, il s'y établira et recevra de nouveaux ordres. Néanmoins, pour assurer sa droite, le général Hill occupera la grande redoute carrée, située au centre de la position, enverra un détachement de cavalerie reconnaître la direction de la retraite de l'ennemi et poussera des patrouilles sur Espelette et Suraïde.

« La division Morillo, qui se trouve au port de Maya,

opérera sur les hauteurs à la droite du passage. Elle inquiétera l'ennemi sur sa gauche. Si celui-ci évacue ces hauteurs, leur occupation par cette division donnera toute sécurité aux opérations du général Hill. »

Le 9 au soir, Clinton, Stewart, Hamilton et Morillo s'échelonnent de la Maya à Urdach et Landibar; Mina occupe le Gorospila, c'est-à-dire la crête qui, du port de Maya, aboutit au Mondarrain.

Au dire de Napier, Hill disposait de 26,000 hommes; mais ce chiffre est fort au-dessous de la vérité, car, suivant les « Estados », Morillo et Mina présentaient à eux seuls une masse de 32 bataillons, soit 19,527 hommes.....

Telles sont les lignes de marche fixées par le chef d'état-major : prenant la tête et la gauche, Clinton, après avoir chassé nos avant-postes de la rive gauche de la Nivelle, à la forge d'Urdach, à la maison Ponçagaray, doit passer la rivière à gué, déboucher devant la redoute Harismendia et l'enlever. Il ouvre ainsi le passage à Hamilton qui, prenant d'abord le même chemin, traversera la rivière en amont de son collègue et attaquera les deux redoutes à l'est de Harismendia. En même temps, Stewart, quittant ses bivouacs de Landibar, refoulera les avant-postes d'Ainhoa, marchera en réserve derrière la droite de Hamilton, et finalement, lorsque ce général aura gagné son objectif, se dirigera contre les redoutes d'Ordogoïtia et de Finodetta.

Ainsi, la forge d'Urdach nettoyée, les trois divisions se portent contre la barre d'Amotz, en échelons, la gauche en avant, dans l'ordre suivant : Clinton, Hamilton, Stewart. Les deux premières attaques s'épaulent et sont simultanées; celle de Stewart se prononce en dernier lieu contre notre gauche.

III. — Rapport de Drouet d'Erlon.

Rapport de Drouet d'Erlon.

11 novembre.

« Depuis longtemps l'ennemi nous menaçait d'une attaque générale ; des ouvrages avaient été établis sur toute la position occupée par les troupes de l'aile gauche ; les monts Atchulegui, Chapora et Mondarrain avaient été mis en bon état de défense, au point que l'ennemi, qui avait placé une division sur le Gorospila, en face de cette dernière position, pour en faire l'attaque, renonça à son projet.

« Darmagnac, avec la brigade Chassé, occupait Ainhoa, la brigade Gruardet tenait la droite de la grande position, en arrière d'Ainhoa, dont la gauche était occupée par une brigade de la division Abbé (1). L'autre brigade de cette division (Maucomble) était aux monts Atchulegui, Chapora et Mondarrain.

« L'ennemi ayant réuni toutes ses troupes à Vera, Etchalar et Zugaramurdi, déboucha le 10, à la pointe du jour, avec des forces considérables, sur tous les points, en manœuvrant toujours sur la rive gauche de la Nivelle. J'ordonnai aussitôt à Darmagnac de cesser toute espèce d'engagement en avant d'Ainhoa et de venir se réunir à sa seconde ligne, à la gauche de la position qui appuyait sa droite au pont d'Amotz.

« L'ennemi attaqua la gauche de la position de Sare, l'enleva et dirigea aussitôt ses principales forces sur la droite de ma position et la déborda après avoir passé le pont d'Amotz, dirigeant sur ce point au moins 15,000 hommes. La brigade Chassé fut obligée de céder au nombre et l'ennemi s'empara de l'extrême droite de la position *qui, d'ailleurs, était devenue impossible à défendre, la gauche de*

---

(1) Brigade Boivin.

celle de Sare ayant été forcée. J'ordonnai de défendre le terrain pied à pied ; les troupes de la droite se replièrent sur celles de la gauche, en défendant successivement toutes les redoutes ; mais, à mesure que l'ennemi gagnait du terrain, de nouvelles colonnes montaient la montagne, ce qui contraignit Darmagnac à faire replier ses troupes et à abandonner la position de droite. Abbé défendait celle de gauche, qui était séparée de celle de droite par un accident de terrain assez difficile, avec beaucoup de bravoure et d'acharnement ; mais l'ennemi s'avançait toujours vers Saint-Pée, envoyant constamment de nouvelles colonnes sur la position attaquée. J'ordonnai à Darmagnac de se retirer sur Abancen. Abbé se retira sur Espelette pour se réunir aux troupes de sa division, qui occupaient les monts Atchulegui, Chapora et Mondarrain, et occuper la tête de pont de Cambo, qu'il était important de conserver pour défendre le passage de la Nive.

« Tous ces mouvements se sont exécutés avec beaucoup d'ensemble, malgré l'énorme supériorité de l'ennemi.

« Je me suis rendu à Abancen avec la division Darmagnac ; j'en fis partir aussitôt une brigade pour aller à Ustaritz couvrir la route d'Ainhoa à Bayonne, et la division Conroux étant arrivée à Abancen, je me rendis à Ustaritz avec le reste de la division Darmagnac et j'y établis mon quartier général. J'y trouvai des nouvelles d'Abbé, qui me rendait compte qu'il avait réuni sa division à Cambo et qu'il avait pris position en avant de la tête de pont. Il resta le lendemain dans cette position. Y ayant été relevé par la division Foy qui arrivait de Bidarray, Abbé eut ordre de venir s'établir à Arrauntz où Darmagnac avait déjà pris position. Pendant la journée du 11, les avant-postes restèrent en avant d'Ustaritz. Le 12, conformément à vos ordres, les deux divisions se rapprochèrent de Bayonne. »

En résumé, Clinton attaqua la redoute de Harismendia à l'extrême droite ; Hamilton, les baraquements établis entre Harismendia et les deux redoutes de droite. Là, se terminait le secteur de Darmagnac. De son côté, Stewart prit pour objectifs les deux redoutes à l'est du ravin où s'engage le chemin de Harastoy à Amespetou. Abbé les défendit, mais il en fut chassé.

Repliant sa droite et s'établissant perpendiculairement à la barre d'Amotz, Darmagnac tenta vainement de tenir tête à Hamilton et à Clinton; il fut repoussé de la redoute à l'ouest de 233, puis de cette dernière. Finalement, le mouvement de Stewart sur les ouvrages d'Ordosgoïtia lui fit craindre pour ses derrières; il fallut abandonner le champ de bataille et effectuer la retraite sur des lignes divergentes, Abancen et Cambo.

Ici, comme à Saint-Ignace, aux Signaux, à Louis XIV, redoutes carrées, étoilées, ouvertes ou fermées, tombèrent successivement faute de réserves pour les soutenir, faute de colonnes à opposer aux colonnes. Tout ensemble d'ouvrages dont le degré de résistance ne contrebalance point l'action des premières lignes de l'ennemi et qui ne permet point à la défense de se constituer une réserve de la moitié aux deux tiers de ses forces et absolument libre de ses mouvements, est destiné à succomber. Combien, si ce n'est à Saint-Jean-de-Luz, la ligne de la Nivelle était éloignée d'un tel desideratum! Du haut de la Rhune, embrassez la longue rangée de sommets que couronnent les redoutes; voyez sur leurs flancs les courts et modestes linéaments de tranchées, trop espacées pour se prêter un mutuel appui; placez nos malheureuses divisions sur leurs positions; étendez le rideau de leurs avant-postes; suivez alors la marche des colonnes ennemies serpentant de hauteur à vallon jusqu'aux rampes de la barre d'Amotz, s'y élevant, précédées d'une nuée de tirailleurs qui aveugle la défense et noie les redoutes, et vous reconnaîtrez que nul génie humain ne pouvait nous sauver d'un désastre.

Le capitaine Jones, des ingénieurs anglais, chargé des travaux de Torres Vedras en 1810, écrivait : « Déjà Alhan-
« dra est une forte position pour 10,000 hommes; dans une
« quinzaine de jours, il en sera une aussi bonne pour 7,000,
« et je ne doute pas que dans un mois, 5,000 hommes ne
« suffisent pour le défendre... Je n'ai aucun penchant à

« multiplier les ouvrages (1) ». Or, si ce principe, par trop méconnu, avait été observé à Saint-Jean-de-Luz, et certes l'état des travaux le permettait, la grosse division de réserve de Villatte, disponible et se portant à Saint-Pée, Wellington n'aurait pu forcer la trouée d'Amotz.

IV. — Affaire du Gorospila.

L'arrivée de Foy à Espelette, le 9, aurait pu avoir de graves conséquences ; débouchant de Finodetta et du col des Troix-Croix, il serait tombé sur le flanc et les derrières de Hill, dont les colonnes, entassées dans le goulot d'Urdach eussent été mises en désordre. Mais si le maréchal l'avait mis à la disposition d'Erlon, il l'avait antérieurement chargé d'une mission qu'il accomplissait au moment où l'ordre lui parvint. Engagé dans les montagnes, il lui était impossible de s'y conformer : « Confiant dans la bonté des positions que
« l'armée occupait, j'avais auparavant chargé le général Foy
« de reconnaître les débouchés de Bidarray sur le Goros-
« pila, afin qu'en cas d'attaque et s'il en recevait l'ordre, il
« pût se porter sur le flanc droit et les derrières de l'ennemi,
« mouvement qui eût produit une utile diversion. D'ailleurs,
« il était indispensable de faire couvrir fortement les débou-
« chés de Bidarray et de Saint-Martin-d'Arossa, par où l'en-
« nemi pouvait déboucher avec toute son armée et m'isoler
« de Saint-Jean-Pied-de-Port... (2).

« Le 10 au matin, le général Foy n'ayant point encore
« reçu l'ordre de se rendre avec sa division à Espelette, se
« porta sur le Gorospila, en vertu de ses premières ins-
« tructions. Il culbuta Morillo et quelques bataillons de
« Mina qui couvraient le flanc droit et les derrières de
« l'ennemi. Il les a menés battant jusque dans la vallée de
« Baztan par le col de Maya, leur faisant éprouver de

---

(1) *Mémoires sur les lignes de Torres Vedras*, 231.
(2) « *Avec toute son armée* », l'exagération est voulue.

« grandes pertes et enlevant une grande quantité de ba-
« gages.

« Le général Foy dit dans son rapport qu'il eût fait
« éprouver à l'ennemi de plus grandes pertes, s'il n'eût jugé,
« par la direction du feu, que mes troupes étaient repous-
« sées des positions de Sare et d'Ainhoa. En effet, si ces
« positions avaient été maintenues, ainsi qu'on devait s'y
« attendre, la division Foy eût probablement produit un
« grand résultat (3). »

Nos pertes furent de 174 officiers et 4,270 hommes, dont 27 officiers et 1231 soldats prisonniers. On ne put enlever les blessés, il en resta 400 entre les mains de l'ennemi. Les Anglo-Portugais perdirent de leur côté, 174 officiers et 2,193 hommes; les pertes des Espagnols sont inconnues.

Tout l'effort avait été supporté par Clausel; à elle seule, la division Maransin, comptant 5,000 hommes, avait perdu 53 officiers et 964 hommes.

---

(1) *Soult au Ministre*, 14 novembre. Wellington, Mina, Toreno, ne font aucune allusion à cette opération.

CHAPITRE XVII

CAUSES DE LA DÉFAITE DE LA NIVELLE. — MÉMOIRE DU COLONEL MICHAUX.

« L'armée vient d'éprouver un nouvel échec dans ses positions de la Nivelle. Depuis la capitulation de Pampelune, l'ennemi avait réuni et concentré ses troupes depuis la Maya, Elizondo, jusques à Vera. *Ses dispositions, pendant huit jours, ont fait connaître que son intention était d'attaquer le centre de l'armée française sur Sare, et de faire de simples démonstrations sur les autres points.*

« L'armée ennemie était disposée de la manière suivante (1) :

Devant l'aile droite de l'armée française............................	2 divisions anglaises ;
Devant le centre, entre Vera et la Rhune, au col de Vera à Sare, à Etchalar et à Zugaramurdi........	4 divisions anglo-portugaises ; 4 divisions espagnoles ;
Devant la gauche, à Urdach et sur la montagne entre le Gorospila et le Mondarrain...............	2 divisions anglo-portugaises ; 2 divisions espagnoles.

« *Pendant les préparatifs d'attaque de la part de l'ennemi, aucun changement n'a eu lieu dans l'emplacement des troupes françaises.*

« La droite de cette armée était très forte, occupait un très petit espace parfaitement retranché ; elle offrait un double obstacle à l'ennemi : celui de travaux défendus par des troupes nombreuses, et celui de la Nivelle qui n'est point guéable depuis Ascain jusqu'à Saint-Jean-de-Luz ; *ce qui*

---

(1) Devant la gauche se trouvaient 3 divisions anglo-portugaises (*Clinton, Hamilton, Stewart*) et non deux.

devait faire croire que l'ennemi ne porterait pas ses efforts de ce côté, puisqu'en supposant l'armée rompue sur ce point, la rivière offrait un nouvel obstacle à la marche de l'ennemi.

« Le centre occupait une ligne beaucoup plus étendue et d'environ 6 milles. *Les travaux ordonnés sur Amotz n'étaient point terminés, et cette position enlevée, l'ennemi faisait naturellement tomber, sans les attaquer, tous les ouvrages de la rive gauche de la Nivelle jusqu'à Saint-Jean-de-Luz, et se portait sans autre obstacle, soit sur Ustaritz ou Cambo, soit sur Bayonne pour passer la Nive. Tout faisait donc présumer qu'il marcherait sur Amotz au premier mouvement offensif.*

« *La gauche*, enfin, occupait une bonne position bien retranchée, mais le nombre de troupes était insuffisant pour la défense des ouvrages sur une ligne trop étendue.

« *L'ennemi connaissait les endroits faibles de notre position.*

« Le 10 novembre, dès le très petit jour, le centre de l'armée française, commandé par le général Clausel, fut attaqué sur la Rhune et sur Sare par 8 divisions : 5 débouchèrent par le col de Vera, 2 par la montagne de la Rhune, 1 par Zugaramurdi, celle-ci cherchant à s'emparer d'Amotz, à couper le corps d'armée du centre de la gauche et à se porter sur Saint-Pée et Abancen, sur la route de Bayonne.

« L'ennemi attaqua en même temps la position du général d'Erlon, entre Sare, Espelette et le Mondarrain, et fit seulement une *fausse attaque sur la droite* de l'armée française, aux ordres du général Reille.

« Les fausses attaques sur la droite furent bientôt repoussées, mais le centre et la gauche, vivement pressés *et ne recevant pas le renfort des réserves placées à Serres*, furent forcés. Le général Clausel dut repasser la Nivelle et se placer sur les hauteurs qui dominent Saint-Pée, et le général d'Erlon dut se retirer sur Ustaritz et Cambo.

Comme on l'avait prévu, le passage d'Amotz forcé, les positions de Sare et d'Espelette prises, on s'est vu obligé

CHAP. XVII. — CAUSES DE LA DÉFAITE DE LA NIVELLE. 179

d'abandonner tous les ouvrages sur la rive gauche de la Nivelle et de se retirer sur Bayonne.

« *On a toujours pensé que la droite de l'armée était trop forte en nombre de troupes, que l'emplacement des divisions de réserve eût du être Saint-Pée et Amotz. Tandis qu'étant à Serres et Ascain, elles se trouvaient...* (mots rayés dans le texte). On croit aussi que dès qu'on a vu les troupes ennemies se concentrer vers Vera, dans le Batzan, et quitter la vallée de Roncevaux, il était nécessaire de faire appuyer le général Foy, de Saint-Jean-Pied-de-Port à Espelette, au lieu de l'envoyer faire le partisan sur les derrières de l'armée anglaise (1). »

Ne l'oublions pas, *ce mémoire est daté du 10 novembre.*

Mais le maréchal préféra dire que « chacun n'avait point fait son devoir ». Des colères et des reproches qui éclatèrent au grand quartier général, il n'a rien transpiré ; ils durent être violents, si l'on en juge par l'énergie avec laquelle Clausel défendit ses généraux, et par les protestations indignées de Maransin et de Taupin, hommes de cœur et d'honneur, qui, avec l'infortuné Conroux, ne disposant que de 15,000 combattants et 400 officiers, venaient d'en perdre 4,000 et plus de 100..., dans une lutte disproportionnée contre huit divisions ennemies.

Comment le maréchal a-t-il pu écrire : « Je n'ai jamais cru avant l'événement que les divisions du général Clausel pussent être forcées dans la position en arrière de Sare et dans celle de la Petite-Rhune qu'elles étaient chargées de défendre. *Ces événements sont hors des règles du calcul.* L'ennemi devait perdre 25,000 hommes pour s'en emparer. Je ne puis donc que regretter qu'il les ait gagnés *à si bon marché*, d'après les peines qu'elles nous avaient demandées pour les rendre *inexpugnables* (2) », et ajouter : « Les divisions Maucune et Boyer, ainsi que la division de

---

(1) *Mémoire du colonel Michaux*, 10 novembre.
(2) *Soult au Ministre*, 19 novembre.

réserve de Villatte, qui étaient à la droite *où je me trouvais*, et la division Darricau, qui était sur les hauteurs de Serres et d'Ascain, ont parfaitement défendu leurs positions. *L'ennemi n'a pu obtenir sur elles le moindre succès, quoiqu'il fût en forces supérieures!* (1). » Leur effectif s'élevait à 25,209 hommes et 804 officiers, et, dans ce glorieux combat, elles n'eurent que 4 officiers tués....

En fait, nous le répétons, le maréchal prit le change : *la décisive* se prononça dans le bassin de Sare, où le malheur voulut qu'il ne se trouvât point, comme le 7 octobre d'ailleurs. Du côté de Saint-Jean-de-Luz, où se traîna *la démonstrative*, les quatre divisions précitées n'eurent devant elles que deux divisions anglaises, et le formidable camp du Bordagain et d'Urtubie ne reçut point l'honneur, auquel il se préparait, d'une attaque sérieuse.

Suivant le colonel Michaux, les réserves auraient dû être placées à Amotz et Saint-Pée. Oui, sans doute, mais non seulement les réserves, le *quartier général*. Il n'était pas de point plus central : de Saint-Pée à Saint-Jean-de-Luz, on compte 14 kilomètres, à Sare 7 et à Ainhoa 9, soit une heure de cheval. L'aveuglement de Soult et son obstination demeurent inexplicables ; on peut dire que le jour où, cédant aux suggestions d'un faux point de vue, et qui sait, à des considérations secondaires, telles que les commodités de l'installation, il transféra le quartier général d'Ascain à Saint-Jean-de-Luz, d'un modeste village dans une bourgade, il commit une faute et l'expia par une sanglante défaite.

---

(1) *Soult au Ministre*, 19 novembre.

Vᵉ PARTIE

L'ARMÉE DEVANT BAYONNE.
(Novembre-Décembre.)

CHAPITRE XVIII

RETRAITE DE L'ARMÉE SUR BAYONNE. — SOULT ÉCHAPPE A UN NOUVEAU DÉSASTRE.

I. — Enferrement des armées le soir de la bataille.

Après un ralliement pénible, le soir de la bataille, l'armée campe sur les positions suivantes, de Saint-Jean-de-Luz à Cambo et Ustaritz :

Reille, sur les deux rives de la Nivelle, à Saint-Jean-de-Luz et au Bordagain; Villatte, au camp de Serres, où il s'est porté pour arrêter la poursuite dirigée contre Clausel; Darricau derrière l'Ouhabia, dans la direction d'Ahetze; Clausel, sur les hauteurs d'Abancen; Abbé, à Cambo et Darmagnac à Ustaritz. Enfin, en marche sur Cambo, Foy va bivouaquer à Bidarray.

La nuit, et aussi l'extrême fatigue des troupes, ont mis fin aux progrès des Alliés, et tel est l'enchevêtrement des armées qu'un nouvel et terrible engagement le lendemain paraît inévitable. L'ennemi couche à Urrugne, Ascain, Sare, Ainhoa, Espelette, Suraïde et Saint-Pée; toute son armée, à l'exception du corps de Hill et d'une partie de celui de Beresford, se trouve encore sur la rive gauche de la

Nivelle. Ainsi, le centre et l'aile gauche rejetés sur la Nive, l'aile droite à Saint-Jean-de-Luz est en l'air et gravement compromise. Faisant observer par Hill les directions de Cambo et d'Ustaritz, il suffirait à Wellington de pousser vigoureusement Beresford sur Ustaritz, Arcangues et Arbonne, pour couper en deux l'armée française, intercepter la retraite de Reille sur Bayonne....

II. — Reille évacue les positions de Saint-Jean-de-Luz.

Ce danger n'échappe point au maréchal; pendant la nuit, il évacue Saint-Jean-de-Luz et les camps retranchés en avant de la ville.

Ordre.

Serres, 10 novembre au soir.

« Demain, l'armée prendra position entre Bidart et Arrauntz.

« Le général Reille fera établir les divisions Boyer et Maucune sur les hauteurs de Bidart, gardant et défendant la grande route. Il fera *immédiatement* passer à la rive droite de la Nivelle toute l'artillerie de campagne qu'il a à la rive gauche, ainsi que le gros de ses troupes, et ne laissera que de simples détachements dans les principaux ouvrages du camp retranché, lesquels se replieront successivement.

« Il fera enlever le plus de munitions qu'il pourra emporter et fera inutiliser celles qu'il devra abandonner, ainsi que les canons en fer qu'il ne pourra emmener; il retirera également les garnisons du fort Socoa.

« Il fera ses dispositions pour qu'au moment où les dernières troupes auront passé la Nivelle, les ponts de Saint-Jean-de-Luz et de Ciboure, ainsi que celui sur chevalets soient détruits. »

Combien est vague l'indication « ligne de Bidart à Arrauntz ! » Il faut croire qu'au moment où le maréchal dicte cet ordre, il est sans nouvelles de Clausel et d'Erlon.

Également dans la soirée, Wellington expédie l'ordre de passer la Nivelle le lendemain matin, dans le but *de porter son centre sur Arcangues, tandis que la droite contiendra Clausel et d'Erlon et que la gauche livrera un combat d'arrière-garde contre Reille à Saint-Jean-de-Luz.*

Ordre pour le passage de la Nivelle.

10 novembre.

« 1. — Le corps de Hill s'établira en avant d'Ainhoa, à cheval sur la route d'Espelette, la droite sur l'Éreby, le centre et la gauche face à Suraïde; il occupera ce village, ainsi qu'Espelette. « Avant tout, il observera la direction de
« Cambo, où il y a un pont sur la Nive et reconnaîtra la
« nature des ouvrages que l'ennemi y a élevés, ainsi que
« les forces qui les occupent. Le général Hill détachera des
« patrouilles sur Ustaritz, où il y a également un pont, et
« sur lequel il est probable qu'une partie des forces de l'en-
« nemi se retirera.

« 2. — La division Colville, droite du centre, passera la
« Nivelle au pont d'Amotz, longera la rive droite et se diri-
« gera sur Ustaritz. Elle se reliera avec la gauche du corps
« de Hill.

« Les divisions Dalhousie et Cole traverseront la Nivelle
« aux ponts de Saint-Pée et en amont; elles prendront
« ensuite la route de Saint-Pée à Bayonne (1); une divi-
« sion de chaque côté de la route, celle-ci étant laissée à
« l'artillerie.

« Le général Giron franchira la Nivelle aux ponts en aval
« de Saint-Pée; il formera deux colonnes qui se dirigeront
« vers les bois de Saint-Pée, parallèlement aux divisions
« anglaises à sa droite. Sa colonne de gauche poussera des
« détachements sur son flanc extérieur et prendra des dispo-

---

(1) Par Arcangues.

« sitions contre l'ennemi, au cas où celui-ci, de son camp de
« Serres, se porterait contre lui (1).

« Les divisions Alten et Longa observeront l'ennemi à
« Serres, pendant que les autres divisions du centre passe-
« ront la Nivelle. Lorsque l'ennemi évacuera Serres, elles
« traverseront la rivière au pont d'Ascain et au gué d'Hel-
« barron, et lanceront des détachements à sa poursuite.
« Le général Alten fera appuyer ses colonnes jusqu'à ce
« qu'elles aient pris le contact avec celles du général Giron.

« Le corps du général Freyre passera la Nivelle au pont
« d'Ascain. La colonne de droite marchera en soutien de
« la division Alten, l'autre s'étendra vers Saint-Jean-de-Luz,
« jusqu'à la Tuilerie.

« 3. — Si ces mouvements s'exécutent assez à temps
« pour que la gauche de l'armée arrive à marée basse
« devant la Nivelle, elle la franchira aux gués. Dans tous
« les cas, elle jettera sans retard un ou deux ponts de ba-
« teaux sur la rivière. Dès que le général Hope verra l'en-
« nemi abandonner les positions de Ciboure, sa réserve les
« occupera, et il verra s'il peut assez le talonner pour l'em-
« pêcher de détruire les ponts de Saint-Jean-de-Luz. Dans
« ce but, il portera rapidement l'artillerie sur les points
« qui les commandent, afin de l'en chasser, puis il atta-
« quera Saint-Jean-de-Luz avec toutes ses forces dispo-
« nibles.

« Je pense que l'ennemi se retirera cette nuit. S'il ne le
« fait pas, je l'attaquerai demain matin vers 10 heures ; je
« reconnaîtrai sa position à la pointe du jour.

« Il me paraît que nous devons marcher par la droite de
« notre centre sur la gauche de sa position à Sainte-Barbe,
« et de là en échelons la droite en avant, de manière à
« tomber sur sa communication avec Bayonne. »

Par bonheur, la pluie survient et gâte les chemins. Les

---

(1) Darricau s'est retiré sur Ahetze, et la réserve de Villatte occupe les hauteurs de Serres.

Alliés s'ébranlent le 11, à la première heure, mais il leur est impossible de se porter en avant de la Nivelle avant 1 heure de l'après-midi. Le maréchal prend de l'avance, sans quoi « il ne serait point retiré si aisément de Saint-Jean-de-Luz (1) ». Telle est, d'ailleurs, l'attitude de Reille, que tout s'y borne à une échauffourée dans les rues de la ville. Les ponts ne sont qu'à moitié détruits, il est vrai, et jusqu'aux habitants s'efforcent de les sauver (2); mais le 12, le grand pont n'est encore praticable qu'à l'infanterie, l'autre est si abîmé qu'il ne peut supporter l'artillerie et les voitures. Ils ne sont rétablis que le 13 (3). Celui de l'Ouhabia, également rompu par Reille, est remplacé par un pont de bateaux; bref, *Hope est arrêté pendant trois jours entre Saint-Jean-de-Luz et Guétary*.

Un hasard providentiel vient de déjouer les projets de l'ennemi et de nous préserver peut-être d'un irrémédiable désastre.

Grande était l'inquiétude à Bayonne. Thouvenot écrit : « On s'est battu sans discontinuité, depuis 5 heures du « matin jusqu'à 5 heures du soir, et les armées sont restées « sur les positions qu'elles avaient à la fin de l'action; elles « sont si bizarrement entremêlées qu'il est impossible de « rester dans cet état, et qu'il est infaillible que, malgré la « fatigue extrême et les pertes aussi notables qu'ont éprou-« vées aujourd'hui les deux armées, il y aura demain des « combats décisifs. Je suis dans une vive inquiétude pour la « journée de demain; celle d'aujourd'hui ne peut être con-« sidérée que comme un sanglant prélude. Nos travaux sont « loin d'être terminés; nos magasins sont bien peu garnis. « Notre position ici est fort critique. Je suis triste et bien « inquiet (4) ».

---

(1) *Wellington à Hope*, Saint-Pée, 11 novembre.
(2) *Hope à Wellington*, Guétary, 12 novembre.
(3) *Hope à Wellington*, Guétary, 13 novembre.
(4) *Thouvenot au major Balthazar*, Bayonne, 10 novembre.

II. — Continuation de la retraite sur Bayonne.

L'armée se retire donc sur Bidart et Arrauntz sans être poursuivie (1) et le maréchal, dont le quartier général s'est porté à Arcangues, ordonne la continuation de la retraite sur Bayonne. Que ne s'arrêtera-t-il à mi-chemin, et que ne fera-t-il volte-face ? Où rencontrer des positions plus fortes qu'Arcangues et que le plateau de Bassussary ?

Ordre.

Arcangues, 11 novembre.

« L'armée se retirera demain sur Bayonne. Les lieutenants généraux régleront le mouvement des divisions, de manière à ce qu'il soit fait dans le plus grand ordre et par échelons, les tenant toujours prêtes à faire face et à repousser les attaques de l'ennemi.

« Ils observeront aussi que le dernier échelon ne devra partir qu'à la pointe du jour, sur toute la ligne, afin de donner le temps à ceux qui précéderont de prendre les positions qui seront indiquées.

« Le général Reille fera prendre position aux deux divisions de l'aile droite en avant d'Anglet, couvrant la grande route et s'appuyant fortement de la position que les divisions aux ordres du lieutenant général Clausel occuperont. Il enverra aussi quelques compagnies de voltigeurs sur la droite d'Anglet pour éclairer cette partie.

« Le lieutenant général Clausel fera prendre position aux trois divisions à ses ordres sur le plateau au-dessus du moulin de Brindos et de la maison Bordenave, se couvrant du ruisseau. Il se liera par sa droite avec la gauche du lieutenant général Reille, et il laissera des avant-gardes sur les points les plus avantageux à défendre.

---

(1) « Le 12, un brouillard très épais empêcha qu'on se mît en mouvement de bonne heure. » *Toreno*, V, 375.

« Le général Villatte dirigera la division de réserve sur le plateau de Beyris, où il lui fera prendre position et recevra de nouveaux ordres. Il opérera son mouvement par le chemin qui passe au moulin de Brindos.

« Le lieutenant général d'Erlon fera prendre position à la division Darmagnac à la hauteur de la campagne dite Bordenave, à cheval sur la grande route d'Ustaritz, et si la division Abbé l'a rejoint, il la placera en deuxième ligne. D'ailleurs, il se fera couvrir par des avant-gardes, sur les points les plus avantageux à défendre.

« Le général Darricau se conformera aux dispositions du général Villatte. Il opérera son mouvement comme tête de colonne, réglant le mouvement de ses échelons, de manière que le dernier ne parte aussi qu'à la pointe du jour et se tenant en mesure de le soutenir. Il fera également passer sa division par le moulin de Brindos. Il la formera sur le plateau de Beyris avec la division de réserve et recevra de nouveaux ordres.

« Pour qu'il n'y ait point d'encombrement, le général Clausel évitera de passer par le même chemin que les divisions Villatte et Darricau, et, comme elles doivent être de réserve, il les laisserait passer si les colonnes se rencontraient.

« L'artillerie sera mise en mouvement de bonne heure, pour qu'elle ne soit point retardée dans sa marche. Les généraux la feront porter à l'avance dans les positions indiquées, afin qu'elle protège leur mouvement, et ils ne garderont aux arrière-gardes que les pièces qu'ils jugeront nécessaires pour repousser les attaques de l'ennemi.

« La position que l'armée va prendre demain n'est qu'indiquée; elle sera rectifiée lorsque les divisions y seront établies afin d'être disposé à livrer bataille à l'ennemi s'il vient nous attaquer. »

Effectivement, en cours d'exécution, cet ordre reçoit de profondes modifications; le 12 au matin, Darricau, Darmagnac et Abbé, sous les ordres d'Erlon, passent la Nive à Bayonne, et vont s'établir respectivement à Jatzou, Villefranque et Vieux-Monguerre ; Foy, arrivé à Cambo, lui est adjoint. Ces mouvements, qui entraînent des changements dans la répartition des divisions de la droite et du centre, résultent d'un plan d'opérations arrêté depuis longtemps, mais qui malheureusement sera bientôt abandonné.

IV. — Projet du maréchal de rallier la rive droite de la Nive et d'appuyer sa droite à Bayonne, sa gauche au massif de l'Ursuya.

A ce moment, la correspondance du maréchal avec le ministre de la guerre est particulièrement instructive, car dans cette histoire au jour le jour il expose ses vues et signale les dangers de sa position. Ainsi, le 10, il est résolu à passer la Nive à Bayonne, et à étendre l'armée sur la rive droite jusqu'au massif de l'Ursuya, dont il a fait exécuter la reconnaissance et qu'il considère alors *comme devant éventuellement servir de pivot aux opérations défensives de l'armée* (1). Le mouvement a reçu, le 12, un commencement d'exécution : mais le 14 il l'abandonne devant la nécessité de couvrir les travaux du camp retranché de Bayonne et en raison de l'absence de lignes de retraite de Cambo et de Hasparren sur l'Adour. Ce fut un malheur ; la ligne de Bayonne à l'Ursuya et à Saint-Jean-Pied-de-Port étant indébordable, resserré entre la Nive et la mer, menacé de front par Bayonne et de flanc par Cambo, enfermé à l'intérieur d'une base en équerre, l'ennemi n'eût pu dépasser la Nivelle.

Serres, 10 novembre.

« Je me propose de prendre demain position, la droite à Bidart et la gauche à Arrauntz, occupant Arbonne et la hauteur de Sainte-Barbe : *mais il est probable*

---

(1) Tel est du moins le titre du rapport que fournit à ce sujet le colonel Michaux. Le point dangereux — on le verra par les mouvements de la division Morillo — est *Itsassu*, d'où, en quelques heures, on coupe à Attisane la communication entre Bayonne et Saint-Jean-Pied-de-Port.

que je ne m'y arrêterai pas et que je continuerai le mouvement sur Bayonne, où je laisserai les troupes nécessaires pour occuper le camp retranché, et ensuite j'irai prendre position à la rive droite de la Nive, sur les hauteurs de Cambo, occupant le mont Ursuya, où je serai à égale distance de Bayonne et de Saint-Jean-Pied-de-Port ; et je couvrirai ainsi ces deux places. L'ennemi a une telle supériorité de forces qu'il ne m'est pas possible d'occuper des positions aussi étendues que celles que j'avais, et que je gardais pour couvrir le pays.

« *Ainsi, je vais me réunir et manœuvrer désormais en armée, tenant les troupes rassemblées et constamment sous mes yeux ;* elles auront plus de confiance en leur valeur, et j'obligerai les ennemis à se tenir aussi réunis, pour éviter les pertes qu'ils pourraient éprouver. »

Arcangues, 11 novembre.

« L'armée a pris aujourd'hui position *la droite à Bidart et la gauche à Arrauntz, occupant la montagne de Sainte-Barbe ainsi que le plateau en avant d'Arbonne, où la division Darricau a été établie.* Le mouvement n'a pas été inquiété ; mais à deux heures après-midi, l'ennemi a présenté plusieurs têtes de colonnes qui se sont formées et déployées sur tout le front de l'armée ; il y a eu aussi des reconnaissances de généraux qui ont occasionné un léger tiraillement aux avant-postes. Je ne doute pas que si je restais en position, il y aurait demain un second engagement général. *Quoique je sois disposé à le donner, il ne me parait pas que ce champ de bataille me soit aussi favorable que celui que je puis prendre : il est encore trop étendu comparativement aux forces que l'ennemi me présente ; aussi je viens de donner des ordres pour que l'armée, demain, prenne position sur les plateaux en avant de Beyris, entre Anglet et la Nive.* Si l'ennemi vient m'y attaquer, j'accepterai le défi et je livrerai la bataille, quoique ses forces soient le double des miennes.

« *J'ai cru à propos de différer le mouvement sur la rive*

droite de la Nive, pour voir encore venir l'ennemi, le retarder dans ses opérations, *et faire terminer sous mes yeux le grand camp retranché de Bayonne.*

« Le général Foy est arrivé avec sa division la nuit dernière à Cambo, dont il est chargé de défendre la double tête de pont.

« La mort du général Conroux et celle de son chef d'état-major (1) me mettent dans le cas de supprimer le cadre d'une division, car je manque de généraux et d'adjudants-commandants (2). D'ailleurs, je dois compléter la garnison de siège de Bayonne, y compris la garnison nécessaire pour le camp retranché. »

En conséquence, le 12, jour de son arrivée devant Bayonne, la division Taupin fut disloquée et ce général suivi de son état-major, prit le commandement de la division Conroux. Rentré d'un congé pour blessures, Béchaud passa à la 2ᵉ brigade et Rey resta à la première (3).

---

(1) Challier, adjudant commandant. Le général Conroux était mort de ses blessures le 11.

(2) Par décret du 15 novembre, l'Empereur nomma six généraux de brigade à l'armée de Soult, mais *le maréchal n'en reçut avis que le 27 décembre.*

(3) Les régiments de la division Taupin furent affectés :
    9ᵉ léger, 1ᵉʳ bataillon à la réserve de Villatte ; 2ᵉ bataillon, à la garnison de Bayonne ;
    26ᵉ de ligne, à la garnison de Bayonne ;
    70ᵉ de ligne,   id.
    31ᵉ léger, à la division Darmagnac ;
    47ᵉ de ligne, 1ᵉʳ bataillon à la division Taupin ; 2ᵉ bataillon, à la garnison de Bayonne.

De la sorte, tous les dépôts et 5ᵉˢ bataillons ayant été fondus dans les bataillons actifs, la garnison de Bayonne se trouva portée à 14 bataillons de ligne et 2 bataillons de cohortes des Basses-Pyrénées et des Landes, soit 7,598 hommes.

CHAPITRE XIX

BAYONNE. — LA NIVE ET L'URSUYA.

I. — **L'armée s'établit devant Bayonne et derrière la Nive.**

Bayonne, 12 novembre.

« Ce matin, j'ai fait rapprocher l'armée de Bayonne ; les divisions de l'aile droite ont pris position à Anglet et sur le plateau de Beyris, celles du centre et de l'aile gauche se sont établies en avant du camp retranché du front de Marrac poussant des avant-postes dans toutes les directions, jusqu'à trois quarts de lieue de la place.

« L'ennemi n'a pas suivi, mais il s'est porté en forces sur Ustaritz, où il a voulu rétablir deux ponts sur la Nive, que j'avais fait détruire hier ; un bataillon qui était placé sur la rive droite l'a forcé à renoncer à son entreprise. Il a attaqué cet après-midi avec du canon la division Foy qui défend la tête du pont de Cambo, mais sans succès ; *cet ouvrage est très fort sur la rive gauche*, mais on n'a pas pu encore s'occuper de la partie que j'ai ordonnée sur la rive droite.

« *J'ai fait porter d'Erlon avec les divisions Darmagnac, Abbé et Darricau, sur les hauteurs de Villefranque et de Cambo, à la rive droite, pour appuyer Foy à Cambo et défendre le passage de la Nive, que l'ennemi pourrait entreprendre du côté d'Ustaritz et de Larressore, où dans les basses eaux il y a des gués, soit au-dessus de Cambo où l'ennemi peut profiter de divers passages, qui ne peuvent être gardés que faiblement, entre autres celui d'Itsassu, où je viens d'être instruit que l'ennemi a fait passer ce soir quelques troupes. J'ai ordonné à d'Erlon de marcher contre elles, de les jeter à la rive gauche de la Nive, et de faire garder en forces l'Ursuya, ainsi que la montagne d'Arroçagaray, pour être maître du débouché d'Itsassu.*

« Les débouchés de Baygorry, Saint-Martin-d'Arrossa et Baygorry, sont gardés par le général Pâris. Indépendamment des trois divisions que d'Erlon a emmenées, j'ai mis à sa disposition celle de Foy, qui est à Cambo, et la division de cavalerie Soult que j'ai fait venir sur Hasparren et Urcuray. *Ainsi, je le crois assez fort pour empêcher l'ennemi de faire aucun passage, et même pour obtenir des succès sur lui, s'il se livrait à quelque entreprise; du moins, je désire qu'il en soit ainsi,* afin de pouvoir employer le restant des troupes à terminer les ouvrages des camps retranchés de Bayonne. »

Bayonne, 13 novembre.

« ... Si le mauvais temps est contraire à l'ennemi pour ses opérations, il nous contrarie également pour terminer les ouvrages du camp retranché de Bayonne. J'y attache cependant une grande importance, car la place ne sera à l'abri de toute insulte, que lorsque tous les ouvrages de ce camp seront en état de défense ; *alors je pourrai avec sécurité m'en éloigner et manœuvrer contre l'armée ennemie, sans craindre qu'elle se hasarde à l'attaquer.* »

Bayonne, 14 novembre.

« L'aide de camp du général Cassan qui m'a apporté la capitulation de Pampelune, est resté pendant dix jours au quartier général anglais, où il a eu occasion de parler à plusieurs chefs de l'armée ennemie. Il m'a rapporté que parmi eux on s'entretenait librement du projet d'invasion, et qu'à ce sujet, *ils comptent sur leur grande supériorité numérique, ne doutant pas qu'avant la fin de la campagne, ils ne soient arrivés sur la Garonne;* cet officier prétend aussi que *leur projet est de passer entre Bayonne et Saint-Jean-Pied-de-Port*, et de ne laisser que leurs plus mauvaises troupes pour bloquer ces places.

« Je conçois que le général anglais pourrait réaliser son projet avec une armée du double plus forte que celle que je puis lui opposer, *si je prenais une ligne de bataille devant lui ; car il aurait la facilité de me déborder ou d'écraser la partie de l'armée sur laquelle il jugerait à propos de porter ses forces ; ainsi, de position en position, il me mènerait loin, et j'éprouverais tous les jours de nouvelles pertes, sans que j'eusse suffisamment retardé ses projets, et dès lors, j'aurais compromis le sort des places de Bayonne et de Saint-Jean-Pied-de-Port, les seules qu'il y ait sur notre frontière.*

« *Il me paraît donc que puisque les événements de la campagne m'ont obligé à m'appuyer sur la place de Bayonne, je dois la considérer comme la place d'armes de l'armée et y prendre effectivement mon appui, me tenant en mesure d'attaquer le flanc de l'ennemi, s'il entreprend de passer la Nive, et de tomber sur ses derrières, soit à la rive droite, soit à la rive gauche, lorsqu'il sera engagé dans ses mouvements. Je ne crois pas qu'en m'arrêtant à ce plan d'opérations, je puisse être compromis autrement que par les subsistances, car l'ennemi, qui aurait trois passages de rivières à effectuer avant de venir à moi, s'il n'attaquait pas d'abord Bayonne, serait forcé à se diviser et à parcourir un pays où les routes sont difficiles, ce qui pourrait le mettre dans une fâcheuse situation, si un de ses corps était attaqué et battu.*

« D'après ces considérations, *je me détermine à prendre Bayonne, qui est déjà ma place d'armes, comme pivot de mes opérations.*

« En conséquence, j'ai ordonné à d'Erlon, qui commande sur la rive droite de la Nive, que si l'ennemi forçait le passage, il devrait manœuvrer de manière à se rapprocher du restant de l'armée et tenir fortement la position de Villefranque, afin que lorsque j'aurai réuni aux troupes sous son commandement celles que j'emmènerais avec moi de renfort, nous marchions à l'ennemi pour le combattre, avant que la plus forte partie de son armée eût passé.

« J'ai aussi chargé l'ordonnateur en chef de faire diriger sur Bayonne par la route des Grandes-Landes et sur celle de Langon, par Mont-de-Marsan et Dax, la presque totalité des denrées qui doivent être expédiées sur l'armée par les départements frappés d'appels (1). »

II. — Le maréchal renonce à l'Ursuya et prend Bayonne pour place d'armes et point d'appui de l'armée.

Soult au Ministre.

Bayonne, 15 novembre.

« Aujourd'hui, j'ai fait la reconnaissance de la rive droite de la Nive, depuis Cambo jusqu'à Bayonne. *Il sera très difficile d'empêcher l'ennemi de passer cette rivière, s'il y emploie seulement une partie des moyens qui sont à sa disposition, attendu qu'elle est guéable dans plusieurs endroits et que, sur divers points, la rive opposée a un grand commandement sur le pays qui est en avant.*

« Dans le mois de septembre dernier, je fis reconnaître s'il serait possible d'avoir une route militaire de Cambo et de Mendionde sur Peyrehorade par Hasparren, la Bastide-Clairence et Bidache. Le rapport qui me fut fait était défavorable.

« D'après ces considérations et *d'après la reconnaissance que j'ai faite, je me suis affermi dans la disposition qu'hier*

---

(1) La route des *Grandes Landes* est la route directe de Bordeaux à Bayonne par Belin et Saint-Géours où s'embranche celle des *Petites Landes* qui passe à Dax (Saint-Paul-les-Dax), Tartas, Mont-de-Marsan, Captieux et traverse la Garonne à Langon. Cette dernière était la grande ligne de communication de l'armée; depuis Mont-de-Marsan, elle se doublait de la navigation de la Midouze et de l'Adour. La route d'Orthez était en très mauvais état.

j'ai eu l'honneur de vous annoncer, qui est de tenir l'armée prête à se réunir à Bayonne, en cas de nouvelle attaque de l'ennemi, ou si le passage de la Nive était forcé, afin de marcher à l'ennemi sur l'une ou l'autre rive, suivant qu'il serait engagé. Ainsi, je ne laisserai sur le haut de la Nive, pour garder les débouchés, que les troupes du général Paris, lesquelles se replieraient de manière à présenter des têtes de colonnes à l'ennemi, quelque direction qu'il prenne.

« Je laisserai aussi, pour manœuvrer avec cette infanterie, une brigade de cavalerie légère du général Berton.

« *J'aurais pu prendre une position concentrée entre Mendionde et Bayonne, mais, en cas d'attaque, il aurait été facile à l'ennemi d'empêcher que j'opérasse le mouvement sur Bayonne* (1); *alors l'armée aurait été embarrassée de son matériel, dont elle eût perdu la plus grande partie, le chemin étant presque partout impraticable.*

« L'ennemi a de très fortes lignes campées sur les contreforts de la montagne Sainte-Barbe, ainsi que sur les hauteurs entre Bidart et Bassussary. Si le mauvais temps continue, il sera forcé de prendre des quartiers d'hiver, pour mettre ses troupes à couvert, et d'ajourner ses projets d'invasion. »

Soult au Ministre.

Bayonne, 17 novembre.

« Le général d'Erlon, m'a écrit ce soir que dans la journée l'ennemi a levé ses camps sur les hauteurs d'Ustaritz et de Sainte-Barbe; on a vu ensuite des colonnes en mou-

---

(1) Passage obscur. Jamais Soult n'emploie le mot *retraite*. Si l'on se reporte au début de sa lettre, où il parle de la route militaire de Cambo à Peyrehorade, il semble vouloir dire que si la Nive avait été forcée, il n'aurait pu rejoindre Bayonne par Peyrehorade, vu l'état de cette route; qu'il aurait perdu son matériel. Peut-être entend-il dire aussi qu'au cas d'échec sa seule ligne de retraite eût été la route de crêtes de Lurbintua et de Horlopo sur Saint-Pierre d'Irube.

vement dans diverses directions. Le mauvais temps qu'il fait pourrait faire supposer que l'ennemi cherche à mettre ses troupes à couvert.

« Aussitôt que je jugerai que l'ennemi a renoncé à ses opérations de campagne ou qu'il les a suspendues et qu'il cherche à mettre ses troupes à couvert dans des quartiers d'hiver, je ferai en sorte de lui rendre difficile de s'établir à notre portée. »

III. — L'évacuation de la tête de pont de Cambo permet à Wellington de cantonner son armée.

Les alliés, en effet, souffraient horriblement.

« La pluie a commencé le 11 novembre ; elle a continué sans interruption jusqu'au 19 et laissé les chemins dans un tel état que tout mouvement est impossible. La détresse des Espagnols et l'impuissance où je suis en ce moment de faire quoi que ce soit, m'ont amené à leur ordonner d'entrer en cantonnements derrière la frontière.

« Les 12 et 16, Hill a reconnu les postes ennemis de la tête de pont de Cambo ; ils se sont retirés le 16 et ont fait sauter le pont, *ce qui m'a permis dès le lendemain d'établir les troupes en cantonnements serrés* : la droite (Hill), à Espelette et Cambo ; la droite du centre (Beresford), à Ustaritz et Arrauntz ; la gauche du centre à Arcangues et Arbonne ; enfin, la gauche (Hope), sur la route de Saint-Jean-de-Luz, avec avant-postes dans la direction d'Anglet (1) ».

De l'armée espagnole, il ne conserve que la division Morillo, « dont la conduite a été meilleure » (2).

Don Manuel Freyre établit son quartier général à Irun et emmena avec lui les 3e, 4e et 5e divisions de son armée. « Les 2e, 7e et 8e restèrent où elles étaient, c'est-à-dire en

---

(1) *Wellington à Bathurst,* 22 novembre.
(2) *Celer et audax,* 234.

« garnison à Pampelune et à Saint-Sébastien, et aux blocus
« de Santoña et de Jaca. Peu de cavalerie était passée en
« France ; elle avait été envoyée à la recherche des vivres
« dans la Castille, où fut également dirigée la 6ᵉ division
« (Longa). La réserve d'Andalousie cantonna dans la val-
« lée de Bastan, et s'éloigna ensuite jusqu'à Puente-la-
« Reyna (1) ».

Certes, la rupture du pont de Cambo arrangeait les affaires de Wellington : « *Nous devons expulser l'ennemi de Cambo, ou nous n'aurons aucun repos pendant l'hiver.* » (2). D'où vient le silence du maréchal sur ce grave événement ?

L'abandon de l'Ursuya entraîna-t-il celui de la tête de pont ? Nous avons vainement cherché aux Archives les ordres du maréchal et les rapports d'Erlon. Au dire de Lapène, généralement bien informé, « le général Foy ayant remarqué que la tête de pont, quoique très propice pour favoriser plus tard une irruption sur la droite des Alliés, offrait des fautes de construction qui l'empêchaient d'être défendue avec avantage, signala ces défauts au général en chef. Il ne tarda pas à recevoir l'ordre d'abandonner cet ouvrage, et de faire sauter le pont en arrière. Par suite du même ordre, il prit position et se retrancha dans le bas Cambo, sur la rive droite de la Nive. » D'un autre côté, suivant Pellot, les ordres du maréchal auraient été mal compris (3).

Finalement, les hostilités sont interrompues jusqu'au retour du beau temps.

Soult au Ministre.

Bayonne, 23 novembre.

« Il paraîtrait que l'ennemi a le projet de nous attaquer sur toute la ligne demain ou après-demain, et *que son intention est de forcer le passage de la Nive du côté de Cambo*

---

(1) Toreno, V, 378.
(2) *Wellington à Hope*, 14 novembre.
(3) Lapène, *loc. cit.*, 163 ; Pellot, 76.

ou d'Itsassu, pour se porter sur la route de Saint-Jean-Pied-de-Port, et isoler cette dernière place. Quoi qu'il en soit, et malgré la grande supériorité de ses forces, je persiste dans les dispositions que j'ai eu l'honneur de vous annoncer, et je continue à me préparer à me porter avec toute l'armée, sur son flanc, s'il s'engage dans l'intérieur et s'il me fournit ainsi l'occasion de couper sa ligne.

« A cet effet, j'ai ordonné à deux brigades de la division Soult d'arriver demain à Bayonne ; une brigade de la division Treillard appuiera à Peyrehorade, et les deux autres seront sur la gauche depuis Mendionde, Saint-Jean-Pied-de-Port, Saint-Palais, pour manœuvrer avec l'infanterie du général Paris et toutes les gardes nationales (cohortes), que je fais réunir sur ce point contre la droite de l'ennemi. »

CHAPITRE XX.

CAMP RETRANCHÉ DE BAYONNE.

I. — Soult fait de Bayonne une place à ouvrages détachés.

A son arrivée à Bayonne, au mois de juillet, le maréchal avait reconnu l'état de la place. « Elle n'aurait pas arrêté « l'ennemi quatre jours, s'il avait pris la peine de s'y pré- « senter » (1). Dès le 16, il ordonna les dispositions de défense.

Ordre.

Bayonne, le 16 juillet.

« Il sera de suite fait un projet de camp retranché en avant des ouvrages de la ville haute, entre l'Adour et la Nive, composé de dix à douze redoutes ou lunettes, ayant pour condition de se voir entre elles et de se flanquer réciproquement, de protéger les barrages à faire sur le ruisseau de l'Aritzague pour obtenir une inondation ou au moins un blanc d'eau dans toute l'étendue des marais (2).

« Les redoutes existantes entre l'Adour et la Nive du côté de Mousserolles, en avant du front de la ville basse ou Bourg-Neuf, seront relevées de suite et palissadées (3) ; celles qu'il faudra y ajouter pour achever le système des

---

(1) *Soult au Ministre*, 26 octobre.
(2) Ce plan, croyons-nous, fut exhumé des Archives du génie de Bayonne, où foisonnent les études de ce genre sur l'amélioration de la situation défensive de la place.
(3) Redoutes d'Etcheverry et du Limpon.

ouvrages qui doivent couvrir le front faible de Mousserolles, seront reconnues et tracées, et l'on y travaillera aussitôt que les emplacements en seront fixés ; mais avant de commencer les derniers ouvrages projetés, l'ordre en sera donné.

« Les ouvrages à l'extérieur de la citadelle jugés indispensables pour la couvrir ainsi que le faubourg de Saint-Esprit, seront examinés avec attention, et le projet en sera présenté le plus tôt possible.

« Le général Léry formera une commission pour asseoir le travail que comportent les articles précédents. Il sera toutefois observé que, quelques projets qui soient présentés, soit pour ajouter à la défense de la ville, soit dans le système du camp retranché entre l'Adour et la Nive, il ne doit point être fait de démolition, à moins d'un ordre positif donné par le Ministre de la guerre ou par le maréchal commandant en chef les armées en Espagne, ou par le général commandant à Bayonne, dans le cas d'un danger prochain et imminent.

« La lettre du Ministre de la guerre, en date du 12 courant, excepte de tout projet de démolition la ville de Saint-Esprit, l'arsenal de la marine, le palais impérial de Marrac et le séminaire. »

Dès le 4 juillet, le conseil de défense s'était constitué sous la présidence du maréchal Jourdan, et aussitôt 2,000 à 3,000 ouvriers, tant militaires que civils, avaient été journellement employés à réparer le corps de place. Aussi, les travaux extérieurs ne furent entrepris qu'au mois d'août, ce qui résulte, d'ailleurs, de la correspondance du maréchal et du *Journal du major Bordenave*.

Soult au Ministre.

Ascain, 8 août.

« Dès les premiers jours de mon arrivée à Bayonne, je sentis la nécessité de donner plus de développement à la défense de cette place et *je donnai ordre au commandant du génie de me présenter le projet de deux camps retranchés, l'un sur les hauteurs de Mousserolles et l'autre sur le front de la route d'Espagne, qui, en embrassant un plus grand système que celui auquel le conseil de défense s'était borné, portât cette défense tout à fait à l'extérieur, et donnât un appui à un corps de troupes destiné à tenir campagne, qui serait trop fort pour s'enfermer dans la ville.*

« On s'occupait de ce projet, lorsque je reçus de vous une lettre où vous me préveniez que vous aviez désapprouvé la proposition du conseil de défense qui tendait à faire démolir tous les bâtiments à portée des fortifications qui pourraient nuire à la défense, y compris le château de Marrac, une partie du faubourg de Saint-Esprit et l'arsenal de la marine. Je m'applaudis alors d'avoir en quelque sorte prévu ces dispositions, en donnant une autre direction à ce qui devait être entrepris.

« Effectivement, les démolitions que l'on proposait n'auraient point ajouté à la bonté de la place, ni retardé d'un jour le siège. Cependant, il en eût coûté au gouvernement des sommes considérables pour payer des indemnités et l'armée n'eût trouvé qu'un appui ordinaire à Bayonne, au lieu que, par le projet que je présente, tous les bâtiments que l'on voulait démolir sont nécessairement conservés, les dangers d'un siège sont infiniment éloignés et les dépenses paraissent devoir être beaucoup moindres que ce qu'elles auraient été, si le premier système eût été adopté.

« Dès lors, la place de Bayonne pourra être considérée comme de première classe, sans qu'il soit rigoureusement nécessaire d'augmenter de beaucoup sa garnison. Cette ville, par l'importance politique, militaire et commerciale qu'elle a acquise, doit nécessairement être mise dans l'état de défense le plus formidable, pour ôter aux ennemis jusqu'à l'idée de l'attaquer, quels que puissent être les événements de la guerre. »

D'après le *Mémoire du général Garbé sur les ouvrages à établir, pour accroître la défense de la place* (1), la dépense

---

(1) *Archives du génie*, Bayonne.

à faire pour leur exécution, tant à la *citadelle* que dans les *camps de Marrac et de Mousserolles*, devait s'élever à 1,060,500 francs, savoir :

	CITADELLE.	MOUS-SEROLLES.	MARRAC.
Indemnités aux propriétaires..........	3,000	45,000	90,000
Pour la construction des ouvrages......	26,000	146,000	750,000
TOTAUX............	29,000	191,000	840,000
TOTAL GÉNÉRAL........	1,060,500 fr.		

Les travaux de la Nivelle et de Bayonne marchèrent de front ; mais ces derniers avec une extrême lenteur, car il s'agissait là d'ouvrages à grand profil, et capables de supporter les efforts d'un siège régulier. Une correspondance active s'engagea entre Soult et le gouverneur ; elle reflète ses appréhensions de ne point trouver dans la place l'appui qui lui sera nécessaire s'il est forcé d'abandonner la Nivelle, et malheureusement elles se justifieront par la faute même de Thouvenot et de Garbé. Bref, *Soult demeurera jusqu'au mois de février dans l'obligation de couvrir les travaux de la défense !*

II. — Site de Bayonne (1).

Bayonne est situé sur la rive gauche de l'Adour, au confluent de la Nive et à 6 kilomètres de son embouchure. Il comprend deux parties : la *ville haute*, sur la rive gauche de la Nive, le *Bourg-Neuf*, sur la rive droite. De l'autre côté de l'Adour est le *faubourg de Saint-Esprit*, que domine la *citadelle ;* un pont relie la ville haute au Bourg-Neuf ; un

---

(1) Nous prions le lecteur de suivre cette description sur la carte qui accompagne ces Mémoires.

autre, la place au Faubourg de Saint-Esprit. Plus tard, au moment où l'armée se repliera sur le camp retranché, le maréchal fera jeter un pont de bateaux sur la Nive, à la hauteur du pont actuel de chemin de fer, et un autre sur l'Adour, en face de la citadelle, afin de faciliter les mouvements de l'armée.

La marée se fait sentir jusqu'à Peyrehorade.

Il n'existe aucun gué entre Bayonne et Peyrehorade, et comme la largeur du fleuve varie de 200 à 400 mètres, il constitue un obstacle de premier ordre. Quant à la Nive, sa largeur est de 50 à 100 mètres entre Cambo et Bayonne et la marée remonte jusqu'à Ustaritz.

De ce bourg à Bayonne, la rivière est navigable et l'obstacle considérable, bien qu'on puisse le franchir à gué en plusieurs points.

Coupées, d'ailleurs, par une infinité de canaux, les prairies qui bordent l'Adour et la Nive seraient journellement inondées si des digues ne les protégeaient. Aussi, les routes qui aboutissent à Bayonne sillonnent les hauteurs.

Larges, évasées, peu profondes, ces vallées sont taillées dans l'épaisseur d'un bas plateau dont la surface se relève insensiblement au sud-est, à la rencontre de l'Ursuya et de la barre d'Amotz.

Supposons que la contrée s'affaisse de 50 mètres, Bayonne et les langues de terre de Marrac, Anglet, Saint-Pierre-d'Irube sont sous les eaux. L'Océan envahit les vallées de la Nive et de l'Aritzague ; les lacs de Brindos et de Mouriscot réunissent leurs nappes au-dessus du *seuil de la Négresse*. Au nord de ce seuil s'étalent les *plateaux de Florence et de la tour de Lannes* ; au sud, ceux du *Barroillet* et de *Bassussary*. Le plateau se coude brusquement en forme de T, et par une arête resserrée se relie à une *barre transversale* sur laquelle est situé le village d'*Arcangues*. De cette barre, enfin, l'arête se dirige droit au sud, vers Saint-Pée, et s'élève entre les vallons submergés de l'Ouhabia et d'Urdains.

Issue du *piton de Sainte-Barbe*, la large *croupe du châ-*

teau *d'Urdains* s'avance au nord, mais bientôt elle s'abîme sous les eaux.

Maintenant traversons la Nive; là le terrain est plus élevé et les rideaux sont plus soutenus.

Les *vallons de la Clef et d'Ibarbide* sont envahis.

Il en est de même de l'*Ardanavy*, car Briscous est sous les eaux, et un isthme relie, au *col de Curutchague*, les *hauteurs de Mouguerre* à celles de *Horlopo*. Enfin, dominant la vallée de la Nive, deux éminences arrondies (*hauteurs de Larralde*) s'élèvent entre elle et le vallon de la Clef; elles se rattachent au rideau de Villefranque qui rejoint à *Lurbintua* le rameau issu de Horlopo, pour de là, par *Chanoënia* et le *col d'Urcuray*, gagner la *masse de l'Ursuya*.

Supposons-le en dernier lieu, le sol se relève et tout ce qui dépasse l'altitude de 15 mètres émerge : aussitôt la région prend, dans ses moindres détails, sa configuration actuelle. Le moulin de Brindos et la Négresse sont en terre ferme ; un fossé sépare les plateaux de la Tour-de-Lanne et de Bassussary. Les eaux s'encaissent et l'on voit surgir le *camp retranché de Bayonne*, c'est-à-dire *Saint-Pierre-d'Irube et le camp de Pratz, Marrac et ses avancées* ; puis, de part et d'autre du vallon de l'Aritzague, les *ouvrages du front d'Espagne et de Beyris*. Aussi loin que porte la vue, l'Océan a recouvert, au nord de l'Adour, le *plateau des Landes*, mais peu à peu surgit la *croupe de la citadelle*, et avec elle un rivage festonné qui accompagne le fleuve jusqu'au Port-de-Lanne.

Assis à la lisière d'une formation calcaire très puissante et non point au cœur d'un bassin où se réuniraient les produits de terrains de constitution contrastante, *Bayonne n'a qu'un site topographique : le confluent de l'Adour et de la Nive et un port médiocre*. Le pays est riant, mais pauvre. Est-il rien de plus caractéristique que l'espacement des villages, la dissémination des écarts, l'énorme développement des communications? Non que le pays soit d'un parcours facile (il ne se prête qu'aux opérations de postes et à la chicane), car la majeure partie du sol est abandonnée à la végétation spontanée, à la culture pastorale.

Nous voulons parler des landes ou *touyas*, qui couvrent les hauteurs sur de vastes étendues et que tapissent l'ajonc épineux, la bruyère, les fougères et certain chêne nain ; le tout bordé à chaque pas de fossés, de haies, de défends inextricables : misère mieux gardée que richesse. En fait de céréales, un chétif maïs ; point de paille et peu de fourrages. A cela, ajoutez des mouvements de terrain incessants, courts, confus, à pentes vives ; des vues enfin si limitées que le combat s'engage aux distances ordinaires des phases finales : telles sont les caractéristiques du pays basque.

De l'autre côté de l'Adour, jusqu'à la Garonne, des oasis perdues au sein d'un océan de pins résineux.

Cet état de choses que signalaient déjà en 1793 les commissaires de la Convention, l'adjudant général Lacuée et le commissaire des guerres Baillac, subsistait en 1813.

Les lettres suivantes serviront d'historique au camp retranché de Bayonne ; il suffira d'en rapprocher les dates de celles des événements qui s'accomplirent sur la Bidassoa et la Nivelle, pour comprendre les préoccupations du maréchal.

III. — Correspondance de Soult avec le général Thouvenot.

Thouvenot à Garbé.

Bayonne, 28 septembre, à minuit (1).

« Je sors de chez le maréchal, qui m'a prévenu que l'ennemi avait fait des mouvements qui annonçaient le projet de nous attaquer très incessamment et peut-être même aujourd'hui, à 2 ou 3 heures du matin.

« Il m'a ordonné de presser les travaux défensifs de la place et de la citadelle et de mettre la plus grande activité

---

(1) Nous rappelons que Thouvenot était gouverneur de Bayonne et Garbé, le commandant supérieur du génie de la place.

à ceux du camp retranché du front d'Espagne, sans cepen-retarder les autres. En conséquence, je vous prie de me faire connaître quelle serait la quantité d'ouvriers que vous pourriez employer en augmentation pour les travaux, afin que j'écrive aux préfets des départements qui doivent les fournir, de les envoyer dans le plus court délai possible.

« Si l'ennemi n'attaque pas ce matin, M. le maréchal reviendra ici demain pour visiter les travaux et arrêter définitivement l'emplacement des trois redoutes avancées de la citadelle.

« Je viens de donner des ordres pour la défense du bas de la rivière, le maréchal m'ayant annoncé que, dans le cas où l'ennemi attaquerait, *il serait possible qu'il fît une diversion par mer, avec les bâtiments de guerre et de transport qu'il a au passage* (1). »

Soult à Thouvenot.

Saint-Jean-de-Luz, 8 octobre, midi.

« Je reçois votre lettre de ce jour, à 5 heures du matin; j'approuve les dispositions que vous avez prises pour l'exécution du grand camp retranché; j'aurais cependant voulu que les ouvrages de ce camp fussent définitifs avant d'entreprendre les redoutes de la porte de Secours, de la citadelle, et que la totalité des ouvriers que vous avez réunis, fût portée au grand camp retranché; l'objet est d'une telle importance que tout le monde doit briguer l'honneur d'y mettre la main.

« Il n'y a pas lieu de lever le camp des blessés, ni de faire abattre les arbres et haies à portée du camp retranché. Mon intention est cependant que la redoute qui doit être placée sur le plateau de Beyris soit immédiatement entreprise et qu'elle soit éclairée par des redans sur tout le contrefort de cette position.

---

(1) Faut-il lire à *Pasages* ?

« Il n'y a pas lieu non plus à faire démeubler les campagnes par les habitants. La mesure de faire filer sur les derrières les habitants des frontières qui arrivent à Bayonne est prématurée.

« *Il sera donné plusieurs batailles avant que le canon de Bayonne soit dans le cas de tirer.* »

Thouvenot à Garbé.

Bayonne, 8 octobre.

« J'ai reçu cette nuit l'ordre du Maréchal, d'activer les travaux du génie par tous les moyens possibles et d'y faire travailler nuit et jour.

« En conséquence, j'ai ordonné au sous-préfet de Bayonne de faire fournir par la population de la ville 1000 ouvriers terrassiers qui travailleront nuit et jour et qui seront relevés toutes les vingt-quatre heures, et de faire fournir par les communes environnantes du département des Basses-Pyrénées tout ce que la population de ces communes pourra fournir d'ouvriers, en augmentation de ceux que ce département fournit déjà.

« J'ai ordonné au maire de Saint-Esprit de fournir journellement, sur la population de cette ville, 600 ouvriers terrassiers, qui travailleront également nuit et jour, et qui seront relevés toutes les vingt-quatre heures.

« Je pense qu'avec cette augmentation d'ouvriers vous pourrez de suite commencer les redoutes en avant de la citadelle et du Saint-Esprit, et mettre des travailleurs dans toute l'étendue du camp retranché de Marrac. Il serait également fort important que vous puissiez mettre des travailleurs pour commencer toutes les redoutes du grand camp retranché ; mais il serait au moins très essentiel que toutes ces redoutes soient tracées de suite, afin que si l'armée, ou une partie de l'armée, se retire sur nous, on puisse faire travailler sans relâche les soldats à la construction des ouvrages. »

Les ordres du maréchal furent-ils mal interprétés ? Thouvenot entreprit *tous les ouvrages à la fois* et laissa en souffrance ceux de Beyris et du front d'Espagne. De là son irritation.

Soult à Thouvenot.

Saint-Jean-de-Luz, 19 octobre.

« Je ne conçois pas pourquoi vous et le général Garbé vous vous entêtez à ne pas vouloir entreprendre simultanément tous les ouvrages du camp retranché du front d'Espagne, particulièrement ceux qui doivent défendre la grande route et l'inondation supérieure, et que vous persistiez à faire travailler aux redoutes de la citadelle et du Saint-Esprit. Je vous ai cependant adressé divers ordres et vous auriez dû reconnaître que si l'ennemi se présentait devant Bayonne, tout ce que l'on fait sur le front de Marrac et pour soutenir l'inondation inférieure ne servirait de rien, si l'on n'était pas en mesure d'arrêter l'ennemi au débouché de la grande route.

« D'après ces considérations, je vous réitère l'ordre de faire entreprendre les redoutes qui doivent défendre la grande route et l'inondation supérieure, ainsi que la redoute avancée sur le plateau de Beyris. Celles de la citadelle et du Saint-Esprit seront reprises ensuite. »

Soult à Thouvenot.

Saint-Jean-de-Luz, 2 novembre.

« Je suis d'une impatience extrême d'apprendre que les redoutes qui doivent battre la grande route, sont armées, l'inondation inférieure tendue, l'inondation supérieure très avancée, et les lunettes du plateau de Beyris entreprises.

« A l'égard de l'ouvrage à cornes du front de Marrac, je le considère comme assez avancé pour recevoir des canons et se défendre sous leur protection. En cas d'événements, on ferait la lunette qui doit être construite en avant. Mais il est aussi important d'entreprendre incessamment les redoutes qui doivent lier l'ouvrage à cornes aux redoutes de la grande route. »

Soult à Thouvenot.

Arcangues, 11 novembre.

Je puis, d'un instant à l'autre, être obligé de me replier sur Bayonne. Pressez autant que possible vos travaux et faites tendre vos inondations. Vous pouvez même vous rendre maître du plateau de Beyris par de fortes lignes d'abattis. Ensuite, sous la protection de ces lignes, on exécutera les ouvrages proposés. Cette position me paraît avantageuse à occuper dans le système d'un camp retranché, car elle retarderait longtemps les approches de l'ennemi....

Thouvenot à Garbé.

17 novembre.

« *Aucun ouvrage n'est encore entrepris, ni même tracé, pour couvrir la route d'Espagne*, qui servira de digue à l'inondation supérieure qui couvre une partie du camp retranché d'Espagne.

« En supposant la route exhaussée à la hauteur voulue, l'inondation supérieure tendue, l'ennemi pourrait, dans une ou plusieurs nuits, couper la route et détendre l'inondation. Alors tout le front du camp, couvert par cette inondation, serait ouvert aux attaques de l'ennemi et bientôt enlevé. L'ennemi pénétrerait entre la ville et le camp retranché, dont la droite et la gauche tomberaient sans résistance, en compromettant les troupes chargées de les défendre et l'artillerie qui s'y trouve.

« *Toute la force du camp retranché du front d'Espagne consiste dans les inondations supérieure et inférieure, et la conservation de ces inondations est la chose la plus importante pour la défense dont nous sommes chargés.* »

Soult au Ministre.

Bayonne, 23 novembre.

« Le pont de bateaux que j'ai fait établir au-dessus de

Bayonne (entre la place et les ouvrages du camp retranché des fronts de Marrac et de Mousserolles, afin de faciliter le mouvement des troupes sans passer par Bayonne) sera terminé demain matin.

« *Lorsque les ouvrages des camps retranchés des fronts d'Espagne et de Mousserolles seront terminés, et les inondations tendues, la place de Bayonne sera une des plus fortes de l'Empire ; elle pourra servir de dépôt à une armée et lui donner protection* (1). »

En résumé, la ligne de Mousserolles fut entreprise vers le milieu du mois d'août ; on ne travailla au camp retranché du front d'Espagne qu'au commencement d'octobre, et lorsque l'armée, battue sur la Nivelle, rallia Bayonne, on ébaucha le fort de Beyris. A la fin de décembre, outre les ouvrages de la citadelle, on travaillait encore à *l'ouvrage à corne de Mousserolles*, dit *camp de Prats*, au *bastion des Mineurs*, au *front de Marrac*, aux *redoutes des Sapeurs et du Séminaire*, à la *digue de la route d'Espagne*, au *fort de Beyris*, aux *redoutes des Grenadiers et de la Pointe* ; autrement dit, partout, et rien n'était achevé.

« Les travaux furent poussés avec autant d'activité qu'il était possible d'en mettre, et quoiqu'il ait fallu lutter constamment contre les rigueurs d'une saison pluvieuse, dans un pays où il ne cesse de pleuvoir, le zèle et la patience des officiers qui dirigeaient la construction des ouvrages ne se sont jamais ralentis ; avec la bonne volonté des soldats, dont le courage était sans cesse stimulé par la présence et les encouragements des généraux et des officiers, on est venu à bout de surmonter tous les obstacles (2) ».

---

(1) L'Empereur s'attendait à ce que Bayonne fût régulièrement assiégé ; il écrivait à Caulaincourt, le 15 novembre : « Si jamais les Anglais arrivent au château de Marrac, qu'on le brûle et toutes les maisons qui m'appartiennent, afin qu'ils ne couchent pas dans mon lit. » (*Correspondance de Napoléon*, 20895.)

(2) *Mémoire du général Garbé* sur la situation de la place de Bayonne au 1er février 1814.

CHAPITRE XXI

SITUATION DES ARMÉES.

I. — Situation des Alliés.

On conçoit qu'au cours d'un hiver exceptionnellement humide et rigoureux, réduit à tirer ses ressources d'arrivages irréguliers dans les ports des Asturies et de la Biscaye, à entasser son armée dans des cantonnements exigus et espacés, étouffant entre la Nive et la mer, Wellington n'ait pu résister, en dépit du danger d'un tel mouvement, au besoin d'étendre sa droite de l'autre côté de cette rivière. Mangé déjà par les Français, le pays n'avait plus rien à lui fournir, si ce n'est à prix d'or ; et l'argent lui faisait défaut.

« Les habitants de cette partie de la France ne sont pas seulement réconciliés avec l'invasion, ils désirent nos succès, s'emploient à nous renseigner et nous fournissent tout ce qui est en leur pouvoir. *Dans aucune partie de l'Espagne nous n'avons été mieux, je pourrais dire aussi bien reçus.* Tout d'abord, ils avaient déserté leurs demeures; ils y sont en général rentrés, et beaucoup au risque de leur vie, après avoir essuyé le feu des sentinelles françaises. Ils vivent confortablement et tranquilles avec nos soldats cantonnés dans leurs maisons.

« Les Espagnols ont beaucoup pillé et commis de grands dégâts; mais ce malheur nous a rendu service. Quelques-uns ont été exécutés et la plupart punis; *je les envoie cantonner dans leur pays, ce qui convaincra les Français de notre désir de ne faire aucun mal aux particuliers.*

« Les habitants sont convaincus qu'aussi longtemps que

Bonaparte sera à leur tête, ils n'auront aucun repos. *Ils disent communément qu'en dépit de la misère et de l'oppression intolérables qu'ils endurent, ils n'osent même point se plaindre; qu'ils sont obligés de paraître se réjouir, réduits à pleurer en cachette sur leur triste sort.*

« Nos succès dépendent de notre modération et de notre justice, de la bonne conduite et de la discipline de nos troupes. Elles se conduisent bien, mais *je désespère des Espagnols.*

« *Ils sont dans un état si misérable qu'en vérité, on ne saurait attendre d'eux qu'ils s'abstiennent de piller un beau pays où ils entrent en conquérants, surtout si l'on se reporte aux misères que le leur a souffert de ses envahisseurs.*

« *Je ne puis pourtant m'aventurer à les amener en France sans les nourrir et les payer, et la lettre ci-jointe vous montrera l'état de nos finances.*

« *Si je pouvais amener 20,000 Espagnols, payés et nourris, j'aurais Bayonne. Si j'en pouvais amener 40,000, je ne sais jusqu'où j'irais. Je les ai ces 20,000, ces 40,000 sous mes ordres et sur cette frontière, mais je n'ai aucun moyen de les entretenir. Sans paye et sans vivres, ils pilleront, et s'ils pillent nous sommes perdus.*

« Nous sommes arrêtés par les pluies et absolument embourbés. Les torrents sont gonflés, et j'ai été bien aise de pouvoir cantonner l'armée; sauf les Espagnols, elle est plus en état de faire une campagne d'hiver qu'aucune que j'aie vue (1). »

« *... Dans ce diable de pays (l'Espagne) où j'ai fait la guerre pendant cinq ans, j'ai trouvé, comme votre Henri IV, qu'avec de petites armées on ne faisait rien, et qu'avec de grandes on mourait de faim* (2). »

« Nos relations, avec les Espagnols sont si tendues que je crois devoir appeler sérieusement votre attention sur ce sujet.

---

(1) *Wellington à Bathurst,* 22 novembre.
(2) *Wellington à Dumouriez,* 22 novembre.

« Vous avez eu connaissance des libelles publiés à l'occasion de la prise de Saint-Sébastien, libelles que je sais avoir été écrits par un officier du Département de la guerre, *sous l'inspiration du Ministre Don Juan O'Donoju.* Si le Gouvernement ne les a pas encouragés, du moins il ne les a pas désavoués.

« Ceux qui les lisent savent que *nous sommes odieux au Gouvernement.*

« Les Espagnols pillent tout à leur approche : pour eux, ni leurs magasins, ni les nôtres ne sont sacrés. Les autorités civiles du pays ne nous ont pas seulement refusé assistance : elles ont ordonné aux habitants d'agir de même.

« Ce qui est plus extraordinaire et plus difficile à comprendre est ce qui vient de se passer à Fontarabie. Dans l'assiette des cantonnements, il était réglé que les hôpitaux anglais et portugais seraient établis dans cette ville. Il s'y trouve un bâtiment qui a été un hôpital espagnol, et les autorités qui en ont la charge en ont retiré, pour les brûler comme bois de chauffage, les planches des lits, afin que nos soldats ne pussent s'en servir. *Et c'est là le peuple auquel nous avons fourni médicaments, instruments, dont nous avons recueilli les malades et les blessés dans nos hôpitaux, auquel nous avons rendu tous les services en notre pouvoir, après l'avoir délivré de l'ennemi !*

« Je vous prie d'observer qu'il ne s'agit pas du peuple espagnol, mais des officiers du Gouvernement, qui ne se conduiraient point ainsi s'ils ne savaient être agréables. Si nous ne montrons point que nous sommes sensibles à l'injure faite à notre caractère, à l'injustice et à l'inimitié de tels procédés, nous devons nous attendre à ce que le peuple se conduise de même envers nous et que nous n'ayons personne en Espagne qui ose avouer son amitié pour nous.

« Quelle serait la conséquence de cet état de choses en cas de revers ?

« J'éprouverais une grande difficulté à me retirer à travers l'Espagne et le Portugal, vu l'hostilité de la population et la nature particulière de notre outillage. Il me faudrait embarquer l'armée à Pasages, *à la vue des armées française et espagnole réunies* (1) ».

Et Wellington recommandait de mettre des garnisons à Cadiz, à Saint-Sébastien « *pour assurer le salut des troupes anglaises, devant les dispositions criminelles du Gouvernement espagnol et de ses fonctionnaires* (2) ».

« *.....Nous sommes criblés de dettes, et je puis à peine sortir de chez moi; les créanciers me guettent pour réclamer le remboursement des sommes qui leur sont dues.*

« Quelques muletiers ont un arriéré de plus de deux ans, et hier seulement j'ai pu leur délivrer des bons sur le Trésor, sinon je perdais leurs services (3) ».

A ce sujet, écoutons Larpent (4) : « Il est heureux que nous soyons près de la mer, car la désertion des muletiers, provoquée par le manque de paye, réduit considérablement nos moyens de transport. Les marins de Saint-Jean-de-Luz *sont tous à notre solde;* nos affaires font la navette par mer de Pasages ici; de là elles remontent la Nivelle jusque près d'Ustaritz, où elles sont réparties sur les mulets de chaque division (5).

« *Il n'arrive ici que les deux tiers de la viande qui part de Palencia; le reste du bétail meurt en route.* Les vivandiers payent les muletiers jusqu'à 2 dollars par jour et par animal pour transporter leurs denrées; *en somme, nous les payons pour cela.*

« Les muletiers reçoivent 1 dollar par jour et par mulet. En toute conscience, cela est suffisant. Mais il leur est dû vingt et un mois de paye. Rien, si ce n'est la crainte de perdre tout droit à leur dette, ne peut les retenir; nous sommes obligés de supporter leurs fraudes et leurs négligences : il n'y a aucun remède. »

---

(1) (2) *Wellington à Bathurst,* 27 novembre.
(3) *Id.,* 21 décembre.
(4) *Private Journal,* II, 138.
(5) Le texte dit bien *Ustaritz;* l'erreur est évidente. Il faut lire Ascain, où cesse la marée.

Rien aussi n'égalait la misère des Espagnols et de Mina surtout, qui opérait dans les montagnes. On lit dans les mémoires de ce pendard :

« Guérillas..... Mina n'est qu'un *guérillero*..... Sûrement, ni les individus qui composaient la division de Navarre, ni son chef, nous n'avions appris à l'école l'art de la guerre; mais nous avions souvent battu l'ennemi, tué ou fait prisonniers plus de 40,000 Français, intercepté des convois, et, en somme, fait beaucoup de mal aux ennemis de notre patrie. Si toutes les divisions de nos armées en avaient fait autant, nous n'aurions point eu besoin que des Anglais et des Portugais vinssent nous enlever la gloire de nos sacrifices et de notre héroïsme, comme le donnent à entendre certains historiens, qui abreuvent d'outrages notre nation (1).

« Au mois de novembre, Napoléon avait fait décréter une conscription de 500,000 hommes, qui indiquait son intention de soutenir son système de guerre éternelle; et comme nos soldats en avaient eu connaissance, épuisés de fatigues, la désertion se mit dans tous les corps, y compris ma division. Des mesures sévères furent ordonnées pour arrêter les déserteurs et les dispersés; et le Gouvernement prescrivit qu'un enrôlement général serait fait des célibataires aptes à porter les armes, de 17 à 40 ans. Les populations s'opposèrent à la remise des déserteurs, dans la fausse idée qu'une fois que les Français auraient évacué le pays, la guerre serait terminée; les officiers que j'envoyai durent procéder avec rigueur contre les alcades, et ceux-ci adressèrent de vives réclamations au Gouvernement contre eux et contre moi. Sans consulter personne, ni prendre des informations, nous fûmes qualifiés d'*arbitraires*, d'*indisciplinés, on taxa notre conduite de criminelle; ainsi s'exprima le ministre de la guerre O'Donoju.*

« Lorsque je me vis traiter de la sorte, j'aurais renoncé au bâton et à l'épée.....

---

(1) Allusion aux historiens anglais Napier, Southey, etc.

« La position de mes troupes sur les cimes des Pyrénées était la plus cruelle qui se puisse imaginer; continuellement exposée aux tourmentes de grêle, de neige et de pluie, il n'y avait pas sentinelle qui pût supporter une faction de plus de quinze minutes; beaucoup d'hommes mouraient de froid, et de plus, la rareté des vivres était extrême. Il m'était interdit d'en tirer de la Navarre, sous le prétexte qu'ils étaient destinés aux alliés qui l'occupaient. Le pays que nous foulions ne nous offrait aucune ressource, et le haut Aragon, d'où nous devions en recevoir, était, en premier lieu, trop éloigné de nous, qui n'avions pas de moyens de transport; en second lieu, les habitants se refusaient à nous subvenir, protégés par les députations provinciales dont les récriminations étaient plus écoutées que les demandes de généraux qui ne songeaient qu'à donner à manger au soldat..... Il fut rare le jour où la ration entière put être distribuée! » (1).

La misère du vainqueur n'est point faite pour exciter la pitié. Loin de l'éprouver, d'ailleurs, à l'égard de ses malheureux alliés, Wellington la méprisait : il en condamnait les causes et réprimait les effets. Les magasins anglais fermés, il ne restait aux Espagnols qu'à piller ou à mourir de faim. A cette nécessité s'ajoutaient la soif des représailles, mille obscures vengeances à exercer.

Partout où ils passaient, ce n'étaient que pillage, assassinats, incendie. Pour les contenir, Wellington était réduit à employer son grand système : « J'ai tenu des divisions entières sous les armes pendant nombre de jours; on ne commettait plus de crimes. Je faisais faire des appels ou des parades toutes les heures ; bref, je tourmentais les hommes pour les maintenir dans l'ordre. » Il écrivait à Morillo : « Je n'ai pas sacrifié des milliers d'hommes, ni conduit mon armée sur le territoire français pour que les soldats pillent et maltraitent les paysans, au mépris de mes ordres. Je préfère

---

(1) *Memorias del general Espoz y Mina*, 1851.

une petite armée obéissante et disciplinée, à une armée nombreuse et insoumise. Si les mesures que je suis obligé de prendre pour forcer à l'obéissance me font perdre des hommes et diminuent mes forces, cela m'est indifférent ; la faute en reviendra à ceux qui, négligeant leurs devoirs, souffrent que les soldats se livrent à des désordres qui feront tort à leur pays (1) ». Et Morillo d'avouer « qu'il est impossible d'empêcher les troupes de faire du mal, car *il n'y a pas un soldat, pas un officier qui ne reçoive des lettres de sa famille pour le féliciter de sa bonne chance d'être en France et le pousser à profiter de sa situation pour faire sa fortune* (2) ».

Comme pendant à ce tableau, on dansait, on donnait des fêtes à Saint-Jean-de-Luz. Wellington tenait table ouverte et le maire s'y asseyait fréquemment. Le noble lord « disait tout ce qui lui passait par la tête. Politique, affaires de l'Europe, état et avenir de sa propre armée, il laissait échapper ses opinions avec autant de liberté que s'il se fût agi d'une discussion badine de théâtre ou d'événements historiques.

« — Nous étions surpris de vous entendre parler si franchement avec le maire de Biarritz et avec l'autre mystérieuse personne.

« — Oh ! dit Wellington, vous les preniez pour des espions, je suppose, et pensiez que j'aurais dû me tenir sur mes gardes. A quoi bon? Ce qu'ils disaient ou entendaient m'était indifférent. D'autres me fournissaient plus de renseignements qu'il ne m'était nécessaire. Ceux qu'ils donnaient à Soult ne pouvaient lui servir. Je ne suis point tout à fait sûr que le maire de Biarritz était un espion double ; quant à l'autre, je n'en ai jamais douté ; je le savais aux gages de Soult comme aux miens. Il y avait beaucoup d'espions dans mon camp, et il ne m'est jamais venu à l'esprit de les pendre.

---

(1) *Wellington à Morillo*, 23 décembre.
(2) *Wellington à Freyre*, 26 décembre.

« Dans le cours de l'hiver, les Bourbons et leurs partisans commencèrent à entretenir des espérances de restauration. Le premier émigré qui vint au quartier général fut le comte de Grammont. Chacun le traitait avec respect, et il était le commensal régulier de Wellington. Puis arriva le duc d'Angoulême (il débarqua d'Angleterre à San Sebastian le 1er février, sous le nom de comte de Pradel). Il faut dire que ni par ses manières, ni par son aspect, il ne réussit à concilier l'opinion publique aussi bien que le comte de Grammont. Court, de mine mesquine, avec une contenance à la Bourbon fortement marquée, et finalement des grimaces en entrant et en sortant, il mit souvent à une pénible épreuve l'état-major de Wellington (1). Il était à la mode d'appeler *tigres* tous les étrangers qui venaient au quartier général, et le duc d'Angoulême reçut le sobriquet de *tigre royal*.

« Sa présence ajouta beaucoup aux embarras de Wellington. En vérité, il n'y avait aucun parti bourbon dans les provinces basques. Chacun était dégoûté de l'empire avec ses guerres désolantes et ses cruels impôts, mais on avait oublié les Bourbons autant que s'ils n'eussent jamais régné. Il n'était pas facile d'en convaincre ceux-ci, non plus que de leur faire admettre la conclusion possible d'une paix qui ne préparerait pas leur retour au pouvoir. Bien que toujours courtois et délicat vis-à-vis du duc d'Angoulême, Wellington ne consentit jamais à paraître combattre pour la restauration d'une famille exilée. Il entrevoyait la possibilité d'un arrangement avec Napoléon, et dans sa correspondance avec le Gouvernement, il en parlait comme d'une chose non condamnable : *Si nous pouvons persuader Bonaparte d'être modéré, il est peut-être le meilleur chef de la France que nous puissions trouver* (2) ».

---

(1) « Esprit presque inculte et intelligence étroite, emprunté, gauche, dépourvu de toute grâce, certains tics le rendaient ridicule. » (*1815*, par Henry Houssaye, p. 33.)
(2) R. Gleig, *Life of the Duque of Wellington*.

II. — Situation de l'armée française. — Excès. Pénurie des vivres, de la solde, etc.

Le maréchal ne cesse d'en témoigner, nos souffrances dépassent celles de l'ennemi. La cavalerie, l'artillerie sont renvoyées sur les derrières (1); l'infanterie et les services vivent au jour le jour. L'approvisionnement de siège de Bayonne a absorbé une grande partie des ressources et, inséparables de la misère, l'indiscipline et la désertion ont pénétré dans nos rangs. C'est ainsi que nous relevons, du 1er octobre au 16 décembre, le chiffre énorme de 947 déserteurs, conscrits pour la plupart, il est vrai, et par bandes de 40 à 50 à la fois. Le 43e en a 181 en un seul mois ! A la bataille de la Nivelle, il perd, en tués seulement, 8 officiers pour 22 hommes ! partout s'observe cette lugubre et significative proportion. En outre, dans la même période, 2,983 hommes, *non prisonniers et non hospitalisés*, sont rayés « pour longue absence ». On l'a dit à tort, selon nous : « Un récit historique ne doit ressembler ni au lit de Busiris « qui vouait au fer tout ce qui dépassait sa longueur, ni « au soulier de Théramène qui s'ajustait à tous les pieds ». L'histoire ne doit ni mentir ni se taire.

Soult au Ministre.

Saint-Jean-de-Luz, 17 octobre.

« Nos troupes ont commis des excès. Je suis loin de les excuser ; mon cœur en a été navré et j'en ai témoigné mon extrême mécontentement en prenant toutes les mesures de répression qui sont en mon pouvoir.

« Il est fâcheux de reconnaître que le manque de fourrages a été le prétexte de la troupe pour s'introduire dans

---

(1) *Napoléon à Clarke*, 8 décembre : « Recommandez au duc de Dalmatie de ne pas faire souffrir sa cavalerie : la perte de chevaux a d'autant plus d'inconvénient que nous ne sommes plus en Allemagne et que nous ne pouvons plus les remplacer... » (*Correspondance de Napoléon*, 20988.)

les maisons ; la pénurie que nous éprouvons sous ce rapport est telle que si elle continue il ne sera plus possible de tenir des chevaux en ligne, et le service des subsistances en souffrira beaucoup. C'est aussi une des considérations qui devaient me forcer à abandonner tôt ou tard les positions détachées qui sont sur la Bidassoa, par la difficulté d'y alimenter les troupes ; les transports étant de beaucoup insuffisants et les équipages militaires de l'armée n'ayant pu encore nous rendre aucun service. »

Soult au Ministre.

Saint-Jean-de-Luz, 19 octobre.

« Nous sommes extrêmement mal pour les fourrages. Ce service me donne les plus vives inquiétudes, et je crains d'être obligé de faire prendre d'autorité le foin et la paille chez les particuliers pour éviter que les troupes, sous le prétexte de s'en procurer, ne commettent des désordres ; car *je ne puis me passer de l'artillerie, comme je le fais de la cavalerie*, et il faut nourrir les chevaux de cette arme, ainsi que ceux des transports qui conduisent des subsistances, et ceux des états-majors.

« Tous les services éprouvent aussi les plus grands embarras au sujet des fonds, et ils sont menacés d'une entière défection. Je ne puis dissimuler que la situation est fort embarrassante. »

Le préfet des Basses-Pyrénées ayant écrit au maréchal pour lui demander la suspension de la levée de la conscription de 1815, et que les jeunes gens de cette classe fussent formés en compagnies franches, sous la dénomination de *chasseurs* ou *éclaireurs basques*, celui-ci représenta au Ministre, que l'on ne devait pas se dissimuler que les Basques ont de l'antipathie pour le service militaire, et qu'il est bien difficile de les assujettir à la discipline. « *La plupart d'entre eux désertent, avant ou après avoir rejoint les régiments auxquels on les envoie. Aucun département ne compte autant de réfractaires aux lois de la conscription, et beau-*

coup deviennent nuisibles en se joignant à des bandes de contrebandiers, de malfaiteurs ou même d'insurgés espagnols qui ont longtemps commis des excès dans les montagnes (1). »

Naturellement, il fut passé outre.

Soult au Ministre.

Saint-Jean-de-Luz, 1ᵉʳ novembre.

« Depuis hier, le temps est horrible ; les troupes souffrent beaucoup dans les camps, et nos ouvrages de campagne éprouvent des dégradations.

« Jusqu'à présent, l'armée n'avait pas eu de malades, mais les rapports annoncent des entrées plus fréquentes aux hôpitaux.

« Il y a de la désertion à l'intérieur parmi les conscrits qui ont joint l'armée.

« Les comptes que je me suis fait rendre portent, comme à l'ordinaire, que ces individus étaient de très mauvais sujets. »

Soult au Ministre.

Bayonne, 14 novembre.

« ... J'ai chargé l'ordonnateur en chef de faire diriger sur Bayonne, par la route des Grandes-Landes et sur celles de Langon par Mont-de-Marsan et Dax, la presque totalité des denrées qui doivent être expédiées sur l'armée par les départements frappés d'appels.

« Je crains cependant que, malgré cette précaution, l'armée ne manque souvent de subsistances, par la difficulté d'en assurer le transport, ainsi que par l'insuffisance des manutentions. Je ferai en sorte de remédier à ce dernier inconvénient ; mais le premier ne dépend pas de moi.

---

(1) *Soult au Ministre.* 20 octobre. En ce temps là, on ne connaissait point « *les Amériques* », et pourtant...

« Aujourd'hui, *la troupe n'a reçu que la demi-ration et nous manquons entièrement de fourrages.* »

Soult au Ministre.

Bayonne, 17 novembre.

« Le mauvais temps et le manque absolu de fourrages m'obligent à faire partir pour Dax le grand parc d'artillerie et *la moitié de l'artillerie de campagne.*

Je ne sais même si je ne serai pas obligé de les porter plus loin, pour assurer la subsistance des chevaux. Depuis quelques jours ils dépérissent beaucoup et il en meurt.

« *Je ne garderai à Bayonne que 4 batteries ou 32 bouches à feu de campagne, indépendamment de l'armement des ouvrages qui dépendent du camp retranché de Bayonne* (1).

« Les rivières sont débordées et les routes considérablement dégradées, de sorte qu'aucun convoi ne peut arriver. *Depuis cinq jours, nous ne pouvons donner que la demi-ration de pain; on y supplée par un peu de farine, mais nous allons aussi en manquer.* Le comité de mouvement a envoyé des agents parcourir le pays pour faire quelques achats. J'espère qu'il rentrera quelque chose, en attendant l'arrivée des convois. »

Soult au Ministre.

Bayonne, 16 novembre.

« *Je ne puis qu'exprimer la profonde douleur que j'éprouve en voyant l'apathie des chefs et des officiers de tout grade*, et en recevant des plaintes fondées qui me parviennent tous les jours.

« Vous connaissez les ordres sévères que j'ai donnés pour réprimer le pillage, et vous êtes instruit qu'un capitaine du ... de ligne, membre de la Légion d'honneur, convaincu

---

(1) Le mouvement se fit le 18. D'Erlon conserva 2 batteries; Clausel et Reille chacun une. La cavalerie garda les siennes.

d'avoir excité sa compagnie au pillage, de désobéissance envers ses chefs et d'avoir voulu incendier une maison, a été condamné à mort par la commission prévôtale et exécuté le 9 de ce mois. *Cet exemple terrible aurait dû épouvanter et rétablir l'ordre; mais le lendemain et le jour suivant, le mal a, je crois, été plus grand.*

« *Cette conduite est d'autant plus extraordinaire que, jusqu'à présent, la troupe n'a manqué de rien, quoique l'administration ait été certainement embarrassée;* ne pouvant penser que les pertes et les privations que l'armée a éprouvées pendant la campagne puissent y influer, non plus que la composition des officiers, je dois en attribuer la cause à des insinuations étrangères pour exciter la troupe à l'indiscipline et la porter à des excès qui indisposent contre elle les habitants.

« Cet effet est malheureusement produit, et l'ennemi a l'astucieuse politique d'offrir à côté le contraste, en faisant observer une meilleure discipline et payer tout ce qu'il prend chez les habitants. »

Soult au Ministre.

Bayonne, 3 décembre.

« Il y a beaucoup de désertion parmi les conscrits, particulièrement ceux des départements frontière. J'ai donné des ordres très sévères pour les faire rejoindre, et *des colonnes mobiles sont en mouvement.*

« Nous éprouvons des maladies; malheureusement *les hôpitaux de première et de deuxième lignes sont insuffisants pour contenir tous les malades, et on doit pousser les évacuations jusqu'au delà de la Garonne d'où il ne revient que fort peu de monde* ».

Soult au Ministre.

Bayonne, 17 décembre.

« Les généraux me font journellement l'exposé le plus

touchant sur les besoins des troupes relativement à la solde et à l'entretien du linge et chaussure. Je ne puis vous dissimuler que le retard dans les payements nuit au service de l'Empereur, à l'esprit des troupes et à la conservation des soldats. »

Soult au Ministre.

Peyrehorade, 22 décembre.

« ... *Tous les services sont en souffrance ; le manque d'argent occasionne des murmures et rend les besoins plus pénibles. Je regrette vivement que les démarches que j'ai eu l'honneur de vous soumettre pour le prompt payement de la solde, n'aient produit aucun résultat, et que je ne puisse même faire donner un acompte aux officiers et aux corps que je vois dans la misère la plus honteuse. Par honneur pour les armes impériales, je vous supplie de rendre compte à Sa Majesté de cette triste situation des choses* (1). »

Thouvenot au Ministre.

Bayonne, 23 décembre.

« L'aide de camp du général Hill, étant au Pasages, a perdu un état de situation de l'armée anglo-portugaise et espagnole, au 13 novembre. Cet état a été trouvé et porte ce qui suit :

Troupes anglaises (dont 10,000 hommes de cavalerie)	38,853
— portugaises..........................	19,271
— espagnoles..........................	42,050
Total.......	100,174

---

(1) Dans son *Mémoire sur la campagne des Pyrénées*, l'adjoint au commissaire des guerres Pellot dit avec justesse : « *Le Ministre ne faisait « rien pour soutenir cette laborieuse campagne, et il ne fallait rien moins « que la forte tête du duc de Dalmatie pour faire face à tout.* On sonna « un tocsin général contre l'ennemi ; mais le découragement, la stupeur « étaient partout : *Napoléon lui-même n'eût rien obtenu...* »

« Les Espagnols se seraient retirés en Espagne parce que les Anglais les traitaient sans considération, qu'ils n'étaient pas payés, qu'ils manquaient de tout et qu'ils mouraient de faim à côté des Anglais qui avaient tout en abondance. Vainement ils avaient été rappelés ; leur défection a donné lieu à un arrangement entre les Anglais et le gouvernement espagnol par lequel les Anglais se sont chargés de fournir en entier les subsistances aux troupes espagnoles et de les payer et habiller par moitié avec le gouvernement espagnol. Par le même arrangement, l'armée espagnole doit être immédiatement portée à **72,000 hommes.**

« C'est d'après cet arrangement que les Espagnols ont commencé à rejoindre l'armée anglo-portugaise, et l'on croit que la nouvelle armée espagnole sera au complet, arrivée en France, d'ici au 15 du mois de janvier.

« Les vivres et les fourrages ne manquent point à l'armée anglaise et portugaise. Lord Wellington fait acheter à tout prix et payer comptant les vivres et fourrages qu'on lui offre, et il en reçoit, de cette manière, beaucoup de France et d'Espagne, qui, réunis à ceux qu'il reçoit d'Angleterre, maintiennent l'armée dans l'abondance. Il y a dans l'armée ennemie un grand luxe de chevaux et de mulets, et une prodigieuse quantité de ces derniers pour le service des transports.

« La cavalerie ennemie est superbe, tant en hommes qu'en chevaux. On peut conclure de tous ces détails, que l'armée ennemie ne manque de rien ; elle coûte à l'Angleterre des sommes immenses.

« Toute l'armée a une confiance aveugle dans lord Wellington ; il a su inspirer à ses soldats un enthousiasme général qui les rend propres à tout entreprendre avec succès.

« Lord Wellington a établi dans son armée la discipline la plus sévère ; il a souvent, dans tous ses camps, des potences dressées pour punir sans miséricorde tous les individus de l'armée qui s'écartent des ordres qu'il a donnés pour faire respecter les personnes et les propriétés en France. Cette discipline sévère fait beaucoup de partisans aux Anglais dans les communes occupées par eux, et dans celles environnantes, d'autant qu'elle contraste avec la discipline relâchée de notre armée, et qu'il sera difficile de rétablir, tant qu'on ne pourra pas lui payer sa solde et lui faire distribuer régulièrement les vivres. »

Depuis la retraite de la Nivelle, la troupe ne recevait que la demi-ration de pain ; en l'apprenant, l'Empereur éclate en reproches ; il écrit à Daru : « Je ne conçois pas que l'armée qui est à Bayonne s'y trouve à la demi-ration, lorsque le blé est si abondant et à si bon marché en France. Témoignez mon mécontentement au comte Maret, et qu'il prenne sur-le-champ des mesures pour qu'il y ait abondance de pain à l'armée de Bayonne (1). » Nul remède ne put être apporté. N'accusons pas l'administration, elle paraît s'être heurtée à l'apathie, à l'abattement, au mauvais vouloir même des départements frappés d'appels. La pénurie des fourrages avait pour corollaire celle des attelages ; elle rendait le ravitaillement de l'armée aussi difficile que précaire. Bref, sous le rapport des subsistances, la situation était identique à celle des campagnes de 1793 à 1794, où, dans les Pyrénées occidentales, la mortalité des hommes et des chevaux fut effroyable. Telle était alors la détresse de l'armée que par arrêté des représentants du peuple en date du 18 ventôse an III, il avait été accepté des soumissions de propriétaires, en vertu desquelles ils s'obligeaient à fournir chacun une voiture avec son attelage, ou des mulets de bât pour les transports militaires. Elles portaient que les voitures ou mulets seraient conduits, soit par les soumissionnaires, soit par leurs enfants ou parents qui se trouvaient à l'armée. En conséquence, les uns ou les autres recevaient des congés illimités ; or, il ne paraît point que ce système ait été mis en vigueur en 1813. Eût-il rendu les mêmes services ?

---

(1) *Napoléon à Daru,* 25 novembre. *Correspondance de Napoléon,* 20944.

Soult au Ministre directeur (1).

Bayonne, 28 décembre.

« L'armée est dans le plus déplorable état sous le rapport des subsistances; il n'y a du pain à Bayonne que pour demain; la distribution du jour suivant ne sera point complète, et je ne crois point pouvoir éviter de prendre quelque chose sur l'approvisionnement de siège pour la distribution du troisième jour.

« *Les distributions de fourrage ont entièrement cessé depuis six jours à Bayonne; cependant je n'y ai que 100 chevaux de cavalerie et 300 d'artillerie.*

« J'ai fait partir de Bayonne les administrations et le quartier général.

« La cavalerie et l'artillerie qui sont dans les départements des Landes et des Basses-Pyrénées ne reçoivent d'autres fourrages que ceux que ces troupes trouvent dans les communes qu'elles occupent (2).

« Tous les équipages de l'armée sont employés au transport des subsistances, et le comité de Bayonne y emploie aussi les voitures roulières et bouvières qu'il a pu réunir; je me vois à la veille de manquer entièrement de pain, de légumes, d'eau-de-vie et de fourrages pour l'armée.

« Le service de la viande se fait au jour le jour; mais elle arrive. *Votre Excellence a ordonné à M. Mathieu-Faviers de passer des marchés pour les fourrages; personne n'a voulu traiter.* Elle a prévenu que la Direction des vivres de la guerre serait chargée de ce service à compter du 1er janvier.

---

(1) Comte Daru.
(2) Les archives de diverses communes des Landes, Hautes et Basses-Pyrénées en font foi; les chevaux de la cavalerie consommaient le blé en herbe, et telles étaient les nécessités qu'on passait outre aux réclamations. L'Empereur était au courant de cette situation; il écrivait à Daru, le 1er décembre : « On ne peut nourrir longtemps la cavalerie aux Pyrénées; le système des réquisitions, le seul qu'on puisse établir, est plus difficile qu'ailleurs. » (*Correspondance de Napoléon*, 20958.)

Il est indispensable qu'elle opère directement le versement des denrées sur les points de consommation.

« J'ai fait partir l'ordonnateur en chef pour aller au-devant des convois et presser les arrivages ; plusieurs commissaires des guerres sont aussi en courses.

« J'attends avec anxiété le résultat de cette mesure. *Je crains que le manque de subsistances ne m'oblige à m'éloigner de Bayonne et que je n'expose ainsi la place à être investie.*

« *Tout le monde se plaint du manque d'argent et de moyens pour les services, pour les traitements et pour la solde. Nous manquons d'argent pour les hôpitaux, malgré les crédits que l'ordonnateur en chef a reçus ; nous en manquons également pour le service de l'artillerie, du génie et de l'administration.* Cela nous oblige à faire des réquisitions qui exaspèrent les habitants et ne sont point remplies.

« *Ma perplexité est extrême.* Je vous supplie de vouloir bien prendre des mesures pour sortir l'armée de *l'état précaire où elle se trouve depuis six mois. Je ne fais plus de demandes aux départements ; les préfets ont tour à tour des prétextes pour se dispenser de les remplir.* »

Devant l'impossibilité de trouver des entrepreneurs pour les fourrages et les transports, le *comité de la caisse patriotique de Bayonne*, sollicité de se charger de ces services, avait refusé. Peu à peu même, rentré dans ses fonds, il cesse de fonctionner. Cette ressource disparue, l'administration est aux abois et l'armée plongée dans la misère.

VIᵉ PARTIE

BATAILLE DE BAYONNE.

CHAPITRE XXII

PASSAGE DE LA NIVE.

(9 décembre.)

I. — Positions des armées française et alliée au 1ᵉʳ décembre.

L'examen de la situation des armées et des conditions dans lesquelles se trouvait le camp retranché de Bayonne, au moment où Soult vint y chercher un appui, a pu nous faire perdre de vue les forces et les emplacements de chaque parti.

Au 1ᵉʳ décembre, l'armée française a sa *droite* à Anglet, son *centre* dans les lignes de Marrac et du front d'Espagne; sa *gauche* au camp de Mousserolles, à Mouguerre, Villefranque et Bas-Cambo, le long de la Nive.

Paris est toujours à Louhossoa, Bidarray et Irissary, gardant les communications de Bayonne avec Saint-Jean-Pied-de-Port. La brigade de hussards et chasseurs de Berton, établie à Mendionde et Hasparren, le relie avec la gauche de l'armée. Enfin le reste de la cavalerie est à Bidache et Saint-Palais, sur la Bidouze; puis à Ondres, Tarnos, Saint-Martin-de-Seignaux et Peyrehorade sur les routes de Bordeaux et de Toulouse.

De leur côté, les alliés sont en cantonnements resserrés entre la Nive et la mer ; la *droite* à Itsassu, Cambo, Espelette, où se trouve le quartier général de Hill ; le *centre*, à Ascain, Arrauntz, Arbonne et Arcangues, le quartier général de Beresford à Saint-Pée ; enfin la *gauche* est à Saint-Jean-de-Luz et Bidart, le quartier général de Hope, à Guétary.

Le quartier général de Wellington est à Saint-Jean-de-Luz, et la cavalerie, répartie dans cette ville et à Saint-Pée, Urrugne, Hendaye. Plus en arrière, de l'autre côté de la frontière, les Espagnols sont à Irun, Tolosa et dans le Baztan.

Nos avant-postes s'étendent de Pitcho, Brindos, Laussuc à Barraute, puis bordent la rive droite de la Nive ; jusqu'au Bas-Cambo ; en face, ceux des alliés sont au Barroillet, Arcangues et au château d'Urdains (1), d'où ils accompagnent la rive opposée jusqu'à Itsassu.

Il existe par suite, en avant d'Arcangues et d'Arbonne, une sorte de *zone neutre* où patrouillent amis et ennemis, et qui bientôt se transformera en champ de bataille.

L'éloignement des cantonnements et la faible distance à laquelle à cette époque se portaient les avant-postes, empêchent sans doute les alliés d'occuper le plateau de Bassussary ; il en est de même de notre côté.

La pluie est continuelle et les chemins sont affreux.

II. — But de Wellington en ordonnant le passage de la Nive ; il se compromet gravement.

« Je voudrais *étendre nos postes de l'autre côté de la Nive*, mais il est impossible de mettre les troupes en mouvement (2) ». D'ailleurs, « je n'ai pas un sou (3) ».

Le moment n'est point éloigné où le duc sentira le besoin des Espagnols, les appellera et, comme d'ordinaire

---

(1) Connu alors sous le nom de Maison du sénateur Garat.
(2) *Wellington à Bathurst*, 28 novembre.
(3) *Wellington à La Bisbal*, 8 décembre.

dans ces occasions, trouvera les moyens de les entretenir, sauf à les renvoyer le jour où leur appoint ne lui sera plus nécessaire.

« J'ai toujours eu l'intention de traverser la Nive dès que le temps le permettrait, et des ordres ont été donnés pour exécuter ce mouvement demain matin. Après la retraite de la Nivelle, l'ennemi a pris position en avant de Bayonne et il l'a retranchée à grand travail depuis la bataille de Vitoria. *Il est impossible de l'y attaquer tant qu'il y demeurera en forces, sans de grandes pertes et sans risques d'insuccès, puisque son camp est sous la protection immédiate des ouvrages de la place* (1).

« *Le meilleur moyen de l'obliger à abandonner sa position, ou au moins de l'y affaiblir au point que l'attaque présente des chances favorables, est de passer la Nive et de porter notre droite sur l'Adour. Déjà l'ennemi est en détresse pour les vivres; il perdra ses communications avec l'intérieur par cette rivière, et sa détresse sera plus grande encore.*

« Je vous rappelle que l'armée est absolument sans argent. *Il est dû aux troupes plus de six mois de solde;* les fonds entre les mains des capitaines de compagnie sont à peu près dépensés et la solde journalière du soldat a entièrement cessé. Les armées espagnoles et portugaises sont aussi dépourvues, et les fonds qu'elles attendent de Cadix et de Lisbonne y demeurent, par suite du manque de vaisseaux de guerre pour les leur apporter.

« Vainement compterait-on que nous serons en mesure de poursuivre nos opérations cet hiver, si nous manquons d'argent (2). »

---

(1) Wellington avait attaqué *à coup sûr* le camp de Sare ; il le savait à l'état d'ébauche et défendu par des forces insuffisantes. Devant celui de Bayonne, dont les travaux sont aussi peu avancés, sa prudence reprend le dessus ; il redoute d'y rencontrer l'échec qu'il aurait éprouvé à Sare, si Clausel eût disposé d'une brigade de réserve....

(2) *Wellington à Bathurst,* 8 et 14 décembre.

III. — Ses ordres à Hill ; ses instructions à Hope pour une démonstration sur Anglet et Beyris.

Enfin, le 8 décembre, l'armée quitte ses cantonnements ; le temps s'est remis au beau, les gués sont franchissables, le matériel de ponts est rassemblé. Wellington donne l'ordre de passer la Nive :

« Le général Hill mettra ses troupes en mouvement dans la nuit du 8 au 9, de manière que le 9, à la pointe du jour, elles traversent les gués situés dans le voisinage de Cambo, dont il rétablira le pont dès qu'il aura gagné les hauteurs de la rive droite.

« Le passage terminé, il marchera sur Bayonne par la route de Saint-Jean-Pied-de-Port, en se liant par sa gauche avec les divisions Colville et Clinton ; enfin, il prendra position dans le voisinage de Villefranque et du Petit-Mouguerre.

« Pendant l'opération, il enverra de fortes patrouilles dans les directions de Hasparren et de Louhossoa, et placera un poste d'infanterie près du village d'Urcuray, dans le double but de couvrir le pont de Cambo et de soutenir la cavalerie qui observera le pays dans la direction de Saint-Jean-Pied-de-Port.

« Passeront la Nive, sous les ordres du général Hill :

« Les divisions Stewart et Le Cor, les brigades de cavalerie Vivian et Alten ;

« L'artillerie à cheval du colonel Ross.

« La division Morillo s'opposera aux tentatives que l'ennemi pourrait faire par la vallée de la Nive pour troubler l'opération. Le général Hill la laissera à Itsassu.

« Afin d'assurer la coopération des divisions Colville et Clinton aux opérations du général Hill, le maréchal Beresford jettera, pendant la nuit du 8 et la matinée du 9, des ponts sur la Nive dans le voisinage d'Ustaritz (1) ; il fera passer sur la rive droite des forces suffisantes pour couvrir

---

(1) Ponts de bateaux.

ces ponts et l'aidera ensuite à occuper les points qui lui sont assignés par le présent ordre.

« Une batterie et un escadron de la brigade Alten joindront les deux divisions du maréchal Beresford.

« La division Walker se portera, le 8, dans le voisinage de Sainte-Barbe. Une de ses brigades relèvera les avant-postes de la division Colville, sur le plateau d'Urdains.

« La division Cole se portera, le 8, en avant d'Ascain et campera en un point d'où elle sera en mesure de soutenir la droite de la division Alten dans le voisinage d'Arcangues, ou de marcher sur Arrauntz, suivant les circonstances (1).

« Le 9, le général Hope attirera l'attention de l'ennemi sur la gauche de l'armée par le simulacre d'une attaque.

« Le général Alten fera de semblables démonstrations sur le front de sa division ; il s'entendra à ce sujet avec le général Hope. »

Rien n'est plus clair. En face de Hill et de Beresford sont Foy et Darricau ; quant à Darmagnac et à Abbé, ils occupent Villefranque, le Vieux et le Petit-Mouguerre.

Bref, le corps de Drouet d'Erlon s'étend en cordon sur le rideau qui borde la rive droite de la Nive et sur un développement de plus de 20 kilomètres ; il n'a pour retraite que la route de crêtes de Saint-Jean-Pied-de-Port à Bayonne, en avant de laquelle ses divisions sont échelonnées.

En la coupant, non seulement l'ennemi isolera ces places, mais il ramènera nos divisions sur les hauteurs de Villefranque et de Horlopo.

Le maréchal s'attend à voir forcer le passage de la Nive.

« Depuis avant-hier au soir (26) il y a eu des mouvements dans l'armée ennemie.

« Un corps de 10.000 Anglais et Portugais, qui était du côté de Saint-Pée, s'est avancé sur Ustaritz et Larressore ; un autre de 5,000 à 6,000 hommes s'est dirigé de Bidart

---

(1) Évidemment, le plateau d'Abancen, à l'embranchement des chemins d'Arcangues et d'Arrauntz.

dans la même direction. Ces deux corps étaient suivis par 28 pièces d'artillerie et un équipage de pont qui est parti de Guéthary. *Ces demonstrations annoncent que l'ennemi a le projet de passer la Nive;* mais le temps est bien mauvais, et la saison trop avancée pour que je puisse croire que c'est sérieusement, d'autant plus que le grand parc d'artillerie, qui est entre Urrugne et la Bidassoa, n'a pas bougé..... Cependant, Darricau, qui garde la rive droite de la Nive, a rendu compte qu'hier au soir (27), on a vu arriver à Ustaritz et à Larressore beaucoup de troupes, et que tous les postes sur la Nive ont été considérablement renforcés ; d'un autre côté, on remarque que l'ennemi paraît mettre de l'activité à se retrancher depuis la montagne de Sainte-Barbe, près d'Arrauntz, jusque sur les hauteurs de Bidart (1). »

Ainsi s'annonçaient visiblement une *démonstration* sur le plateau de Bassussary et l'*offensive* contre la Nive.

Voici, d'ailleurs, les instructions de Hope :

« Lord Wellington désire que vous profitiez des opérations qui auront lieu demain matin pour reconnaître les positions ennemies qui de ce côté couvrent Bayonne, ainsi que la nature et l'emplacement des ouvrages qui ont été construits pour en défendre les approches.

« L'ennemi a sa gauche à la Nive, un peu en avant du château de Marac; de là, le centre suit la rive droite d'un petit cours d'eau (2) qui, dans sa partie supérieure, sépare les avant-postes de la division Alten et ceux de l'ennemi ; la droite, enfin, se trouve derrière ce ruisseau, à sa jonction avec l'Adour.

« Lord Wellington pense qu'en refoulant les avant-postes de l'ennemi au delà d'Anglet, on pourrait s'assurer si, oui ou non, il est établi sur les susdites positions et dans quel état de défense elles se trouvent. Il est même possible que l'opération permette de reconnaître le terrain à la gauche de la

---

(1) *Soult au Ministre.* Bayonne, 28 novembre.
(2) L'Aritzague.

grande route, vers l'embouchure de l'Adour, *en prévision d'un pont à y jeter éventuellement et plus tard* (1).

« Cependant, *l'intention de lord Wellington n'est point que les choses soient poussées à fond*, au cas où les forces de l'ennemi devant Anglet seraient considérables.

« Vous userez de la coopération de la division Alten de la manière qui vous paraîtra la plus avantageuse, sans dégarnir la partie de la ligne qu'elle occupe (2). »

IV. — Rapport de Soult ; il prend subitement l'offensive.

Soult au Ministre.

Bayonne, 9 décembre.

« Ce matin, au point du jour, l'ennemi a attaqué sur le front de la Nive et en avant d'Anglet.

« Une de ses colonnes a passé la rivière à gué aux bains de Cambo, une autre aussi à gué à Larressore, en même temps que, sous la protection d'une artillerie nombreuse, il rétablissait les ponts de Cambo et d'Ustaritz, où deux autres colonnes ont passé.

« Foy, qui était en position sur la Nive, depuis Itsassu jusqu'au-dessus de Cambo, a opéré son mouvement en ordre, défendant le terrain pied à pied (3) ; cependant, une colonne ennemie étant arrivée sur la route de Saint-Jean-Pied-de-Port avant que le général Berlier eût passé avec trois bataillons, ce général a été obligé de faire un détour pour se réunir à sa division, sur les hauteurs, entre Villefranque et Petit-Mouguerre (4).

---

(1) Ainsi, déjà Wellington songeait au prodigieux passage du fleuve au-dessous de Bayonne que Hope ne devait exécuter qu'à la fin de février.
(2) *Murray à Hope*, Saint-Jean-de-Luz, 8 décembre.
(3) Quel *mouvement* ? Il faut lire *retraite*.
(4) La bifurcation de la route et du chemin de Villefranque à Bayonne est à la ferme de Lourbintua. Foy s'y rallia, puis alla prendre position à cheval sur la route et sur les hauteurs au sud-est de Horlopo, en démasquant Darmagnac en position sur celles de Villefranque.

« Darmagnac avait trois bataillons, commandés par le général Gruardet, devant Ustaritz; leur mouvement s'est aussi opéré en ordre, et ils ont rejoint leur division sur les hauteurs de Villefranque.

« D'après les renseignements que les prisonniers ont donnés, les divisions anglaises, commandées par les généraux Hill et Beresford, et la division Morillo ont passé la Nive, et se sont formées sur les hauteurs de Lourbintua d'où, ce soir à 3 heures, la division Clinton s'est détachée et est venue attaquer une brigade de Darmagnac, à Villefranque; cette brigade s'est très bien défendue et a fait éprouver une grande perte à l'ennemi. D'Erlon a reformé ses divisions sur les hauteurs, entre Mentachuria (Horlopo) et Marticoborda, où je les ai trouvées très bien disposées, soutenant avec vigueur l'engagement.

« Pendant que l'ennemi effectuait son passage, le général Hope, avec deux autres divisions et une brigade portugaise, attaquait les deux brigades de l'aile droite, qui étaient en position en avant de Pitcho et sur le plateau de Plaisance. J'ai été très satisfait des dispositions de Reille et de Leval: les troupes aussi se sont bien conduites; mais cette avant-garde (1) a dû céder au nombre et s'est repliée sur les ouvrages avancés du plateau de Beyris; une colonne ennemie se dirigeait en même temps par le bord de la mer, sur la gauche d'Anglet, où elle est entrée (2).

« J'ignore ce qui est survenu sur la haute Nive, mais je ne doute pas que le général Pàris qui la gardait n'ait été attaqué et obligé à se retirer. Il m'a écrit ce matin à 2 heures

---

(1) Par avant-garde, il faut entendre *avant-postes*. Nous avons dit qu'à Anglet les divisions Leval et Boyer étaient sur deux lignes par brigade. Il s'ensuit qu'elles avaient en première ligne deux brigades réparties sur les hauteurs de Pitcho, Pitoys et Plaisance, et que les deux autres étaient en arrière, au village d'Anglet. Le plateau de Pitcho à Plaisance est ce qu'on est convenu d'appeler le *plateau de la Tour de Lannes*.

(2) *Rapport de Hope à Wellington*, 10 décembre.

de Louhossaa, qu'il n'avait encore rien de nouveau. Soult a dû recevoir l'ordre de se porter en avant avec deux brigades de sa division pour recueillir les troupes de Pâris et faire tête aux colonnes ennemies qui pourraient manœuvrer par leur droite.

« Treilhard a dû aussi recevoir l'ordre de se porter sur l'Adour et le Gave de Pau ; il aura pour objet de défendre le passage de ces deux rivières et de soutenir la division Soult. »

V. — Relation de Lapène.

Autrement explicite et circonstanciée, la relation de Lapène (1) mérite d'être connue :

« Le 9 décembre, au point du jour, un grand feu allumé sur une hauteur en arrière de Cambo donne le signal de l'attaque aux troupes anglo-portugaises stationnées sur la rive gauche de la Nive. A ce signal, les trois divisions françaises, placées sur la rive gauche, volent aux armes. Cependant, l'ennemi passe la rivière à gué, entre Cambo et Iatzou. Chargé de garder ces deux points, Foy se porte au-devant des coalisés à la tête de la brigade Fririon ; celle-ci fait la meilleure contenance ; elle ne peut toutefois arrêter la marche des colonnes ennemies, bien supérieures en nombre, et se voit forcée de se replier. On gagne les hauteurs en arrière de Cambo. Arrivé à la route de Saint-Jean-Pied-de-Port, Foy fait halte, et, prenant position au-dessus de la ferme de Lorminthoa (ou Lourbintua), arrête l'avant-garde ennemie.

« Cependant la brigade Berlier était isolée au Bas-Cambo, par le brusque passage de la Nive, au-dessous de ce point. Hors d'état de recevoir les ordres de son chef immédiat, le général se dirige avec habileté vers cette même route de

---

(1) *Loc. cit.*, 177 et suiv. Le capitaine Lapène était adjoint au chef de bataillon Lambert, commandant l'artillerie du corps d'Erlon. Il ne dit pas tout ce qu'il a vu et appris. Son ouvrage parut en 1823, et dès lors sa prudence est bien concevable.

Saint-Jean-Pied-de-Port; mais l'ennemi y est déjà, et la brigade se trouve entièrement séparée du reste de la division. Berlier se décide sans retard à prendre sa direction sur Lorminthoa. L'inaction des alliés, qui n'osent s'aventurer dans un pays inconnu et poursuivre la colonne en retraite, détermine bientôt le général à faire halte; il manœuvre ensuite sur le flanc droit de l'armée anglaise, traverse les bois de Hasparren, et vient rejoindre, sans aucune perte, Foy et la brigade Fririon, à la ferme de Lorminthoa.

« Le feu allumé le matin par les coalisés ayant donné l'éveil sur toute la ligne, la division Abbé, cantonnée au Vieux-Mouguerre, avait pris les armes dès le point du jour; le général en chef lui-même, accompagné de son état-major, s'était porté à la tête de cette division, que d'Erlon dirigeait déjà par la route de Saint-Jean-Pied-de-Port sur le point où Foy soutenait l'action. Pendant cette marche, une vive fusillade se fait entendre sur la rive droite de la Nive inférieure; elle provient de la résistance opposée par les troupes de Darricau à la division Clinton, détachée du corps de Beresford, qui avait effectué le passage à Ustaritz. Une partie de cette colonne, une fois sur la rive droite, s'était prolongée en descendant la rivière, jusqu'à Villefranque, pour attaquer le plateau de ce nom, gardé par Darmagnac.

« La situation de Foy et d'Abbé, jetés à 2 lieues et demie en avant, sur la route de Saint-Jean-Pied-de-Port, pouvait devenir critique si Darricau et Darmagnac étaient forcés dans leurs positions et obligés de se replier sur cette route, qui n'était qu'à trois quarts de lieue de la Nive. Mais le maréchal s'étant porté sur les lieux où ces dernières agissent, s'assure par lui-même des bonnes dispositions qui ont été prises; il revole donc vers le point où, à 2 lieues de Villefranque, Abbé et Foy sont engagés sous les ordres immédiats d'Erlon.

« Celui-ci, rassuré sur les mouvements qui peuvent avoir lieu sur ses derrières, avait porté en ligne la division Abbé et fait mettre huit pièces en batterie presque à bout portant. Arrêté par cette manœuvre audacieuse, l'ennemi est tenu en échec une partie de la journée sur le même terrain que le matin, et ne peut dépasser la ferme de Lorminthoa. Les succès étaient balancés aussi entre Darricau et Darmagnac et les corps ennemis qui leur tenaient tête ; quoique maîtres de la rive droite de la Nive, depuis Cambo jusqu'à Villefranque, ces derniers n'ont pu s'avancer dans l'intérieur des terres. A la nuit tombante, le plateau de Villefranque, enlevé d'abord par les Alliés, ensuite par Darmagnac, reste au pouvoir des assaillants, après des pertes considérables. La nuit, accélérée par un temps nébuleux, met un terme au combat. »

Qu'un tel coup d'audace, à forces égales, qu'une opération de ce genre, toujours si difficile, aient réussi, de prime abord on en demeurera confondu. Le terrain était à notre avantage. Des hauteurs dominantes et à pentes rapides, la droite appuyée à la Nive et la gauche à des landes impraticables, un front restreint ; derrière nous, le camp de Mousserolles et la place de Bayonne ; derrière l'ennemi, le fossé de la Nive et ses rares passages!

Mais Napoléon l'a dit : « *Rien n'est plus dangereux que de défendre sérieusement une rivière en bordant la rive : l'ennemi surprend toujours le passage.* Pour défendre un cours d'eau, il n'y a pas d'autre parti à prendre que de disposer ses troupes de manière à pouvoir tomber en masse sur l'ennemi avant que son passage soit achevé (1). » Or l'échelonnement des quatre divisions de Clausel, de Mouguerre au Bas-Cambo, sur un front démesuré, comme aussi l'absence de lignes de retraite perpendiculaires au front de la défense, tout concourait à la rendre précaire. Wellington fut habile : attaquant et refoulant la gauche devant Cambo, il menaça le centre et l'unique ligne de retraite sur Bayonne, par le mouvement des divisions Clinton et Colville d'Ustaritz sur Villefranque. Cela est dans les règles ; il n'est pas d'exemple, on l'avait vu déjà le 7 octobre, sur la Bidassoa, qu'une *défense directe* ait interdit le passage.

---

(1) *Napoléon au prince Eugène*, 15 mars 1813. (*Correspondance de Napoléon*, 19721.)

CHAPITRE XXIII.

COMBATS D'ARCANGUES, ARBONNE ET BARROILLET.

I. — Ordre et rapport de Soult, du 9 décembre.

Tout entier à la pensée de la revanche qu'il compte prendre le lendemain, heureux peut-être des résultats de la journée, puisqu'en cherchant à l'affaiblir devant Bayonne et à menacer sa ligne de ravitaillement, en répandant sa droite de l'autre côté de la Nive, l'ennemi ne s'est point seulement affaibli, mais vient d'interposer entre elle et le reste de son armée un fossé dangereux, le maréchal peut croire lui avoir fait un pont d'or en ne l'arrêtant que devant les hauteurs de Hortoplo :

« *L'armée ennemie se trouve divisée sur les deux rives de la Nive, ayant sa tête vers l'Adour. Il me paraît que le général ennemi a perdu l'avantage de sa supériorité numérique en s'étendant, et je suis résolu de l'attaquer dans la fausse position qu'il a prise.*

« A cet effet, j'ai donné ordre à d'Erlon de partir à minuit, avec ses quatre divisions, de passer la Nive au pont de bateaux que j'ai fait établir au-dessus de Bayonne, et de se former en avant du camp retranché de Marrac, à la suite des divisions de Clausel. Ainsi, neuf divisions d'infanterie seront au point du jour sur la rive gauche de la Nive, avec la brigade de cavalerie du général Sparre et 40 pièces de canon (1).

---

(1) Nous ne comptons que 38 pièces, savoir 4 batteries à pied de 8 pièces et 1 batterie à cheval de 6.

CHAP. XXIII. — COMBATS D'ARCANGUES ET D'ARBONNE.

« *Mon projet est d'attaquer la partie de l'armée ennemie qui est restée sur la rive gauche, et de faire en sorte d'écraser ou de compromettre quelques-unes de ses divisions.* Si je réussis, celles qui ont passé la Nive doivent se trouver très embarrassées.

« *Je me porterai, avec toute l'armée, sur le plateau de Bassussary et d'Arcangues, d'où je manœuvrerai suivant les circonstances et les dispositions de l'ennemi.* Le général Thouvenot gardera et défendra le camp retranché de Mousserolles avec quatre bataillons de la garnison de Bayonne. Il sera pourvu à la défense de tous les ouvrages, et dix chaloupes canonnières feront la police de l'Adour (1). »

Rentré de Horlopo dans la soirée, il donne l'ordre suivant :

Ordre.

Bayonne, 9 décembre.

« Demain, à la pointe du jour, l'armée attaquera l'ennemi.

« A cet effet, le général d'Erlon donnera ordre aux divisions Foy, Darmagnac, Abbé et Darricau, ainsi qu'à ses deux batteries de se mettre en mouvement à minuit précis ; il les dirigera par le pont qui est sur la Nive, au-dessus de Bayonne, sur le camp retranché de Marrac, où il les formera en masse, par division, et les tiendra prêtes à suivre le mouvement du corps du général Clausel.

« Il fera rester les conscrits non instruits et les équipages dans le camp retranché de Mousserolles, où le général Thouvenot leur enverra des ordres.

« Le général Clausel formera les divisions Taupin et Maransin sur le plateau où est son avant-garde, et il se tiendra prêt à attaquer à la pointe du jour, lorsque la tête du général d'Erlon l'aura joint, et qu'il sera en mesure de le soutenir. Il laissera les conscrits non instruits dans le camp

---

(1) *Soult au Ministre,* Bayonne, 9 décembre.

retranché de Marrac, et les fera placer dans les ouvrages ; il disposera de sa batterie.

« Le général Reille formera les divisions Leval et Boyer sur le plateau en avant des ouvrages de Beyris, et lorsqu'il verra l'attaque du général Clausel engagée, il se portera sur les hauteurs de Plaisance, d'où il manœuvrera de manière à se rendre maître de tous les contreforts jusqu'à la position de Bidart, se tenant toujours en mesure d'appuyer au besoin l'attaque du général Clausel, et faisant en sorte de compromettre les troupes ennemies qui se trouveraient engagées entre la route et la mer. Il fera, d'ailleurs, suivre ses troupes par quelques compagnies de voltigeurs, et il aura une tête de colonne sur la route.

« Les conscrits non instruits des divisions Leval et Boyer resteront dans les ouvrages de Beyris.

« Le général Villatte formera la division de réserve sur le plateau entre la redoute du Séminaire et celle des Sapeurs, de manière qu'elle soit prête à suivre le mouvement des divisions de l'attaque principale (1), ou à soutenir celles du général Reille, suivant l'ordre qui sera donné. Il placera les conscrits non instruits de sa division dans la redoute des Grenadiers.

« Le général Thouvenot disposera des 1er, 26e, 66e et 70e régiments de ligne (2) pour garnir et défendre tous les ouvrages qui dépendent du front de Mousserolles, où il commandera en personne. Il y fera sur-le-champ établir ces troupes, afin que lorsque les divisions du général d'Erlon auront passé, il soit en mesure de se défendre, si l'ennemi venait l'attaquer. Il portera des grand'gardes en avant de Saint-Pierre-d'Irube.

« Le général Thouvenot fera remplacer avant la pointe du jour, par des troupes de la garnison, celles du général Villatte, dans les ouvrages qui défendent l'inondation infé-

---

(1) Ainsi Clausel et d'Erlon sont chargés de l'attaque principale.
(2) 4 bataillons.

rieure, ceux de la digue sur l'Adour et ceux de la maison Dubroc. Les troupes de la citadelle et du Boucau seront à leur poste.

« Le général Thouvenot ordonnera à la marine d'envoyer quatre autres chaloupes-canonnières sur l'Adour, ce qui les portera à huit pour faire la police de la rivière, pour faire passer à la rive droite tous les bateaux qu'il y a à la gauche, et empêcher qu'aucun parti ennemi puisse s'approcher de cette dernière rivière, ni s'y établir.

« Deux canonnières seront établies en station sur l'Adour, pour battre la vallée à la gauche de Saint-Pierre-d'Irube, dont les eaux viennent du moulin d'Escouteplouye, et deux autres seront établies en station sur la Nive, au-dessus du pont de bateaux, pour battre la vallée à droite de Saint-Pierre-d'Irube, dont les eaux viennent du moulin d'Errepialuche (1).

« Le général Sparre ayant dû réunir sa brigade au-dessus de Saint-Étienne, la mettra en mouvement à 4 heures du matin, et la dirigera par Bayonne sur les glacis du front d'Espagne, où il la formera en colonne serrée et recevra de nouveaux ordres; il amènera sa compagnie d'artillerie à cheval.

« Le général Berge disposera d'un détachement de 100 sapeurs, pour marcher avec la colonne du général Clausel.

« Le général Garbé donnera des ordres pour que toutes les inondations soient sur-le-champ tendues. »

II. — Il modifie ses dispositions. — Difficultés de son mouvement.

Ce furent des sorties désespérées que les attaques des 10 et 13 décembre! Puisant de nouvelles forces dans la gravité de sa situation, et saisissant les fautes de son adversaire, subitement le maréchal prend l'offensive et *manœuvre*.

---

(1) Soult veut ainsi flanquer la ligne de Mousserolles. Il s'attend à rester éloigné de Bayonne pendant plusieurs jours; de là le caractère permanent de ses ordres à la marine, au génie.

Certes, une opération aussi admirablement conçue et d'une si foudroyante rapidité aurait eu pour elle toutes les garanties de succès, *si le terrain se fût prêté au déploiement de l'armée*. Pour nous qui, dans nos manœuvres journalières, le foulons sans cesse, ne savons-nous pas qu'embarrassée déjà d'un réseau continu de redoutes et de tranchées, s'élevant en pentes vives entre les marais de l'Aritzague et la Nive, la jetée naturelle qui relie la côte de Marrac à la rampe du plateau de Bassussary, longue d'environ 2,000 mètres, n'a qu'une largeur de 300 à 500? et qu'en avant de ce défilé, à Laussuc, on n'en compte pas plus de 1200?

C'est par là pourtant que vont déboucher cinq divisions !

Un tel entassement entre Marrac et Laussuc est inconcevable. La pluie aidant, les difficultés seront si grandes que l'armée ne se formera en ligne que vers midi, alors que depuis trois heures Clausel est engagé. D'ailleurs, Soult modifie ses premières dispositions; la division Foy est restituée à Reille; il affecte la division Darricau à Clausel, et charge d'Erlon, avec Abbé et Darmagnac, de couvrir la route d'Ustaritz. Dans ces conditions, à la *droite*, quatre divisions marchent sur le Barroillet et Arbonne; au *centre*, trois contre la position d'Arcangues; à la *gauche*, enfin, deux gardent la route d'Ustaritz (1).

III. — Fausse situation de Wellington. — La lenteur du déploiement de son adversaire lui permet de la rétablir.

Malheureusement donc, Wellington a le temps de se reconnaître; il rappelle Beresford sur la rive gauche de la Nive et l'achemine vers Arcangues, tandis que Hope accourt de Guétary au secours du Barroillet. Au début de la journée, l'ennemi ne dispose que de la division Alten à Arcangues, de la brigade Campbell au Barroillet, de la division Hay et de la

---

(1) Au cours de la bataille, Abbé fut appelé au secours de Clausel, et il ne resta que Darmagnac devant le pont d'Urdains.

brigade Bradford, en cantonnements à Bidart et Guétary. En effet, suivant la relation du colonel J. Jones :

« Les troupes de Hope, gardant la route de Saint-Jean-de-Luz, se composaient de la division Hay et de deux brigades portugaises, postées sur une hauteur de difficile accès, et de la division Alten, postée également sur un terrain très fort, à Arcangues, à environ 2 milles (3 kilomètres) vers leur droite. Aucune liaison défensive n'existait entre les deux divisions, excepté le long d'une rangée de collines qui se projetait trop en avant pour être occupée autrement que par des petits postes. La position de ces deux divisions était forte en elle-même, leurs flancs se trouvant sur des vallées difficiles, et si près l'une de l'autre, qu'aucun ennemi n'aurait osé pénétrer entre elles (1) ».

Du corps de Beresford, Walker est à Sainte-Barbe et Urdains, Colville et Cole à Ustaritz et Abancen ; enfin, Clinton qui, la veille, a passé la Nive à Ustaritz, est à Villefranque.

IV. — Rapport de Soult. — La bataille est indécise.

Soult au Ministre.

Bassussary, 10 décembre.

« Ce matin, j'ai fait attaquer les divisions ennemies qui s'étaient portées hier devant le camp retranché de Bayonne. Elles ont été poussées jusque sur les hauteurs de Barroillet et de Bidart. Le plateau de Bassussary a été enlevé. *La pluie a été si forte la nuit dernière que les troupes n'ont pu se former en ligne que vers midi. Cependant, à 9 heures, l'attaque a commencé, et je n'ai pu présenter que des têtes de colonnes ; ce soir, toutes les divisions étaient en position.*

« Reille, ayant à ses ordres les divisions Leval et Boyer, que j'ai ensuite renforcées de la division Foy et fait soutenir

---

(1) Colonel J. Jones, *Histoire de la guerre d'Espagne*, II, 198. C'est pourtant ce que tentèrent Foy et Villatte, en poussant sur Arbonne.

par la réserve de Villatte, a attaqué les bois de Barroillet, où les 1re et 5e divisions anglaises étaient formées et retranchées. *Le terrain ne lui permettant pas d'engager plus de deux brigades, elles ont été repoussées.*

« J'allais faire recommencer l'attaque, lorsque Clausel, qui était avec ses divisions devant le retranchement que l'ennemi a élevé à Arcangues (1), m'a fait prévenir qu'une forte colonne ennemie, qui paraissait venir de la rive droite de la Nive, se formait sur les hauteurs d'Urdains. J'ai suspendu le mouvement de la droite, pour renforcer la division Darmagnac qui était restée devant le pont d'Urdains. La nuit nous a surpris dans ce dernier mouvement.

« L'ennemi avait quatre divisions anglaises et une portugaise en position sur les plateaux de Bassussary, Arcangues, Barroillet ; *il eût été probablement forcé sur tous les points, sans le mauvais temps et les difficultés de la marche ;* mais d'après les rapports qui me parviennent, il paraît qu'il a fait repasser sur la rive gauche de la Nive la plupart des troupes qui s'étaient portées hier à la rive droite. *Ainsi, mon premier objet est accompli ; demain soir, je saurai à quoi m'en tenir.*

« Hier, en même temps que l'ennemi passait la Nive à Cambo et au-dessous, une colonne espagnole passait aussi cette rivière à Itsassu (2) et obligeait le général Pâris, qui était à Louhossoa, à se replier sur Helette. Le général Soult se portait, avec deux régiments de cavalerie, à la rencontre de Pâris, et faisait garnir les bords de la Bidouze. L'ennemi se porta à Hasparren et poussa jusqu'à la Bastide-Clairence : un de ses partis est même arrivé ce matin jusqu'à Urt ; mais d'après le rapport que je viens de recevoir de Thouvenot, il a envoyé du camp de Mousserolles des reconnaissances sur la route de Saint-Jean-Pied-de-Port ; il paraît que les

---

(1) Sur l'arête de la redoute 75, du château et de l'église d'Arcangues.
(2) Division Morillo.

troupes ennemies qui s'étaient portées sur l'Adour se sont retirées sur la Nive ; on a vu une assez forte colonne, ayant avec elle beaucoup de bagages, prendre la direction de Cambo. »

V. — Relation de Lapène, complétée par le manuscrit des Archives du génie à Bayonne.

Il existe aux archives du génie, à Bayonne, un manuscrit sans date intitulé : *Opérations militaires sur la ligne des Pyrénées*, qui porte un caractère évident d'authenticité, bien qu'on y découvre deux écritures, celles de Lapène et d'un auteur inconnu, sans qu'il soit possible, puisqu'ils se complètent l'un l'autre, de dire s'il y a eu copie ou collaboration. Le mieux est de fondre les deux relations similaires.

« Séparée en deux par la Nive, l'armée alliée occupait une ligne de bataille de trois lieues d'étendue. Quelques ponts jetés en toute hâte dans la matinée du 9 n'assuraient que faiblement ses communications. La journée avait été pluvieuse, et la rivière, continuant à grossir de plusieurs pieds pendant la nuit, devait infailliblement les rompre et couper la communication entre les deux rives.

« La retraite de nos troupes dans la nuit du 9 au 10 décembre ayant laissé le terrain libre, Hill eut la facilité de pousser une reconnaissance contre le front de Mousserolles et d'explorer le terrain à son extrême droite, en s'étendant jusqu'à l'Adour. Morillo couvrait ses derrières à hauteur de Cambo et d'Urcuray (1).

« La ligne occupée par les divisions françaises embrassait environ trois quarts de lieue ; trois grands corps d'attaque

---

(1) « Le 10, en effet, Hill s'établit avec sa droite sur l'Adour (!), sa « gauche sur la hauteur de Villefranque, et son centre à cheval sur la « route de Bayonne à Saint-Jean-Pied-de-Port, près du village de Saint- « Pierre d'Irube. La division Morillo fut détachée à Urcuray et une bri- « gade de cavalerie à Hasparren, pour observer une division française « postée près de Saint-Palais. » *Colonel Jones*, II, 197.

avaient été formés avant le jour. *Reille attaque le bois de Barrouillet avec les divisions Leval et Boyer; il en chasse l'ennemi et le repousse sur Bidart, où deux divisions anglaises sont retranchées.* Plus à gauche, Foy, soutenu par la réserve de Villatte, s'avance dans la direction d'Arbonne, tandis que Clausel dirige la division Taupin sur le plateau de Bassussary, centre de la ligne ennemie. Culbutés aussi sur ce point, les Alliés abandonnent le plateau et se replient derrière leurs retranchements d'Arcangues.

« A midi, le succès paraît certain et l'alarme est répandue sur toute la ligne ennemie.

« Mais le général anglais qui, le matin ou peut-être même dans la nuit, *avait observé des mouvements dans nos bivouacs, se doutant de l'abandon de la rive droite de la Nive et de la présence de toute l'armée française sur la rive gauche*, réunit des forces imposantes à Ustaritz. Justement inquiet, il signifie à ses lieutenants l'ordre de prolonger le plus possible la résistance sur les points attaqués, afin d'activer l'arrivée des troupes de renfort et de les porter en ligne. En effet, 15,000 hommes sont dirigés sur les retranchements de Bidart, d'Arcangues et d'Arrauntz, et se joignent aux défenseurs.

« Cependant, Reille faisait des efforts multipliés pour déboucher du bois de Barrouillet et marcher sur Bidart. Couvert par des accidents du terrain et embusqué derrière les haies et les fossés qui séparent les propriétés, l'ennemi profite de l'instant où nos sapeurs, placés en tête des colonnes, pratiquent dans les obstacles des coupures vers lesquelles elles se précipitent; il se jette sur les têtes de colonnes qui débouchent par ces ouvertures, les arrête par un feu terrible et les force à rétrograder. En face d'Arbonne, Foy aussi était vivement engagé. Vers 3 heures du soir, la brigade allemande de Villatte, massée jusque-là derrière sa division, est portée en ligne à son tour, et ses tirailleurs abordent l'ennemi. Mais Villatte est blessé, et cet engagement n'a pas plus de succès qu'à la droite; l'ennemi reste maître de ses positions, et les renforts qu'il reçoit d'Ustaritz le rendent bientôt inexpugnable (1).

« Clausel déploie ses divisions sur le plateau de Bassussary, dont la droite se raccorde avec les points occupés par Foy, et marche contre la position d'Arcangues. Ce village était fortement retranché, et l'ennemi avait transformé en réduit l'église établie sur une hauteur. Clausel fait soutenir l'attaque par une batterie de 12 pièces placée au centre du plateau enlevé. La pluie, qui ne cessait de tomber abondamment, en rendant le terrain glissant, empêche nos troupes de charger avec succès; cette circonstance ajoute un nouvel avantage à ceux que l'ennemi retire déjà de la force de sa position et des renforts qui lui arrivent. Néanmoins, Clausel, à la tête des divisions Taupin et Maransin, arrive au pied des murs de l'église ; mais les Anglo-Portugais, à couvert dans cet édifice, font sur les assaillants un feu meurtrier, tandis que nos armes inondées par la pluie ne nous rendent qu'un médiocre service. La nuit, anticipée par l'état brumeux de l'atmosphère, vient mettre un terme aux opérations de la journée. Clausel se replie et prend position sur le plateau de Bassussary, enlevé le matin ; déjà la division Abbé y était campée.

« Cette division, détachée du corps d'Erlon sur la route d'Ustaritz, avait été appelée au secours de Clausel au moment où l'ennemi, recevant du renfort dans sa ligne d'Arcangues, les troupes françaises avaient dû être soutenues. Quant à Darmagnac, en position en avant de Monréjau, sur cette même route, et qui gardait le débouché d'Urdains, il ne prit aucune part active à la journée. »

L'auteur du *Subaltern* nous a laissé un récit intéressant de l'épisode du bois et du château de Barroillet : « Nous

---

(1) Le mouvement de Foy sur Arbonne était parfaitement conçu ; s'il eût réussi, Hope se fût trouvé isolé d'Alten et du centre de l'armée.

Qui nous prouvera que telles n'étaient point les intentions du maréchal, lorsqu'il modifia ses ordres de la veille ? Le centre des Alliés ne pouvait être enfoncé qu'à Arcangues ou à Arbonne.

combattions dans un bois épais, et souvent corps à corps. Pour la possession de ce bois, nos soldats et les Français luttaient avec acharnement. Il était défendu par un bataillon portugais et deux régiments anglais. Une fourmilière de tirailleurs nous assaillit; ils ne réussirent pas à nous en chasser, mais nous ne pûmes nous débarrasser de leurs attaques continuelles; deux colonnes se préparaient à charger à la baïonnette au cas où nous serions repoussés.

« La lutte continua jusque vers 3 heures de l'après-midi. A ce moment, les Français commencèrent à faiblir et à reculer. Non loin du point où nous nous trouvions s'élevait le château de Barroillet, propriété du maire de Biarritz. Dans la matinée, les Français avaient fait des efforts désespérés pour s'en emparer. Lorsque le feu commença à diminuer, le général Hope, suivi de quelques aides de camp et dragons d'escorte, se dirigea vers ce château. Il était monté dans une chambre d'un étage supérieur, d'où il observait l'ennemi, lorsqu'une masse d'infanterie française, après s'être formée dans un chemin creux un peu sur la gauche, s'élança en avant. Le mouvement fut si rapide que les troupes anglaises qui se trouvaient là furent rompues et la maison cernée. Aussitôt un cri s'éleva : « Sauvez le général ! » Et de tous côtés on se précipita vers le château. Hope sauta sur son cheval et, suivi de ses cavaliers, chargea dès la porte cochère. Il reçut trois balles dans son chapeau, et son cheval, grièvement blessé, eut juste la force de le porter hors du danger. Le combat recommença avec une résolution désespérée. De nouveau, l'ennemi se jeta sur le bois, mais tous ses efforts furent vains, et quand l'approche de la nuit obligea les combattants à se séparer, les deux armées occupaient à peu près le même terrain qu'au début de la bataille.

« ... Rien n'est admirable comme l'impétuosité de la première attaque des Français; ils s'avancent lentement et en silence; arrivés à 100 ou 200 mètres du point qu'ils veulent enlever, ils poussent un cri discordant et s'élancent à l'assaut. Ils sont enveloppés par un véritable nuage de tirailleurs qui marchent dans une apparente confusion, mais avec une grande bravoure et savent, mieux que n'importe quelle troupe légère, profiter de toute espèce de couverts pour s'abriter. Le courage froid des Anglais est tout à fait propre à recevoir ce premier choc ; ... ils accueillent les assaillants comme à la parade, les hommes dans le rang et ne faisant feu qu'au commandement (1). »

VI. — Défection des Allemands. — Le décret du 25 novembre dissout tous les corps étrangers.

Dans la soirée, la brigade allemande, commandée par le colonel Krause, passa à l'ennemi, événement qui amena le désarmement des troupes espagnoles et la dissolution de la division de réserve. Déjà, le 24 novembre, la brigade italienne avait été dirigée sur l'armée d'Italie.

En quittant l'attaque de droite sur le plateau du Barroillet, le maréchal avait ordonné à Gazan de faire partir à la tombée de la nuit la division de réserve (2) pour aller bivouaquer sur les hauteurs de Plaisance, d'où elle devait le lendemain rentrer dans le camp retranché et y reprendre les travaux.

Elle avait marché pendant une heure pour se rendre à la position indiquée, lorsque le colonel Krause s'arrêta ; le 34e léger suivait son mouvement ; le major de ce régiment vint dire au colonel que la troupe fatiguait inutilement et l'engagea à serrer sur la tête de la colonne.

« Krause lui répondit que le chemin était mauvais et qu'il
« allait en prendre un autre pour dégager la marche. Effec-
« tivement, il se mit sur le côté, et le 34e suivit la direction
« de la colonne. Mais profitant de l'obscurité, le colonel fit
« volte-face et conduisit son régiment avec le bataillon de

---

(1) Gleig, *The Subaltern*, 138 et suiv.
(2) Le général Jamin en avait pris le commandement, Villatte étant blessé.

« Francfort à l'ennemi, en passant par le chemin qu'il avait
« tenu en venant du champ de bataille et évitant les postes
« qui étaient sur la ligne (1). »

Ainsi désertèrent le 2ᵉ léger de Nassau, fort de deux bataillons et le bataillon de Francfort, soit environ 1500 hommes. Ils arrivèrent à Saint-Jean-de-Luz le lendemain, « traver-
« sèrent la ville tambour battant et en grande tenue, le
« plumet au shako. Ils en repartirent le 15 pour aller
« s'embarquer à Pasages et rentrer chez eux (2). » Krause avait reçu des ordres de son souverain ; il refusa énergiquement, lui, ses officiers et ses soldats de passer dans les rangs des Alliés, ne voulant point se tourner contre les frères d'armes qu'ils affectionnaient. Nulle voix dans l'armée ne s'éleva pour flétrir leur conduite ; on les plaignit et regretta. Voici ce que le colonel rapporta au quartier anglais : « Les Espagnols et deux bons régiments de cavalerie espagnole partiraient probablement s'ils étaient assurés du pardon ; ils se mutinent, sont embarrassants, et n'attendent que le moment favorable. Il a écrit au maréchal Soult pour l'informer du motif qui l'avait amené à le quitter ; qu'il avait reçu de son souverain l'ordre de le faire, et lui rappeler qu'aussi longtemps qu'ils avaient été Français et lui avec les Français, il avait fait son devoir. En retour, il le prie de permettre (quelle imprudente requête !) que les femmes et les bagages, ou au moins les bagages des soldats soient renvoyés aux régiments. Il demande aussi sa musique, son cheval et ce qu'il a laissé en arrière...

« Il dépeint l'armée française, comme *s'élevant à 55,000 hommes, sur lesquels il n'y a que 32 à 33,000 vieux soldats; le reste, recrues inexpérimentées et conscrits, remplit Bayonne;* jusqu'aux aveugles et aux estropiés sont forcés de servir.

« Il dit qu'ils étaient très mal fournis en quoi que ce fût,

---

(1) *Soult au Ministre*, 11 décembre.
(2) *Mendiry, chef d'escadron de gendarmerie à Soult*, 16 décembre.

et qu'ils manquaient de fourrages ; qu'un grand approvisionnement de biscuit se gâte dans l'église de Bayonne ; *les routes sont si mauvaises que les arrivages de vivres ne peuvent se faire, si ce n'est par l'Adour, qu'avec les plus grandes difficultés ; les routes de Dax et de Tartas sont exécrables, et celle de Peyrehorade et Orthez est très mauvaise* (1). »

En vérité, Krause ne se trompait point. Il ne comptait que l'infanterie qui, au 1ᵉʳ décembre, s'élevait à 55,100 présents, et nous croyons que, sur ce chiffre, il se trouvait 22 à 23,000 *conscrits !*

La désertion de la brigade allemande et le désarmement des troupes espagnoles devaient réduire le nombre des bataillons de 18, celui des escadrons de 14 ; bref, nous faire perdre 11,000 vieux soldats.... (2).

« Si Wellington escompta l'effet moral de cet événement et du mauvais vouloir des troupes espagnoles, il se trompa singulièrement. L'armée en fut peinée, mais elle trouva l'acte naturel. Depuis la défection des Saxons à Leipzig et des Bavarois à Hanau, Napoléon était décidé à désarmer les bataillons étrangers : « Nous ne pouvons nous fier à aucun « étranger. Il me tarde d'apprendre que tous les corps qui « sont compris dans le décret de ce jour sont désarmés. *Cela « nous fera des fusils de plus et des ennemis de moins* (3) ». Voici les articles dudit décret concernant l'armée de Soult :

Art. 11. — La garde royale est supprimée. Tous les officiers, sous-officiers et soldats français qui en font partie se rendront à Bordeaux, pour entrer dans la formation de l'armée de réserve qui s'y organise : les Espagnols seront en-

---

(1) Larpent, *Private Journal.*
(2) Voyez la situation de la division Villatte au 1ᵉʳ décembre.
(3) *Napoléon au Ministre,* 25 novembre. Dans une note à Daru, du 15 novembre, il disait : « *Je suis dans un moment où tout le monde me trahit. C'est une folie de supposer que je puisse me fier aux Espagnols qui sont à...* » (*Correspondance de Napoléon,* 20894.) Il y a une lacune dans le texte, mais il s'agit visiblement de la brigade espagnole à Bayonne.

voyés dans l'intérieur, où l'on en formera des bataillons de pionniers.

Art. 12. — Ces dispositions s'appliquent au régiment royal étranger et au régiment de Castille.

Art. 13. — Les 1er et 2e régiments de chasseurs à cheval espagnols et le régiment de hussards de Guadalaxara seront démontés et leurs chevaux donnés aux régiments français de l'armée d'Espagne : les hommes seront incorporés aux pionniers.

Art. 14. — L'artillerie à pied, les sapeurs et le train espagnol sont supprimés ; les hommes qui en font partie entreront dans les pionniers.

Art. 16. — Les troupes de Bade, Francfort et Nassau seront désarmées et envoyées dans l'intérieur comme prisonniers de guerre.

Or Napoléon se méprenait sur les dispositions des régiments étrangers qui, pour la plupart, lui étaient plus dévoués qu'il ne le supposait. Témoin ceux de l'armée de Suchet.

Suchet au Ministre.

26 décembre.

« Au moment de mettre à exécution le décret de l'Empereur, le colonel Meder, commandant le 1er régiment de Nassau, a donné une preuve honorable et éclatante de sa loyauté. Le général Clinton, commandant l'armée alliée en Catalogne, est parvenu à lui faire remettre une lettre par laquelle il l'engage à se rendre à l'armée anglaise ; il y ajoutait une lettre de lord Wellington, et une bien plus pressante du colonel de Kruse, commandant le 1er régiment de Nassau, qui invitait le colonel Meder à suivre son exemple. Cet officier est resté inébranlable. Cette honorable conduite, cette fidélité à ses engagements sera appréciée par l'Empereur. Il offre de consacrer sa vie à son service. » Suchet ajoute que lorsqu'on désarma les régiments étrangers, officiers et soldats sanglotaient en criant : « *Qu'on nous mène*

CHAP. XXIII. — COMBATS D'ARCANGUES ET D'ARBONNE.

à l'ennemi, et l'Empereur verra combien nous lui sommes fidèles ! »

Le décret du 25 novembre n'était-il point parvenu à Soult, ou en avait-il différé l'exécution? L'Empereur écrit à Clarke : « J'apprends que le 10 décembre un bataillon de Francfort et le régiment de Nassau ont passé à l'ennemi, et que ce n'est qu'à la suite de cette défection qu'on a désarmé le bataillon de Bade. Je suis étonné du retard qu'on a mis à opérer le désarmement (1). » Il y a lieu de croire que s'attendant de jour en jour à être attaqué, le maréchal craignit d'apporter du trouble dans l'armée et dut surseoir.

Finalement, ce qui restait du 2e de Nassau et du bataillon de Francfort, le 4e de Bade, l'artillerie et le train de Bade furent désarmés le 11 décembre; les armes et les chevaux confisqués, les officiers dirigés sur Mortagne et les soldats sur le dépôt de prisonniers de Bourges (2).

Enfin, le 16, la division Villatte fut dissoute ; elle se réduisait, d'ailleurs, à sa brigade française (3).

---

(1) *Napoléon à Clarke,* 15 décembre. (*Correspondance de Napoléon,* 21009.)

(2) Archives de la place de Bayonne.

(3) Les 9e et 34e légers passèrent à la division Paris, où ils formèren une *brigade légère,* sous les ordres du colonel Danture ; les 66e et 82e de ligne furent affectés à la garnison de Bayonne.

CHAPITRE XXIV

JOURNÉES DES 11 ET 12 DÉCEMBRE.

I. — Affaires d'avant-postes et de reconnaissance au Barroillet et devant Arcangues.

Il est pour ainsi dire impossible de démêler les causes qui provoquèrent les engagements des 11 et 12 décembre. Du côté du Barroillet, de simples affaires d'avant-postes, les Anglais cherchant à nous chasser du plateau attenant à la droite, et les Français revenant à la charge contre le bois de Barroillet. Il ne se passe rien à Arcangues, et en somme les armées restent en présence sur les positions du 10 au soir, s'observent et se tiraillent, sans autre résultat que de tuer beaucoup de monde.

A la gauche, Hope relève les brigades portugaises Bradford et Campbell par la division Hay. Au centre, Alten, dans les retranchements d'Arcangues, est soutenu par Cole.

Walker occupe la Croix d'Alotz, et Clinton, Ustaritz ; Colville est sur les hauteurs du château d'Urdains.

Enfin Hill demeure sur les hauteurs de Horlopo et de Mouguerre, avec Stewart et Le Cor.

Soult au Ministre.

Bayonne, 11 décembre.

« Aujourd'hui, l'armée a conservé les emplacements que je lui ai fait prendre hier. Vers 10 heures du matin, l'ennemi a porté quatre régiments d'infanterie sur le prolongement du plateau du Barroillet (1), d'où ils ont repoussé momentanément nos avant-postes. J'ai aussitôt donné ordre à la division Darricau de marcher pour prendre le plateau ; après avoir pris ses dispositions, il a fait charger le 21ᵉ léger sur un régiment anglais. L'ennemi a été culbuté, mais on a aperçu une ligne qui était formée en arrière. J'ai donc ordonné à la division Boyer de l'attaquer par son flanc gauche, tandis que Darricau marcherait sur elle de front. La brigade Menne a suffi pour ramener l'ennemi à sa position du bois de Barroillet ; il a été mis en désordre.

« Sur le restant de la ligne, il y a eu quelques tiraillements sans effets ni résultats.

« Clausel est avec deux divisions devant le château et l'église d'Arcangues, où l'ennemi s'est fortifié. Deux autres, aux ordres d'Erlon, sont depuis le ravin à la gauche de Bassussary, jusque devant le pont d'Urdains.

« Reille est avec deux divisions sur le plateau en avant de Pitcho, et deux autres (Boyer et Darricau) occupent le plateau devant le bois de Barroillet.

« J'ai envoyé la brigade Sparre en avant de Saint-Pierre-d'Irube, sur la route de Saint-Jean-Pied-de-Port.

« J'ai ordonné à Clausel de faire construire pendant la nuit un redan pour trente pièces de canon, devant l'église et le château d'Arcangues, pour en chasser l'ennemi lorsque je prononcerai mon attaque (2).

« J'ai jugé à propos de différer encore, pour voir les dispositions de l'ennemi. Une de ses divisions, qui était sur la rive droite de la Nive, a repassé ce soir à la rive gauche, et je serais porté à croire que dans la nuit ou demain, ils feront encore repasser d'autres troupes, à moins qu'ils ne se croient assez forts pour m'attaquer. On dit cependant que les divisions espagnoles, qui étaient en arrière, doivent demain se porter en ligne.

---

(1) C'était la division Hay, laquelle dut s'engager tout entière.
(2) Sur la hauteur de Sacquéra, à 600 mètres au nord d'Arcangues et à cheval sur la route.

« Deux divisions anglaises, de celles qui ont passé la Nive, ont pris position sur le rideau de l'Ostérénea (1), d'où elles occupent Saint-Jean-le-Vieux-Mouguerre ; nos avant-postes sont, sur ce front, en avant de Saint-Pierre-d'Irube.

« Il n'y a encore rien de nouveau à Saint-Jean-Pied-de-Port. Le général Soult est à Saint-Palais. Je lui ai donné l'ordre de prendre position à Helette, et de se porter même sur les hauteurs qui dominent Mendionde, afin d'être complètement maître de la route de Bayonne à Saint-Jean-Pied-de-Port.

« *Il me paraît bien difficile que l'ennemi s'engage davantage, surtout tant que je pourrai me maintenir réuni en armée en avant de Bayonne, car il compromettrait sa ligne d'opération et s'exposerait à perdre entièrement ses troupes.* »

II. — Les deux généraux se prêtent mutuellement des projets d'offensive.

En prêtant à son adversaire des idées d'offensive pour l'instant, le maréchal se trompe, car Wellington, privé à la fois et par sa faute de Hill et des Espagnols, est réduit à la défensive.

Le 10 au soir, déjà, la tournure des événements lui a montré que Soult s'épuiserait en vains efforts pour le chasser des positions d'Arcangues et du Barroillet ; et avant peut-être que celui-ci y songe, il prévoit que Hill à son tour aura sur les bras la majeure partie de l'armée française. Aussi, n'attachant aucune importance aux engagements partiels devant le Barroillet, n'a-t-il qu'une pensée, se préparer à soutenir son lieutenant.

---

(1) Le mot est mal écrit : il faut lire *Lausteinia*, au-dessous de Horlopo. Saint-Jean-le-Vieux-Mouguerre est le village de Mouguerre, de la carte d'état-major.

Wellington à Beresford.

10 décembre, 9 h. 40 soir.

« *Ne soyons point surpris si l'ennemi se porte à travers Bayonne, à l'attaque de Hill.* Il faut que nos troupes soient prêtes à marcher au premier signal. Walker est à la Croix-d'Alotz, près de Sainte-Barbe ; Cole près d'Arcangues.

« Jetez aujourd'hui le pont à l'endroit désigné, et si Hill est attaqué, portez Clinton à Villefranque, Walker à Ustaritz.

« Je serai demain matin à la droite » (1).

Wellington à Hill.

12 décembre, midi et quart.

« L'ennemi a des forces considérables devant Hope ; il a ouvert une fusillade, mais il n'y a pas d'apparence d'attaque immédiate.

« *Faites-moi savoir si vous avez établi un poste sur l'Adour. Il est très désirable que vous le fassiez, car je conçois que par là nous rendrions le maintien de l'armée à Bayonne presque impossible.* »

Soult à Reille.

Bayonne, 11 décembre, 9 heures 1/2.

« Je me détermine à garder la position que l'armée occupe aujourd'hui. Si l'ennemi nous attaque, nous ferons en sorte de l'en faire repartir. La division Darricau doit se tenir toujours prête à joindre celles de Clausel, et vous devez aussi être prêt à appuyer sur ce point, au moins d'une division, sans pour cela quitter vos positions actuelles.

---

(1) Ainsi Wellington s'attendait à voir Hill attaqué dès le 11 : l'attaque n'eut lieu que le 13.

« Je vous prie de faire vos dispositions en conséquence, et de recommander qu'on presse les travaux de Beyris. Demain, je serai de bonne heure sur la ligne. »

En somme, voici ce qui s'était passé devant Hope.

III. — Erreur de Soult sur les intentions de Wellington. — Dans la nuit du 12 au 13, il porte l'armée contre Hill, sur la rive droite de la Nive.

Soult au Ministre.

Bayonne, 12 décembre.

« Avant le jour j'étais sur la ligne, et j'y suis resté jusqu'à nuit close. A 9 heures du matin, l'ennemi a présenté deux fortes masses, chacune de la valeur d'une bonne division, en tête du bois de Barroillet, devant les divisions Darricau et Boyer. Une troisième était en réserve sur le plateau de Bidart. Les avant-postes se sont aussitôt engagés, et l'ennemi a ouvert le feu avec quelques volées de canon. J'ai fait soutenir Darricau et Boyer par une bonne batterie, qui a obligé les deux masses ennemies à rentrer dans le bois, et a fait taire leur artillerie ; le tiraillement a cependant continué jusqu'à une heure, sans autre effet que quelques blessés de part et d'autre.

« Pendant la journée, la ligne ennemie s'est considérablement renforcée. On a vu successivement arriver des régiments, des brigades et des divisions. Il paraît qu'une partie de ces troupes vient des derrières. »

Il s'agit visiblement ici de l'arrivée de la division Walker à Arbonne, et le maréchal conclut :

« *Tout démontre que l'ennemi a fait aujourd'hui ses dispositions pour m'attaquer demain dans la position devant Arcangues et le Barroillet, que l'armée occupe. Ne jugeant pas à propos de me battre demain sur ce point, je viens d'expédier l'ordre aux lieutenants généraux de ramener dans la nuit les divisions au camp retranché devant Bayonne, où je me propose d'en laisser trois pour la défense des ouvrages; avec le restant de l'armée, je me porterai à la rive droite de la Nive, pour attaquer au point du jour les divisions qui y sont restées. J'espère les rejeter sur la rive gauche, et dégager entièrement la route de Saint-Jean-Pied-de-Port.*

« La division Morillo s'est établie à Macaye et à Urcuray.

« Aujourd'hui, le général Soult a dû se porter sur Hasparren, avec deux brigades de cavalerie légère et la division Pâris. »

IV. — Le général Vaudoncourt se trompe dans ses appréciations sur la bataille d'Arcangues.

La conduite du maréchal pendant les journées des 9, 10, 11 et 12 décembre a été vivement critiquée par le général Vaudoncourt; jusqu'à la bataille de Mouguerre, du 13, ne trouve point grâce à ses yeux (1). La plupart de ses appréciations sont erronées et résultent d'une singulière ignorance des lieux et des faits.

Il touche juste pourtant lorsqu'il reproche à Wellington d'avoir « trop compté sur la supériorité de ses forces pour
« hasarder, le 9, une opération de flanc, cette supériorité
« n'étant pas assez prononcée pour oser couper son
« armée en deux et la mettre à la merci d'un événement
« que pouvait amener une crue de la Nive. Il aurait fallu
« pour cela que chacune des moitiés de son armée fût en
« état de lutter contre l'armée française tout entière, et il
« était bien loin d'être dans ce cas. L'événement a couvert
« sa faute et le vulgaire de toutes les classes l'a transformée
« en une conception d'un génie supérieur.

« La seconde faute fut commise par le duc de Dalmatie, le 10. D'abord, il commença son attaque trop tard (2).

« Wellington, qui s'était rendu au point du jour à la droite

---

(1) *Histoire des campagnes de 1814-1815 en France*, I, liv. II.
(2) Nous savons pourquoi : il n'en put être autrement.

de la Nive pour reconnaître les positions qu'avaient occupées nos troupes la veille, les vit en parties dégarnies. Il n'eut pas de peine à juger du projet du duc de Dalmatie, et il s'occupa sur-le-champ de renforcer son aile gauche aux dépens de la droite qu'il croyait ne pas devoir être attaquée (1).

« En second lieu, ce n'était pas par la pointe de son aile droite que le duc de Dalmatie devait engager son attaque; elle ne pouvait avoir d'autre résultat que de ramener l'aile gauche anglaise sur ses renforts, c'étaient les divisions de Clausel qui auraient dû donner avec vigueur; car il fallait se rendre maître des revers des ponts d'Ustaritz et de Cambo. Le duc de Dalmatie, appuyé sur le camp retranché de Bayonne, ne pouvait pas craindre que l'ennemi s'emparât de ce point. Il lui suffisait de laisser deux divisions pour garnir le camp, et quelques postes à la droite, en face de Hill. Il lui restait alors sept divisions et toute sa cavalerie à employer. Deux divisions suffisaient devant Bidart pour contenir et occuper les deux de l'ennemi qui étaient sur ce point (2). Il pouvait donc porter cinq divisions et sa cavalerie sur Arcangues et le long de la rive gauche de la Nive;

---

(1) Wellington n'était point de l'autre côté de la Nive. C'est lui qui chargea Beresford d'informer Hill du mouvement de l'armée française pendant la nuit.

(2) Soult ne laissa à Bayonne et dans les camps que la garnison et les réserves.

Hope n'avait pas deux divisions, mais quatre en y comprenant celle d'Alten. Outre ce corps, Wellington avait, sur la rive gauche de la Nive, les divisions Walker, Cole et Colville. Enfin Hill n'avait pas cinq divisions mais trois. L'effort principal, suivant l'ordre de Soult, devait être fait par le corps de Clausel sur Arcangues. Cet ordre est fort précis et répond victorieusement aux allégations du critique. Il est évident que devant Arcangues, comme devant le Barroillet, il n'était pas de déploiement possible. A Arcangues, Alten suffisait à tenir un rideau, si fort déjà par lui-même, de 1500 mètres. Nous ne pouvions lui opposer que des têtes de colonnes. Le terrain s'ouvrait entre Arcangues et le Barroillet, et si le mouvement de Foy et de Villate sur Arbonne avait réussi, la victoire eût été à nous.

CHAP. XXIV. — JOURNÉES DES 11 ET 12 DÉCEMBRE.

l'ennemi n'en avait que deux au plus à lui opposer. Attaquant à la petite pointe du jour, il devait avoir dépassé Ustaritz et Cambo, avant que Hill fût en mesure d'y arriver. Que fût devenu Hill isolé avec cinq divisions (!) et *coupé de ses communications?* » Que d'erreurs ! et combien ces jugements portent à faux (1) !

Si le maréchal commit des fautes, elles sont d'un autre ordre et ont une origine bien antérieure. Il ne fit point assez grand en élevant les lignes du front d'Espagne, de Marrac et de Mousserolles, trop rapprochées du corps de place ; puis, dans la retraite de la Nivelle, il pouvait, selon nous, prendre position sur les hauteurs du Barroillet, d'Arcangues et de Horlopo, contre lesquelles nous le voyons s'épuiser du 10 au 13 décembre. En agissant ainsi, son front n'eût point dépassé la mesure de ses forces, et sa ligne de défense eût présenté un degré de résistance inappréciable. Mais l'instant n'est point venu encore de le prouver, car après avoir montré l'inanité de ses efforts contre Arcangues et le Barroillet, il reste à le suivre dans ceux qu'il tenta pour reprendre les positions de Horlopo et de Mouguerre.

---

(1) Non moins passionné est le général Sarrazin, dans son *Histoire de la guerre de la Restauration, depuis le passage de la Bidassoa.* Il va jusqu'à dire, p. 122 : « Notre général commit une *faute majeure* en attaquant, le 10, sur la rive gauche de la Nive, et le 13 sur la rive droite. Quel espoir pouvait-il avoir de vaincre? Les ponts établis sur la Nive, pendant ces quatre jours, facilitaient l'envoi des secours au général Hill, qui avait aussi profité de ce délai pour se retrancher sur les hauteurs de Villefranque et du Vieux-Mouguerre... L'honneur, pour un général, consiste à manœuvrer pour le plus grand intérêt de l'État ; qui est de vaincre ou de rester sur la défensive. *Attaquer avec la probabilité qu'on sera vaincu, c'est se déshonorer.* »

CHAPITRE XXV.

JOURNÉE DU 13 DÉCEMBRE. — BATAILLE DE SAINT-PIERRE.

I. — Ordres de Soult et de Gazan.

Soult à Reille.

Bayonne, 12 décembre, 5 h. 1/2 du soir.

« Je me propose d'attaquer demain matin les divisions ennemies qui sont sur la rive droite de la Nive et de les rejeter sur la rive gauche. A cet effet, je donne ordre au général d'Erlon de mettre immédiatement en marche les divisions Abbé, Darmagnac et Darricau.

« Je donne ordre au général Clausel d'opérer aussi son mouvement pour reprendre la position qu'il occupait précédemment sur le front de Marrac.

« A la réception du présent ordre, vous mettrez la division Foy en mouvement et la ferez diriger sur le pont de bateaux qui est au-dessus de Bayonne, où elle passera la Nive et ira se former en masse sur le plateau de Saint-Pierre-d'Irube. Le général d'Erlon lui donnera des ordres.

« Vous ferez replier la division Boyer sur Beyris, où elle sera disponible pour passer également la Nive, si je le juge nécessaire, et vous ferez occuper la ligne des avant-postes en avant des ouvrages de Beyris par la division Leval.

« Je laisse à votre disposition d'occuper les hauteurs de Plaisance et le village d'Anglet. Il me paraît que cela peut avoir lieu au moins jusqu'à ce que l'ennemi présente des forces. Veuillez m'instruire de l'exécution de votre mouvement. Veillez à ce que le mouvement se fasse en ordre, dans le plus profond silence, et qu'on ne laisse personne en arrière. »

A cet ordre, le chef d'état-major joignait des instructions de détail.

Gazan à Reille.

Bayonne, 12 décembre.

« Le général en chef vous a donné directement des ordres pour le mouvement que vos troupes doivent exécuter pendant la nuit. Son Excellence me charge de vous prévenir que si les circonstances exigeaient que les divisions Taupin et Boyer passassent la Nive pour soutenir l'attaque du général d'Erlon, vous devriez dans ce cas prendre le commandement de toutes les troupes qui seront sur le front d'Espagne et de Marrac, et les disposer pour la défense de tous les ouvrages qui en dépendent, y compris ceux avancés du plateau de Beyris et ceux du front de Marrac.

« La division Maransin sera placée : une brigade pour garder le débouché d'Ustaritz, à l'ancienne position du 12e léger ; l'autre brigade sera placée sur le plateau à droite de l'ancien logement du général Taupin (1), avec la batterie qui était à la disposition du général Clausel. Si la division Boyer recevait l'ordre de passer la Nive, elle prendrait les ordres du général Clausel.

« P. S. — La réserve d'infanterie sera placée, savoir : la garde royale aux ouvrages de front de Marrac, et les 9e et 34e légers dans les ouvrages de droite, jusqu'à la redoute des Grenadiers. Le général Thouvenot prendra le commandement de ces troupes, en l'absence du général Villatte. »

Qu'importait le secret? Déjà le 9, Wellington prévoyait

---

(1) D'après cela, Leval gardant les ouvrages de Beyris, il y a lieu de croire que Maransin devait être placé en avant des ouvrages de Marrac, au cap de l'Estang et au château Laroche (Weigmann), la garde royale dans les ouvrages et le reste de la réserve répartie sur le front d'Espagne.

que Hill serait attaqué; Beresford avait consacré la soirée du 11 et la journée du 12 à rétablir et jeter des ponts à Ustaritz, et en aval pour assurer les communications entre les deux rives de la Nive, et finalement rappelé Walker à Ustaritz, Clinton devant le pont de Villefranque. En cas d'attaque, Cole et de Colville devaient à leur tour passer la Nive. Il paraît d'ailleurs que nos feux, éteints par négligence en face d'Arcangues et allumés au contraire à Mouguerre, ne laissèrent aucun doute à l'ennemi sur notre dessein.

II. — Description du terrain.

Arrivée à la ferme de Lurbintua, la côte qui borde la rive droite de la Nive, jette au nord-ouest une nervure qui se termine brusquement à la hauteur du château de Larralde, d'où un bas plateau (lande de Duboscoa), s'avance dans la direction de Saint-Pierre. Elle se poursuit alors jusqu'au nœud de Horlopo, d'où la route de Saint-Jean-Pied-de-Port descend en pentes raides pour sillonner un plateau d'environ 1 kilomètre de largeur et de même altitude que Duboscoa, à l'extrémité duquel se trouvent le village de Saint-Pierre et les ouvrages du camp de Pratz. Le nœud de Horlopo constitue le massif le plus élevé et le plus puissant des environs de Bayonne, et son pendant de l'autre côté de la Nive est le plateau de Bassussary. En s'y terminant, la côte de Lurbintua détache vers Larralde une haute et large croupe qui forme, au hameau de Marrichury ou de Lausteinia, une sorte de terrasse d'où la route de Saint-Jean-Pied-de-Port tombe sur le bas plateau de Saint-Pierre. Entre cette croupe et Larralde, s'encaisse le vallon de la Clef, dont la largeur est de 500 mètres, et que traverse le chemin de Bayonne à Villefranque. Enfin, de Horlopo, une nervure s'infléchissant en arc de cercle au nord-est, gagne la hauteur de Mouguerre, qui, à la croix de ce nom, s'abaisse en pente douce vers l'Adour, en circonscrivant le vallon marécageux d'Ibarbide, conjointement avec le plateau de Saint-Pierre.

Il était naturel que la position de Hill s'établît sur les hauteurs culminantes de Mouguerre, Horlopo et Larralde, car partant de Bayonne comme du fond d'un entonnoir, les routes de Mouguerre, de Saint-Jean-Pied-de-Port, de Villefranque s'y élèvent pour en suivre le faîte. Mais on l'observera, après avoir convergé depuis leur origine les ruisseaux de la Clef et d'Ibarbide s'écartent brusquement aux abords de Saint-Pierre, et là le plateau présente une dépression à fond boisé de 500 mètres de largeur, qui ne mérite point sans doute le nom de « Col », que lui donne Soult (1), mais intéressante néanmoins, puisque les routes et chemins de Mouguerre à Bardos, de Saint-Jean-Pied-de-Port et de Villefranque s'y embranchent. De la sorte, la position de Hill s'étend en une demi-circonférence, dont le milieu se trouve au nœud de ces routes, et dont les extrémités se replient à droite dans la direction de l'Adour, par la croix de Mouguerre, à gauche dans celle de la Nive par le château de Larralde. Le centre de Hill, enfin, à cheval sur la route de Saint-Jean-Pied-de-Port, s'appuie aux vallons marécageux d'Escouteplouye et d'Errepialuche (*la Clef et Ibarbide*). La communication entre les ailes et le centre est difficile ; elle passe par Villefranque et le Petit-Mouguerre, sur le revers de la position et à 2 kilomètres environ en arrière.

Le front de l'ennemi est ainsi de plus de 6 kilomètres, tandis que le nôtre ne dépasse pas 800 mètres ; mais là sont notre force et notre faiblesse, pour les mêmes raisons qu'aux avancées de Marrac ; la question est d'en déboucher.

III. — Rapport de Soult.

Soult au Ministre.

Bayonne, 13 décembre.

« Ce matin j'ai fait attaquer la ligne ennemie, sur les hau-

---

(1) *Soult au Ministre*, 13 décembre.

teurs de Losteinia (Horlopo), entre Saint-Jean-le-Vieux-Mouguerre et Villefranque. D'Erlon, ayant à ses ordres les divisions Darmagnac, Abbé et Darricau, la brigade Sparre et vingt-deux pièces de canon, était soutenu par la division Foy, et ensuite il l'a été par la division Maransin.

« La division Abbé a eu ordre d'attaquer de front la position, en suivant la grande route, tandis que la division Darricau s'est portée à la droite pour prendre le contrefort à sa naissance, et attaquer la gauche de l'ennemi ; en même temps la division Darmagnac s'est emparée de la montagne de Partouhiria (Mouguerre) et s'est portée sur Saint-Jean-le-Vieux-Mouguerre, d'où elle devait attaquer la droite de la position ennemie.

« L'attaque a été vive et d'abord très bien menée; mais deux régiments de la division Abbé ayant été repoussés, ont jeté la confusion dans cette division et lui ont fait perdre du terrain. La division Darricau, qui était immédiatement à sa droite, s'en est ressentie au moment où elle emportait la gauche de la position de l'ennemi; elle a été aussi entraînée. Aussitôt j'ai fait porter en ligne la division Foy et la brigade Gruardet, de la division Darmagnac, qui n'était pas encore engagée. La division Maransin a remplacé l'autre brigade de Darmagnac. L'ennemi a été arrêté et le combat a continué sur place le restant de la journée.

« Une pièce de 4, que l'on avait trop engagée, ayant eu tous ses chevaux tués, est restée (1) au pouvoir de l'ennemi.

« Mon projet était d'employer six divisions à cette attaque : trois d'abord ont été engagées, deux autres sont venues les remplacer ; il n'a pas été nécessaire de mettre la sixième en

---

(1) Le maréchal accuse la perte d'*une seule pièce*, alors que Wellington déclare que *deux batteries* furent enlevées. Or les situations du matériel d'artillerie aux 1ᵉʳ et 16 décembre font précisément ressortir une différence de 119 à 94 ou 16 *pièces*. De plus, le 16 décembre, la division Darmagnac n'a plus de batterie. Elle perdit donc ses pièces, et nous avons quelques raisons de croire qu'Abbé perdit aussi les siennes. C'est un point à éclaircir.

ligne. Les prisonniers ont dit que l'ennemi avait trois divisions anglaises, trois brigades portugaises et trente pièces de canon. Sur ce point, on a vu aussi deux colonnes venant de la rive gauche passer à la rive droite de la Nive, mais elles ne sont pas arrivées pour prendre part à l'action.

« Les généraux de brigade Mocquery (1) et Maucomble ont été blessés. Les généraux d'Erlon, Darricau, Maransin et de Saint-Pol ont reçu des contusions.

« Le général Soult était hier à Hasparren avec une partie de sa cavalerie et en a chassé l'ennemi ; mais il a été arrêté devant Monchourchi (2), que l'ennemi occupait avec la division Morillo et plusieurs escadrons anglais. Il y a eu quelques charges avec cette cavalerie ; on lui a blessé du monde et fait quelques prisonniers. Il a pris, hier soir, position à Bonloc, mais il l'a trouvée désavantageuse et se proposait d'occuper aujourd'hui celle de Saint-Estevan et Helette.

« J'ai fait prendre position aux trois divisions du général d'Erlon sur le plateau de Saint-Pierre-d'Irube, d'où elles fournissent une avant-garde au col qui est à la hauteur de Saint-Jean-le-Vieux-Mouguerre, sur la route de Saint-Jean-Pied-de-Port. Les deux autres divisions qui ont pris part au combat repassent, une (Maransin) au camp retranché en avant de Bayonne, et je vais porter l'autre (Foy) sur la rive droite de l'Adour, se prolongeant depuis Bayonne jusqu'au port de Launes.

« La brigade Sparre rejoindra la division Soult entre la Bidouze et le gave d'Oloron. »

Ce rapport, comme celui de Wellington d'ailleurs, est d'un tel laconisme qu'il ne sera pas inutile de le compléter en rapprochant la relation de Lapène des comptes rendus circonstanciés des généraux Stewart et Hill. Depuis la bataille

---

(1) Remplacé le 27 décembre par le colonel Lamorendière, du 75e de ligne.

(2) Soult dit ailleurs *la montagne Choui*. Il faut lire : *hameau de Chouya*, à l'intersection des routes et chemins d'Urcuray à Attissane et de Hasparren à Louhossoa, par le col de Cendera.

de la Nivelle, nos généraux semblent ne plus écrire : du moins les archives de la guerre sont muettes. Lapène nous parle du *Haut* et du *Bas-Saint-Pierre :* le Haut-Saint-Pierre est le hameau de Marrichury; quant au Bas-Saint-Pierre, c'est le village actuel de Saint-Pierre-d'Irube.

Dans la nuit du 12 au 13, « les divisions Foy, Darmagnac, Abbé et Darricau se jettent par Bayonne sur la rive droite de la Nive et campent à Saint-Pierre. Presque certain du succès de la journée, le maréchal avait ordonné au général Soult de s'avancer de Mendionde jusqu'à la hauteur de Cambo, pour être en mesure de couper la retraite aux alliés sur la route de Saint-Jean-Pied-de-Port, et de leur fermer toute communication avec la Nive. Le 13 avant le jour, le général en chef est sur le terrain avec son état-major, et se place sur un plateau à Saint-Pierre pour diriger de là les opérations » (1).

Le corps de Hill se compose des :

Division Stewart.

Brigade Barnes (50e, 71e, 92e);
— Byng (3e, 57e, bataillon provisoire);
— Pringle (28e, 34e, 39e);
— Ashworth (6e, 18e portugais, 6e caçadores), 6 compagnies de rifles.

Division Le Cor.

Brigade Da Costa (2e, 14e portugais);
— Buchan (4e, 10e portugais, 10e caçadores).
Artillerie à cheval : lieutenant-colonel Ross;
— portugaise : lieutenant-colonel Tulloh.

A la droite, la brigade Byng occupait la hauteur et le village de Mouguerre; à la gauche, la brigade Pringle était sur la hauteur de Villefranque (château de Larralde); la brigade Ashworth à cheval sur la route de Saint-Jean-

---

(1) Lapène, 190.

Pied-de-Port, sur la hauteur de Marrichury, ses avant-postes au bas de la pente; le reste en réserve (1).

« Chaque corps ayant reçu dans la nuit les instructions qui le concernent, Abbé s'avance par la route de Saint-Jean-Pied-de-Port, vers l'ennemi en bataille sur les hauteurs de Marrichury. Darricau remonte la rive droite de la Nive, pour tourner la gauche de la position. Foy se dirige sur Mouguerre pour attaquer la droite, et la brigade Chassé de la division Darmagnac, marche en seconde ligne, pour seconder son mouvement. Tirlet fait mettre vingt-deux pièces en batterie; seize sont destinées à débusquer les coalisés de Marrichury; six, servies par des canonniers à cheval, appuient le mouvement de Foy (2).

« Dans moins de quelques minutes, les deux lignes passent du calme paisible de la nuit au fracas effroyable d'une artillerie servie avec une prodigieuse activité et des feux roulants de mousqueterie. Mais soit que l'ennemi, prévoyant l'attaque, ait redoublé de vigilance, soit que nos feux, éteints par négligence en face d'Arcangues et allumés au contraire à Mousserolles, ne laissent aucun doute au général anglais sur nos desseins, le corps de Hill, qui dans la nuit comptait à peine 13 à 15,000 hommes, est sur-le-champ (3) renforcé de trois divisions: 40,000 coalisés viennent se ranger en bataille: la gauche appuyée à la Nive, la droite sur des hauteurs qui se raccordent avec le Vieux-Mouguerre » (4).

« On vit, dit Stewart, l'ennemi former ses troupes sur la route de Bayonne, en avant du faubourg de Saint-Pierre. A 8 heures, il se porta avec beaucoup de vigueur contre nos avant-postes sur cette route. Le centre de notre position la coupait et avait été confié à la brigade Ashworth. L'ennemi attaqua résolument par la route et par les deux côtés; en

---

(1) *Rapport de Hill*, Mouguerre, 16 décembre.
(2) Les deux batteries montées d'Erlon et la batterie à cheval de la brigade Sparre.
(3) Non pas *sur-le-champ*, mais *à partir de midi*.
(4) Lapène, 192.

même temps, il détacha des forces considérables contre la partie du centre qui s'appuyait à un moulin et à un vallon (moulin d'Errepialuche et vallon de Salla), et la séparait de la gauche occupée par la brigade Pringle (1). Le mouvement de l'ennemi dans cette direction fut rapide, et s'il eût réussi, cette brigade eût été coupée du reste de sa division. En même temps, il porta la division Foy contre la droite de la position qu'occupait la brigade Byng établie sur la hauteur et dans le village du Vieux-Mouguerre. L'extrémité droite de la position s'appuyait à l'Adour, et la gauche de Pringle à la Nive. *Le front occupé par ma division était d'environ 4 milles (6^{km},500), les flancs s'étendaient sur les hauteurs et donnaient au centre une forme circulaire favorable à la défense.* Le pays est très coupé, parsemé de maisons et impropre aux mouvements de la cavalerie.

« *Le but de l'ennemi était de forcer notre centre et de s'emparer de notre position de droite. Ce but atteint* (la hauteur du Vieux-Mouguerre joignant celle du Petit-Mouguerre en arrière du centre), *notre ligne avancée devait nécessairement battre en retraite. Contre Pringle l'attaque fut faible*, et poussée surtout avec des troupes légères. Aussitôt que l'attaque se prononça contre les avant-postes du centre, Byng arriva au secours d'Ashworth.

« Les colonnes dirigées contre le centre parvinrent à refouler les avant-postes et s'établirent sur une hauteur intermédiaire entre la grande route et la gauche du centre de la position (2). Sur ce point, ainsi que dans les maisons du voisinage de chaque côté de la route, le combat dura quelques heures avec un succès douteux ; 4 pièces d'artillerie à cheval et 6 de l'artillerie portugaise défendirent le centre et furent conduites très habilement par les lieutenants-colonels Ross et Tulloh.

« Tandis que le général Barnes défendait la grande route,

---

(1) Sur les hauteurs de Harrichury et de Gelos.
(2) Selon toute probabilité, le rideau de Gelos.

je portai mon attention sur la gauche du centre que défendait Ashworth, afin d'assurer la communication avec Pringle. Les forces de l'ennemi s'y accrurent avec une telle rapidité, et il prit une telle assurance qu'il fallut retirer du centre le 71e et 2 pièces d'artillerie, puis une partie du 92e. Vers midi, l'ennemi, grâce à sa supériorité, nous enleva une hauteur, ainsi que les haies et maisons voisines. L'arrivée de la brigade Da Costa fut opportune. J'ordonnai au 2e de marcher contre la droite des colonnes ennemies, et au 14e de reprendre l'important terrain que nous venions de perdre. Ces mouvements furent exécutés avec un grand entrain. La charge du 14e décida de la journée sur ce point.

« Au centre, l'ennemi était repoussé; mais comme il revenait souvent à l'attaque avec des troupes fraîches, par votre ordre, Byng, laissant le 3e de ligne sur la hauteur du Vieux-Mouguerre, arriva au centre avec le 57e et le bataillon provisoire (1) ». De son côté, Lapène dit :

« Après une attaque vigoureuse protégée par le feu de l'artillerie, Abbé avait poussé les premiers postes ennemis, la baïonnette aux reins, jusque dans les lignes supérieures, et il allait atteindre Marrichury. S'il recevait des renforts dans ce moment, l'affaire serait gagnée. Déjà l'artillerie ennemie, accablée par la nôtre, était en pleine retraite. Pendant ce temps, la division Foy et la brigade Chassé, suivies d'une batterie à cheval, avaient marché sur la hauteur du Vieux-Mouguerre; cette montagne était enlevée (au 3e anglais) et nos troupes étaient presque en potence sur le flanc droit de l'ennemi, à l'instant où Abbé atteignait Marrichury. La situation des Alliés était extrêmement critique. Cependant les renforts demandés par Abbé ne lui sont point envoyés; il anime ses soldats par son exemple; ses deux aides de camp sont mortellement blessés à côté de lui. Le général Maucomble est hors de combat (2). »

---

(1) *Rapport de Stewart à Hill.*
(2) Lapène, *loc. cit.*

Le 3ᵉ de ligne avait dû se retirer en arrière du Vieux-Mouguerre, mais sur l'ordre de Hill, ce régiment prend l'offensive et donne l'assaut au village, l'emporte et refoule la division Foy. « A 1 heure encore, on vit les chefs ennemis s'efforcer d'amener des colonnes fraîches à l'attaque du centre, et *ces colonnes refuser de marcher* (1). Il parut alors opportun de pousser notre droite en avant, et de chasser l'ennemi d'une hauteur (2) où il avait beaucoup de forces et de l'artillerie qui incommodait notre centre. J'ordonnai à Byng de réunir sa brigade sur le centre et sur la hauteur du Vieux-Mouguerre et de l'attaquer. Il y arriva le premier, le drapeau du bataillon provisoire à la main ; l'ennemi fut rejeté sur Saint-Pierre et abandonna 8 pièces de canon. Il fit un effort mal combiné pour reprendre sa position, sous une violente canonnade : il échoua. La brigade Buchan était venue soutenir Byng.

« A la gauche, Pringle fut d'abord attaqué par des tirailleurs, puis plus sérieusement. Il conserva ses positions, et portant sa brigade sur la ligne de ses avant-postes (3), à une portée de fusil du camp retranché de l'ennemi, il contribua puissamment, tant par ce mouvement que par un feu de flanc du 28ᵉ à repousser l'attaque dirigée contre la gauche du centre.

« Vers le coucher du soleil, l'ennemi se retira sur Saint-Pierre et de part et d'autre le feu cessa (4). »

En dépit des efforts de son général, la brigade Gruardet, de la division Darmagnac, avait refusé de marcher au secours d'Abbé, et celui-ci, à bout d'efforts, avait dû se replier au bas des pentes de Marrichury, obligeant Darricau et Foy à suivre son mouvement (5). « Nos divisions passent la nuit qui suit cette bataille meurtrière au bivouac dans les

---

(1) Brigade Gruardet.
(2) Hauteur de Mouguerre.
(3) Sur le plateau de Duboscoa.
(4) *Stewart à Hill.* Petit-Mouguerre, 16 décembre.
(5) Lapène, *loc. cit.*, 197.

positions du matin. Elles prennent les armes au point du jour, quoique rien sur la ligne ennemie n'indique des dispositions alarmantes. L'ennemi ne paraît occupé dans la journée qu'à donner la sépulture au grand nombre de morts des deux partis, qui, déjà dépouillés, couvrent la rampe de Marrichury et les champs voisins (1) ». Le général Soult a échoué dans sa marche sur Cambo; il s'est retiré sur Bonloc, à la suite d'un engagement au col de Chouhya.

Du 9 au 13 décembre, nos pertes (ces chiffres sont officiels), s'élevèrent à 264 officiers et 5,650 hommes (2).

Gleig rapporte : « Je vis le duc, le soir du 13 décembre, « après que les Français eurent abandonné le combat. Il « allait à cheval de la droite à la gauche de la ligne, et « s'arrêta un instant pour causer avec le colonel Thornton. « Chacun accourait pour l'entendre et il était d'excellente « humeur, saluant tout le monde très courtoisement : *Ils* « *ont reçu une terrible rossée*, dit-il. *Je n'ai jamais vu tant* « *de morts entassés sur un si étroit espace. Hill en a abattu* « *au moins* 5,000 (3). »

Guère moindres furent les pertes des Anglo-Portugais : 282 officiers et 5,061 hommes.

IV. — Belle conduite des habitants de Bayonne à l'égard des blessés. — L'Empereur les en félicite.

On doit, certes, se tenir en garde contre les exagérations des historiens et des chroniqueurs. Suivant Lapène, les Alliés, du 9 au 13 décembre, auraient perdu, *de leur propre aveu*, 16,000 hommes ! et nous 10,000 ! Le total fut de 10,996 tués, blessés, prisonniers ou disparus ; ce bilan est bien suffisant. Mais Lapène touche juste lorsqu'il nous montre « nos blessés recueillis sur des bateaux au-des-

---

(1) Lapène, *loc. cit.*, 197.
(2) *Soult au Ministre*, Biaudos, 19 décembre.
(3) « *Hill must have disposed of* 5,000 *of them at the least.* »

« sous de Saint-Pierre-d'Irube et rentrant à Bayonne ;
« les habitants abandonnant les toits et les clochers d'où ils
« observaient avec inquiétude les circonstances du combat,
« se précipitant sur les quais pour remplir les devoirs de
« l'humanité ». Les hôpitaux et les églises ne pouvaient plus
recevoir de blessés, ils les recueillirent chez eux. Noble conduite dont Thouvenot rendit compte au Ministre en ces termes :

« Les habitants de Bayonne et de Saint-Esprit se sont parfaitement conduits envers nos blessés. Dans l'affaire du 13, leur grand nombre a forcé d'en placer dans les églises, dans les synagogues et dans les maisons particulières. La plupart ont été portés, soulagés et soignés par les habitants des deux villes. Les femmes surtout se sont distinguées par les soins particuliers et recherchés qu'elles ont donné à la plupart des blessés, avec l'adresse et les ménagements dont ce sexe est capable.

« Les lignes ennemies et les nôtres sont dans les mêmes positions qu'hier. Les évacuations de nos blessés continuent par eau sur des bateaux que je fais escorter par nos chaloupes canonnières, et bientôt tous les blessés qui étaient logés hors des hôpitaux seront évacués.

« L'armée étant maintenant aux portes de Bayonne, la ville se trouve extrêmement encombrée ; cependant la tranquillité y règne, et ce grand concours de monde ne donne lieu à aucun désordre. »

Par ordre de Sa Majesté le Ministre de la guerre écrivait, en réponse à ce général : « Je vous invite à faire connaître
« aux autorités et aux habitants de Bayonne et du Saint-
« Esprit, la satisfaction de l'Empereur (1) ».

Loin de s'attendre à un tel et si subit retour d'offensive, les Alliés étaient dans la consternation ; les rapports reçus au quartier général en témoignaient. Espelette, Cambo, Saint-Pée, Saint-Jean-de-Luz regorgeaient de blessés, et dans

---

(1) *Ministre de la guerre à Thouvenot*, 21 décembre.

la crainte que Soult, continuant à profiter de la concentration de son armée devant Bayonne, ne poursuivît ses tentatives, on y attendait avec anxiété l'arrivée des divisions espagnoles. L'état-major était en grand émoi, et l'on cessait de se fier aux habitants. Le maréchal accueillait ces bruits, content, s'il n'avait pu battre l'ennemi, de lui avoir fait beaucoup de mal, mais de ce jour peut-être désespérant du succès.

Labrouche, maire de Saint-Jean-de-Luz, à Soult.

Bayonne, 13 décembre, midi.

« Je fis partir avant-hier, dans la nuit, quatre individus pour Saint-Jean-de-Luz. Deux d'entre eux arrivent ici presque à la fois ; ils se sont parfaitement accordés dans les rapports qu'ils m'ont fait verbalement, et desquels il résulte que l'ennemi a souffert extrêmement les 9 et 10 de ce mois. Leurs pertes sont énormes ; les maisons et les routes depuis l'ancienne poste de Bidart jusqu'à Saint-Jean-de-Luz étaient couvertes de leurs blessés. Les Portugais surtout ont beaucoup souffert. D'après ce qu'assurent ces commissionnaires, les pertes de l'ennemi en morts et blessés seraient de 10 à 12,000 hommes jusqu'à hier soir.

« Les habitants de Saint-Jean-de-Luz se sont fortement aperçus que l'ennemi était consterné, et qu'il ne s'attendait pas à être frotté comme il l'a été.

« Les Anglais disaient hier qu'ils avaient 30,000 Espagnols disponibles qu'ils devaient faire avancer du côté d'Espelette.

« Hier soir, deux amis de Saint-Jean-de-Luz m'ont écrit en basque chacun un billet ; voici leur traduction :

L'un porte :

« On transporte ici beaucoup de blessés en cachette depuis deux jours, particulièrement des Portugais. Ces gens-ci font les choses aussi en cachette qu'ils le peuvent. Tout l'état-major général est en grand mouvement depuis trois jours. »

L'autre porte :

« Ces gens-ci ont été rossés d'importance le 10 ; particulièrement ceux du côté de Duero (*les Portugais*). Des autres aussi, beaucoup de chefs ont été blessés ; ils sont consternés. Vous savez sans doute qu'ils avaient renvoyé les noirs (*les Espagnols*) dans leur pays. Vous ne pouvez pas vous faire une juste idée de la mésintelligence qui règne entre eux. »

Rapport du chef d'escadron Mendiry.

Bayonne, 16 décembre.

« Les affaires qui ont eu lieu depuis le 8 août ont changé l'opinion de l'ennemi sur le compte de nos troupes. Elles lui ont donné du chagrin et de l'inquiétude.

« On porte à 30,000 hommes les renforts qui arrivent à l'armée ennemie. On remarque le plus grand secret dans l'ordre de mouvement de l'ennemi, et une très grande méfiance des habitants que l'on occupe aux différents travaux de l'administration militaire. »

Mais ces rapports, empreints d'une exagération évidente, n'ont qu'un fond de vérité.

CHAPITRE XXVI

CONCLUSIONS.

I. — **Dans sa retraite de la Nivelle, le Maréchal ne s'est point arrêté sur la ligne d'investissement de Bayonne.— Il s'est vainement efforcé, du 10 au 13 décembre, de la reprendre.**

Depuis la bataille de la Nivelle, la situation s'était fort assombrie. En donnant *in extenso* une partie des documents venus à notre connaissance, notre intention a été de permettre à chacun de former son jugement sur les causes, la portée et les conséquences des événements.

Rapprochons-les une dernière fois, établissons les responsabilités. Si l'histoire a d'autres sources plus pures, plus complètes et plus élevées que celles que nous donnons ici, quelles sont-elles ?

« L'ennemi a une telle supériorité de forces qu'il ne m'est
« pas possible d'occuper des positions aussi étendues que
« celles que j'avais sur la Nivelle. *Je ne les gardais que
« pour couvrir le pays.* Ainsi, je vais me réunir et manœu-
« vrer désormais en armée, tenant les troupes plus rassem-
« blées et constamment sous mes yeux ; elles auront plus de
« confiance en leur valeur.

« *Il est probable que je ne m'arrêterai pas sur la ligne de
« Bidart à Arrauntz, et que je continuerai le mouvement
« sur Bayonne, où je laisserai les troupes nécessaires pour
« occuper le camp retranché ; ensuite j'irai prendre posi-
« tion à la rive droite de la Nive, sur les hauteurs de
« Cambo, occupant l'Ursuya, où je serai à égale distance*

« de Bayonne et de Saint-Jean-Pied-de-Port, et je couvrirai
« ainsi ces deux places (1) ».

Mais si tel est son dessein au lendemain de la bataille de la Nivelle, en arrivant à Bayonne, devant la nécessité de faire terminer sous ses yeux le camp retranché, il suspend son mouvement sur la Nive, et se borne à y envoyer d'Erlon, avec ordre d'occuper l'Ursuya et le débouché d'Itsassu (2).

« Le mauvais temps nous contrarie pour terminer les ou-
« vrages du camp retranché. J'y attache une grande impor-
« tance, car la place de Bayonne ne sera à l'abri de toute
« insulte que lorsque tous les ouvrages de ce camp seront
« en état de défense ; alors, je pourrai avec sécurité m'éloi-
« gner de Bayonne et manœuvrer contre l'armée enne-
« mie, sans craindre qu'elle se hasarde à l'attaquer. D'ail-
« leurs, puisque les événements m'ont obligé à m'appuyer
« sur la place de Bayonne, je dois la considérer comme la
« place d'armes de l'armée, et y prendre effectivement mon
« appui, me tenant en mesure d'attaquer le flanc de l'en-
« nemi, s'il entreprenait de passer la Nive, et de tomber
« sur ses derrières, soit à la rive droite, soit à la rive
« gauche, lorsqu'il serait engagé dans ses mouvements. Je
« prends donc Bayonne, qui déjà est ma place d'armes,
« comme *pivot de mes opérations* (3). »

Ainsi, le projet d'établissement de l'armée derrière la Nive est abandonné. « En cas d'attaque, il aurait été facile
« à l'ennemi d'empêcher que j'opérasse le mouvement sur
« Bayonne ; l'armée aurait été embarrassée de son maté-
« riel, dont elle eût perdu une grande partie, le chemin
« étant presque partout impraticable. J'avais fait recon-
« naître, au mois de septembre, s'il serait possible d'avoir
« une route militaire de Cambo et de Mendionde sur
« Peyrehorade, par Hasparren, la Bastide-Clairence et Bi-

---

(1) *Soult au Ministre*, 10, 12, 13, 14 novembre.
(2) *Soult au Ministre*, 15 novembre.
(3) *Ibid.*, 23 novembre.

« dache. Je fis travailler aux réparations les plus urgentes,
« mais elles sont impraticables en cette saison (1) ».

On vit, le 9 décembre, avec quelle facilité la ligne de la Nive pouvait être coupée. « La rivière est guéable dans plu-
« sieurs endroits, et sur divers points, la rive opposée a un
« grand commandement sur le pays qui est en avant. *Il sera*
« *très difficile d'empêcher l'ennemi de la franchir, s'il y*
« *emploie seulement une partie des moyens qui sont à sa*
« *disposition* (2).

« L'ennemi a de très fortes lignes, campées sur les contre-
« forts de Sainte-Barbe, près d'Arrauntz, ainsi que sur les
« hauteurs, entre Bidart et Bassussary. Si le mauvais temps
« continue, il sera forcé de prendre des quartiers d'hiver et
« d'ajourner ses projets d'invasion (3) ». En effet, les pluies étaient incessantes, et Wellington avait dû cantonner l'armée et renvoyer les Espagnols derrière la frontière, mais il n'attendait, pour reprendre ses opérations, que le *retour du soleil et..... de l'argent*.

Déjà, le 23, Soult est informé que l'ennemi se propose de l'attaquer et de forcer le passage de la Nive du côté de Cambo ou d'Itsassou, pour se porter sur la route de Saint-Jean-Pied-de-Port, isoler cette place et avancer dans le pays. « *Quoi qu'il en soit, et malgré la supériorité des*
« *forces de l'armée ennemie, je persiste dans les disposi-*
« *tions que j'ai prises. Et je continue à me porter, avec*
« toute l'armée, sur son flanc, s'il s'engage dans l'intérieur
« et s'il me fournit ainsi l'occasion de couper sa ligne. »

Or, Hill, ayant forcé le passage de la Nive (9 décembre), l'occasion se présente, et, dès le lendemain, le maréchal la saisit. Nous savons pour quelles raisons échouèrent les attaques sur Arcangues et le Barroillet.

Les journées des 11 et 12 se passent en tâtonnements, en affaires d'avant-postes, et finalement, le 13, *pour les mêmes*

---

(1) (2) *Soult au Ministre*, 15 novembre.
(3) *Soult au Ministre*, 23 novembre.

causes que le 10, la bataille de Saint-Pierre aboutit à une défaite.

II. — Son attaque centrale en avant de Saint-Pierre-d'Irube ne pouvait aboutir.

En effet, le 13 décembre, à la pointe du jour, quatre divisions sont massées sur l'étroit plateau de Saint-Pierre, s'apprêtant à déboucher par une sorte de jetée analogue à celle de Marrac; une cinquième, celle de Marausin, quittant un peu plus tard le camp de Marrac, viendra à son tour s'y entasser. Si les Français parlent de la supériorité de l'ennemi, les Alliés, de leur côté, nous montrent que Stewart et Le Cor suffirent à battre nos cinq divisions; que Clinton arriva sur le terrain au moment où la victoire était gagnée.

La vérité, la voici : sur 55,000 hommes d'infanterie, le maréchal n'avait que 32,000 anciens soldats; depuis le 10, 23,000 recrues étaient réparties dans les ouvrages qu'ils gardaient, de concert avec des bataillons de la garnison.

La réserve de Villatte n'en avait point, et l'on en peut conclure que les autres divisions ne disposaient pas de 4,000 combattants. Ainsi, moins de 16,000 hommes attaquèrent Stewart et Le Cor, forts, l'un de près de 9,000 et l'autre de 4,500 : soit, au total, environ 13,500 hommes.

Et lorsque Clinton déboucha avec plus de 6,000, Colville, puis Walker, amenant un dernier renfort de plus de 12,000 hommes, le maréchal n'eut-il pas devant lui de 31,000 à 32,000 hommes, auxquels il ne pouvait en opposer que 20,000 ? D'ailleurs, l'affaire ne fut soutenue que par Abbé, Foy, Darricau et une brigade de Darmagnac, l'autre ayant refusé de marcher; soit trois divisions et demie, ou 14,000 hommes; et à ce moment, Clinton, entrant en ligne, portait les forces adverses à 32,000, *sur des positions dominantes et formidables, où elles avaient toutes facilités de se mouvoir, alors que nos troupes, sous un feu convergent, manquaient de terrain pour se déployer*. Justice doit être faite des allégations intéressées des écrivains anglais (1).

Les *attaques de front* sont partout condamnées ; or ce jour-là, par suite de la divergence des routes de Bayonne à Briscous, Horlopo et Villefranque sur lesquelles s'avancèrent les colonnes, la route centrale, celle de Saint-Jean-Pied-de-Port, était insaisissable. Le terrain n'était pas seulement difficile, nul bon chemin à partir de Mouguerre ou de Larralde n'allait la rejoindre. Aussi les efforts de Foy et de Darricau demeurèrent vains, et les hauteurs de Horlopo ne purent être ni gagnées ni franchies. Ces hauteurs où l'on n'accède que par degrés, puisqu'elles sont précédées, à Marrichury, par une avant-ligne ou terrasse aussi forte que la position principale qui surgit à un kilomètre en arrière, devaient défier les 4,000 braves d'Abbé. Il eût fallu là 10,000 hommes, mais le terrain trop resserré n'eût point permis de les engager, et Abbé resta seul sur ce chemin de la croix.

III. — Il était possible et avantageux d'élever le camp retranché sur la ligne d'investissement.

L'expérience en est faite. Les lignes de Marrac, de Mousserolles et du front d'Espagne ont montré leur insuffisance ; l'armée y est *prisonnière*, car toute sortie contre les positions dominantes qui entourent la place au sud-est et sud-ouest est destinée à échouer. Comment déboucher sans livrer aux avancées de Marrac ou de Saint-Pierre un combat de défilé, dans les conditions les plus désavantageuses ? On ne saurait trop le répéter, lorsqu'après la défaite de la Nivelle, le maréchal se retira sur Bayonne, il ne tint point sur la ligne Bidart—Sainte-Barbe et Arrauntz ; elle était « *trop*

---

(1) Reproduisant une phrase des *Annals of the Peninsular Campaigns*, les *Mémoires du général Picton* vont jusqu'à dire (II, 278), que « Soult fit des attaques réitérées avec une armée et fut battu par une division ».

étendue ». Mais avant de s'enfermer dans les ouvrages de Beyris, de Marrac, il pouvait occuper une ligne excellente ; *le plateau de Bassussary* commande les routes de Saint-Jean-de-Luz et d'Espelette, ainsi que les chemins de Saint-Pée à Arbonne et à Arcangues. Derrière ce plateau, il eût manœuvré inaperçu. De là, traversant la Nive, sa ligne se fût élevée sur les *hauteurs de Larralde, Horlopo et Mouguerre*. En d'autres termes, au lieu de rassembler l'armée au fond de la cuvette, dont Bayonne occupe le centre, il pouvait lui faire prendre position sur les bords et l'y fortifier.

Des groupes d'ouvrages au Barroillet, à Arcangues, sur la croupe d'Urdains lui auraient rendu service, alors que Beyris et Marrac ne lui en rendirent aucun.

D'autres à Larralde, Horlopo et Mouguerre, complétant le système, n'auraient point exigé plus de temps que ceux qu'il édifia sur le plateau de Saint-Pierre. Élevés à portée des lieux habités, des villages même, ou les englobant, ces groupes confiés à la garde de troupes désignées, et se suffisant, auraient permis à l'armée de manœuvrer, soit en avant et s'y appuyant, soit en arrière et sous leur protection. Enfin, cessant d'être entassée, l'armée eût pris du champ sans agrandir notablement le front de la défense, car si l'on compte 12 kilomètres à vol d'oiseau du plateau de Florence au ruisseau d'Urdains et de Larralde à Mouguerre, position du 8 au soir, il n'y en a que 14 en passant par Bassussary et le Barroillet….

La situation de l'armée au 1er décembre fait ressortir que la garnison de Bayonne était d'environ 9,000 hommes. Que pouvait craindre la place ? Ces 9,000 hommes, joints à la division Villatte, forte de 5,868 présents, pouvaient constituer une *réserve de* 15,000, à moins de deux heures de marche des points menaçables les plus éloignés, le Barroillet et Mouguerre.

Aujourd'hui, les lignes et ouvrages détruits ou abandonnés de Beyris, Marrac et Pratz ne préserveraient point la ville d'un bombardement ; ils sont devenus en quelque sorte la *chemise* de la place. Mais en 1813, l'artillerie avait une si faible portée qu'une telle opération était impossible (1), d'autant que le corps de place constituait une deuxième ligne. Emportés, les ouvrages extérieurs n'en livraient que les approches et il fallait ensuite procéder à un siège régulier. En 1813 encore, en supposant que le maréchal organisât le plateau d'Arcangues et les hauteurs de Larralde à Mouguerre, l'appui *direct* de la place lui eût manqué ; une ligne intermédiaire, ou plutôt une deuxième ligne, s'imposait ; c'est-à-dire, le plateau de la Tour-de-Lannes couvert par les lacs de Mouriscot et de Brindos, le château Wegmann et le village de Saint-Pierre. Or, si l'on examine les ouvrages de Pratz, Marrac, Beyris, etc., tous d'un énorme relief et d'un grand développement, on demeure convaincu que la même somme de travail aurait permis, dans le même temps, de construire les deux lignes en question.

Dès lors, Hope n'aurait pu franchir l'Adour et investir Bayonne, à moins d'immobiliser une telle partie des forces de Wellington, que celui-ci aurait renoncé à passer la Nive, à pousser sa droite sur les Gaves, à menacer la ligne de ravitaillement de son adversaire. Nos affaires eussent changé de face....

Loin de là, ne se croyant point en sûreté sur la ligne d'investissement de Bayonne, le maréchal l'abandonna sans coup férir. Aussi, le 10 décembre, lorsqu'il voulut prendre avantage de la faute commise par le général anglais, perdit-il un temps précieux à déployer ses forces et fut-il réduit à un combat traînant, morcelé, alors que les circonstances exigeaient une offensive imprévue, soudaine, irrémédiable ; le 13, cinq divisions s'entassèrent sur un terrain qui ne permettait pas d'en déployer plus de deux. Chaque fois, Wellington eut le temps de faire exécuter à ses troupes les navettes à

---

(1) En effet, les pièces de 4, 8, 12 avaient une portée maxima de 900 mètres et moyenne de 500 à 600 ; les obusiers de 6 portaient à 1600 mètres au plus. Dans les sièges, la portée maxima des mortiers était de 2,000 mètres. Or, Beyris, Marrac et les batteries avancées de Saint-Pierre-d'Irube sont à 1900, 1400 et 2,100 mètres du corps de place.

travers la Nive et de les transporter sur les formidables positions que le maréchal n'aurait point connu la nécessité d'attaquer s'il les avait conservées et organisées (1).

Sans doute enfin, appliqué contre la place, le camp retranché en reculait les attaques, mais il ne s'opposait point au blocus et présentait au même degré que la vieille enceinte le défaut d'être assis au centre d'un hémicycle de hauteurs dominantes et hors de la portée de ses feux. Les efforts pour en déloger l'ennemi devaient être vains ; outre la supériorité des positions, il avait celle du nombre, il se l'assura partout.

Parfaitement au courant de la gravité de la situation, Napoléon ne laissait rien transpirer des dépêches de Soult, et essayait de donner le change au pays en dénaturant les faits. Ainsi, on lisait dans certains journaux de la capitale, à titre officiel en quelque sorte : « *Lord Wellington a échoué dans son projet de forcer les passages de la Nive et de l'Adour,* de cerner Bayonne et de marcher sur Bordeaux ; *les combats qui ont eu lieu depuis le 9 jusqu'au 13 décembre ont été à son désavantage : il y a perdu 15,000 hommes, tandis que l'armée française n'en a pas eu le quart hors de combat. La consternation est dans l'armée britannique ; lord Wellington borne maintenant ses prétentions à faire retrancher toutes les parties de sa ligne. Sa position devient de plus en plus critique ;* son armée manque de vivres ; des convois battus par la tempête viennent échouer sur la côte des Landes ; nos détachements recueillent les cargaisons. La mésintelligence, d'ailleurs, règne entre les troupes anglaises et espagnoles. »

Le moment, certes, ne pouvait être plus mal choisi ; bien que la pénurie des officiers fût telle que des divisions d'infanterie de 5 à 6,000 *présents* n'en avaient que 100 à 130,

---

(1) « *Les retranchements de Soult autour de Bayonne formaient le centre d'un cercle dans lequel il ne pouvait apporter aucun changement à la disposition de son armée sans être observé par Wellington.* » (*Mémoires du général Picton,* II, 275.)

par surcroît, l'Empereur dépouilla d'un cadre *complet* de bataillon tous les régiments qui en avaient deux ou plus, pour créer une « *armée de réserve des Pyrénées* ». Le projet d'organisation porte que « ces cadres recevront chacun 1500 hommes, prendront le nom de 6⁰ *bataillon* et seront au nombre de 20 ; ils seront envoyés à Bordeaux et formeront 2 divisions chacune de 10 bataillons, en tout 30,000 hommes. Ces 6⁰ bataillons enverront 8,000 hommes aux bataillons de leurs régiments qui sont à l'armée, et il restera 22,000 hommes disponibles. ... *Il faudra annoncer avec éclat la réunion de cette armée* (1) ». Une division se forma à Bordeaux et l'autre, sur la proposition de Soult, à Toulouse (2).

Ainsi, de jour en jour, l'armée s'appauvrissait ; l'élément ancien disparaissait et n'était remplacé que par des recrues. Soult écrivait : « Vous connaissez ma situation : depuis vingt jours, l'armée a éprouvé une réduction de plus de 16,000 hommes, soit par les combats qu'elle a livrés, soit par le départ de la brigade italienne, de la gendarmerie à pied, de la dissolution des troupes espagnoles, de la défection des Allemands et de l'envoi de vingt cadres de bataillons pour former les 1ʳᵉ et 2⁰ divisions de l'armée de réserve des Pyrénées... *Je ne puis faire de miracles, ni me multiplier....* (3). »

Si l'on rapproche les situations de l'armée aux 1ᵉʳ et 16 décembre, on constate qu'elle perdit 590 officiers. D'un *effectif* de 9,000 hommes, la 4⁰ division n'en compte que 151, au 16 décembre, dont 22 à l'hôpital et 3 en jugement....

---

(1) *Napoléon au duc de Feltre,* 16 novembre. (*Correspondance de Napoléon,* 20898.)

(2) (3) *Soult au Ministre,* 21 novembre et 16 décembre.

VIIᵉ PARTIE

DEFENSE DES GAVES : BATAILLE D'ORTHEZ. PASSAGE DE L'ADOUR.

CHAPITRE XXVII

PROTECTION DE L'ADOUR.

La guerre entrait dans une nouvelle phase ; le moment était venu pour le maréchal d'assurer ses lignes de communication et de ravitaillement, c'est-à-dire la route des petites Landes et l'Adour. Si ces lignes se fussent dirigées droit sur ses derrières, la question eût été simple, mais elles filaient sur sa gauche et présentaient le flanc aux incursions d'un ennemi qui, par la position qu'il avait prise à la gauche de la Nivelle, était plus à portée de les menacer que lui de les défendre.

Déjà le 12 novembre, la tournure des événements lui avait fait sentir le danger qui allait menacer la navigation de l'Adour, danger auquel devait s'ajouter, à tort ou à raison, celui d'un passage de vive force *en amont* de Bayonne. De là un ensemble de mesures administratives et militaires où il déploiera les ressources d'un inépuisable talent.

Avant tout, la marine reçoit l'ordre de concourir à la défense de la place et à la protection de la navigation intérieure.

I. — Protection de la navigation sur l'Adour.

Le Commissaire de la marine au général Thouvenot.

Bayonne, 13 novembre.

« J'ai reçu la nuit dernière de S. E. le maréchal une lettre par laquelle, *considérant l'urgence*, il m'ordonne de préparer de suite l'armement et l'équipement de vingt chaloupes-canonnières destinées à concourir à la défense de Bayonne. Je dois vous déclarer que je n'ai pas le premier sou pour faire face à cette dépense... »

Les chaloupes devaient être montées par des marins, et armées chacune d'une pièce sur pivot. Nous en avons vu huit le 9 décembre; peu à peu leur chiffre s'éleva, mais elles ne furent complètement montées qu'à la fin de janvier, où leur nombre atteignit 24. On en forma trois sections, chacune sous les ordres d'un officier de vaisseau, et stationnant à trois *points de relâche*: Bayonne, île de Berens et Port-de-Lanne; le maréchal interdit aux bâtiments de marcher isolément et voulut que chaque convoi fût escorté par quatre chaloupes-canonnières.

Des inspecteurs de la navigation furent dirigés sur les dépôts de Mont-de-Marsan, Dax, Tartas et Peyrehorade.

L'armement consistait en :

Corvette *Sapho*...........................	24 canons.
La Mouche...............................	4 —
Chaloupes-canonnières....................	24 —

soit 52 pièces et 600 marins, dont 2 compagnies de matelots qui arrivèrent de Rochefort le 20 janvier en grand désordre et montèrent à raison de dix hommes à bord de chaque chaloupe. La section qui stationnait à Bayonne « mouillait au-« dessous du pont Saint-Esprit, afin d'éviter les inconvé-« nients qui pouvaient résulter d'une débâcle si l'ennemi « lançait quelques corps flottants sur l'Adour; mais on « tenait quelques embarcations au-dessus du pont, pour

« observer les corps qui pouvaient être lancés et les faire
« dériver » (1).

Quant à la *Sapho* et à la *Mouche*, destinées à défendre le passage de la Barre de l'Adour, elles stationnaient l'une à hauteur de la batterie dite de l'Adour, l'autre au Boucau (2).

Le service de la flottille était excessivement actif et pénible ; entre Port-de-Lanne et Bayonne, les convois ne comportaient que des bateaux couverts, c'est-à-dire bastingués ; plus haut, des gabares ou barques du haut Adour.

La marée se faisant sentir jusqu'à Peyrehorade, où le gave de Pau devient navigable, Soult décida qu'un magasin y serait constitué pour recevoir les arrivages par terre de Toulouse, Tarbes et Pau ; de la sorte, l'armée s'approvisionna à Mont-de-Marsan et Dax, où se trouvaient les magasins d'habillement et d'équipement, les hôpitaux, les parcs d'artillerie, les services généraux, concurremment avec les magasins de Peyrehorade et de Tartas. Le port de Lanne devient l'*entrepôt des besoins courants*.

Enfin, pour faciliter les mouvements des troupes à travers l'Adour, le maréchal fit jeter, le 13 décembre, un deuxième pont en face de la citadelle : des estacades le protégèrent, ainsi que celui du Saint-Esprit. Entre Bayonne et Dax, il n'y avait aucun passage ; le pont de bateaux de Peyrehorade fut jeté à la mi-novembre.

Toutes ces mesures, les évènements les justifièrent. Ainsi, le 12 décembre, Wellington invite Hill à établir des postes sur l'Adour : « *Nous rendrions le séjour de l'armée française à Bayonne presque impossible.* » Or Hill n'avait point attendu l'ordre : dès le 10, un parti s'était présenté à Urt.

---

(1) *Soult à Thouvenot*, Bayonne, 16 décembre.
(2) De là aussi, elles balayaient le vallon de l'Aritzague et couvraient la droite du front d'Espagne.

Le Commissaire de la marine au général Thouvenot.

Bayonne, 10 décembre.

« L'officier chargé d'escorter les bateaux chargés de bouches à feu de campagne, évacués sur Dax le 8, vient de me rapporter qu'en revenant ce matin à 11 heures, il s'est arrêté à Urt, où l'ennemi s'est présenté. Comme en cet endroit la rivière est très resserrée, que les courants y sont très forts et que les canons ne peuvent guère avoir d'effet sur ce village placé sur un tertre, il a cru devoir descendre à Bayonne, afin de prévenir les bateaux qui ont l'habitude de s'arrêter devant ce village.

« *Je lui prescris de rallier les chaloupes-canonnières de sa section et de forcer ce passage, afin que la navigation puisse continuer.* »

Au même.

Bayonne, 11 décembre.

« A 5 heures du matin, le capitaine l'Ordon, commandant une chaloupe-canonnière, est arrivé avec un convoi de douze gros bateaux chargés de subsistances. L'ennemi avait évacué Urt. »

Les chaloupes ne suffisant point, bientôt le maréchal fut amené à étendre sa gauche derrière l'Adour et la Bidouze, dans le but de protéger la navigation et de s'opposer au passage de vive force qu'il appréhendait à Urt.

II. — Protection de la ligne de l'Adour.

Soult au Ministre.

Bayonne, 14 décembre.

« *J'ai ordonné à la division Foy de s'établir sur la rive droite de l'Adour, depuis le confluent du Gave de Pau jusqu'à une demi-lieue au-dessus de Bayonne. Elle protégera la navigation de l'Adour.* Le général Foy doit aussi examiner si le *village d'Urt ne pourrait pas être occupé comme tête de pont;* le lit de la rivière est très resserré sur ce point, et si l'ennemi s'y établissait, il nous incommoderait beaucoup. »

En conséquence, Foy s'établit à Saint-Barthélemy avec le 36ᵉ léger et le 39ᵉ de ligne ; il place la brigade Fririon à Saint-Martin, le 65ᵉ à Saint-Laurent, et détache trois compagnies du 6ᵉ léger à Urt, le reste de ce régiment dans les îles de Rolle, de Broc et de Berens.

Le 16, la division Darricau et la brigade légère du colonel Dauture (1), quittent le camp de Mousserolles et se rendent à Peyrehorade, « d'où Clausel doit les établir sur la Bidouze, avec des avant-postes en avant de Bidache et de Bardos, *même à La Bastide-Clairence,* s'ils peuvent s'y maintenir, afin d'être placés parallèlement avec la cavalerie du général Soult, qui est à Mendionde et Bonloc (2) ».

Or, ledit jour, Foy est chassé d'Urt. « Ce matin, un corps de 1200 Anglais d'infanterie et un escadron de cavalerie se sont présentés devant le village. On a échangé quelques coups de fusil ; les trois compagnies, ne pouvant défendre leur poste, se sont embarquées et ont passé à la rive droite. *Il est probable que, lorsque Clausel sera établi à Bidache et que son avant-poste sera à la Bastide-Clairence, l'ennemi ne tiendra pas à Urt* (3). » Cette affaire donna lieu à une panique.

Le commissaire de la marine au général Thouvenot.

Bayonne, 20 décembre.

« Les équipages de plusieurs bateaux de l'Adour, gagnés par la terreur, ont abandonné au port de Lanne leurs bateaux chargés de subsistances. Dès que j'en ai été instruit, j'ai ordonné aux syndics de marine de les contraindre à rega-

---

(1) Voyez la note, page 255.
(2) *Soult au Ministre,* Bayonne, 15 décembre.
(3) *Soult au Ministre,* Bayonne, 16 décembre.

gner leur bord, et à l'officier qui commande la station de chaloupes-canonnières en avant d'Urt, de prendre à la remorque lesdits bateaux pour les conduire à Bayonne. Cet ordre eût été exécuté sans le temps affreux qui a régné la nuit dernière.

« Les ordres les plus précis ont été donnés pour faire naviguer en convoi les bateaux qui montent et descendent de Mont-de-Marsan et de Dax. Je prescris au commissaire de la marine de Dax de placer à l'avenir, dans chaque bateau, quatre soldats pour contenir les équipages. »

Urt perdu, l'île de Rolle enlevée quelques jours plus tard, le maréchal prête à l'ennemi le projet de tenter un passage de vive force au-dessus de Bayonne. Il ordonne à Thouvenot de couper les digues du fleuve et prend ses dispositions pour s'y opposer.

Soult à Thouvenot.

Bayonne, 16 décembre.

« Pour ôter à l'ennemi l'idée de jeter des ponts sur l'Adour, il est convenable, de détruire les digues pour la retenue des eaux qui sont à la rive gauche de cette rivière, soit en faisant des coupures, soit en brisant les clapets. Il est même nécessaire que les points où l'ennemi aurait le plus de facilité pour l'établissement d'un pont soient bien reconnus, afin d'étendre, vis-à-vis, l'inondation à la rive droite et de rendre l'entreprise impraticable. Vous donnerez des ordres en conséquence, de concert avec le général Garbé ; mais, comme le général Foy est établi sur l'Adour, vous le préviendrez des dispositions qui seront faites. »

L'opération eut lieu le jour même ; le lieutenant de vaisseau Bourgeois partit de Bayonne à 5 heures du soir avec 4 chaloupes-canonnières, 2 trincadoures et 1 biscayenne, le tout armé de 6 pièces, 75 mineurs et 50 hommes du 1er de ligne.

« Les feux de bivouac ennemis se prolongeaient à perte de vue..... Par une nuit profonde, M. Bourgeois et le capitaine du 1er de ligne tentèrent une périlleuse reconnaissance sur la rive gauche. Toute opération de ce côté fut reconnue impossible; on se rembarqua et on résolut d'agir au confluent de la Bidouze. A peine revenue en rivière, la flottille, qui avait été aperçue, fut accueillie par une fusillade mal dirigée à cause de l'obscurité..... On résolut de forcer le passage d'Urt pendant que la marée le favorisait encore; la flottille se forma en ligne de bataille, répondit vigoureusement au feu de l'ennemi et força le passage.

« A 4 heures et demie du matin, elle arriva au confluent de la Bidouze : quatre chaloupes-canonnières furent embossées devant le château Delissalde, où 400 Anglais étaient enfermés, pendant que les deux trincadoures et la biscayenne débarquaient les travailleurs. Les clapets et les digues de la plaine de Ladun furent complètement détruits à 3 heures du soir ; à 4 heures, la flottille se trouva prête à rentrer à rentrer à Bayonne avec une quarantaine de bateaux chargés de munitions et de vivres; le 18, à 3 heures du matin, le passage d'Urt fut forcé pour la seconde fois avec le même bonheur, et à 6 heures et demie, le convoi était à Bayonne (1). » En somme, les résultats de l'expédition n'étaient pas de nature à tranquilliser le maréchal. « Vous connaissez ma situation, vous vous rappelez que, depuis vingt jours, l'armée a éprouvé une réduction de plus de 16,000 hommes, soit par les combats qu'elle a livrés, soit par le départ de la brigade italienne, de la gendarmerie à pied, de la dissolution des troupes espagnoles, de la défection des Allemands et de l'envoi de vingt cadres de bataillons pour former les 1re et 2e divisions de l'armée de réserve des Pyrénées. *Je ferai certainement tout ce qui sera humainement possible pour arrêter les progrès de l'ennemi et donner à l'armée de réserve le temps de s'organiser; mais je ne puis faire de miracles, ni me multiplier, et la situation où je me trouve est assez critique pour me faire désirer*

---

(1) *Chroniques de Morel.*

que vous me fassiez connaître les intentions de l'Empereur sur la direction à donner à la guerre (1). »

Toujours bien informé, Wellington savait qu'une armée de réserve se constituait à Toulouse et à Bordeaux, mais peut-être ignorait-il que le maréchal en fournissait les éléments et s'appauvrissait d'une partie de ses cadres. Il grossissait outre mesure la puissance d'une organisation destinée à avorter, et dont Soult disait plus tard : « On ne peut compter pour des *soldats* les hommes qui en font partie ; mais *cette espèce d'armée*, sur la rive droite de la Garonne, *vue de loin, en imposera* (2) ».

Wellington à Lord Bathurst.

21 décembre.

« L'ennemi a considérablement affaibli ses forces à Bayonne, et il occupe la rive droite de l'Adour *jusqu'à Dax* (!) *Je ne puis dire encore si ses forces sont suffisamment réduites pour que je puisse attaquer son camp retranché.*

« En fait d'opérations militaires, il en est d'impossibles : l'une d'elles est de mettre en mouvement des troupes dans ce pays au moment des grandes pluies. Je me rendrais coupable d'une perte inutile d'hommes, si je tentais des opérations pendant les mauvais temps que nous traversons. Elles sont suspendues, mais non pas abandonnées.

« Pour ce qui est du théâtre de la guerre, c'est l'affaire du Gouvernement. Ayant entretenu près de 50,000 hommes dans la Péninsule pendant quatre ans, le Gouvernement a occupé au moins 200,000 Français, des meilleures troupes de Napoléon ; et il est ridicule de supposer que les Espagnols ou les Portugais auraient tenu un instant si les forces anglaises avaient été rappelées. Les armées qui nous sont

---

(1) *Soult au Ministre*, Bayonne, 16 décembre.
(2) *Soult au Ministre*, Rabastens, 4 mars.

opposées aujourd'hui ne doivent pas être moindres de 100,000 hommes, et sûrement davantage, si l'on compte les garnisons ; et je lis, dans les journaux français, que des ordres ont été donnés pour la formation, à Bordeaux, d'une armée de réserve de 100,000 hommes. »

Les mouvements de l'ennemi sur Urt, Hasparren, Louhossoa font sentir au maréchal l'insuffisance des divisions Darricau et Foy sur la Bidouze et l'Adour, ainsi que la nécessité de ne laisser à Bayonne que les forces nécessaires pour y couvrir les travaux. Prélude de la retraite et de l'abandon de Bayonne, bientôt le quartier général se transporte à Peyrehorade. Nous choisirons, dans sa correspondance et ses ordres, les documents qui fournissent l'historique de cette évolution, dont le triple but est de conserver la communication avec Saint-Jean-Pied-de-Port et de couvrir la ligne de communication de l'armée, sans cesser de protéger Bayonne.

Soult au Ministre.

Bayonne, 18 décembre.

« Avant-hier matin, l'ennemi a fait une reconnaissance générale de la ligne de la haute Nive. Deux colonnes de 3 à 4,000 hommes sont descendues dans la vallée de Baigorry et ont obligé les chasseurs de montagne à se retirer sur Anhaux (1). On s'y est battu jusqu'au soir. Les gardes nationaux de la vallée, commandés par le brave Etcheverry, que le général Bloudeau a fait soutenir par 250 hommes du 34ᵉ léger, ont fait des prodiges de valeur,

---

(1) Nous ignorons l'origine de ces *chasseurs de montagne*; ils formaient deux bataillons de la division Páris, et normalement étaient détachés dans les hautes vallées. Pendant la guerre de la Révolution, à l'armée de Moncey, on en comptait douze créés dans les Hautes et Basses-Pyrénées, et connus sous les noms de *chasseurs basques, chasseurs des montagnes, montagnards Aurois, bataillons d'Argelez, de la Neste,* etc., etc.

mais ils n'ont pu malheureusement empêcher les crimes inouïs que la bande désordonnée de Mina a commis.

« L'ennemi se portait en même temps sur Louhossoa et Macaye, d'où il obligeait l'avant-garde qui était à Mendionde à se replier sur Helette et s'établissait à Hasparren.

« Tous les rapports annonçaient que l'armée ennemie se portait en avant. Pour en avoir la certitude, le général Soult a fait partir hier matin plusieurs reconnaissances qui ont dépassé Macaye et Louhossoa où elles ont appris qu'il n'était entré dans ces endroits que 700 Espagnols qui étaient venus pour faire des vivres et étaient retournés à Itsassu, en même temps qu'une partie des troupes qui étaient à Hasparren s'est portée sur Urt et Urcuit. »

Thouvenot au Ministre de la guerre.

Bayonne, 18 décembre.

« D'après une reconnaissance que j'ai faite ce matin avec M. le Maréchal, sur la rive droite de l'Adour, je vais faire construire, d'après ses ordres, une batterie de trois pièces de gros calibre, près de la Maison de campagne de Hayet, vis-à-vis Saint-Pierre-d'Urube, pour protéger la navigation et contre-battre une batterie que l'ennemi construit sur la rive gauche (1).

« Le lieutenant de vaisseau Bourgeois est rentré de son expédition. L'ennemi ayant des postes tout le long de la rivière, depuis nos avant-postes du front de Mousserolles jusqu'à Urt compris, il n'a pas été possible de rompre les digues sur cette partie de la rivière ; mais elles l'ont été depuis Urt jusqu'à l'embouchure de la Bidouze. »

Le maréchal part de Bayonne le 18 et se rend à Peyre-

---

(1) Nous n'avons pu retrouver les traces de cette batterie. Elle devait se trouver au lieu dit Belsussary, sur la côte qui s'élève vers le haut village ; probablement aux environs de la cote 63 de la carte d'état-major. Son but était de gêner la navigation.

horade en visitant l'Adour et arrêtant ses dispositions. Il couche le 19 à Biaudos et le lendemain à Peyrehorade, où il ordonne le transfert du quartier général.

III. — Le quartier général se transporte à Peyrehorade.

Ordre général.

Peyrehorade, 20 décembre.

« Le quartier général s'établira à Peyrehorade. Le général d'Erlon ordonnera à la division Darmagnac de partir de Bayonne: il l'établira à Saint-Laurent, Sainte-Marie, Biarotte et Saint-Martin. Elle sera chargée de garder le cours de l'Adour, depuis Pitres inclusivement jusqu'au Port-de-Lanne, occupera l'île de Mirepech et s'y retranchera.

« La division Foy gardera le cours de l'Adour depuis Pitres exclusivement jusqu'au moulin de Bâcheforêts inclusivement. Les communes de Saint-Barthélemy, Saint-Martin-de-Seignaux, ainsi que les dépendances des communes de Tarnos et de Saint-Étienne, qui sont sur la grande route, seront à sa disposition.

« La division Boyer partira de Bayonne pour se rendre au Port-de-Lanne où elle s'établira. Elle occupera les villages d'Orthevielle, Igaas, Belus, Saint-Lon et Saint-Étienne-d'Orthe.

« Le général Boyer recevra directement des ordres du général en chef.

« Le général d'Erlon commandera sur la rive droite de l'Adour, depuis Bayonne jusqu'au Port-de-Lanne. Ainsi, les divisions Foy et Darmagnac seront à ses ordres. Son quartier général sera à Biaudos.

« Par l'effet de ces dispositions, il restera quatre divisions d'infanterie à Bayonne, indépendamment de la garnison. Le général Reille commandera ces quatre divisions, et il sera chargé de la défense des camps retranchés des fronts d'Espagne et de Mousserolles. Il placera la division Abbé en avant de Mousserolles pour garder et défendre le plateau de Saint-Pierre-d'Irube. Une batterie de 8 bouches à feu sera à la disposition du général Abbé.

« Le général Reille établira une brigade de la division Leval pour la garde et la défense du plateau de Beyris, et il disposera de l'autre brigade de la même division pour fournir des avant-postes sur ce front. Il laissera la division Taupin ayant une brigade en avant-postes dans la position qu'elle occupe et une brigade en réserve sur le front de Marrac.

« La division Maransin sera en réserve dans l'intérieur du camp retranché du front d'Espagne. Elle sera disponible pour être portée sur les points qui pourraient être attaqués. Trois batteries de 8 bouches à feu chacune seront à la disposition du général Reille (non compris la batterie qui sera avec le général Abbé).

« Il ne restera à Bayonne que 150 chevaux de cavalerie légère pour le service des avant-postes; ils seront à la disposition du général Reille et devront être relevés tous les quinze jours.

« Le général Tirlet fera les dispositions nécessaires pour qu'il soit établi un pont de bateaux au Port-de-Lanne.

« L'ordonnateur en chef sera prévenu de l'emplacement que les divisions de l'armée doivent occuper et il fera les dispositions nécessaires pour qu'elles reçoivent leurs subsistances. *Il organisera les transports par terre, de Port-de-Lanne à Bayonne.* Il fera servir à Port-de-Lanne les divisions Foy, Darmagnac et Boyer, au moyen des denrées qui viendront de Dax ou qui seront versées à Peyrehorade. A cet effet, l'ordonnateur Perroud sera chargé du service au Port-de-Lanne; il aura avec lui les commissaires et employés d'administration nécessaires.

« Le général Garbé donnera des ordres pour qu'il soit construit une manutention de six fours au Port-de-Lannes. »

Pressentant dans le transfert du quartier général à Peyrehorade un prochain abandon de la place, le conseil de défense délibéra sur ses moyens de défense et l'état des approvisionnements. Les jugea-t-il insuffisants? Le maréchal écrit à Thouvenot le 22 décembre :

« J'ai reçu les délibérations du conseil de défense relatives aux fonds et aux approvisionnements, soit de bouche, soit d'artillerie. J'ai pourvu, autant qu'il a été en mon pouvoir, aux deux premiers objets ; vous en avez été prévenu par les ordres que j'ai donnés. A l'égard du troisième, le général Berge connaît les moyens qui sont à la disposition de l'armée et ceux qui ont été annoncés par le ministre ; les demandes qu'il fait doivent donc être basées là-dessus.

« D'ailleurs, je suis loin de penser que la place ne soit pas suffisamment approvisionnée en munitions, même pour la défense des camps retranchés, *et je considère que depuis très longtemps aucune place de l'Empire n'a été si bien approvisionnée sous tous les rapports. Il faut fixer ses idées sur ce que l'on a ou ce que l'on peut avoir et non sur des superfluités inutiles.* »

Tandis que ces mouvements s'exécutent, le maréchal fait la reconnaissance de la vallée de la Bidouze.

Soult au Ministre.

Bidache, 21 décembre.

« Hier, je suis rentré excessivement tard de la reconnaissance que j'ai faite du cours de l'Adour et du gave de Pau jusqu'à Peyrehorade. Aujourd'hui, j'ai voulu voir le cours de la Bidouze et je me suis porté avec Clausel aux avant-postes, entre Bardos et la rivière de l'Adour, jusque vers la Bastide-Clairence. Le général Darricau s'établira avec le restant de sa division à Bidache et il occupera Came. Je fais établir un pont à ce dernier endroit où on élèvera quelques ouvrages. J'avais pensé que l'on pourrait aussi fortifier Bidache; mais ce poste n'est bon que pour l'infanterie. J'ai ordonné que le bourg de Hastingues fût retranché comme tête de pont : la position est avantageuse.

« Les rapports de Saint-Jean-Pied-de-Port, en date du

19, rendent compte que Mina, qui est rentré dans la vallée de Baigorry et le val Carlos, a poussé des reconnaissances sur Anhaux et Ascarate : l'ennemi a aussi poussé des reconnaissances dans le val d'Osses ; il s'est retiré. Morillo, qui était à Hasparren, s'est porté sur Briscous ; il a été remplacé à Hasparren par deux brigades d'infanterie et une brigade de cavalerie anglaises.

« J'ai ordonné au général Foy de faire occuper les îles qui sont sur l'Adour, entre le confluent du gave de Pau et Bayonne, même celle de Rolle quoiqu'elle dépende essentiellement de la rive gauche, dont elle n'est séparée que par un canal de 50 pas de largeur et qu'elle soit dominée de très près par les hauteurs de Lahonce.

« Le 20, l'ennemi a avancé sur ces hauteurs une batterie et a engagé un feu très vif contre les deux compagnies du 6e léger qui étaient dans l'île. L'impossibilité de maintenir ces compagnies a déterminé le général Foy à les faire passer sur la rive droite de l'Adour ; l'ennemi est aussitôt entré dans l'île, à la faveur d'un grand radeau qu'il avait construit.

« Les autres îles de l'Adour (Mirepech, Bérens et Brocq) sont occupées par le général Foy ; les troupes ont dû s'y mettre à couvert.

« Malgré cette occupation, il sera extrêmement difficile de maintenir la navigation de l'Adour et, quoiqu'elle soit protégée par des chaloupes-canonnières, elle ne pourra avoir lieu que furtivement pendant la nuit. Un service aussi irrégulier compromettrait trop souvent la subsistance des troupes qui sont à Bayonne, d'autant plus que les transports par terre sont de beaucoup insuffisants. *Ainsi, pour diminuer les consommations à Bayonne et, par conséquent, les transports, j'ai jugé convenable d'établir mon quartier général à Peyrehorade et d'envoyer à Dax le gros de l'administration.*

« Je laisse à Bayonne quatre divisions aux ordres du général Reille, indépendamment de la garnison. J'y aurais laissé moins de monde si les camps retranchés étaient terminés ; mais il y a encore pour quinze jours de travail.

« Le temps est très mauvais depuis quelques jours ; toutes les rivières sont débordées ; les communications ont été interrompues avec plusieurs cantonnements. »

IV. — Instructions données à Thouvenot et à Reille.

Soult à Thouvenot.

Peyrehorade, 22 décembre.

« Je vous ai écrit d'aller reconnaître avec le général Garbé le plateau d'Arance, situé à droite du moulin de Bâcheforêts, pour y faire établir une forte batterie. Il n'y a pas de temps à perdre, quand bien même les mouvements de terre ne seraient point terminés. Je vous ai prévenu que cette batterie est destinée à battre le bassin de l'Adour dans la direction de Lahonce, ainsi que le contrefort qui descend de Mouguerre dans cette direction, conjointement avec la batterie de Hayet que je suppose terminée.

« Comme il est vraisemblable que si l'ennemi entreprend le passage, il en fera la démonstration à partir de Bâcheforêts, il est indispensable que vous fassiez rendre les communications qui aboutissent à notre position d'une grande facilité pour l'artillerie, afin que nous puissions y déployer beaucoup de canons et y former plusieurs divisions.

« Il est aussi nécessaire de rendre les abords de la rive droite de l'Adour, depuis Bâcheforêts jusqu'à Bayonne, absolument inabordables, soit en y établissant l'inondation, soit par des coupures et des abatis, ou soit en escarpant la rive de manière que tout débarquement soit impossible. »

Instructions du maréchal à Reille.

Peyrehorade, 23 décembre.

« Hier, j'ai eu l'honneur de vous prévenir que l'ennemi faisait des préparatifs pour passer l'Adour et je vous ai annoncé que si cela arrivait, vous devriez laisser trois bataillons pour augmenter la garnison de Bayonne et défendre les camps retranchés, en même temps que vous partiriez rapidement avec les quatre divisions d'infanterie et les quatre batteries sur le point attaqué.

« Vous feriez rentrer dans les camps du front d'Espagne et du plateau de Beyris tout ce qui est en avant, ne laissant que de simples postes d'observation.

« Vous feriez aussi rentrer dans le camp de Mousserolles les troupes qui sont sur le plateau de Saint-Pierre-d'Irube, en ordonnant cependant au général Thouvenot de faire garder les ouvrages construits en avant de Mousserolles.

« Le général Thouvenot devrait aussi, au moyen des troupes à sa disposition, pourvoir à la défense du front d'Espagne et du plateau de Beyris.

« Ces dispositions faites, vous vous mettriez en marche avec vos quatre divisions et les quatre batteries de campagne pour vous porter avec toute la célérité possible sur le point d'attaque de l'ennemi, où il aurait entrepris et effectué son passage, afin de concourir avec les autres divisions qui lui feront tête à le repousser et à le rejeter sur la rive gauche de l'Adour ; mais votre mouvement devrait être successif, de manière que par la tête de votre colonne vous puissiez participer à cette attaque, et que la gauche soit à portée de secourir les troupes qui seront dans le camp retranché de Bayonne, si elles sont trop vivement pressées, lorsque votre mouvement sera aperçu. »

V. — Reconstitution de la 8ᵉ division. — Harispe prend le commandement de l'extrême gauche.

Soult au Ministre.

Bayonne, 25 décembre.

« Le général de division Harispe est arrivé à Bayonne ; je vais rétablir la 8ᵉ division d'infanterie et lui en donner le commandement. Elle sera composée des troupes du général Pâris, ainsi que des 9ᵉ, 25ᵉ et 34ᵉ légers.

« Je mettrai aussi sous ses ordres les gardes nationales du département des Basses-Pyrénées qui sont employées à l'armée. Harispe commandera à l'extrême gauche et je comprendrai dans son arrondissement la contrée de Saint-Jean-Pied-de-Port. Lorsque j'aurai reçu les généraux de brigade que j'ai demandés, je formerai sa division à trois brigades. »

Les craintes de Soult sur une tentative de passage de l'Adour en amont de Bayonne n'étaient point fondées, car on va voir qu'il n'y avait là qu'une ruse de l'ennemi. Ses instructions à Reille, à Thouvenot visaient un passage de vive force. Il voulait, « dans le cas où le passage serait
« forcé, laisser 12,000 hommes à Bayonne, et *porter le*
« *théâtre de la guerre entre la Nive et l'Adour, appuyant*
« *sa droite à Dax*, qu'il avait fait mettre en état de dé-
« fense, *et sa gauche aux montagnes de Baygoura, afin*
« *de passer la Nive pour attaquer l'ennemi en flanc et sur*
« *ses derrières aussitôt qu'il en aurait le moyen* (1) ».
N'est-ce point aussi dans ce but qu'il avait fait construire la tête de pont de Peyrehorade, qui devait lui permettre les navettes nécessaires? En occupant cette ligne, son front se fût considérablement réduit, mais il dut y renoncer, par suite de l'insuffisance des moyens à sa disposition.

Soult au Ministre.

Peyrehorade, 29 décembre.

« J'ai ordonné à Clausel de réunir les divisions Darricau et Harispe, et les deux divisions de cavalerie sur la ligne des avant-postes pour être prêtes à tout événement et passer ma revue. A cet effet, je me porterai demain matin du côté d'Orègue et de Saint-Martin-d'Arberou.

« J'ai aussi donné ordre à la division Taupin de partir après-demain de Bayonne pour se rendre à Peyrehorade, et renforcer la ligne de Clausel.

---

(1) *Soult au Ministre*, Bardos, 2 janvier.

« Si, par ces démonstrations, je puis gagner encore huit jours, je renforcerai cette ligne de trois autres divisions. *Alors, les ouvrages du camp retranché de Bayonne seront assez avancés pour être livrés à eux-mêmes, et je compléterai la garnison de la place à 12,000 hommes. Dès ce moment, Bayonne jouera son rôle, et il ne sera plus nécessaire qu'une portion de l'armée se tienne en avant pour le couvrir.* »

Si tentant que fût un passage à Urt, en faisant des démonstrations de ce côté et menaçant les Gaves, Wellington ne perdait pas de vue que le voisinage de la grande route d'Espagne et la possession de l'embouchure de l'Adour exigeaient qu'il s'effectuât au-dessous de Bayonne, en face du Boucau. Pour y parvenir, il fallait tromper Soult et l'amener à se dégarnir devant la forteresse. Soit crainte d'un passage à Urt, soit crainte pour sa ligne de communication fluviale et routière avec l'intérieur, le maréchal tomba dans le piège…. Les critiques à tous crins, Vaudoncourt, Sarrasin, ne se doutent même point de la grave situation dans laquelle le plaça la défaite de Bayonne !

D'ailleurs, ces mesures ne suffirent qu'imparfaitement à assurer les subsistances de l'armée ; sans doute, la route de l'Adour réparée et la majorité des forces se ravitaillant directement au Port-de-Lanne et à Peyrehorade, la navigation du fleuve se réduisit ; mais jusqu'au jour où Bayonne fut abandonné à lui-même, les arrivages et les évacuations ne s'effectuèrent qu'avec danger, ainsi qu'en témoignent les lettres suivantes :

Le Commissaire de la Marine au général Thouvenot.

Bayonne, 8 février.

« Malgré que les eaux soient encore fortes, je pense que nous pourrions avoir demain une évacuation de quatre bateaux, qui se continuerait après-demain avec quatre autres. Je me suis déterminé à faire deux convois, après avoir pris l'avis des meilleures pratiques de la rivière, qui pensent tous qu'un trop grand nombre d'embarcations se nuiraient réciproquement beaucoup au passage d'Urt. J'aurai assez de chaloupes-canonnières pour former les deux escortes.

« Je vous prie de prescrire aux employés des hôpitaux de disposer de la paille au fond des embarcations, de donner au moins cinq jours de vivres et d'avoir par bateau quelqu'un pour en faire la distribution. »

Au même.

Bayonne, 10 février.

« A l'instant je reçois les deux rapports suivants :

Ile de Berens, 9 février.

« Hier à 6 heures du soir, j'expédiai la canonnière n° 16 et le bateau chargé d'effets d'hôpitaux, voulant profiter d'un temps très noir et d'une belle brise. Le flot ne se faisait pas sentir, mais le jusant était presque nul et les bateaux refoulaient parfaitement. Arrivée près de la maison Jouanic, la canonnière toucha ou plutôt monta sur des pieux qui s'avancent beaucoup dans la rivière. Le bateau qu'elle avait à la remorque la largua, continua sa route et dépassa Pîtres, après avoir essuyé vingt et quelques coups de canon dont deux ont frappé en plein bois et blessé plusieurs hommes. Ce bateau avait pour patron le nommé André, canonnier, homme intrépide, et c'est à sa valeur et à celle de l'équipage que l'on doit le passage de ce bateau (1).

« J'ai fait tous mes efforts pour relever la canonnière ; ils

---

(1) On se servait pour les transports de gabares et de bateaux bastingués. Six hommes armés les montaient pour contenir l'équipage. Douze bateaux suffisaient pour le service de Bayonne et chacun pouvait charger 200 mètres cubes. La navigation de Mont-de-Marsan à Bayonne, et *vice versâ*, demandait trois jours : l'aller et le retour d'un bateau entre Bayonne et Port-de-Lanne, le même temps.

Dans la crainte d'un passage en amont de Bayonne, le maréchal avait ordonné de construire au Port-de-Lanne ou à Saubusse un grand radeau qui serait lancé pour entraîner le pont de l'ennemi. (Voyez *Correspon-*

ont été sans succès ; à la marée, elle a chaviré. J'en avais retiré son armement, excepté sa pièce. Envoyez-moi un appareil pour la relever ; je protégerai le travail avec mes autres canonnières.

« *Le lieutenant de vaisseau*, Durand. »

Hayet, 10 février.

« Hier soir, à 8 heures, on a vu passer 2 canonnières, escortant 5 bateaux couverts, dont 4 chargés de malades. A 9 h. 1/4, nous avons entendu une vive fusillade et quelques coups de canon. Je pense que c'était devant l'île de Rolle.

« Churitto. »

Une telle situation était insoutenable et l'armée constamment sur le qui-vive. Mais bientôt les événements prirent une tournure nouvelle et non moins alarmante.

---

dance du commissaire de la marine avec le général Thouvenot, avec le capitaine de vaisseau Depoge, etc.).

Le défilé entre Port-de-Lanne et Bayonne était si dangereux qu'il n'y pouvait passer de bateaux que la nuit et couverts.

Enfin, en cas de tentative de passage en amont de la place, la flottille devait se rallier et s'embosser devant le point de passage choisi par l'ennemi. (*Thouvenot au commissaire de la marine*, 11 février.)

L'embouchure de l'Adour avait alors plusieurs passes, très tortueuses, où il n'y avait pas plus de 13 pieds d'eau dans les hautes marées. On avait compté que la fonte des neiges produirait des crues qui redresseraient les passes, mais elles furent presque nulles. (*Commissaire de la marine au Ministre*, 8 juillet.)

Dans l'hiver échouèrent sur la côte des Landes : 2 décembre, un bâtiment anglais chargé de morue (avariée) ; le 6, une goélette portugaise chargée de 400 barriques de rhum et eau-de-vie ; le 30 janvier, un sloop anglais chargé d'orge (avariée), et deux bricks, dont un se brisa à la côte, l'autre chargé de foin en balles fut en partie sauvé. Dans les premiers jours de janvier, le maréchal ordonna que toutes les prises seraient remises à l'administration, pour les besoins de l'armée. (*Archives de la Marine. Bayonne.*)

CHAPITRE XXVIII.

MACHINATION DE VALENÇAY. — DÉPART DE TROIS DIVISIONS.

A la fin de décembre, l'Empereur avait signé à Valençay un traité avec Ferdinand VII, dans l'espoir que la restauration de ce prince sur le trône d'Espagne détacherait le pays de la coalition et lui permettrait d'appeler à lui la majeure partie des forces de Soult et de Suchet.

Acculé, le lion se faisait renard ; oubliant que les Cortès ont « déclaré, en 1811, nuls et sans valeur les actes souscrits par le roi durant sa détention », ignorant peut-être qu'antérieurement la nation espagnole s'est engagée avec l'Angleterre à ne point faire de paix séparée et à ne point isoler sa cause de la cause commune, il croit avoir fait un coup de maître. Telle est sa confiance dans l'issue du traité qu'il écrit, le 25 décembre : « ... *Je me suis arrangé avec les Espagnols, ce qui me rend disponibles mes armées d'Aragon, de Catalogne et de Bayonne. J'ai encore là près de* 200,000 *hommes. Il est inutile d'imprimer cette nouvelle. Je vous la mande pour vous seul* (1) ». Et le 24 janvier : « Réitérez au duc de Dalmatie l'ordre de faire partir la moitié de sa cavalerie et de diriger, en outre, sur Paris 12,000 hommes de ses meilleures troupes par différents chemins et en poste. *Vous lui ordonnerez également de se mettre lui-même en marche avec toute son armée, en ne laissant que ce qui sera nécessaire pour former rideau, et de se porter sur la Loire aussitôt que les premiers bruits qui nous sont parvenus de la ratification du traité de Valençay par les Espagnols seront pleinement confirmés* (2) ».

---

(1) *Napoléon au duc de Lodi*. (*Correspondance*, n° 21039.)
(2) *Napoléon à Clarke*. (*Correspondance*, n° 21097.)

De son côté, instruit de la machination, Wellington n'en augurait rien de bon pour les Alliés. « Il y a longtemps que j'ai soupçonné Napoléon de vouloir faire la paix avec Ferdinand. Je crois qu'il réussirait par là à tranquilliser pour l'instant cette frontière et peut-être à diviser l'Espagne et l'Angleterre. Je suis absolument certain que chaque corps en Espagne, particulièrement ceux qui veulent du bien au gouvernement, désire la paix, les militaires plus que les autres. *Ici, les militaires ont tous plus ou moins connaissance de ce qui est arrivé, mais ils ne nous en ont dit aucun mot. Des Français m'ont fréquemment averti de quelques actes de perfidie médités par les Espagnols. La police m'apprend aujourd'hui que plusieurs Espagnols ont été envoyés à Bayonne dans le but de faire circuler au sujet de la paix des rapports dirigés contre nous,* qui seront tous bien reçus sur cette frontière. *Il est nécessaire que la décision des Cortès soit bientôt connue* (1). »

Or, le 2 février, elles refusèrent de ratifier le traité, décla-
« rant leur intention de ne point se désunir de la cause
« commune de l'indépendance de l'Europe et de ne point
« déconcerter, par un abandon, le plan des grandes puis-
« sances pour l'assurer (2) ».

Les considérants du décret sont à retenir :
« Voulant donner un témoignage public et solonnel d'inal-
« térable persévérance à l'ennemi, de franchise et de bonne
« foi aux Alliés, d'amour et de confiance à cette héroïque
« nation, comme aussi détruire d'un coup les embûches et
« les ruses que Napoléon pourrait tenter, dans la situation
« désespérée où il se trouve, pour introduire en Espagne sa
« pernicieuse influence, menacer notre indépendance,
« altérer nos relations avec les puissances amies, ou semer
« la discorde dans cette magnanime nation; unis dans la dé-

---

(1) *Wellington à Wellesley*, 13 janvier.
(2) *Chevalier Gennotte au prince de Metternich*, 27 février.

« fense de leurs droits et de leur roi légitime Ferdinand VII,
« décrétons. »... (1)

Son roi, la « *magnanime nation* » daignait le recevoir de nos mains ; mais elle entendait qu'il vînt seul et continuer la guerre. Victime d'un monstrueux assassinat politique, elle ne pardonnait point, sentant que derrière le traité se dissimulaient la duperie et l'anxiété d'une situation perdue. L'heure était venue des expiations.

Le maréchal paraît d'ailleurs n'avoir entretenu aucune illusion sur le succès d'une telle négociation ; il se sentait menacé, quelle qu'en fût l'issue, et cela seul le touchait, de la perte d'une partie de son armée ; dès lors, la guerre entrait dans une phase nouvelle, car du jour où Wellington reconnaîtrait enfin qu'il pouvait cesser d'être prudent, son adversaire, hors d'état de continuer à lui tenir tête, devrait abandonner Bayonne, défendre les gaves et se concentrer à Orthez.....

Un professeur de notre école de guerre a dit que « toute « opération exige un but, du temps et de l'espace ». Ces trois conditions, les lenteurs de Wellington lui permirent de les réaliser ; mais la plus essentielle peut-être et dont l'auteur ne parle point, les *moyens*, lui manquait. Il ne cessa de lutter à un contre deux, gagnant du temps et faisant face partout, en dépit de l'apathie ou de la sourde hostilité des populations du Midi (2).

Soult au Ministre.

Bayonne, 16 janvier.

« L'ordre que vous m'avez adressé le 10 me prescrit de tenir une division de 10,000 hommes prête à partir pour Paris, du moment que les Espagnols seront rentrés en Es-

---

(1) *Arguëlles. Observaciones sobre la historia de la guerra de España.* Il faut lire dans Toreno le récit de cette honteuse négociation.

(2) On trouvera les preuves de ce mauvais vouloir dans la correspondance du maréchal.

pagne. Ces divisions n'ayant point fait de mouvement, je ne dois point mettre l'ordre à exécution. Je suis tout disposé à faire partir ce corps de 10,000 hommes, lequel sera composé des divisions Leval et Boyer. J'en ai prévenu Reille et je lui ai fait connaître que, dans ce cas, il devra rester à Bayonne pour y commander supérieurement. Je lui laisserai, indépendamment de la garnison actuelle de la place qui est de 9,500 hommes, la division Abbé dont l'effectif des présents est de 5,300.

« Ainsi, Reille aurait à sa disposition près de 15,000 hommes, les approvisionnements étant complets et les ouvrages des camps retranchés étant susceptibles d'une bonne défense, le palissadement étant presque partout terminé.

« *Le surplus de l'armée fera tête à l'ennemi autant qu'il sera en son pouvoir ; mais, dès ce moment, on pourra considérer l'importante place de Bordeaux comme perdue et tout le Midi envahi.* Si ce malheur arrivait, *je ne sais où serait le remède.* »

Soult au Ministre.

Bayonne, 17 janvier.

« Je vous ai instruit hier que, considérant que la garnison de Bayonne est trop forte pour n'y laisser qu'un général de division, je donnerais ordre au général Reille d'en prendre le commandement supérieur, et même de s'enfermer dans la place, au cas où elle serait investie.

« J'ai effectivement donné des ordres en conséquence à Reille, mais il vient de me représenter que le général Thouvenot ayant reçu des lettres patentes de l'Empereur qui le nomment commandant supérieur à Bayonne, ce général se considérant comme seul responsable, pourrait, en cas de siège, méconnaître son autorité, et n'avoir égard aux ordres qu'il donnerait qu'autant qu'ils auraient rapport à la police des troupes qui seraient directement sous son commandement.

« Cette observation que tout autre m'eût faite à la place

du général Reille peut être fondée. Cependant, comme je crois devoir laisser 14 ou 15,000 hommes à Bayonne pour défendre la place et les camps retranchés qui en dépendent, il me paraît utile au service de Sa Majesté, qu'indépendamment du général Abbé, que je ferai entrer en supplément à Bayonne, il y ait un des lieutenants généraux de l'armée revêtu du commandement supérieur sur le tout. Ainsi, je vous prie de vouloir bien prendre à ce sujet les ordres de l'Empereur..... Mais Reille m'a montré un grand éloignement pour s'enfermer dans Bayonne, si les circonstances l'exigeaient. D'après cela, je craindrais de le proposer.....

« Cette disposition ne devrait naturellement recevoir son exécution qu'au moment où la place serait menacée d'être investie, événement qui me paraît ne devoir arriver que lorsque l'armée d'Espagne, ayant été affaiblie par des détachements, ne sera plus en état d'opposer une résistance suffisante à l'ennemi ; *ce qui, d'ailleurs, aura lieu le jour même où je serai dans le cas de faire partir pour l'intérieur le corps de 10,000 hommes que j'ai reçu ordre de tenir prêt.* Alors, il serait inutile de conserver à l'armée un état-major aussi nombreux que celui qu'elle a et je proposerais de modifier l'organisation actuelle en supprimant l'état-major général et ne laissant qu'un lieutenant général pour commander les troupes qui resteraient, indépendamment de la garnison de Bayonne. Clausel me paraîtrait très propre à commander ce corps; il est du pays, il parle la langue des habitants et a, d'ailleurs, toutes les connaissances et l'activité nécessaires. Reille pourrait alors marcher avec les troupes qui se dirigeraient sur Paris.

« Dès ce moment, ma présence n'étant plus nécessaire à l'armée, et pouvant être utile ailleurs pour le service de l'Empereur, je vous prierais de demander mon rappel à Sa Majesté.

« J'insiste sur cette proposition, parce que si, malgré le refus des Espagnols de reconnaître l'arrangement fait avec le prince Ferdinand, les circonstances deviennent assez pressantes pour que l'Empereur soit dans le cas de retirer de l'armée d'Espagne les deux corps d'infanterie de 10,000 hommes chacun (1), le restant de la cavalerie et la presque totalité de l'artillerie, dont la dépêche du 10 de ce mois fait mention, on doit inévitablement changer de système sur la manière de faire la guerre sur cette frontière et n'avoir que des corps de partisans, au lieu d'une *ombre d'armée* sans consistance et sans valeur, qui exposerait peut-être à perdre ce qui en resterait, si on la mettait dans le cas de livrer de nouveaux combats.

« Je vous prierai de vouloir bien m'énoncer clairement ce que je devrai faire :

1º Dans le cas où les troupes espagnoles resteraient et que les arrangements faits avec le prince Ferdinand ne seraient point acceptés ;

2º Dans le cas où ces troupes partiraient et où l'armée anglaise nous voyant affaiblis sur cette frontière se porterait en avant ;

3º Dans le cas où les changements qui pourront survenir en Espagne mettraient l'armée anglaise dans la nécessité de se retirer. »

Soult à l'Empereur.

Bayonne, 19 janvier.

« En conformité des ordres de Votre Majesté que le Ministre de la guerre m'a adressés le 10 de ce mois, j'ai fait partir pour Orléans la division de cavalerie Treilhard, ayant avec elle deux batteries à cheval. J'ai disposé l'artillerie de l'armée de manière à pouvoir la mettre en marche au premier moment.

« Je donnerai ordre à la brigade de dragons du général Sparre que j'ai déjà fait rapprocher de Tarbes, de se diriger sur Orléans, et je ferai partir avec elle deux autres batteries à cheval. »

---

(1) Le maréchal Suchet devait en fournir 10,000.

Soult au Ministre.

Peyrehorade, 19 janvier.

« En arrivant ce soir à Peyrehorade, j'ai reçu votre lettre du 14 de ce mois. J'ai aussitôt expédié des ordres pour que les divisions Leval et Boyer se missent demain en marche sur Peyrehorade, où je leur donnerai des ordres pour continuer leur mouvement sur Paris. Ces divisions seront fortes de 11,000 hommes, y compris le personnel de deux batteries à pied, chacune de huit bouches à feu, que j'ai jugé à propos de faire partir avec elles. » La compensation ? des conscrits qui n'avaient jamais vu le feu et qui d'ailleurs ne rejoignirent point. « *Je désire que le duc de Dalmatie attire à lui la division de Toulouse, pour remplacer les 12,000 hommes qu'il a fait partir !* » (1).

« Comment, dit Pellot, rendre l'impression que l'exécution de cet ordre produisit sur les troupes et sur l'habitant ! Nous n'avions en perspective que des combats inégaux à soutenir et une retraite inévitable : mais nous étions Français ; ce nom seul faisait notre force.

« Plus nous approchions du terme où le colosse de l'empire allait s'écrouler, plus l'esprit national s'affaiblissait. La conscription n'intimidait plus la jeunesse. On a vu des mouvements séditieux excités dans le département des Landes, au centre, pour ainsi dire, de l'armée. Les conscrits désertaient sans crainte et trouvaient de sûrs refuges chez l'habitant..... L'armée ne devait compter sur aucun secours ; elle se réduisait à vue d'œil et d'une manière effrayante. »

Subitement affaiblie de 11,000 hommes et de 40 canons, elle ne compta plus que 37,000 hommes d'infanterie, 3,840 chevaux et 43 pièces (2).

---

(1) *Napoléon à Clarke.* (*Correspondance*, n° 21132.)
(2) La situation de l'artillerie du 16 janvier porte 83 pièces ; à déduire 2 batteries à pied et 4 batteries à cheval ou 40 pièces : reste 43.

Voici en effet le tableau des forces qui allèrent rejoindre l'Empereur à la Grande Armée :

DIVISIONS.	BRIGADES.	RÉGIMENTS.	BATAILLONS.	ESCADRONS.	EFFECTIF.	CANONS.
7e Leval...	Pinoteau...	40e léger, 3e, 45e de ligne.	3	»	3,143	8
	Montfort...	17e léger, 104e, 105e ligne.	5	»	2,285	
9e Boyer...	Chassé....	16e léger, 8e, 28e de ligne.	4	»	2,992	8
	Gauthier...	42e, 122e de ligne.......	5	»	2,595	
Treillard..	Ismert.....	4e, 24e, 26e.............	»	7	1,649	12
(Dragons)..	Ormancey..	14e, 16e, 17e, 27e.......	»	7	1,247	
	Sparre.....	5e, 12e..................	»	4	554	12
		TOTAUX........	17	18	14,435	40

Venue de la division Darmagnac, la brigade Chassé y fut remplacée par la brigade Menne, de la division Boyer.

Par décret du 8 janvier, Napoléon avait décrété la levée en masse dans les départements des Landes, des Hautes et des Basses-Pyrénées, et les généraux Darricau et Maransin, originaires du pays, étaient en mission pour l'organiser (1). Déjà Harispe à l'extrême gauche adjoignait à sa division des bataillons de volontaires basques; mais là comme partout on ne devait rencontrer que l'inertie et la désertion. Épuisement, misère, menées du parti royaliste, les fibres patriotiques étaient brisées. Que n'auraient pu faire pourtant les populations du pays basque, si l'on en juge par la leçon qu'elles venaient d'infliger au guerillero Mina ?

« Les Espagnols mettent le pays au pillage, ils nous ont
« fait à Bidarray et à Baygorry plus de mal que l'armée
« française (2). » Et tout en reconnaissant la provocation aux représailles s'il punissait les habitants, Wellington

---

(1) Les généraux Villatte et Rouget les remplacèrent momentanément dans le commandement de leurs divisions. Maransin était originaire de Lourdes; Darricau, de Linxe (département des Landes).

(2) *Wellington à Beresford*, 28 janvier. — *Wellington à Bathurst*, 16 janvier.

faisait arrêter et traduire devant la cour martiale un des colonels de Mina pour désobéissance à ses ordres. Il n'admettait point que les habitants se défendissent..... « La con-
« duite du peuple des villages de Bidarray et de Baygorry
« m'a fait la plus grande peine! Ils n'ont pas le droit de
« faire ce qu'ils font! S'ils veulent faire la guerre, qu'ils
« aillent se mettre dans les rangs des armées, mais je ne
« permettrai pas qu'ils fassent tour à tour le rôle d'habitant
« paisible et de soldat. Je les préviens que s'ils préfèrent
« faire la guerre, ils doivent se faire soldats et abandonner
« leurs foyers; ils ne peuvent pas continuer dans ces vil-
« lages (1). »

---

(1) Proclamation en français du 28 janvier.

CHAPITRE XXIX.

LE DUC D'ANGOULÊME.

Il a été question ici, à plusieurs reprises, de l'état des esprits dans le Midi et des menées royalistes. Les difficultés avec le gouvernement espagnol atténuées ou aplanies, Wellington n'était point au bout de ses peines; une question politique vint se greffer sur ses opérations militaires.

Nos affaires allaient sans doute fort mal et avaient pris une tournure décisive, irrémédiable, car le 1er février, le duc d'Angoulême débarqua d'Angleterre à San-Sebastian, sous le nom de comte de Pradel et gagna le quartier général. Certes, Wellington se fût volontiers passé de ce maladroit, lui qui avait eu le loisir de constater qu'il n'existait dans les Pyrénées aucun parti bourbon, qui attribuait aux alliés le désir de faire la paix avec *Napoléon* et jugeait enfin que l'Empereur, s'il revenait à la modération, était encore le meilleur souverain que la France pût avoir. Or, rien ne faisait peur davantage aux princes français que la conclusion de la paix; un parfait égoïsme les conduisit à oublier la détresse publique et à *s'interposer entre la paix et les Alliés*. De là, de honteux aplatissements, des proclamations extravagantes qui irritèrent au plus haut point le général anglais. Ses relations avec le duc d'Angoulême, qu'il dut même désavouer, se tendirent de jour en jour, en dépit de la courtoisie obligée. Gleig nous rapporte que Wellington « encou-« rut et conserva toujours l'adversion de la famille des « Bourbons », qui lui reprocha « sa froideur et son défaut de résolution ». Il ne voulut point en effet se déclarer ouvertement pour eux, comprenant avec son rare bon sens que vouloir tout brusquer, c'était s'exposer à tout compromettre.

Les membres de la famille exilée jugeant qu'il ne suffisait point de développer les sentiments hostiles du Midi de la France contre le régime impérial, l'accusèrent de « timidité » (1). Mais on va lire sa correspondance; l'histoire est là, peu édifiante. Des Français, ces gens-là ! Non, de purs égoïstes auxquels vingt ans d'exil n'avaient rien appris et surtout rien fait oublier.

Duc d'Angoulême au marquis de Wellington.

Oyarzun, 2 février.

« Mylord, vous n'ignorez pas le vif désir que j'éprouve depuis longtemps de vous joindre, et de connaître *le héros* à qui j'espère que le Roi, mon oncle, devra en grande partie son rétablissement sur son trône. Vous ne devez pas ignorer non plus que votre Gouvernement, *après m'avoir officiellement refusé des passe-ports*, m'en a donné sous des *noms supposés*. Mon premier désir était de me rendre sur-le-champ auprès de vous comme comte de Pradel, ... mais soyez assez bon pour me faire dire si vous voulez que j'arrive à votre quartier général comme comte de Pradel, gentilhomme français, ou comme duc d'Angoulême. »

Wellington au duc d'Angoulême.

2 février (en français).

« Je viens d'avoir l'honneur de recevoir la lettre de Votre Altesse Royale datée d'Oyarzun aujourd'hui.

« Comme il est probable que Votre Altesse Royale sera partie avant que cette lettre vous sera parvenue, j'ai l'honneur de vous prévenir que je crois qu'il existe des raisons urgentes pour que Votre Altesse Royale passe sous le nom de comte de Pradel, jusqu'à ce que vous puissiez connaître l'état des affaires dans ce pays-ci et les sentiments du peuple en général. »

---

(1) Brialmont, *Histoire du duc de Wellington*, t. II, p. 212.

Wellington au colonel Bunbury.

3 février.

..... « Je vous prie d'informer lord Bathurst de la manière dont j'ai appris l'arrivée du duc d'Angoulême et des circonstances qui l'ont accompagnée. Je me serais probablement efforcé de l'amener à rester à San Sebastian quelques jours au moins. Mais je reçus à 11 heures la nuit dernière une lettre du comte, exprimant son regret de ne pouvoir arriver cette nuit à Saint-Jean-de-Luz, et son intention d'être ici ce matin. J'ai eu une entrevue avec lui à Urrugne, dans laquelle je l'ai engagé à garder l'incognito en attendant que les circonstances changent, et *je vous serai bien obligé d'exposer au cabinet que par le fait, nos troupes étant cantonnées dans chaque village suivant le rang qu'elles occupent, il n'était pas possible que le comte de Pradel vînt ici sans venir à l'armée anglaise.* »

Le 18 février, Wellington est à Garris, à la poursuite de la division Harispe. Le duc d'Angoulême lui écrit le dit jour de Saint-Jean-de-Luz : « Mylord, *je vous prie de me dire franchement si cela vous déplairait que j'allasse vous faire une visite.* J'ai entendu dire qu'il était arrivé plus de 100 prisonniers ensemble. *Je voudrais bien pouvoir les avoir, et pouvoir leur faire arborer la cocarde blanche. Je regarderais comme très important en entrant dans une ville comme Pau, par exemple, d'y arriver à la tête d'un corps de Français, ne fût-ce que de 200 hommes, avec la cocarde blanche.*

« Quelques demandes que l'on m'ait faites, je n'ai voulu répandre encore aucune de nos proclamations; n'en serait-il pas bien temps, Mylord? Je crains, en différant encore, de nuire aux intérêts du Roi, d'être désapprouvé par lui et de refroidir les braves dispositions que je trouve, car plusieurs maires me répondent de m'amener du monde. *Peut-être aussi, si les places étaient sommées par moi au nom du Roi, se rendraient-elles facilement.*

« Vous avez en peu de jours presque doublé le pays que vous occupiez en France, cela me donnerait plus de facilités pour rassembler du monde, et pour y agir au nom du Roi. »

Duc d'Angoulême à lord Wellington.

Saint-Jean-de-Luz, 19 février.

« Sans vouloir faire de questions sur vos opérations ultérieures, j'espère que si quelqu'une de vos colonnes devait pousser sur Pau, vous voudriez bien m'en prévenir, *attachant un grand prix à entrer le plus tôt possible dans cette ville, qui est le berceau de Henri IV et de toute notre famille.* »

Passe encore pour une entrée triomphale à Pau, à la tête d'une centaine de malheureux prisonniers qui d'ailleurs auraient refusé ou se seraient prêtés avec mauvaise grâce à cette burlesque comédie, mais le reste de la lettre?

« *Vous me dites un terrible mot sur la paix. Les nouvelles reçues de Bayonne portent que le Congrès de Châtillon est dissous, et qu'il n'en est plus question. Je le désire vivement, mais j'avoue que vos craintes me donnent une vive inquiétude.* »

Est-il rien de plus extravagant que le factum du personnage dont Gleig nous a laissé le grotesque portrait? Un sauveur, quelque Messie « oubliant ses peines », se jetait dans les bras de l'armée !

Au nom du Roi,

Le duc d'Angoulême à l'armée française.

Saint-Jean-de-Luz, 11 février.

Soldats ! *J'arrive, je suis en France;* dans cette France qui m'est si chère! *Je viens briser vos fers* (!) *Je viens déployer le drapeau blanc,* ce drapeau *sans tache* que vos pères suivaient avec transport. Ralliez-vous-y, et marchons tous ensemble au renversement de la tyrannie.

« Généraux, officiers et soldats, qui vous rangerez sous *l'antique bannière des Lys, au nom du Roi,* mon oncle, *qui m'a chargé de vous faire connaître ses intentions* paternelles, je vous garantis vos grades, vos traitements et des récompenses proportionnées à la fidélité de vos services.

« Soldats français! *c'est le petit-fils de Henri IV, c'est l'époux d'une princesse dont les infortunes sont sans égales,* mais dont tous les vœux sont pour le bonheur de la France; *c'est un prince, oubliant ses peines à l'exemple de votre Roi,* pour ne s'occuper que des vôtres, *qui vient avec confiance se jeter dans vos bras.*

« Soldats! mon espoir ne sera point trompé. *Je suis le fils de vos Rois, et vous êtes Français.* »

Le maréchal n'eut connaissance de cette proclamation et d'une prétendue déclaration de Wellington qu'après la bataille d'Orthez. « Nos avant-postes, dit Pellot, en trouvaient des exemplaires à chaque pas. » Il y répondit avec l'énergie et la droiture d'un soldat. « Militaire dès son enfance, il avait contracté cette sévérité sur le point d'honneur que ne peuvent altérer ni la prospérité, ni l'infortune. Quoiqu'il n'ignorât pas l'embarras où devait se trouver l'Empereur, son zèle ne fit que s'accroître, et *tout Français dut voir avec orgueil que ce général était vraiment digne de les commander* (1). » La dédaignant peut-être, il laisse la proclamation du duc d'Angoulême et ne répond qu'à son adversaire:

Proclamation du maréchal Soult.

Rabastens, 8 mars.

« Soldats! de nouveaux combats nous appellent : il n'y aura pour nous de repos, attaquants ou attaqués, que lorsque cette armée sera anéantie et qu'elle aura évacué le territoire de l'empire.

---

(1) Général Sarrasin, *Histoire de la guerre de la Restauration,* 347.

« Le général qui commande l'armée contre laquelle nous nous battons tous les jours, a eu l'impudeur de vous provoquer et de provoquer vos compatriotes à la révolte et à la sédition. Il parle de paix, et les brandons de la discorde sont à sa suite; il parle de paix, et il excite les Français à la guerre civile... Dès ce moment, nos forces sont centuplées et dès ce moment aussi il rallie lui-même aux aigles impériales ceux qui, séduits par de trompeuses apparences, avaient pu croire qu'il faisait la guerre avec loyauté.

« On a osé insulter à l'honneur national : on a eu l'infamie d'exciter les Français à trahir leurs serments, à être parjures envers l'Empereur; cette offense ne peut être vengée que dans le sang... Encore quelques jours, et ceux qui ont pu croire à la sincérité et à la délicatesse des Anglais, apprendront à leurs dépens que leurs artificieuses promesses n'avaient d'autre but que d'énerver nos courages;... ils se rappelleront, ces êtres pusillanimes qui calculent les sacrifices nécessaires pour sauver la patrie, que les Anglais n'ont d'autre objet que de détruire la France par elle-même, et d'asservir les Français...

« Soldats! notre devoir est tracé : combattons jusqu'au dernier les ennemis de notre auguste Empereur et de notre chère France; respect aux personnes et aux propriétés; haine implacable aux traîtres et aux ennemis du nom français... Soyons Français et mourons les armes à la main plutôt que de survivre à notre déshonneur ! »

Prosterné devant le duc d'Angoulême qu'il décore du nom « d'ange consolateur », l'historien Pellot a la naïveté de chercher à excuser Soult « *de n'être point tombé aux pieds d'un prince chéri, précurseur du Roi* » et de terminer par cette péroraison : « Quoi qu'il en soit, *la proclamation du maréchal fut le ressort puissant qui remonta les âmes pour* la *mémorable journée de Toulouse* ». A la bonne heure ! Voilà qui fut d'un bon Français et qui nous fait oublier l'homélie du « tigre royal ». Mais arrivons aux bassesses antifrançaises.

Duc d'Angoulême à Wellington.

Saint-Jean-de-Luz, 27 février.

« J'ai eu un grand plaisir à être témoin de l'exécution du plus beau et du plus hardi projet qu'il fût possible de concevoir, je veux dire le passage de l'Adour à son embouchure par le général Hope. *La postérité ne pourra le croire qu'en pensant aux grands talents de celui qui l'a conçu, et à toute la gloire qu'il s'est acquise. Les troupes se sont montrées dignes du chef qui les mène de victoire en victoire.* »

Nouvelles félicitations sur la « *victoire d'Orthez !* »

Duc d'Angoulême à la duchesse d'Angoulême.

Saint-Sever, 6 mars.

« Le maréchal Beresford part demain de Mont-de-Marsan pour Bordeaux ; il doit y être le 13. J'espère que le drapeau blanc y flottera un jour ou deux avant et alors je me rendrai tout de suite à *Pantaléon*, si les choses y vont bien. Sinon, j'y arriverai beaucoup plus tôt, parce que j'irai rejoindre le maréchal ; mais s'il ne se passe rien à *Peuplier* ni à *Manique*, alors *Lolo* n'ira ni à l'un ni à l'autre. Le tout est entre les mains de Dieu, qui en ordonnera pour le mieux ; tout ce qui a été possible de faire a été fait, et le *Marché* a fait tout ce que sa position lui permettait de faire. »

N'est-ce point là le glossaire du prince de Condé et du traître Pichegru ? le langage des conspirateurs ? La clef ! En 1795, le *Magasin* était à Strasbourg : en 1814, le *Marché* à Bordeaux... A chacun de compléter le rapprochement.

Le lendemain de l'entrée solennelle du roi à Paris, on vendait clandestinement deux caricatures. L'une représentait un troupeau d'oies grasses montant gravement les marches des Tuileries, tandis que s'envolait un aigle ; dans l'autre, près d'un village incendié, le roi Louis XVIII en croupe derrière un cosaque, dont le cheval galopait sur des cadavres de soldats français (1). Le jugement de l'histoire a-t-il démenti ces sarcasmes ? Chateaubriand disait que les Bourbons étaient aussi inconnus de la génération actuelle que « les enfants de l'empereur de Chine ». Sans cesser d'être française, elle avait totalement oublié « les fils de ses Rois » et la bannière tricolore avait à jamais éclipsé « l'antique bannière des Lys ». Certes aussi, le duc d'Angoulême pouvait lui apprendre ou rappeler qu'il était le « petit-fils de Henri IV » ; qu'avait-il à évoquer qui fût plus à sa gloire ? Qu'était-il par lui-même et qu'était Louis XVIII ? Or, « comme général, nul n'avait égalé Napoléon ; comme législateur, comme souverain, il était au premier rang. La moitié de la terre avait été témoin de ses exploits, partout des victoires éclatantes le rappelaient au souvenir ; le monde était rempli de son nom. Vingt ans de gloire, et l'Europe agenouillée devant la France : tels étaient ses titres à l'immortalité (2) ».

---

(1) Houssaye, *1815*, 643.
(2) Doin, *Napoléon et l'Europe*, II, 372.

CHAPITRE XXX

DÉFENSE DES GAVES.

I. — Combats de Helette et de Garris.

(14 et 15 février.)

Le moment de reprendre les opérations est venu; le 12 février l'ennemi marche par sa droite contre Harispe. L'emplacement des armées est indiqué au tableau suivant :

ARMÉE FRANÇAISE.		ARMÉE ANGLAISE.	
DIVISIONS.	EMPLACEMENTS.	DIVISIONS.	EMPLACEMENTS.
3ᵉ Abbé	Défense de Bayonne...	Howard, Colville, 3 brig. portug. et anglaise, Clinton, Alten	Blocus de Bayonne (A).
6ᵉ Rouget, 2ᵉ Darmagnac, 1ʳᵉ Foy	Sur la rive droite de l'Adour, entre le Bec-du-Gave et Bayonne. Bardos, Bidache, Came, Guiche et Hastingues.	2 rég. de cavalerie	Environs d'Urt.
4ᵉ Taupin, 5ᵉ Villatte	Derrière La Joyeuse, à La Bastide et Ayherre.	Cole, Walker	Hauteurs de Briscous (B).
8ᵉ Harispe	Helette et Irrissary	Le Cor	Entre La Bastide-Clairence et Hasparren.
		Picton	Devant Hasparren.
		Stewart	
		Morillo	En marche sur Saint-Palais (C).
		Mina	Dans le Baztan.

(A) Corps de Hope. Les divisions Alten et Colville furent rappelées par Wellington le 21 février. Il faut y ajouter une division espagnole (Don Carlos).
(B) Corps du centre, aux ordres du maréchal Beresford.
(C) Corps de droite, commandé par Hill.
L'armée espagnole de Freyre (2 divisions) cantonne à Irun. La division Harispe a une brigade (Paris) en marche pour secourir Jaca.

Wellington à Bathurst.

13 février.

« Le temps s'étant éclairci depuis quelques jours (1), j'ai saisi la première occasion qui s'offrait depuis l'arrivée de l'argent (2) pour mettre l'armée en mouvement. Le corps de Hill a été rassemblé hier et dirigé aujourd'hui sur Hasparren ; il continuera son mouvement demain matin. »

De son côté, le maréchal écrit :

« L'armée ennemie est en mouvement ; demain ou après je serai probablement attaqué sur toute la ligne, c'est du moins le rapport qui m'a été fait par divers émissaires ; tous les déserteurs et les gens du pays donnent le même avis.

« L'ennemi fait avancer plusieurs équipages de pont ; *il paraîtrait qu'il a l'intention de forcer le passage de l'Adour au-dessus et au-dessous de Bayonne ;* le temps le favorise malheureusement pour qu'il hasarde un débarquement vers l'embouchure de l'Adour. On écrit de Saint-Jean-de-Luz que tout ce qu'il y avait d'embarcations est mis en mouvement et qu'on transporte aussi une grande quantité de cordages.

---

(1) On a pu voir que Soult et Wellington invoquent à chaque instant les pluies continuelles et le mauvais état des chemins. Ce fut, paraît-il, une année extraordinairement humide. « Les bouviers de Hastingues furent mis en réquisition pour le service du parc de Bidache pour aller porter des vivres aux corps postés à Bardos et à La Bastide. Les chemins étaient tellement affreux que plusieurs paires de bœufs et les charretiers restèrent sur les routes. Ce service de quinze paires de bœufs renouvelés tous les cinq jours a duré jusqu'au 17 février. » (*Journal manuscrit de Clérisse*).

(2) La somme importe peu. Wellington envoie, le 21 février, au général Freyre un *warrant* de 50,000 douros pour un mois de solde ; le 20, il lui écrit : « Je compte faire marcher immédiatement les deux divisions de la 4ᵉ armée sous vos ordres. Veuillez avoir la bonté de faire avancer vos troupes lorsque Hope vous préviendra qu'il va passer l'Adour et d'agir de concert avec lui. Le commissaire général mettra à votre disposition 6 jours de biscuit à Oyarzun et Fontarabie. Vous les garderez en dépôt au moment où vous passerez la Bidassoa ».

« On m'écrit aussi que les troupes espagnoles qui étaient en cantonnement sur la rive gauche de la Bidassoa ont reçu l'ordre de se porter en avant, et que déjà plusieurs colonnes sont entrées en France.

« J'ai donné des ordres pour que l'on se tînt prêt sur toute la ligne. Lorsque j'aurai pu juger des dispositions de l'ennemi, j'en prendrai en conséquence. Je présume que les divisions que j'ai entre l'Adour et la Nive seront attaquées par les plus fortes parties de l'armée ennemie; les mouvements dont je suis instruit annoncent cette direction.

« Ne pouvant assurer que la communication avec Bordeaux restera libre, je crois qu'il serait à propos que désormais l'estafette passât par Toulouse.

« Je resterai demain aux avant-postes (1). »

La brigade Pâris étant en marche pour aller ravitailler Jaca, Harispe ne disposait que des brigades Danture et Baurot et du 21ᵉ chasseurs à cheval, soit 5,500 hommes et 3 pièces de canon (2); 24,000 hommes avec 16 bouches à feu l'ont attaqué de front par Mendionde et de flanc par Hasparren et Louhossoa. « L'ennemi, dit Wellington, a montré environ deux divisions d'infanterie !.... »

Soult au Ministre.

Orègue, 14 février.

« Ce matin à onze heures, le général Harispe a été attaqué

---

(1) *Soult au Ministre.* Pessarou, 12 février.

(2) Au surplus voici la composition de la division Harispe, au 16 janvier :

Brigade Dauture (9ᵉ, 34ᵉ léger : 4 bataillons);
— Pâris (10ᵉ, 81ᵉ, 114ᵉ de ligne, 8ᵉ bataillon napolitain : 6 bataillons);
— Baurot (25ᵉ léger, 115ᵉ, 117ᵉ de ligne : 5 bataillons).

Elle occupait Irrissary (quartier général) et Helette et avait le 25ᵉ léger (2 bataillons) à Saint-Jean-Pied-de-Port. Que devint ce 8ᵉ napolitain, épave des régiments étrangers ? La brigade italienne était partie depuis le 24 novembre pour l'armée du prince Eugène.

sur trois points, par les débouchés de Louhossoa, Attisanne et Gréciette : le feu a été vif, mais je n'ai encore reçu que son premier rapport qui annonçait la marche de l'ennemi. Ses forces étaient trop disproportionnées pour qu'il pût conserver sa position; aussi il a dû se rapprocher de Saint-Palais, mais je ne pourrai avoir des détails que très avant dans la nuit.

« Sur le restant de la ligne de la Joyeuse, l'ennemi s'est borné à des démonstrations; je pense que demain matin il passera ces rivières et marchera à la hauteur de sa colonne de droite (1).

« Je n'ai pas encore reçu le rapport de ce qui est survenu sur l'Adour et du côté de Bayonne, mais je ne crois pas que l'ennemi ait attaqué.

« La colonne anglaise qui manœuvre sur ma gauche est commandée par le général Hill; elle emmène un équipage de pont, ce qui annonce l'intention de passer les gaves; il doit y avoir deux divisions anglaises, une portugaise, plusieurs divisions espagnoles et une de cavalerie anglaise.

« Les Espagnols fournissent 25,000 auxiliaires à l'armée anglaise; cette troupe est déjà entrée en France; elle est à la solde de l'Angleterre; quelques divisions doivent venir par la Navarre, les autres viennent par Irun.

« Toute la cavalerie anglaise qui était en Espagne est en marche pour joindre l'armée; une partie vient également par la Navarre et le surplus par la grande route d'Irun. Déjà quelques régiments de cavalerie espagnole sont entrés en France.

« Lorsque les ennemis auront en ligne toutes leurs troupes, on peut compter qu'elles s'élèveront au moins à 100,000 hommes, dont 12 à 14,000 de cavalerie et une artillerie très nombreuse. Des renforts qu'ils attendent d'Angleterre, dont une partie a dit-on débarqué, ne sont pas compris dans cette évaluation.

---

(1) Ces rivières, qui descendent de l'Ursuya, sont partout guéables, sauf l'*Aran* à partir du pont de Bardos.

« Vous connaissez les moyens dont je puis disposer; je ferai tout ce qui est humainement possible pour résister au torrent et nuire aux ennemis, mais il est grandement temps que je sois renforcé.

« Demain je prendrai la ligne de la Bidouze et, après y avoir été forcé, celle du gave d'Oloron, gardant le Saison aussi longtemps que possible. *Si l'ennemi entreprend de passer l'Adour et qu'il réussisse, je me concentrerai, car je ne puis plus espérer couvrir le pays par une ligne continue.*

« Le général Pâris était en mouvement pour aller ravitailler Jaca où probablement il ne serait pas parvenu; je l'ai fait revenir sur-le-champ; ce soir, il prend position à Garris et à Saint-Palais pour soutenir Harispe. »

Les communications avec Saint-Jean-Pied-de-Port sont coupées; débouchant du Bastan sur Bidarray, Mina bloque la place.

Après avoir passé la nuit sur les hauteurs de Méharin, Harispe s'établit le lendemain matin (15) sur celles de Garris où Pâris le rejoint. Attaqué de front dans l'après-midi par Stewart, tandis que Morillo descend la Bidouze et se porte sur ses derrières, il se retire sur Saint-Palais et l'évacue à une heure du matin, en faisant sauter le pont de la ville, s'estimant sans doute heureux que Morillo ne l'y eût point devancé.

Wellington en personne dirige les opérations contre cette brave division qui « perd 400 hommes et se bat valeureusement à la baïonnette (1) ». Encore ne se croit-il point assez fort, avec six divisions, pour chasser Taupin, Villatte et Harispe des bords de la Bidouze. « L'ennemi s'est retiré
« sur la Bidouze où j'apprends qu'il a résolu de tenir. Nous
« sommes un peu étendus et si l'ennemi s'arrête sur la ri-
« vière, *je ne suis point aussi fort que je le devrais.* Aussi
« envoyé-je l'ordre à Cole et à Walker de traverser demain
« matin les hauteurs de la Bastide-Clairence. Portez votre

---

(1) *Soult au Ministre.* Sauveterre, 16 février.

« quartier général à la Bastide-Clairence. Je serai cette nuit
« à Saint-Esteban » (1). Jusqu'au 15, le maréchal a pu croire
que le dessein de son adversaire était de forcer le passage de
l'Adour au-dessus de Bayonne ; mais le combat de Garris
lève ses incertitudes ; il s'attend à voir sa gauche rejetée
derrière le gave d'Oloron et se propose de le défendre en
massant son centre à Sauveterre et appuyant sa droite sur
Peyrehorade, sa gauche à Navarrenx. Avec ses deux divisions, d'Erlon continuera à garder l'Adour, du Bec-du-Gave
à Bayonne. Finalement, rappelant ce dernier au Port-de-Lanne, il songe à tenir la ligne Dax—Peyrehorade—Navarrenx, couverte par l'Adour et le gave d'Oloron ; front immense, qui se réduit pourtant à celui du gave, puisqu'à ce
moment encore aucun Anglais n'a franchi l'Adour et Dax
n'est point menacé.

Soult au Ministre.

La Bastide-de-Béarn, 15 février.

« Il n'est plus douteux que l'ennemi ne porte la plupart
de ses forces sur sa droite et qu'il n'ait le projet de déborder
constamment ma gauche ; sa grande supériorité numérique
lui en donne la facilité.

« *La ligne de la Bidouze serait bonne à défendre si je
pouvais soutenir Harispe à Saint-Palais et garder en même
temps le passage de Mauléon ; mais je suis déjà trop étendu
et je dois, en resserrant ma ligne, chercher un meilleur
appui* (2).

« *A cet effet, je passerai demain sur la rive droite du
gave d'Oloron. J'appuierai ma gauche à Navarrenx et ma*

---

(1) *Wellington à Beresford*, 15 février.
(2) La Bidouze ou gave de Saint-Palais coule dans une vallée encaissée qui ne s'élargit que vers Bidache. Elle est partout guéable, ou presque partout, jusqu'au pont de Came où remonte la marée. Sa largeur est d'environ 40 mètres, et son lit fixe, mais les abords sont difficiles.

droite à Peyrehorade où j'ai fait construire une tête de pont; la ligne se prolongera ensuite sur l'Adour. »

Dans la journée, Taupin et Villatte suivent le mouvement de retraite de leur collègue; ils se retirent de la Bastide et d'Ayherre sur Bergouey et Ilharre, appuyant leur droite sur Foy, dont la division s'est établie sur les landes en avant d'Hastingues et d'Œyregave, couverte par la Bidouze et gardant le pont de Came (1).

Le lendemain (16), retraite sur le gave d'Oloron : « J'ai

---

(1) Les renseignements qui suivent sont puisés dans le Journal tenu par M. Clérisse, maire d'Hastingues à cette époque, et plus tard député sous la Restauration, dont son petit-fils, propriétaire du château d'Estrac, quartier général de Clausel, a bien voulu nous donner connaissance.

Depuis le commencement de janvier on avait transformé le bourg d'Hastingues, juché sur une hauteur escarpée au-dessus du gave, en une véritable citadelle armée de 13 pièces et commandant un pont formé de sept barques.

Le 14 février, où se livra le combat de Helette, la division Foy se rangea sur les hauteurs de Guiche et de Bardos : dans la nuit du 15 au 16, elle repassa la Bidouze au pont de bateaux de Came qu'elle rompit, et fut bivouaquer dans les landes, en avant de Hastingues et de Peyrehorade.

Le 17, l'ennemi ayant franchi la Bidouze en plusieurs points, la brigade Bertier se retira sur Œyregave et la tête de pont de Peyrehorade et celle de Fririon sur Hastingues avec le général Foy. Beresford s'établit au bivouac en face de ces villages sur les landes que la division venait d'abandonner.

D'Erlon arriva le lendemain à Hastingues et, après avoir fait reconnaitre la position et les forces de l'ennemi, ordonna l'évacuation de la tête de pont, à la garde de laquelle il fut laissé un bataillon du 69e. Ce bataillon resta à Hastingues jusqu'au 23 où, à l'approche de la division Walker, il se retira à son tour. Aussitôt l'ennemi envahit et occupa le bourg et ouvrit le feu sur le bataillon qui n'avait point fini de passer la rivière et sur les sapeurs qui travaillèrent jusqu'à la nuit à détruire les embarcations. Pendant ce temps, Beresford, avec la division Cole, attaquait à Œyregave le 36e qui, soutenu par un bataillon du 65e établi dans les retranchements de la tête de pont de Peyrehorade, s'y maintint toute l'après-midi et se retira sur la ville pendant la nuit, sans être inquiété.

ordonné à d'Erlon de faire passer l'Adour à la division Darmagnac et de l'établir sur la rive gauche pour défendre cette rivière. Foy occupera la rive droite des gaves depuis le confluent de l'Adour jusqu'à Sorde et défendra les têtes de pont de Hastingues et de Peyrehorade. Taupin gardera depuis Sorde jusqu'à Sauveterre. Villatte sera en position à Sauveterre, et Harispe sur le Saison, ayant des partis vers Mauléon.

« La cavalerie légère du général Soult aura une brigade à Sauveterre et l'autre sera répartie sur toute la ligne.

« *L'état-major général de l'armée sera à Orthez, les administrations à Saint-Sever et le parc d'artillerie à Aire.*

« *Ainsi, la ligne de l'armée s'étendra depuis Dax, que j'ai fait fortifier, jusqu'à la place de Navarrenx, qui est en bon état de défense, l'armée ayant sur son front le cours de l'Adour et celui des gaves.*

« *Je vais faire construire quelques ouvrages en avant de Sauveterre.*

« Les trois divisions de la flottille défendront autant qu'il y aura possibilité le cours de l'Adour, depuis le Bec-du-Gave jusqu'à Bayonne et feront en sorte d'empêcher que l'ennemi ne se livre à aucun passage. *J'espère maintenir ainsi pendant quelques jours encore mes communications avec Bayonne.*

« Il est probable que demain l'ennemi développera ses forces (1). »

II. — Défense du gave de Mauléon (17 février) et du gave d'Oloron (24 février).

Effectivement, le 17, Hill rétablit le pont de Saint-Palais, passe la Bidouze et marche sur le Saison (2). La brigade

---

(1) *Soult au Ministre*, Sauveterre, 16 février. — Voyez aussi *Wellington à Bathurst*, 20 février.

(2) Le Saison ou gave de Mauléon est aussi encaissé que la Bidouze.

Paris garde le pont de Riveyrete, où passe la route, et le bataillon du 25ᵉ léger occupe un ouvrage qui en couvre l'accès (1); elle défend aussi les gués d'Osserain et d'Autevielle, en aval du pont. Les autres brigades de Harispe observent les gués en amont (Rive haute, Gestas, Tabaille), mais un régiment anglais franchit le Saison au-dessus de ces derniers (à Charre et Nabas); la position tombe, le 25ᵉ léger fait sauter le pont de Riveyrete, et la division se retirant sur Sauveterre travaille à une tête de pont à la Maison-Rouge (2).

Le même jour, Taupin et Villatte se portent par Caresse et Sauveterre derrière le gave d'Oloron; Foy, derrière le gave de Pau, par les ponts de Hastingues et de Peyrehorade. Tous les passages de l'Adour et des gaves sont rompus, à l'exception de ceux du Port-de-Lanne, de Berenx, d'Orthez et de Sauveterre; les barques sont coulées ou ramenées à la rive droite.

Soult au Ministre.

Sauveterre, 18 février.

« Aujourd'hui, l'ennemi s'est borné à porter une avant-garde (3) sur la rive droite du Saison et à s'établir sur le pla-

---

mais sa vallée est un peu plus large. Lit fixe et berges escarpées : largeur moyenne, 40 mètres. Nombreux gués de piétons ou de voitures, à Charre, Nabas, Rive haute, Gestas, Tabaille, Riveyrete, Osserain, Autevielle, d'une profondeur de 0ᵐ,40 à 0ᵐ,70. Le lit est encombré de gros blocs roulés.

(1) Ledit ouvrage est très visible depuis le chemin de Domezain à Riveyrete, sur une hauteur, cote 127, au lieu dit *Cabone*. De Saint-Palais, la route de Sauveterre passait à Domezain, franchissait le gave de Mauléon au pont de Riveyrete, puis, par Saint-Gladie, gagnait à Orcyte le pont de Sauveterre, dont il ne subsiste aujourd'hui que les piles.

(2) Nous n'avons pu retrouver cette maison. Les Basques ont un goût prononcé pour l'ocre rouge dont ils badigeonnent volontiers leurs habitations. Au lieu de Maison-Rouge, on peut lire Orcyte, hameau en face de Sauveterre.

(3) Avant-postes.

teau de Saint-Gladie. Il a aussi reconnu la rive gauche du gave d'Oloron. A 1 heure, on a observé le mouvement de plusieurs masses d'où il s'est détaché une batterie de 6 pièces de canon qui a tiré quelques volées sur l'avant-poste que nous avons en tête du pont de Sauveterre. On leur a riposté par 12 pièces et le feu a cessé. Le tiraillement de l'infanterie était fini à 3 heures. Le chef de bataillon du génie Burel a été blessé au genou en faisant exécuter une tranchée que j'ai ordonnée pour couvrir le pont.

« D'Erlon a fait hier son mouvement sur la rive gauche de l'Adour sans être inquiété ; aujourd'hui, on n'a rien entendu de ce côté. Il ne m'est rien parvenu de Bayonne.

« Ce matin, l'ennemi n'avait pas encore paru à Mauléon ; le détachement que j'y avais ne s'est retiré qu'à 8 heures. Il y a à Mauléon une légion de garde nationale forte de 600 hommes. Comme elle a été formée dans cette vallée, j'ai craint qu'en la faisant partir tous les hommes ne désertassent et j'ai préféré la laisser à Mauléon, en lui donnant ordre de former des partis pour inquiéter les derrières et le flanc de l'ennemi et de rétablir, s'il y a possibilité, les communications avec Saint-Jean-Pied-de-Port. Si les habitants du pays de Soule veulent bien servir, ils peuvent se préserver de l'invasion et nuire beaucoup à l'ennemi ; les horreurs qui ont été commises dans la vallée de Baygorry sont faites pour les exciter à la vengeance, et il m'a été rendu compte que ce sentiment commençait à fermenter.

« Depuis que les communications avec Bayonne ont cessé, je ne puis tirer des munitions que des derrières. J'avais des dépôts à Dax et à Navarrenx que peut-être je n'aurai pas le temps de faire transporter plus loin ; ceux de Toulouse et de Bordeaux, dont j'ai ordonné l'établissement, ne sont pas encore formés, de sorte que je pourrais être fort embarrassé si vous n'aviez la bonté de donner immédiatement des ordres d'après les demandes que le général Tirlet aura l'honneur de vous présenter à ce sujet.

« J'ai donné des ordres pour que les malades qui se trouvent dans les hôpitaux situés à la rive gauche de la Garonne fussent évacués sur Toulouse et sur Bordeaux, où je fais également envoyer les magasins d'habillement qui étaient à Dax et à Mont-de-Marsan, ainsi que les denrées qui étaient dans les entrepôts. »

L'ennemi ne fait aucun mouvement jusqu'au 24 ; dans l'intervalle, Wellington retourne à Saint-Jean-de-Luz, afin de presser le passage de l'Adour au-dessous de Bayonne. Son but, dans ses opérations contre notre gauche, est en effet « de détourner notre attention des préparatifs faits à Pas-« sages et à Saint-Jean-de-Luz pour le passage du fleuve et « de nous amener à porter nos forces vers notre gauche ».

Ce but est atteint, « mais le temps est si défavorable et la mer si mauvaise qu'il se décide à reprendre ses opérations sur la droite, bien qu'il ait à traverser encore le gave d'Oloron, le gave de Pau et l'Adour ». A son retour à Garris, il y trouve le pont de bateaux et le dirige sur le Saison. En même temps, il ordonne à Alten et à Clinton de quitter le siège de Bayonne et de se rendre le 22 sur le Saison ; à Freyre, de lever ses cantonnements d'Irun et de se préparer à marcher avec Hope (1).

De son côté, prévoyant peut-être qu'il sera forcé sur le gave d'Oloron (2), le maréchal reconnaît la position d'Orthez et le gave de Pau.

Soult au Ministre.

Orthez, 22 février.

« Je suis parti à midi de Sauveterre pour me rendre à

---

(1) *Wellington à Bathurst*, Saint-Sever, 1ᵉʳ mars.
(2) Le gave d'Oloron, formé des gaves d'Ossau et d'Aspe qui se réunissent à Oloron, est encaissé entre des berges rocheuses profondes et roule sur un lit de rochers à arêtes tranchantes ou encombré de blocs. Largeur 50 mètres. Vallée de 2 à 3 kilomètres de largeur, parsemée de prairies et de cultures. Nombreux gués : Navarrenx (1), Viellenave (5), Laas (3), Audrein (2), Sauveterre (3), Aspis (1), Athos (2), Escos (2), Auterive, Saint-Dos (2).

Orthez et voir les positions de la rive droite du gave de Pau ; il n'y avait alors rien de nouveau sur la ligne.

« Le général Soult m'a écrit ce matin de Navarrenx que les reconnaissances qu'il a poussées sur Aranjuzon et sur Charre y ont trouvé la cavalerie anglaise soutenue par l'infanterie de Morillo. Une autre reconnaissance a été hier soir à Mauléon ; elle y est entrée quelques instants après que trois cavaliers anglais venaient d'en sortir. Ces trois hommes ont annoncé qu'aujourd'hui une division de 5 à 6,000 Anglais arriverait à Mauléon. Cela a suffi pour que la légion de gardes nationales des Basses-Pyrénées qui gardait ce poste l'abandonnât sans tirer un coup de fusil et se retirât sur Tardets, sous prétexte que, si elle se défendait, la ville pourrait en être compromise. *Je ne puis citer rien de plus fort pour prouver le mauvais esprit des populations des Basses-Pyrénées.* »

Combien il dut regretter, ce préfet, sa lettre du 18 octobre, dans laquelle il demandait au maréchal la suspension de la conscription de 1815, et la formation de compagnies franches, sous la dénomination de « chasseurs basques » ; mais poursuivons.

« Ces trois cavaliers ont été reçus avec affection par les habitants de Mauléon, au lieu d'être arrêtés ; on leur a même offert des rafraîchissements, malgré qu'ils eussent assassiné et dépouillé à quelque distance de la ville un médecin de Mauléon.

« Les reconnaissances du général Soult ont rapporté que l'ennemi réunissait beaucoup de monde sur les deux rives du Saison et que deux nouvelles divisions anglaises (Alten et Clinton) avaient rejoint le corps de Hill.

« Tout porte à croire que l'ennemi continue son mouvement sur sa droite. Je ne sais s'il a l'intention de me forcer sur la ligne du gave d'Oloron, ou de se porter sur la communication de Toulouse, en me débordant complètement. Ce dernier mouvement serait bien hardi ; avant qu'il fût terminé, il pourrait lui en arriver malheur, car je n'hésiterais pas à manœuvrer contre lui, quelle que soit la disproportion des forces.

« D'Erlon m'a écrit hier (21) que le camp ennemi qui se trouvait sur les hauteurs de la Bidouze était levé et que les troupes avaient filé sur leur droite.

« Le général Thouvenot m'a écrit aussi hier (21) que les camps ennemis devant Bayonne étaient très affaiblis et que les deux divisions anglaises qui les occupaient s'étaient en grande partie dirigées sur leur droite ; des troupes espagnoles devaient les relever. *Il confirme les préparatifs de l'ennemi pour une expédition par mer.* Il me dit que l'ennemi continue à former des retranchements et à élever des redoutes entre la rive gauche de la Nive et la mer, et que les émigrés qui sont avec le duc d'Angoulême parcourent les communes, où ils nomment des autorités. » Singulières conquêtes ! le duc écrit à sa femme quelques jours plus tard : « Voilà trois questions que j'ai faites aujourd'hui à lord Wellington et j'y ai joint ses réponses :

— 1. « Si le drapeau blanc est déployé à Pau et que j'y prenne le gouvernement au nom du Roi, ne vous opposerez-vous point à ce que je lève des troupes, volontaires ou autres, et me fournirez-vous les fonds pour les payer ?

— « Je ne vous en empêcherai point, mais je ne payerai aucune troupe.

— 2. « Si j'avais un crédit pour trouver des fonds, voulez-vous vous rendre garant du remboursement au nom du gouvernement britannique ?

— « Non, je ne le puis point.

— 3. « Ayant conquis par les armes la partie du pays que votre armée occupe, me laisserez-vous en prendre l'administration sans vous y opposer, ni aux nominations de préfets, sous-préfets, maires, etc., que je jugerais à propos de faire ?

— « Oui, sans difficulté, je vous remettrai le gouvernement du pays occupé. »

Le 24, Hill franchit le gave d'Oloron aux gués de Viellenave, avec Alten, Stewart et Le Cor ; Clinton, à ceux de Laas. Pendant ce temps, Morillo bloque Navarreux, et Picton fait de malheureuses démonstrations devant Sauveterre ; car cherchant à franchir le gué d'Aspis, à deux kilomètres au-dessous du bourg, le 119ᵉ le culbute dans la rivière et il perd 400 hommes tués, pris ou emportés par le courant.

Là, une colonne anglaise, précédée d'un détachement de cavalerie qui ne l'éclaira point et se replia, franchit le gué et s'éleva par un chemin encaissé, et sans s'assurer sur la rive opposée un point d'appui en cas de retraite. Masqué par un mouvement de terrain, le 119ᵉ la laissa déboucher, puis fondit sur elle et l'écrasa. Vainement une batterie accourut pour protéger la retraite : il était trop tard. Déjà la colonne était entièrement détruite.

Craignant avec raison d'être tourné par sa gauche et coupé d'Orthez, Clausel fait sauter le pont de Sauveterre et se retire sur les hauteurs d'Orion, où il bivouaque.

Dans la soirée, Taupin rallie sa division à Salies et passe le gave de Pau au pont de Bereux qu'il rompt derrière lui. Le lendemain à 5 heures du matin, Clausel quitte Orion et se replie sur Orthez; Villatte forme l'arrière-garde sur les hauteurs de Magret qu'il abandonne ensuite pour se porter derrière le gave et occuper le faubourg de Départ.

A la droite, une crue de l'Adour avait emporté le pont de Port-de-Lanne; d'Erlon le rétablit et rejoint Foy, le 24, à Peyrehorade, avec Darmagnac et Rouget. Il détruit ensuite le pont et toute communication avec Bayonne se trouve perdue ; mais Wellington le rétablit à son tour pour se relier avec Hope qui vient de passer l'Adour au Boucau.

Soult au Ministre.

Orthez, 25 février.

« J'ai réuni l'armée à Orthez, occupant les hauteurs de la rive droite du gave et gardant cette rivière par des postes de cavalerie jusqu'à l'Adour et jusqu'à Pau (1). Le mouve-

---

(1) De Pau à Orthez, le gave coule dans une vallée d'environ 3 kilomètres de largeur entre des collines sur la rive droite et de fortes côtes

ment n'a pas été inquiété, quoique hier soir l'ennemi ait poussé sa tête de colonne jusqu'à Loubieng, et qu'il était à supposer que les troupes du général Clausel, qui ne sont parties qu'à 5 heures du matin des hauteurs d'Orion, seraient au moins engagées dans leur marche.

« Vers midi, les troupes ennemies ont paru sur les hauteurs de Magret et de Départ. Un quart d'heure après, une batterie de six pièces a commencé à tirer sur nos troupes qui se formaient en arrière d'Orthez et sur la ville. A 2 heures, plusieurs bataillons d'infanterie sont descendus dans le faubourg de Départ et ont engagé une tiraillerie qui n'a cessé qu'à la nuit. L'ennemi a surtout cherché à nous empêcher de travailler au pont d'Orthez que j'ai cru nécessaire de faire sauter (1).

« Les habitants d'Orthez ont montré beaucoup de dévouement et se sont bien conduits.

« Les rapports que j'ai reçus confirment la marche de l'ennemi sur Oloron; je n'ai pas cependant de détails à ce sujet. Le colonel Desfossés, commandant le 22ᵉ chasseurs à cheval, qui est en avant de Pau, n'a pas encore envoyé ses rapports.

« Toute l'armée ennemie, excepté ce qui est autour de Bayonne, est devant moi; elle peut par sa supériorité de forces continuer à me déborder, mais j'espère que me voyant réuni le général qui la commande la tiendra plus concentrée, surtout s'il suppose que *je suis déterminé à profiter des*

---

sur la rive opposée. D'Orthez à Puyoo, il s'encaisse entre des berges à pic et son lit devient rocheux et resserré jusqu'à ne plus avoir que 40 à 50 mètres.

Gués en amont et en aval d'Orthez : Castetis (1), Biron (Soarns) (1), Ramous (3), Puyoo (2), Lahontan (3), Labatut (partout), Saint-Cricq (2). A partir de Peyrehorade, où remonte la marée, la rivière n'est plus guéable. En amont de Castetis jusqu'à Pau, la rive gauche est dominante et plus rapprochée du gave, à aucun point de vue cette rivière ne constitue une bonne ligne de défense.

(1) Il était si solide, qu'on n'en put couper qu'une arche.

fautes qu'il fera et à l'attaquer à l'instant même où l'occasion me paraîtra favorable. »

III. — Conclusions. — Similitude de la position de Soult à Bayonne au mois de janvier et de celle de Kray à Ulm en 1800. — Rôle néfaste de Bayonne pendant toute la durée de la campagne.

Un critique toujours mal informé et toujours en défaut, le général Vaudoncourt, a dit : « Wellington voulait pénétrer en
« France à quelque prix que ce fût (1); il chercha à éloigner
« son adversaire du camp retranché de Bayonne. Pour y
« parvenir, le seul parti qu'il eût à prendre était de ma-
« nœuvrer en étendant sa droite. Mais il ne fallait pas se
« détacher de sa base. La seule communication praticable
« avec l'Espagne était la route de Saint-Jean-de-Luz à Irun.
« En se détachant tout à fait de Saint-Jean-de-Luz, il cou-
« rait le risque de voir Soult le laisser tranquillement s'avan-
« cer jusque vers Orthez, et se rabattre ensuite sur ses der-
« rières. L'armée française, la gauche appuyée à Bayonne,
« la droite, vers Bidarray, enlevait toutes ses communica-
« tions à l'armée anglo-espagnole. Dans cette position rien
« ne pouvait sauver les Anglais d'un désastre. »

Une telle méconnaissance de la situation respective des armées est inexcusable, et certes le maréchal était incapable de ne point profiter sur l'heure d'une faute aussi énorme, si Wellington l'avait commise; il n'en était rien, *il n'avait à aucun instant perdu ses communications avec Saint-Jean-de-Luz.*

Évidemment si, après la bataille de Bayonne, la forteresse avait pu être livrée à elle-même, Soult aurait contenu avec avantage les alliés sur la Joyeuse, car, laissant une division dans la place, il aurait disposé de huit divisions, alors que l'ennemi se serait affaibli des quatre ou cinq divisions nécessaires pour observer le camp retranché. L'équilibre se fût

---

(1) Le général, on l'a vu, s'est chargé de prouver le contraire.

à peu près rétabli, puisque les Espagnols étaient restés de l'autre côté de la Bidassoa et dans le Baztan ; et une pointe de Wellington sur Orthez eût été une aventure extraordinaire de la part d'un général aussi prudent et aussi circonspect.

Loin de là ; il fallut couvrir Bayonne pendant deux mois encore (1) et le maréchal dut partager l'armée pour répondre à cette nécessité et couvrir le territoire au sud de l'Adour. Au lendemain de la journée de Mouguerre, il échelonne trois divisions entre Bayonne et Peyrehorade, et il en porte une quatrième derrière la Joyeuse. Mais bientôt deux des trois divisions de l'Adour rejoignent l'autre sur la Joyeuse ; puis la division Harispe, aussitôt créée, se rend à Helette à l'extrême gauche.

Il existe à ce moment une certaine similitude entre la situation de Soult et celle de Kray en 1800 devant Ulm. Le général autrichien s'appuyait à cette forteresse et défendait le passage du Danube contre un ennemi très supérieur ; mais le camp d'Ulm, auquel on avait travaillé sans relâche depuis trois ans, était dans un état formidable ; il se suffisait, et les Autrichiens avaient sur la Franconie une retraite inaccessible et normale au cours du fleuve ; tandis que la ligne de retraite de Soult, après avoir longé l'Adour, s'éloignait derrière sa gauche vers Mont-de-Marsan et se trouvait exposée. De même que Moreau s'efforça d'amener son adversaire à quitter Ulm, Wellington venait d'obliger Soult à dégarnir, à abandonner même Bayonne ; et dans ce but, tandis que l'un traversa l'Iller, la Mindel et menaça Augsburg, l'autre marcha par les gaves dans la direction d'Orthez. Il est vrai que Kray, devinant les intentions de Moreau, ne bougea point. C'était, dit Napoléon dans son analyse de la campagne

---

(1) Les communes voisines et même fort éloignées de la place fournissaient des équipes de travailleurs remplacées tous les dix jours, réquisitions qui paraissent n'avoir cessé que le 31 décembre, où l'état des travaux permit de les faire achever par les troupes et les équipes bayonnaises.

de 1800 « *défier l'armée ennemie de la fortune* ». Or Kray faillit la ressaisir le jour où, débouchant d'Ulm et traversant le Danube, il fondit à l'improviste sur la gauche et les derrières de Moreau. Si la victoire lui échappa, c'est qu'il n'engagea qu'une partie de son armée. Au contraire, Soult tomba dans le piège ; mais qui l'en accusera ? Pouvait-il agir autrement ?

Une manœuvre de ce genre, à Bayonne, n'était pas de circonstance au mois de février où l'armée venait d'être si fort affaiblie. Le maréchal, qui reculait devant l'idée d'abandonner à l'invasion le pays à l'est de la Nive et dont la ligne de conduite avait toujours consisté à défendre pied à pied le territoire et à le couvrir, avait, lorsque suivant Vaudoncourt l'occasion parut s'en présenter, la majeure partie de ses forces derrière la Joyeuse et la Bidouze. Elles eussent eu trois fois plus de chemin à faire pour regagner Bayonne et en déboucher, que l'ennemi pour revenir sur la Nive.

Il est une dernière hypothèse : en était-il autrement en janvier ? Si, renonçant à une base en équerre et se bornant à garder l'Adour au débouché d'Urt au moyen de batteries et d'une division d'infanterie, le maréchal avait concentré l'armée entre Peyrehorade et le Port-de-Lanne, d'où il pouvait, à Sauveterre, à Saint-Palais, prendre en flanc les colonnes en marche à travers les gaves, l'ennemi obligé de conserver en face de Bayonne au moins quatre divisions n'aurait pu détacher de ce côté des forces supérieures à celles qui se fussent trouvées derrière l'Adour et le gave de Pau (1). Par une marche de nuit, deux divisions d'infanterie et toute la cavalerie formant rideau de Peyrehorade à Saint-Palais, sept se massaient devant Bayonne, refoulaient l'ennemi sur Saint-Jean-de-Luz et sur Ustaritz, et coupaient la retraite des corps engagés au loin de l'autre côté de la Nive..... Mais Wellington ne quitta la ligne d'Urt à Hasparren et ne se porta contre les gaves que le jour où il reconnut, par la

---

(1) Voyez la situation et les emplacements de l'armée au 16 janvier.

nature de nos dispositions et par l'affaiblissement de nos forces, que nous n'avions rien à espérer d'une manœuvre de ce genre. Un mois plus tard, après Garris, rallier toute l'armée à Peyrehorade n'eût fait que rapprocher Orthez d'une étape.....

Conclusion : loin d'atteindre le but pour lequel le maréchal l'avait transformée, Bayonne entrava ses opérations ; et lorsque les événements l'obligèrent à s'en éloigner, le boulet ne quitta ses pieds que pour s'attacher à ceux de l'ennemi. Un mois plus tard, s'il eût conservé les divisions Leval et Boyer, Bayonne eût amené la défaite de Wellington ; l'état des affaires devant Paris ne le permit point. Sur le chemin du sacrifice, cette belle armée d'Espagne ne devait plus faire que deux stations, mais glorieuses entre toutes : *Orthez et Toulouse !*

CHAPITRE XXXI

BATAILLE D'ORTHEZ.

(27 février 1814.)

« Ceux, dit Lapène, à qui la nature avait donné la faculté de méditer et de sentir fortement profitaient du calme de la nuit et du silence des bivouacs pour recueillir leurs idées et se retrouver tout entiers. Fuyant le sommeil, et debout au milieu de leurs compagnons endormis, lorsque les feux prêts à s'éteindre ne rendent plus qu'une lueur pâle et vacillante, leur imagination se promène d'abord sur ce qui les entoure ; elle franchit ensuite les bornes du camp et se repose sur le spectacle offert par la présence de l'armée ennemie, à peu de distance de la nôtre sur la rive gauche du gave. La voilà cette armée qui, il y a moins de deux ans, était aussi devant nous aux bouches du Tage, de la Guadiana, du Guadalquivir, à l'abri du feu de nos batteries établies sur les côtes de l'Andalousie ! Quinze mois auparavant, ces mêmes troupes ont été rejetées encore au dela du Tormès et de Salamanque, dans les chemins impraticables qui avoisinent Rodrigo et les confins du Portugal ! L'armée française n'est-elle pas peuplée de ces mêmes bataillons qui, stationnés aujourd'hui derrière le gave, ont jadis bivouaqué sur l'Adige, le Danube, la Vistule, le Niémen ? Plusieurs de nous, enfin, ont parcouru en vainqueurs les bords du Nil et du Jourdain...

« Quelle suite de hauts faits ! Quelle richesse de souvenirs ! Quels hommes peuplaient ces immortelles phalanges ! Après, quelle série de revers! Les triomphes épuisés en Europe, l'armée française allait vaincre au delà des mers et réaliser ces expéditions idéales de l'antiquité. Placée aujourd'hui derrière un torrent, au cœur même de la France, son ambition se borne à défendre quelques lieues du sol sacré :

encore le voit-elle se dérober à chaque instant sous nos pas, sans espoir aucun d'arrêter l'invasion étrangère...

« On ose à peine se demander ce que deviendra la patrie à l'issue de cette lutte, où ses armées si faibles doivent infailliblement succomber. L'intégrité du territoire, l'indépendance de la nation seront-elles respectées? L'attitude qu'elle saurait prendre, si on la menaçait de partage, et son horreur pour le joug étranger sont, il est vrai, des garanties rassurantes qui écartent toute crainte de droits de conquête et d'assujettissement. Assailli, toutefois, par une série d'idées et de conjectures, l'esprit cherche à plonger dans un avenir obscur et vague comme la situation qui le fait naître. En cet état, on s'aperçoit à peine que la nuit se dissipe. Présages, illusions, projets, tout disparaît avec elle. La vue des armes et des bivouacs éclairés par les premières lueurs nous rappelle notre véritable situation comme notre premier devoir : disputer le terrain pas à pas, redoubler d'efforts et de sacrifices pour la défense du sol sacré, succomber au besoin dans cette lutte inégale : tels sont les objets dont notre âme est désormais remplie, et qui l'absorbent tout entière. »

I. — Description du terrain.

Vue des hauteurs au nord de Sault-de-Navailles, la côte qui borde le gave de Pau, par son aspect noirâtre, tranche nettement avec la plaine du Luy et paraît entièrement boisée, alors qu'elle rappelle encore le paysage basque, bien plus que celui de la Chalosse. La roche de fond n'est mise à découvert que dans les berges resserrées du gave, entre Orthez et Berenx : pour le reste, un puissant manteau de sable gréseux, généralement compacte, recouvre le sol et ne supporte sur les hauteurs que des bois ici chétifs et là de belle venue, entrecoupés de landes. Les pentes sont vives et brusques ; le pays enfin présente de grandes difficultés de parcours, chaque héritage étant hermétiquement clos.

Sur Orthez convergent les routes d'Oloron et de Saint-Palais qui se réunissent sur l'hémicycle des hauteurs de

Magret (120-140), sorte de tête de pont naturelle, dont le faubourg de Départ serait le réduit ; au nord, celles de Peyrehorade, Dax, Saint-Sever et de Pau.

Les hauteurs de la rive droite, parallèles au gave, ont une élévation moyenne de 170 mètres, alors que le fond de la vallée est à 40. Leur faîtage forme un plateau allongé de 600 à 1000 mètres de largeur, à une distance de 3 à 4 kilomètres de la rivière. Des côtes obliques par rapport à la direction de l'arête centrale se détachent sur Baïgts, Castetarbe, Saint-Bernard, Orthez et les Soarns ; elles sont pressées et soutenues. D'autres, plus courtes, descendent dans la plaine du Luy-de-Béarn et rayonnent de trois épanouissements, auxquels on peut donner les noms de plateaux de Saint-Boës (175), de Lafaurie et de Bordenave (173), de Camelong (167).

Une arête étroite relie le plateau de Saint-Boës à celui de Lafaurie (arête de Berge).

La route de Dax s'élève au nord et aborde le plateau de Lafaurie, d'où par Berge et Saint-Boës, elle suit le faîtage pendant plusieurs kilomètres avant de descendre dans les landes d'Estibaux. A cette route s'amorcent deux chemins de crête : l'un se détache à Saint-Boës, et par Bellevue va rejoindre soit Baïgts, soit Puyoo ; l'autre se dirige par Bordenave et l'Étoile de Camelong sur Salles-Pisse, à la rencontre de la route de Saint-Sever qui s'est élevée dans le vallon de Routun, entre les côtes d'Orthez et de la Motte-de-Tury.

De Saint-Boës à l'extrémité de la côte de Saint-Bernard par Lafaurie, on compte 7 kilomètres ; tel était le front considérable de l'armée française, dont la droite était au plateau de Saint-Boës, le centre sur l'arête de Berge et le plateau de Lafaurie, et la gauche sur la côte de Saint-Bernard. Par suite des inflexions de la chaîne et de la direction des attaques, le centre était retiré, tandis que la droite et la gauche puisaient, l'une dans les difficultés de son accès, l'autre dans son appui au gave, une force exceptionnelle. Gêné par le voisinage de la rivière, réduit à s'élever contre nos positions par des côtes étroites et à flancs rapides sur lesquelles il lui était impossible de déployer ses colonnes, l'ennemi ne devait surmonter de tels obstacles qu'au prix des plus cruels sacrifices.

II. — État des forces opposées le 25 février au soir.

Le 25 au soir, l'armée alliée était échelonnée sur la rive gauche du gave dans l'ordre qui suit, en face des masses françaises en voie de concentration sur Orthez :

Stewart........	} Hill.....	} Devant Orthez...	Taupin....	} Reille (1)	
Le Cor..........			Rouget....		
Alten...........			Darmagnac	D'Erlon.	
Clinton.........			Harispe...	} Clausel.	
5 régiments de cavalerie....			Villatte...		
			Paris.....		
Brigade Somerset (cavalerie)....	}	{ A Berenx, devant le pont détruit.	} 1 bataillon de la division Foy.		
Picton.........					
Brigade Vivian...	} Beresford	{ A la tête du pont de Peyrehorade.	{ La division Foy en retraite sur Orthez et le 15e chass. à cheval.		
Cole..........					
Walker........					
Morillo................		Dev. Navarrenx.	La garnison (2).		

III. — Wellington passe le gave de Pau (26). Affaire de Baigh.

Le 26 au matin, Beresford passe le gave aux gués de Cauneille et de Lahontan, d'où il marche sur Orthez, en refoulant devant lui le 15e chasseurs à cheval. A Labatut, il détache une brigade d'infanterie sur Habas et Estibeaux, pour couper la route de Dax. Somerset et Picton franchissent la rivière au gué de la Liberté, au-dessous de Berenx.

---

(1) Désobéissant aux ordres du maréchal, Reille avait quitté Bayonne le 18 février avec Maransin : il avait rejoint l'armée et pris le commandement des divisions Taupin et Rouget.

(2) Elle se composait du 1er bataillon du 86e et de 80 artilleurs : au total environ 450 hommes sous les ordres de l'adjudant commandant Goujet.

Enfin, Alten et Clinton appuient sur Bereux et se tiennent prêts à déboucher. Il ne demeure sur les hauteurs de Magret que les divisions Stewart et Le Cor, aux ordres de Hill.

Soult au Ministre.

Orthez, 26 février.

« L'ennemi a fait passer aujourd'hui le gave de Pau au gué de Lahontan, à deux divisions d'infanterie, avec de l'artillerie et un corps de cavalerie ; un autre corps de 1000 chevaux passait en même temps au gué de Cauneille. Le 15ᵉ chasseurs à cheval qui éclairait cette ligne s'est replié jusqu'à Baïgts, où il a recueilli un bataillon de la division Foy qui gardait le pont détruit de Bérenx et le gué au-dessous.

« La colonne qui a passé à Cauneille a suivi la grande route d'Orthez : lorsqu'elle a été à Labatut, elle a détaché une brigade d'infanterie et 500 chevaux sur Habas, d'où cette colonne a envoyé un parti sur la route d'Orthez à Dax.

« La principale colonne est arrivée à hauteur de Baïgts en même temps que deux autres divisions anglaises descendaient par la route de Salies et du plateau en arrière de Sainte-Suzanne pour se porter au gué de Bérenx. Le 15ᵉ chasseurs et le bataillon qui était à Baïgts ont fait leur mouvement en ordre et ils ont obligé l'ennemi à montrer son canon pour éloigner nos tirailleurs. L'ennemi s'est arrêté à 5 heures du soir sur le plateau en avant de Baïgts dans la direction d'Orthez.

« Aussitôt que j'ai été instruit de ce mouvement, j'ai formé les divisions Foy et Darmagnac sur le contrefort de Castelarbe (côte du Point du jour), prolongeant leur droite vers la route de Dax. J'ai donné ordre à Reille de se porter avec les divisions Taupin et Rouget sur le plateau en arrière de Saint-Boës, et j'ai disposé les autres divisions de manière à pouvoir soutenir cette ligne que j'ai voulu garder jusqu'à la nuit, afin d'avoir le temps de prendre d'autres dispositions.

« Je viens de donner des ordres pour que, demain à la

pointe du jour, les divisions du centre, commandées par d'Erlon, aient opéré un changement de front et soient formées presque parallèlement à la grande route d'Orthez à Peyrehorade (1), appuyant les divisions de la droite sur le plateau de Saint-Boës, où deux divisions aux ordres de Clausel seront aussi formées au point du jour. Le général Harispe défendra la ville d'Orthez, où j'appuierai mon extrême gauche et sa droite s'étendra vers la ligne de l'armée.

« Il est très probable que demain il y aura un combat, car les deux armées sont trop près pour que de part et d'autre on puisse l'éviter; je ferai en sorte qu'il soit glorieux aux armes de l'Empereur. Si je suis dans le cas de me retirer, j'opérerai mon mouvement sur Sault-de-Navailles.

« *Je m'attends cependant que demain l'ennemi fera passer des colonnes entre Orthez et Lescar*, car on l'a vu reconnaître les gués et faire des démonstrations qui ne laissent aucun doute à ce sujet. Deux régiments de cavalerie et deux bataillons garderont cet espace; je leur ai donné en conséquence des instructions.

« Je laisse également un régiment de cavalerie et la légion des Hautes-Pyrénées à Pau, pour défendre autant qu'il y aura possibilité cette ville et éclairer mon extrême gauche. L'on a annoncé la marche d'une colonne sur Oloron, mais ce matin elle n'y était pas encore arrivée; un corps de cavalerie était à Monein et l'on a entendu une forte fusillade avec du canon du côté de Navarrenx.

« J'éprouve le plus vif regret d'être obligé de vous rendre compte que *toutes les Gardes nationales du département des Basses-Pyrénées sont dans la plus complète défection et qu'elles ont abandonné leurs armes ou les ont emportées*;

---

(1) Autrement dit, Darmagnac et Foy exécutent un changement de front central, l'aile gauche (Foy) en arrière. Foy s'établit sur la côte de Saint-Bernard, la gauche sur la route de Peyrehorade, tandis que Darmagnac se place en travers de la côte de Route-Bieille, située en avant du Point-du-Jour, sa gauche joignant la droite de Foy et sa droite tirant vers Berge.

les habitants de Pau souffrent qu'une légion des Hautes-Pyrénées vienne défendre leur ville. L'on m'a dit qu'à Mauléon le drapeau blanc a été arboré.

« *Dans le département des Landes, l'esprit est aussi mauvais; il est impossible d'y réunir une seule compagnie; un jour viendra que ces malheureux auront à gémir de leur égarement.* »

Les dispositions de marche et d'attaque de Wellington sont consignées dans un *mémorandum* de la main du général.

IV. — **Mémorandum de Wellington sur la bataille d'Orthez.**

« Le 27 au matin les divisions Stewart et Le Cor et les 13e et 14e dragons, avec une troupe d'artillerie à cheval, étaient sous les ordres de Hill sur les hauteurs au-dessus du faubourg de Départ, en face de la ville d'Orthez.

« Le reste de l'armée était en colonne sur la grande route de Peyrehorade à Orthez, près du village de Baïgts. Cette colonne se composait de :

Brigade de hussards (général Somerset), avec de l'artillerie à cheval,
Division Picton, avec son artillerie,
Division Clinton, avec une batterie,
Division Alten, avec de l'artillerie à cheval,
Division Cole, avec son artillerie,
Brigade de cavalerie du colonel Vivian,
Division Walker, sans artillerie,
Batterie de la division Stewart.

« Un pont de bateaux avait été jeté dans la nuit du 26 par un détachement du train de pontonniers et un pareil détachement était avec Hill.

« L'ennemi occupait le rideau le long duquel court la route d'Orthez, dans la direction du village de Thil; la droite en face Saint-Boës, la gauche à Orthez.

« Les divisions Cole et Walker, la brigade de cavalerie Vivian et la batterie de Stewart, deboîtèrent de la colonne, sur la gauche, sous les ordres de Beresford auquel il fut ordonné de diriger son attaque contre l'extrémité droite de l'ennemi.

« Les divisions Picton et Clinton, et la brigade de hussards (Somerset) eurent ordre de s'avancer d'abord sur la grande route, puis de diriger de là leur attaque contre le centre de la position ennemie par les langues de terre qui prennent naissance à l'arête sur laquelle les Français étaient postés, et qui s'abaissent vers la grande route et le gave.

« La division Alten, avec son artillerie, placée d'abord en réserve sur une hauteur boisée dominante entre le village de Saint-Boës et la grande route (1), fut portée plus tard en avant et soutint l'attaque de la colonne de Beresford, immédiatement à la droite de la division Cole.

« Hill avait reçu des instructions pour effectuer dès qu'il le pourrait le passage du gave près d'Orthez et coopérer avec le reste de l'armée. La cavalerie et la division Stewart franchirent la rivière au gué de Biron (2) et une brigade de Le Cor, qui avait menacé un gué en aval, prit le même chemin.

« Ces troupes suivirent la côte à droite de la grande route d'Orthez à Sault-de-Navailles : et lorsque la colonne arriva en face de Salles-Pisse, elle se porta sur le village et sur la route entre Salles-Pisse et Sault-de-Navailles. Par ce moyen, les derrières de l'ennemi furent forcés et l'armée mise en grand désordre, à travers les sentiers et le terrain coupé qui s'étendent au delà de la route. Une brigade de la division Le Cor avait reçu l'ordre de tenter de pénétrer dans Orthez par le pont que l'ennemi avait incomplètement détruit. Elle fut impuissante à se frayer passage jusqu'au moment où l'ennemi eut évacué la ville, et marcha alors sur Salles-Pisse par la grande route.

« Les avantages du terrain à Sault-de-Navailles per-

---

(1) Hilleou ; lieu dit aussi Juanhau. C'est là que se tint Wellington pendant la bataille.
(2) Gué de Biron ou des Soarns.

mirent à l'ennemi de s'y arrêter un instant ; dans la nuit il continua sa retraite sur Saint-Sever. »

Cette précision est merveilleuse ; si l'on se reporte à l'ordre de marche de la grande colonne sur la route en arrière de Baïgts, on la voit former deux masses : l'une composée de Picton et Clinton, se porte par la route contre Foy et Darmagnac ; l'autre, sous les ordres de Beresford et formée de Cole et Walker, marche contre Saint-Boës et le corps de Reille par la côte de Bellevue. Alten se place en réserve à Hiileou, puis remontant la côte de ce nom et renforçant Beresford, il débouche entre Saint-Boës et la route de Dax, à la droite de Cole et sur le flanc gauche de Reille.

V. — Rapport de Soult.

Rapport du maréchal Soult sur la bataille d'Orthez donnée le 27 février.

« L'armée se trouvait réunie le 26 février en arrière d'Orthez.

« Le 15e chasseurs à cheval gardait le cours du gave et observait les gués depuis Orthez jusqu'à Peyrehorade.

« Le général de division Soult avec trois autres régiments de cavalerie et le 25e d'infanterie légère observait les gués entre Orthez et Pau.

« Le 22e chasseurs à cheval et la légion des gardes nationales des Hautes-Pyrénées étaient en avant de Pau, sur la rive gauche du gave, pour observer la colonne ennemie qui s'était portée en avant de Navarrenx et qui menaçait de déboucher par Monein. Deux autres régiments de cavalerie étaient en réserve en arrière d'Orthez.

« L'armée ennemie était en position sur la rive gauche du gave, ayant ses principales forces devant Orthez et prolongeant sa ligne jusque devant Peyrehorade.

« Le 26 à 3 heures après midi, rentrant de reconnaissance, je trouvai dans Orthez, M. le colonel Faverot, du

15e chasseurs à cheval, qui venait rendre compte en personne que plusieurs colonnes ennemies avaient passé le gave et que son régiment, étant vivement poursuivi, ne se trouvait plus qu'à une lieue d'Orthez. Je lui témoignai mon extrême mécontentement qu'il eût quitté son poste pour venir faire ce rapport, lequel pouvait être porté par un officier, et je le renvoyai à son régiment. Depuis, il m'a été rendu compte que l'ennemi avait commencé le passage le 25 du côté de Cauneille; cependant M. le colonel Faverot, qui devait avoir des postes sur ce point, n'en a rien dit. Les deux fautes que cet officier a commises sont très graves; elles pouvaient compromettre le salut de l'armée. J'ai ordonné qu'il fût traduit devant un Conseil d'enquête.

« Aussitôt que je fus instruit de la marche de l'ennemi, je me portai aux divisions Foy et Darmagnac, commandées par d'Erlon, qui étaient en position sur le contrefort venant des hauteurs de Saint-Boës, qui descend vers le village de Castetarbe; la tête de colonne ennemie était déjà à Baïgts et l'on voyait deux autres colonnes très fortes descendre l'une par la route de Salies et l'autre des hauteurs de Sainte-Suzanne, pour gagner le gué qui est au-dessous de Berenx. Un bataillon que d'Erlon avait laissé pour garder ce gué soutint, avec le 15e chasseurs à cheval, le tiraillement de l'avant-garde ennemie et donna le temps aux divisions de se former. La nuit fit cesser cet engagement.

« J'étais résolu de marcher à la rencontre du premier corps ennemi qui s'engagerait et de l'attaquer au moment du passage. La faute du colonel Faverot ne m'en laissait point la faculté; toute l'armée se trouvait en présence et je dus à l'instant même prendre des dispositions pour soutenir le combat. A cet effet j'ordonnai à Reille de se porter avec les divisions Taupin et Rouget sur les hauteurs de Saint-Boës, appuyant sa droite à ce village et prolongeant la grande route de Dax. Les troupes du général Pàris furent mises à sa disposition pour former sa réserve. D'Erlon eut ordre de retirer pendant la nuit les divisions Foy et Darmagnac qui étaient en position à cheval sur la grande route de

Bayonne et de les établir à la naissance des contreforts en arrière de sa droite, de manière à soutenir au besoin Reille et à empêcher l'ennemi de se porter sur Orthez et à défendre d'ailleurs cette position.

« Je donnai ordre à Clausel de porter aussi pendant la nuit la division Villatte, qui était sur le plateau de Souars, sur les hauteurs à droite du village de Routun, de manière à former une nouvelle réserve pour les divisions Reille et d'Erlon et à soutenir au besoin la division Harispe qui fut chargée de défendre Orthez en s'échelonnant en arrière jusqu'à la division Villatte.

« Ainsi, l'armée appuyait sa droite à Saint-Boës et sa gauche à Orthez (1). La position était bonne, les troupes étaient bien disposées et le 27 au point du jour chacun était à son poste; la reconnaissance que je fis me confirma dans l'espoir d'un succès marquant, ou du moins que si l'ennemi me forçait dans cette position, il le payerait chèrement.

« A 9 heures du matin l'ennemi commença son attaque sur la droite du village de Saint-Boës. Le 12e léger, qui s'y trouvait, se conduisit vaillamment. Bientôt elle devint générale sur toute la ligne. La division Taupin à l'extrême droite et la division Foy, en avant du centre, résistèrent pendant plus de trois heures aux efforts de l'ennemi. La partie du village de Saint-Boës que nous occupions fut prise et reprise cinq fois. Dans une de ces charges, le général Béchaud fut tué; le général Foy fut grièvement blessé à l'attaque d'un mamelon d'où l'ennemi fut repoussé en désordre. Ce fâcheux événement occasionna un instant de fluctuation dans sa division qui dut se rapprocher de la ligne, et obligea Reille à céder un peu de terrain sur sa droite. Dans cette seconde position le combat continua avec le même acharnement qu'auparavant et la division Harispe se trouvait engagée sur le front d'Orthez, ainsi que sur sa gauche, par une colonne ennemie qui passa le gave à un gué au-dessus de Soarns et

---

(1) Pendant la bataille, le maréchal se tint de sa personne à Lafaurie.

força à la retraite un bataillon du 115ᵉ de ligne placé pour le défendre.

« Le mouvement que Reille avait été forcé de faire sur sa droite facilita l'ennemi pour déployer plus de troupes, en même temps que de nouvelles masses se présentèrent devant la division Foy; les divisions Rouget et Darmagnac, ainsi que la division Pâris furent disposées pour soutenir l'attaque et arrêter les efforts de l'ennemi. En ce moment, le général Soult reçut l'ordre de faire charger un escadron du 21ᵉ chasseurs par la grande route d'Orthez. Ce mouvement eut lieu avec une grande impétuosité, et un bataillon ennemi se trouvait pris; mais cet escadron s'étant emporté dans sa charge et ayant manqué le chemin par où il devait passer pour revenir, fut obligé d'abandonner sa prise et de rentrer par la même route qu'il avait tenue, ce qui lui fit éprouver des pertes.

« La colonne ennemie qui avait passé au gué de Soarns faisait en attendant des progrès sur la gauche de l'armée et menaçait déjà la communication sur Salles-Pisse. Clausel disposa de deux bataillons de conscrits qui venaient d'arriver, pour garnir la Motte-de-Tury, et il employa le 10ᵉ chasseurs à cheval ainsi que la brigade Baurot de la division Harispe pour contenir l'ennemi.

« J'arrivai dans cet instant à la gauche et je vis que l'armée ne pourrait se maintenir dans cette position sans être compromise; alors j'ordonnai la retraite sur Sault-de-Navailles. Le mouvement de la droite s'opéra successivement d'une ligne à l'autre. La division Darmagnac avait été disposée par d'Erlon pour remplacer sur la ligne les divisions de Reille; et lorsqu'elle se retira elle fut à son tour remplacée par la division Villatte.

« Ainsi l'armée arriva sur la rive droite du Luy-de-Béarn, se battant par échelons, sans être entamée. La nuit fit cesser le combat.

« La bataille d'Orthez est honorable pour les armes de l'Empereur. Les troupes n'ont cédé qu'à la grande supériorité numérique de l'ennemi; elles se sont battues avec valeur; toutes les divisions et les généraux qui les commandaient méritent des éloges. Je devrais citer tous les corps, tous les généraux et tous les officiers.

« La perte que l'armée a éprouvée ne peut être exactement connue (l'état en sera joint à ce rapport), attendu que beaucoup de militaires qui se sont égarés pendant la nuit ont pris de fausses directions et ne sont pas encore rentrés; il en arrive à tout instant. Nous avons perdu 12 bouches à feu. »

Au 1er mars, la situation de *l'ombre d'armée* aux ordres du maréchal comportait 35,673 présents. En déduisant 5,581 hommes en dehors des divisions, on voit qu'à cette date, il ne disposait que de 30,092 fusils ou sabres. Puisque, de son aveu, notre perte à Orthez fut de 2,500 hommes, il dut livrer la bataille avec 32,592, ou mieux avec 31,000, car le 22e chasseurs et les deux régiments de cavalerie détachés à Pau et entre Orthez et Lescar ne prirent aucune part à l'action.

D'un autre côté, Wellington avait sept divisions d'infanterie, dont l'effectif présent au 16 janvier était de 41,133 hommes; or elles ne perdirent pas plus de 1000 hommes au passage des gaves (1), et l'on en peut conclure qu'il mit en ligne environ 44,000 hommes, dont 4,000 de cavalerie.

Les pertes se balançaient (2,500 Français, 2,270 Anglais et Portugais) et les alliés avaient reçu coup pour coup. Wellington écrivait : « *L'ennemi se retira dans un ordre admi-*
« *rable*, saisissant tous les avantages d'une bonne position
« que le terrain lui fournissait. Cependant les pertes qu'il
« éprouvait dans les attaques continuelles de nos troupes et le
« danger dont le mouvement de Hill le menaçait accélérèrent
« son mouvement, et la retraite finalement dégénéra en une
« déroute où l'ennemi fut dans la plus extrême confusion. »

---

(1) Nous ne connaissons point les pertes exactes des alliés du 14 au 26 février. Les rapports officiels accusent 232 hommes du 14 au 17 inclus; et il est difficile d'admettre que ces pertes atteignirent 800 hommes devant Sauveterre le 24.

Elle s'effectua par échelons. Darmagnac s'établit en travers du plateau de Lafaurie et défendit les côtes de Biegs et de Bordenave, puis il démasqua Villatte qui, se cramponnant à Salles-Pisse, permit à l'armée de traverser la plaine du Luy et d'atteindre Sault-de-Navailles où elle se reforma derrière la rivière.

En 1794, Hoche, qui ne disposait que de la moitié des forces de son adversaire et dont les troupes étaient jeunes disait : « *Est-ce moi qui ai mis sept jours pour faire 24 lieues ?* » D'Irun à Orthez, il y a vingt-quatre lieues et Wellington qui avait pour lui une supériorité écrasante, alors que Soult, privé de ses vieux cadres, ne comptait dans ses rangs que de fraîches levées, *Wellington venait de mettre huit mois à les franchir*..... En le dépouillant d'une partie de son armée, au moment où Bayonne allait remplir le rôle attendu, l'Empereur priva son lieutenant d'une victoire à peu près certaine et ne lui laissa d'autre ressource qu'une retraite savante, calme, méthodique; éternel modèle, digne du général dont la réputation de « *premier manœuvrier de l'Europe* », était reconnue par tous.

On ne lira certainement pas sans stupéfaction les lettres suivantes :

Napoléon au duc de Feltre.

Troyes, 25 février (1).

« ... Écrivez au duc de Dalmatie *que je lui ordonne de reprendre sur le champ l'offensive en tombant sur une des ailes de l'ennemi ; que n'eût-il que 20,000 hommes, en saisissant le moment avec hardiesse, il doit prendre avantage sur l'armée anglaise.* Il a suffisamment de talents pour entendre ce que je veux dire. »

Au même.

Jouarre, 2 mars (2).

« Avec des troupes comme les siennes, le duc de Dalmatie

---

(1) (2) *Correspondance de Napoléon I*er, nos 21365, 21411.

doit battre l'ennemi, pour peu qu'il montre de l'audace et qu'il marche lui-même à la tête de ses troupes.

« Qu'il sache bien que nous sommes dans un temps où il faut plus de résolution et de vigueur que dans les temps ordinaires. S'il manœuvre avec activité et donne l'exemple d'être le premier au lieu du péril, il doit, avec les troupes qu'il a, battre le double des troupes de l'ennemi. »

Au même.

Fismes, 4 mars (1).

« Je vois que le duc de Dalmatie s'est laissé forcer. *Faites-moi connaître combien de troupes il a sous ses ordres* (!)

« Rédigez-lui des instructions pour une marche de flanc qui couvre la Garonne et reporte la guerre par Tarbes sur Pau et le long des Pyrénées. Les Anglais ne s'avanceront pas tant qu'ils pourront être coupés. *Je ne conçois pas comment, avec des troupes comme celles-là, le duc de Dalmatie peut être battu. Ecrivez-lui fortement et ferme. C'est déjà une très grande faute que de se laisser attaquer. Il a montré peu de vigueur.* »

Illusions que tout cela ; oubli ou méconnaissance de la situation. Les grands capitaines que la guerre a renversés périssent par le souvenir de leurs victoires. C'est en osant qu'ils enchaînaient la fortune ; ils croient pouvoir oser encore alors que tout a changé autour d'eux. Certes, le maréchal l'a dit justement : « *J'ai fait ce que j'avais à faire de mieux* » et, plus généreux, l'ennemi en a dit qu'*il avait fait de cette frontière* « *une défense aussi judicieuse que ses* « *moyens le lui permettaient. Il nous a laissé à Bayonne* « *une affaire embarrassante, attendu qu'une partie de* « *l'armée s'y trouve immobilisée et que nous pouvons nous* « *aventurer à beaucoup découvrir la place* (2). »

---

(1) *Correspondance de Napoléon Ier*, n° 21428.
(2) *Hope à Wellington*, au Boucau, 10 mars.

CHAPITRE XXXII.

PASSAGE DE L'ADOUR.

(Du 23 au 25 février.)

Bayonne a été abandonné à lui-même le 17 février. A ce moment, la gauche de l'armée, refoulée sur le gave d'Oloron, entraîne à sa suite le corps de Drouet d'Erlon dont les divisions jusqu'alors échelonnées le long de l'Adour, sont obligées de passer le pont du Port-de-Lanne et de s'établir à Peyrehorade. Le maréchal a eu l'intention de laisser à Bayonne la division Abbé et de donner à Reille le commandement supérieur de la forteresse. Nous l'avons vu refuser de le prendre. Le 18, désobéissant aux ordres du général en chef, il quitte Bayonne et vient par Dax rejoindre l'armée réunie sur le gave de Pau. Abbé reste seul avec sa division dans la place et s'y place sous l'autorité de Thouvenot, commandant supérieur désigné, il est vrai, mais qui n'est divisionnaire que depuis deux mois.

Il y a encore énormément à faire au camp retranché et l'on y travaille à force sur tous les points. D'ailleurs l'investissement n'y mettra point un terme.

L'armement des ouvrages consistait, en dehors du corps de place, en 162 pièces de divers calibres dont :

Fort de Beyris et ses deux batteries annexes	19 pièces.
Front d'Espagne (7 batteries)..................	26 —
Front de Marrac...........................	27 —
Ouvrages à cornes de Mousserolles............	30 —
Batteries (4) avancées	20 —
Camp retranché de la citadelle................	40 —

Les 21 bataillons dont se composait la garnison de la forteresse furent embrigadés, et, par un remaniement des troupes, le corps de défense forma 4 brigades affectées chacune à un secteur.

I. — *État-major.*

Général de division Thouvenot, commandant supérieur.
Général de brigade Sol-Bauclair, état-major de la place.
Général de division Abbé, état-major de la garnison.
Général de brigade Berge, état-major de l'artillerie.
 — — Garbé, état-major du génie.
Sous-inspecteur aux revues : Morel.
Chef de bataillon Chantel, commandant l'artillerie du camp de la Porte d'Espagne.
Chef de bataillon Lespagnol, commandant l'artillerie du camp de Mousserolles.
Chef de bataillon Weingartner, directeur de l'artillerie.
Colonel Bordenave, directeur du génie.

II. — *Troupes.*

Génie : 2 compagnies du 2e bataillon de sapeurs; 1 compagnie de pionniers de Bayonne.
Artillerie : 7 compagnies des 3e, 5e, 6e et 8e régiments, dont 2 à la citadelle, avec la compagnie de pionniers.
 1 compagnie d'ouvriers.
 1 compagnie du train d'artillerie.
Infanterie : 21 bataillons.

Brigades.

Colonel Saint-Martin...		1 bataillon à Bayonne, avec la gendarmerie à pied et à cheval; 546 hommes.
1re, général Beuret (1)..	5	Droite du front d'Espagne, avec un détachement du 15e chasseurs à cheval, pour la correspondance; 3,057 hommes.
2e, colonel Gougeon ...	5	Gauche du front d'Espagne; 3,214 h.
3e, général Delosme....	5	Front de Mousserolles; 2,947 hommes.
4e, général Maucomble.	5	Citadelle et camp retranché, avec un détachement du 15e chasseurs à cheval pour la correspondance; 2,411 hommes.
Total.....		21 bataillons; 12,175 hommes.

---

(1) Par décret du 15 novembre, l'Empereur avait nommé généraux de brigade les colonels Beuret du 17e léger, Lamorandière du 103e de ligne et Dauture du 9e léger, ainsi que les adjudants commandants Baurot et

Ainsi, le Comité supérieur avait partagé la défense en *quatre secteurs* afférents aux routes de Saint-Jean-de-Luz (1er), Ustaritz (2e), Saint-Jean-Pied-de-Port (3e) et de Bordeaux-Toulouse (4e). Le bataillon du colonel Saint-Martin et la gendarmerie faisaient la police de l'intérieur de la ville et servaient de *réserve générale*.

Après le passage de l'Adour, Thouvenot reconnut la nécessité de renforcer le secteur de la citadelle ; il y envoya le 70e, de la brigade Delosme et, de la sorte, la brigade Maucomble se trouva composée de 6 bataillons qui logèrent à la citadelle, à Saint-Étienne et à Saint-Esprit. Enfin, sur un effectif *présent* d'environ 3,000 hommes, cette brigade comptait 900 conscrits.

L'effectif de la garnison, au 20 février, était de 408 officiers et de 12,784 hommes, *non compris la marine*, dont nous ignorons le chiffre exact, qui a été évalué à 800.

Devant la place, Wellington avait laissé aux ordres de Hope un corps d'environ 28,000 hommes, dont 4,000 Espagnols (1).

> Divisions Colville et Howard.
> Brigade anglaise Aylmer.
> Brigades portugaises Bradford et Wilson.
> Divisions espagnoles Don Carlos (1re et 5e de la 4e armée).
> Divisions Freyre (3e et 4e de la même armée).
> Brigade de cavalerie Vandeleur.

Après la bataille de Saint-Pierre-d'Irube, les alliés s'étaient fortement retranchés et toutes les voies par lesquelles l'armée pouvait déboucher de Bayonne furent commandées par des redoutes et batteries. Thouvenot le disait au Ministre : « *La position de l'ennemi devant le camp retranché de*

Delosme, en remplacement des généraux Rémond, Mocquery, blessés. Beuret avait été affecté à la division Abbé, Lamorandière à la division Darricau, Delosme à la place de Bayonne. Quant aux généraux Baurot et Dauture, ils étaient passés à la division Harispe.

Le décret ne parvint au maréchal que le 27 décembre.

(1) Voyez la situation de l'armée anglo-portugaise au 1er janvier.

Mousserolles peut déjà être considérée comme sa ligne de circonvallation devant ce front et il aurait peu à avancer pour la former sur le front d'Espagne ». En effet, lorsque le maréchal peu à peu tira de Bayonne des divisions pour renforcer Clausel sur la Joyeuse et d'Erlon derrière l'Adour, Reille dut se concentrer dans le camp retranché et abandonner Anglet et le plateau de Plaisance ; l'ennemi les occupa ainsi que les Cinq-Cantons, et la place se trouva étroitement bloquée. Pour mettre en communication sa droite et sa gauche, il installa un système de signaux par drapeaux sur l'église de Mouguerre, à Sainte-Barbe, sur l'église d'Arcangues...

I. — Préparatifs du passage de l'Adour.

Le 23 février, au moment où le général Hope commençait à effectuer le passage de l'Adour, l'armée anglaise s'apprêtait à forcer le gave d'Oloron et à pousser sur Orthez. Ces deux opérations étaient intimement liées, car l'ennemi, qui tirait ses vivres des ports de l'Espagne, n'avait de communication avec eux que par la grande route de Saint-Jean-de-Luz qui traverse Bayonne, et les chemins de la Nive au haut Adour et au gave de Pau étaient presque impraticables en cette saison. Le port du Boucau et la route du nord de l'Adour par le Port-de-Lanne lui étaient de toute nécessité ; mais opérer le passage du fleuve au-dessous de Bayonne, en présence de la presque totalité de l'armée française, n'offrait que dangers et chances d'insuccès : il fallait amener le maréchal à se dégarnir devant la place et détourner son attention de sa droite ; l'offensive sur les gaves, les menaces de passage à Urt, à Lahonce, n'avaient eu d'autre but. Bref, il avait réussi : abandonnant Bayonne, peu à peu l'armée française s'était repliée sur Peyrehorade et Orthez, ne laissant dans le camp retranché que les forces nécessaires à sa défense.

« Le sentiment que j'avais des difficultés qui attendaient le mouvement de l'armée par sa droite à travers tant de rivières (les gaves), me détermina à passer l'Adour au-dessous de Bayonne, en dépit des difficultés qui s'opposaient à cette opération. Je fus d'autant plus conduit à adopter ce plan que pour marcher à l'ennemi, de quelque manière que je m'y prisse, évidemment je ne pouvais compter sur aucune communication avec l'Espagne, ses ports et Saint-Jean-de-Luz, si ce n'est la seule qui fût praticable l'hiver, c'est-à-dire la grande route de Bayonne.

« J'espérais aussi que l'établissement d'un pont au-dessous de Bayonne me donnerait le port de l'Adour.

« Les mouvements de la droite de l'armée avaient pour but de détourner l'attention de l'ennemi des préparatifs faits à Saint-Jean-de-Luz et à Pasages pour le passage du fleuve au-dessous de Bayonne, et de l'amener à porter ses forces vers sa gauche; ils ont complètement réussi; mais à mon retour le 19 à Saint-Jean-de-Luz, je trouvai la mer si mauvaise et le temps si incertain que je résolus de pousser mes opérations sur la droite, bien que j'eusse encore à franchir le gave d'Oloron, le gave de Pau et l'Adour (1).

« En conséquence, j'ordonnai aux divisions Alten et Clinton de quitter le blocus de Bayonne, au général Freyre de quitter ses cantonnements d'Irun et de se préparer à marcher avec la gauche de l'armée... »

Au départ d'Alten et de Clinton, Hope s'étendit sur les emplacements qu'ils abandonnaient. Les points les plus importants à garder étaient, à droite, les hauteurs de Villefranque et de Horlopo; au centre, l'éperon d'Urdains et la côte d'Arcangues; à gauche, les hauteurs d'Anglet et les dunes de Blancpignon. Il plaça Colville devant le front de Mousserolles, Howard sur les hauteurs d'Anglet et de Blancpignon, Don Carlos, Aylmer, Bradford et Wilson, au centre,

---

(1) Wellington avait quitté Garris le 19 pour se rendre auprès de Hope et veiller au passage de l'Adour, mais voyant l'état de la mer et jugeant que cette entreprise était ajournée, il fut retrouver Hill le 20, devant le gave d'Oloron, et dirigea les opérations de ce côté. *Wellington à Bathurst*, 20 février.

du pont d'Urdains à la côte d'Arcangues. Freyre était encore à Irun avec ses deux divisions ; il ne devait rejoindre Hope que le **24**.

« L'idée de jeter sur l'estuaire de l'Adour un pont de chasse-marées et de goélettes venues par mer appartient, dit Gleig (1), à Wellington. Les officiers ingénieurs qu'il consulta à ce sujet la condamnaient ; et même l'amiral Penroses et ses braves capitaines déclaraient le projet hasardeux au possible.

« Si vous jetez les vaisseaux sur la barre, demandait le premier, où vous procurerez-vous la plate-forme ?

— N'avez-vous pas reçu d'Angleterre quantité de bois de charpente scié, et dont on peut se servir pour étendre des plates-formes ?

— Certainement, mais nous en aurons besoin pour nos batteries.

— Allons donc ! prenez ce bois pour le pont ; il nous faut le pont avant de commencer le siège de Bayonne.

— Et que ferez-vous après ?

— Il y a abondance de pins près de Bayonne ; vous pouvez les couper et scier, en attendant le moment de conduire les pièces sur le sable ».

« A la vérité, l'amiral Penrose et ses officiers représentèrent, avec raison, que la barre de l'Adour, à elle seule, offrait un obstacle qui ne pouvait être surmonté en tout temps et qu'en admettant qu'elle fût franchie, un ennemi en possession d'une rive serait bien négligent, en vérité, s'il ne rendait pas le mouillage des bâtiments par trop brûlant à son approche. « Je n'ai aucune crainte, répondit Wellington ; que vos camarades transportent les bâtiments sur la barre, j'aurai soin qu'il ne leur arrive ensuite aucun mal. » Ainsi fut fait.

Voici, au surplus, ses instructions à l'amiral.

---

(1) *Life of duke of Wellington*, 236.

Saint-Jean-de-Luz, 7 février.

« En examinant les moyens de poursuivre nos opérations et d'avoir une communication à travers l'Adour, il m'a paru que le plus praticable et celui qui nous procurera le plus d'avantages, est de jeter un pont au-dessous de Bayonne. La conséquence de cette mesure sera de faire immédiatement usage d'un port, et d'avoir une meilleure voie de communication avec lui de ce côté et une également bonne de l'autre.

« Le pont sera formé de vaisseaux de 13 à 15 tonneaux, deux mâtés, chacun bien lesté et pourvu d'ancres et de câbles, ancrés à l'avant et à l'arrière. J'ai ordonné au commissaire général de fournir 40 ancres et câbles, et je vous serai obligé d'aider M. Wright, du commissariat à Pasages, de votre influence pour fournir ces navires. Leurs propriétaires seront, pour le moment, aux gages du commissariat, et envoyés ici avec une cargaison de vivres.

« On étendra des câbles en travers de ces vaisseaux, d'une rive à l'autre, ce qui, nous avons raison de le croire, fait une longueur de 400 yards (360 mètres environ); sur les câbles nous lierons des planches, nous avons une grande provision.

« Je vous prie de rassembler à Pasages dix câbles de 4 pouces et demi de diamètre ($0^m,112$) et de les envoyer ici.

« Nous nous servirons aussi de quelques petits bateaux, etc., ce qui, je crois, ne fera aucune difficulté.

« La manière dont je proposerais d'accomplir cette opération est la suivante : le jour où tous nos préparatifs seront achevés, je mettrai nos vaisseaux en marche sur l'Adour; j'en ferai des radeaux que j'enverrai avec un corps de troupes suffisant prendre possession de l'ouvrage qui se trouve sur la rive droite du fleuve (1). Afin de vous faire l'entrée libre, j'établirai sur la rive gauche une batterie de

---

(1) Batterie du Boucau.

grosses pièces qui tirera à boulets rouges sur la frégate et la mettra, je l'espère, en feu.

« Vos bateaux armés de pièces et autres navires entreront et mouilleront au-dessus du point fixé pour le pont, afin de couvrir son établissement. Les vaisseaux qui doivent former le pont suivront, chacun chargé de sa proportion de planches.

« Dès que les vaisseaux armés de pièces et autres seront ancrés, ils formeraient une estacade en travers du fleuve, afin de se couvrir, eux et le pont, contre les tentatives que l'ennemi pourrait faire pour les incendier. Cette estacade serait composée de mâts de 50 à 60 pieds de long, attachés l'un à l'autre par des chaînes, si l'on en peut trouver, sinon, par un câble qui laisserait entre chaque mât un intervalle d'environ 10 pieds. J'évalue la largeur du fleuve au-dessus du point où nous jetterons le pont à environ 520 yards ; il nous faut, en somme, environ 600 yards (520 mètres) d'estacade amarrés par six ancres, c'est-à-dire 30 longueurs de mâts, chaînes ou cordages. »

Sur ces entrefaites, en faisant la reconnaissance de l'Adour, Wellington vit dans la rivière la *Sapho* qu'il pensait pouvoir détruire et deux chaloupes canonnières ; il apprit aussi « que des navires marchands mouillaient au-dessus du pont (1). Il est à désirer d'en être débarrassés, car le seul danger pour le pont que j'ai l'intention de construire vient de gros vaisseaux en feu. Comme les vaisseaux de Sa Majesté qui croisent devant le port sont sous votre commandement immédiat, je vous prie de me faire savoir si vous ne voyez aucun empêchement à permettre aux navires marchands qui sont dans l'Adour d'en sortir pour se rendre à Saint-Jean-de Luz avec leur cargaison » (2). Mais les propriétaires refusèrent : « Je suis tout à fait certain qu'aucun marchand ne consent à amener son navire de l'Adour à Saint-

---

(1) Wellington entend probablement dire : *au-dessus du pont projeté.*
(2) *Wellington à Penrose,* 11 février.

Jean-de-Luz (en raison de l'ordre du Conseil du 24 janvier, désapprouvant les *licences*); le mieux est de courir les risques d'un pont (1). »

II. — Passage de l'Adour (23, 24, 25 février.)

Hope à Wellington.

Dunes de l'embouchure de l'Adour, 23 fév. 5 h. soir.

« Hier matin, bien que le vent ne fût point aussi favorable qu'il eût été à désirer, l'amiral Penrose se détermina à mettre la flottille à la mer, ce qu'il fit avant la nuit. Aussitôt que je fus informé de sa décision, toutes les mesures furent prises pour mettre en mouvement l'artillerie, les pontons et les troupes.

« En dépit de tous les efforts, le sable empêcha de transporter les pontons et 18 pièces d'artillerie sur leurs emplacements avant la matinée. Aussi résolus-je d'occuper l'attention de l'ennemi en ouvrant le feu sur la frégate, de menacer d'une attaque divers points du camp retranché, et de lancer quelques barques pour passer les hommes qui s'empareraient du point opposé de l'embouchure (2).

« Cette dernière entreprise a été accomplie aujourd'hui vers midi, sans opposition de l'ennemi. En ce moment il n'y a pas la moindre apparence que la flottille puisse entrer; un pilote est venu vers nous m'informer que, comme il y a maintenant de la houle sur la barre, aucun vaisseau ne peut la franchir.

« Malgré ce contretemps, j'espère pouvoir ce soir, à l'aide des radeaux ou ponts volants que nous construirons ou que nous avons déjà, passer assez de forces pour me maintenir pendant quelque temps sur la rive droite, et y jeter le reste

---

(1) *Wellington à Penrose*, 11 février.
(2) Hope ne disposait que de 18 pontons et de 6 barques. L'Adour, au point où le pont devait être jeté, avait environ 260 mètres de largeur.

demain matin. Le plus que je puisse retirer du blocus de ce côté est environ 10,000 hommes ; si les circonstances me favorisent, je me porterai demain matin en avant avec eux. Je sais qu'en passant outre à la coopération navale qui maintiendrait ma communication j'encours une grave responsabilité ; mais le but est important et vous jugerez s'il y a lieu ou non de me renforcer.

« J'ai dû rappeler une brigade de la division Colville au pont d'Urdains. Le général Freyre établira son corps sur deux lignes ; la première occupera le terrain du château de Bellevue à Anglet ; la seconde s'étendra d'Arcangues à la maison du maire (le Baroillet). Je me propose de placer la brigade Aylmer au Bas-Anglet, vu l'extrême importance de faire échec à toute tentative que l'ennemi pourrait faire de la droite de son camp retranché contre notre communication par le fleuve.

« L'ennemi paraît avoir beaucoup de chaloupes canonnières dans l'Adour, mais j'espère les tenir à distance en faisant occuper les deux rives par de l'artillerie. »

Au même.

Dunes de l'embouchure de l'Adour, 24 fév. 4 h. du soir.

« Je vous ai informé la nuit dernière que nous étions en possession de l'embouchure de l'Adour ; environ 600 hommes de la 2ᵉ brigade des gardes ont été passés et établis sur la rive droite, aux ordres du major général Stopford. A une heure avancée de la soirée, ce corps a été attaqué *par un nombre d'ennemis supérieur* qui paraît être sorti de la citadelle, mais qui a été repoussé avec bravoure. L'artillerie a profité de cette occasion pour essayer l'effet des fusées ; elles ont puissamment contribué à repousser l'ennemi.

« Ainsi que je le prévoyais, l'amiral a trouvé la barre impraticable.

« L'opinion que je vous ai donnée hier de la facilité de passer des troupes se basait sur les premières opérations des radeaux. Pourtant il a été reconnu qu'à la marée le courant était si rapide et si indomptable que les radeaux ne devenaient d'aucun service; par suite de cette situation et de l'extrême fatigue que les hommes ont supportée en les manœuvrant, le passage a été matériellement retardé. Tout ce que nous avons pu faire a été de passer la 2ᵉ brigade des gardes, à peu près les 5 bataillons de la légion germanique, deux pièces et quelques dragons. Je suis heureux pourtant de vous apprendre qu'en ce moment la flottille traverse la barre avec succès.

« Nos patrouilles ont été poussées en avant et n'ont point rencontré l'ennemi. »

De la citadelle, le général Maucomble n'avait envoyé en reconnaissance au Boucau qu'une partie des 5ᵉ léger et 82ᵉ de ligne, soit 600 hommes. « Les tirailleurs ennemis et tous les postes furent culbutés et ramenés. L'obscurité de la nuit a empêché de leur faire plus de mal. *Ces deux parties de bataillons* se sont montrées dignes de leur réputation (1). »

N'était-ce point jouer de malheur ? Le 119ᵉ, fort de 36 officiers et de 994 hommes, qui occupait le Boucau, avait, *par ordre,* regagné la citadelle le 22 ! Et 600 Anglais, entièrement isolés, purent passer la nuit du 23 au 24 sur la rive droite de l'Adour et même la matinée du 24, en présence de 3,000 hommes qui pouvaient, en une heure de marche, les jeter à l'eau, occuper la rive droite, et interdire absolument le passage ! Hope dit que ces 600 hommes furent attaqués par 1200 à 1400 Français : cela est faux. A eux deux le 5ᵉ léger et le 82ᵉ n'avaient pas plus de 1100 hommes *en y comprenant leurs recrues,* et il *n'en fut détaché qu'une partie.* Mais là n'est point la question. La reconnaissance ramenée, la brigade Maucomble devait, au point du jour, marcher tout entière. Qu'avait-elle à craindre ? Un échec la ramenait sur la citadelle. La responsabilité d'une telle conduite incombe au gouverneur, au général Thouvenot. Certes ni Abbé, ni Reille n'auraient fait preuve d'une telle incurie.

---

(1) *Ordre du 24 février,* de la citadelle. Maucomble.

Hope à Murray.

Au Boucau, 25 février.

« J'ai rendu compte de mes opérations ici à lord Wellington. Cela a été d'abord, je puis vous l'assurer, une nerveuse (*nervous*) opération. Le premier jour (23) les pontons s'enfoncèrent dans le sable, et nous ne pûmes les monter qu'à 10 heures du matin. Ce jour-là nous ne pûmes faire marcher que cinq petits bateaux, et ils ne pouvaient charger chacun que six ou huit hommes à la fois. Telle fut la rapidité de la marée pendant une grande partie de la journée, que les radeaux ne rendirent aucun service. De tout le jour nous ne vîmes point la flottille. Heureusement, nous ne rencontrâmes aucune opposition au passage, car *la garnison de la batterie s'enfuit sans tirer un coup de canon, et emmena ses pièces.* Le soir, les 8 compagnies de la 2ᵉ brigade des gardes, qui avaient passé le fleuve, furent attaquées *par environ 1200 à 1400 hommes*, et les repoussèrent. Les fusées furent d'un bon effet dans cette circonstance contre les chaloupes canonnières.

« Hier nous sommes parvenus à faire entrer dans la rivière quelques bateaux et des matelots de Biarritz ; le passage alla mieux. Dans l'après-midi, la majeure partie du pont de bateaux entra avec 4 chaloupes canonnières. Vous pouvez difficilement vous faire une idée de la houle sur la barre, même lorsque le temps est beau. Plusieurs bateaux furent submergés et bon nombre d'officiers et d'hommes perdus. J'ai peine à croire qu'on puisse compter sur la ville soit pour obtenir des vivres, soit comme point d'où l'on puisse poursuivre de futures opérations.

« La division Howard est passée ; les brigades portugaises de Wilson et Bradford traversent la rivière. Don Carlos passera demain matin. Deux escadrons de cavalerie sont de l'autre côté et deux pièces. La position que nous occupons est forte, mais très étendue, et elle le serait beaucoup trop si nous avions quelque danger sérieux à redouter. Il y a environ quatre milles (6^{km},500) du point de l'Adour où le pont est projeté à l'extrême gauche. La ligne court du Boucau à la route de Bordeaux près du château de Matignon et traverse la route du Port-de-Lanne au château de Saint-Étienne (château de Ségur), en face du Vieux-Mouguerre. Sur cette partie de la ligne, nous ne pouvons jusqu'à présent que placer quelques postes.

« A la gauche, les troupes sont ainsi réparties : une brigade anglaise et la brigade portugaise de la division Colville sont entre l'Adour et la Nive. J'ai dû porter au pont d'Urdains l'autre brigade anglaise de la division Colville. Le corps de Freyre forme le blocus depuis Urdains jusqu'à Anglet, et lord Anglesea est à Anglet. Je n'ai point voulu confier entièrement aux Espagnols le soin de couvrir la route de Saint-Jean-de-Luz, d'autant plus que *je n'ai jamais pu savoir leur nombre*. J'ai l'intention de faire passer de l'autre côté de l'Adour, en outre de ce qui s'y trouve actuellement, la division Howard, les brigades Wilson, Bradford, don Carlos et Vandeleur, et les batteries à cheval de Weber, Smith et Cairne. J'ai arrêté avec le colonel Dickson que les 18 pièces seraient placées à la rive gauche pour tenir en échec les chaloupes canonnières de l'ennemi, ce qui est indispensable pour la sécurité du pont, car je n'ai que 4 chaloupes canonnières pour le défendre. Si l'ennemi est actif, le pont sera exposé au feu des vaisseaux ; la marée est si forte que rien ne pourra les arrêter.

« La plupart des rapports que j'ai reçus assurent que les forces de l'ennemi à Bayonne s'élèvent en tout à environ 10,000 hommes. »

Amiral Penrose à Wellington.

Sur le *Porcupine*, devant l'Adour, 24 fév. 6 h. soir.

« J'ai eu l'honneur de vous donner les motifs qui m'ont amené à mettre à la voile au moment où je l'ai fait, et des retards vexatoires qui ont ajourné l'accomplissement de mes désirs.

« J'ai profité d'une brise favorable qui m'a permis d'être devant l'Adour ce matin à la pointe du jour ; la vue des troupes en possession des deux rives a été un puissant stimulant pour tenter de suite de seconder le passage du fleuve qui avait été si habilement commencé.

« Dans cette tentative, le bateau du capitaine O'Reilly et notre meilleur pilote ont été submergés, et je n'ai point appris encore le chiffre de notre perte ; mais le capitaine O'Reilly et la plupart de ses hommes sont saufs.

« Vers midi, sir J. Hope m'informa de la situation des troupes, et bien que la barre ne fût aucunement sûre, l'objet était trop important pour calculer les risques, et j'envoyai préparer et encourager les maîtres des vaisseaux.

« Le soir j'arborai mon pavillon sur le *Gleaner*, tout près de la barre, et je revins après avoir vu tous les vaisseaux du convoi de l'autre côté, je ne puis dire sans beaucoup d'accidents, bien qu'ils aient été moindres que je ne m'y attendais ; mais je ne sais point encore les détails.

« Si le temps continue à être propice, je tenterai de nouveau demain (25) d'entrer en communication ; mais il a été impossible aujourd'hui de faire passer le plus petit vaisseau de guerre.

« Avoir passé tout le matériel du pont et de l'estacade a dépassé mes espérances. Le vent ne nous aurait pas permis de nous approcher de la barre une heure plus tôt. »

Hope à Wellington.

Au Boucau, rive droite de l'Adour, 25 fév. 3 h. soir.

« Hier soir (24), une grande partie du pont de bateaux et trois chaloupes-canonnières ont franchi la barre, et le passage de l'Adour a continué cette nuit avec une telle activité que ce matin plus de 5,000 hommes étaient sur la rive droite. Aussi, à 10 heures du matin, me suis-je trouvé en mesure de marcher sur la citadelle et la ville de Bayonne. Les troupes qui ont passé sont maintenant sur leur terrain, et se composent de toute la division Howard, de la brigade

Wilson, d'environ un escadron de cavalerie et deux pièces. La brigade Bradford et le corps de Don Carlos passeront dès qu'il y aura un peu plus de cavalerie.

« La position que j'ai prise s'appuie à droite de l'Adour, un peu en avant du village du Boucau, et, traversant la route de Bordeaux à trois quarts de mille (1200 mètres) devant l'église de Tarnos, prend la direction de la route de Peyrehorade et du haut Adour, en face du Vieux-Mouguerre. Autant que j'ai vu le terrain, et qu'il est actuellement occupé par nos troupes, il est très fort, mais extrêmement étendu. A notre gauche, je ne crois pas qu'il me soit possible de resserrer l'investissement avec le corps que je proposais de passer ; je ne puis que l'observer par des postes et des patrouilles.

« Toutes les mesures sont prises pour jeter le pont et l'estacade. Le premier, on l'espère, sera prêt à servir demain à l'entrée de la nuit.

« Jusqu'ici l'ennemi n'a montré que de légers piquets sur notre front ; *je ne le crois point en force*. On dit que Reille est parti il y a quelques jours avec un corps de troupes ; le général Thouvenot commande la place. Des patrouilles de cavalerie sont sur les routes de Bordeaux et de Peyrehorade, mais je n'en ai encore reçu aucun rapport. »

« *Je ne le crois point en force !* » Nous ne l'étions plus. « *Demain*, à 4 heures du matin, ordonnait Maucomble, les compagnies du 95°, logées à la citadelle, prendront les armes et se porteront au pied du glacis de la Porte de Secours, derrière les lunettes des Cohortes. A la même heure, le 5° léger sera en bataille à l'embranchement des routes de Toulouse et de Bordeaux ; les voltigeurs resteront dans leurs maisons pour les défendre. Le 82° sera sous les armes dans l'enclos de la maison Montégut. *On attendra dans ces positions les événements*, bien résolus de nous y défendre à outrance si l'ennemi se présente (1) ».

---

(1) *Ordre du général Maucomble*, du 24 février, à la citadelle.

Le fait était accompli ; pendant près de trois jours, en dépit de difficultés presque insurmontables, l'ennemi venait de passer l'Adour sous nos yeux. Une reconnaissance avait constaté le passage, échangé des coups de fusil, et 14,000 hommes étaient restés cois dans la forteresse ! En fait de reconnaissances, certaine partie de la population, si l'on en juge par l'ordre du 25, en avait poussé d'autres : « La conduite des habitants de Bayonne, par l'empressement qu'ils ont mis à communiquer avec l'ennemi, a été aujourd'hui déshonorante pour eux et affligeante pour les amis de la France et de son Empereur.

« Voulant prévenir le retour d'un pareil scandale et remplir les intentions de M. le général de division, commandant supérieur, il est ordonné aux chefs de corps de prescrire pour consigne à leurs avant-postes de faire feu sur tout individu qui, venant du côté de l'ennemi, voudrait traverser nos avant-postes et sur ceux qui chercheraient à passer du côté de l'ennemi sans permission.

« Cet ordre a été signifié ce soir à M. le Maire de Saint-Esprit, qui a dû en instruire tous les habitants. Ainsi, nul prétexte n'en peut atténuer l'exécution. »

Un témoin oculaire, le commandant Lapène, a dit : « Le patriotisme qui inspire aux habitants du Nord et de l'Est un noble élan qui, dans plus d'une occasion, a été funeste à nos ennemis, est moins prononcé dans les villes et les campagnes du Sud. Toujours près de ses intérêts, l'habitant du Midi fait sa principale étude de son bien-être, sans chercher si le bien-être du citoyen n'a pas un rapport plus ou moins direct avec celui de l'État. Doué, néanmoins, d'un caractère vif, entreprenant et léger, il se jette avec violence dans tous les changements, et prend une part souvent trop active dans les secousses politiques. La bravoure, le belliqueux entraînement, on ne saurait les lui refuser ; mais peut-être a-t-il besoin de s'éloigner de ses foyers pour devenir bon soldat, à moins qu'il ne défende chez lui une cause que son intérêt lui fait épouser avec chaleur. A cette indifférence, que l'habitant du Midi puise dans son caractère, pour tout ce qui est étranger à ses avantages privés, se joignait, en 1814, un profond éloignement pour le régime d'alors. Des intérêts froissés par les sacrifices journaliers et le système des réquisitions, l'empêchaient de coopérer de bon cœur au soutien d'une cause entièrement ruineuse et sans avantages pour lui, et aux opérations d'une armée dont la présence trop prolongée lui était devenue d'un poids accablant; aussi, les commissaires extraordinaires dans les 10e et 11e divisions firent-ils, au nom de la Patrie, de vains appels (1).

« Les généraux anglais surent mettre habilement à profit cette profonde inertie et ce désir, d'abord vague, ensuite bien prononcé, d'un changement. Ils étendirent au loin leurs sourdes menées et leurs intelligences mystérieuses. Leur respect étudié pour les propriétés, leur conduite conciliante et protectrice, leurs profusions répandues, louées, grossies par leurs agents, leur créèrent de chauds partisans. Une portion des méridionaux cependant, réduite par la suite et la force des événements à l'état d'inertie absolue, les voyait arriver sans crainte ni désir. *D'autres, sacrifiant tout à la cupidité qu'ils espèrent prochainement assouvir par le contact et l'argent des étrangers, ne voulaient voir dans ceux-ci que des amis et des frères.* »

Des largesses ! Wellington était aussi besogneux que son adversaire. *Des amis !* qui rêvaient la spoliation de notre patrie et songeaient à faire de Bayonne une avancée espagnole, qui tremblaient à l'idée d'un soulèvement du Midi et ne cessaient de répéter : « *Ne pillez pas où nous sommes perdus*, » pillaient !

Napier taxe d'irréparable la faute du général Thouvenot.

---

(1) Par décret du 26 décembre, daté des Tuileries, l'Empereur avait envoyé aux armées, en qualité de *commissaires extraordinaires*, des sénateurs ou conseillers d'État, accompagnés d'auditeurs et de maîtres des requêtes, pour « ordonner la levée en masse, accélérer l'habillement et « l'équipement des troupes, organiser les gardes nationales, etc. » A Toulouse et à Bordeaux arrivèrent le conseiller d'État Caffarelli et le sénateur Garnier; de Panat, auditeur et Portal, maître des requêtes. (*Correspondance de Napoléon*, n° 21041).

Invoquant son rapport officiel, il l'excuse en disant que, « mal informé par ses espions et par les prisonniers, il sup-« posa que la division légère se trouvait avec Hope, ainsi « que la division Howard, et que 15,000 hommes avaient « été embarqués à Saint-Jean-de-Luz pour être mis à terre « entre Cap-Breton et l'Adour. C'est pourquoi, lorsqu'il ap-« prit que le détachement de Stopford était sur la rive droite, « *il craignit de compromettre sa garnison en envoyant à l'aval un corps de troupes considérable*, et il détacha seule-« ment deux bataillons, sous les ordres du général Mau-« comble, *pour s'assurer de l'état réel des affaires*, car la « forêt de pins et le détour de la rivière l'empêchaient de « rien découvrir depuis Bayonne. » Or tout cela, en vérité, était invraisemblable. De Bayonne à Cap-Breton, la côte ne présente aucun point de débarquement.

Une *délibération du conseil de défense* constate que « l'ennemi ne peut marcher contre la citadelle que par la rive droite de l'Adour : toute tentative par la rive gauche exige au-dessus de Bayonne le passage de deux rivières, la Nive et l'Adour, et au-dessous de Bayonne le passage du fleuve qui roule un énorme volume d'eau. *De pareilles entreprises ne sauraient être ignorées près d'une place qui contient une population aussi sûre et aussi nombreuse que Bayonne.*

« Ne pouvant fonder l'espoir d'une attaque par surprise qu'en approchant par la rive droite du fleuve, on doit rechercher quels moyens il aurait de cacher ses approches par cette rive. *On avance avec certitude de n'être pas démenti, qu'il ne peut exister, pendant douze heures, sur la rive droite de l'Adour, un rassemblement d'hommes inquiétant sans que l'on en soit informé;* des précautions de sûreté seraient ordonnées dès lors, et la citadelle prévenue serait à l'abri d'un coup de main.

« Le danger qui pourrait néanmoins paraître le plus vraisemblable, serait celui d'un projet vraiment audacieux d'un ennemi qui, *puissant par mer* et très familier avec la portion de côtes la plus dangereuse de l'empire, oserait tenter un débarquement entre l'embouchure de l'Adour et le cap Breton. *Une pareille entreprise, qui ne pourrait être ignorée, la côte ayant des vigies et des postes armés* (notamment à la tour d'Ondres) *sur toute cette étendue, paraît peu redoutable, et toujours l'apparition de l'ennemi, qui ne peut aborder cette côte plate, habituellement couverte de brisants, que par le plus beau calme, aura été reconnue avant qu'il puisse être tenté aucun débarquement. Et en supposant même l'ennemi débarqué sans résistance, il n'arrivera pas sur la citadelle sans avoir été reconnu..* » Ce document, sans date, nous paraît remonter à la fin du printemps de 1813. Thouvenot en prit-il connaissance? Il y aurait trouvé sa ligne de conduite. Le danger était à sa porte et au point jugé le moins exposé !

Il disposait de quatre brigades ; réduisant au strict nécessaire la garnison du secteur de Mousserolles, il pouvait, le 23 au soir, appeler à Saint-Esprit les 31ᵉ et 34ᵉ légers et le 66ᵉ de ligne. Ces trois bataillons suffisaient pour garder les ouvrages en avant de la citadelle et à Saint-Étienne ; dès lors, la brigade Maucomble, libre de ses mouvements et suivie de quelques batteries, eût été en mesure, le lendemain matin, d'écraser Stopford, de le jeter dans le fleuve et d'enlever au général anglais tout espoir de passage. Certes il n'y eut point complaisance, mais affolement ou incurie. En d'autres temps, la main de l'Empereur se fût appesantie ; mais alors, comme le dit M. Houssaye dans son *1814 :* « Après toutes les gloires, c'étaient tous les désastres. »

Envisageant l'ensemble de ses opérations, le maréchal Soult pouvait se dire « *qu'il avait fait ce qu'il avait à faire* « *de mieux* », en « *traînant la guerre en longueur.* La « supériorité des ennemis est telle que je ne puis faire autre-« ment sans m'exposer à perdre entièrement l'armée ; ce-« pendant, *je me bats tous les jours, et je ne quitte pas* « *une position sans l'avoir défendue.* » C'est en présentant la bataille partout et ne l'acceptant nulle part, qu'il mit un mois à gagner Toulouse. Quel plus bel éloge !

Plus que l'Empereur, l'ennemi, d'ailleurs, lui rendit justice : « *Soult a fait de cette frontière une défense aussi judicieuse que ses moyens le lui permettaient; il nous a laissé ici une affaire embarrassante, attendu qu'elle immobilise une partie de l'armée;* si nous occupons Bordeaux, je suppose que nous ne pourrons obtenir des avantages bien loin sur la droite, ou dans tous les cas nous aventurer à beaucoup découvrir cette place (1) ».

En d'autres termes, Soult avait laissé, dans Bayonne, un boulet, une épine aux pieds des Alliés.

---

(1) *Hope à Wellington*, au Boucau, 10 mars.

Armée d'Espagne.

SITUATION AU 16 JUILLET 1813.			OBSERVATIONS.
DIVISIONS.	PRÉSENTS.	EFFECTIF.	
Aile droite : Lieut.-général Reille.			(A) Les situations des garnisons de Bayonne, Saint-Jean-Pied-de-Port, Navarrenx et du Château de Lourdes nous sont inconnues à cette date.
1re Foy............	5,923	6,784	Au mois d'août il y avait à Bayonne :
7e Maucune.........	4,186	5,676	25e léger (2e bataillon)...... 381
9e La Martinière.....	7,427	8,096	1er de ligne (1er bataillon)... 473
Centre : Lieut.-général d'Erlon.			119e de ligne (3e bat.)...... 574
2e Darmagnac........	6,964	8,580	Dépôts de la garde royale....
3e Abbé.............	8,030	8,728	— Royal étranger.......
6e Darricau..........	5,966	6,627	— régiment de Castille.. } 326
Aile gauche : Lieut.-général Clausel.			— Royal étranger......
			Canonn. gardes-côtes (73e Ce). 116
4e Conroux..........	7,056	7,477	Comp. de vétérans (6e)...... 91
5e Van der Maësen....	4,484	5,204	Comp. d'armuriers d'artillerie
8e Taupin............	5,984	7,587	(2 comp.)................ 104
Réserve.			Comp. d'ouvriers d'artillerie.. 81
Villatte............	14,959	17,899	Compagnies d'artillerie (3)... 105
Cavalerie.			2 bataillons de sapeurs...... 135
1re Soult (Pierre).....	4,723	5,098½	TOTAL des présents..... 2.186
2e Treilhard.........	2,358	2,523	
TOTAUX.....	77,450	94,086	
Garnisons (A).			
San Sebastian........	2,731	3,086	
Pampelune...........	2,951	3,124	
Santona	1,465	1,674	
TOTAUX GÉNÉRAUX.	84,597	98,970	

ARMÉE D'ESPAGNE.

DIVISIONS.	BRIGADES.	RÉGIMENTS.	SITUATION AU 1er OCTOBRE.	
			EMPLACEMENTS.	PRÉSENTS.
I. *Aile droite.*	REILLE......	....	*Urrugne*............	
1re div. Foy......	Fririon......	6e léger, 69e (2), 76e	St-Jean-Pied-de-Port, Saint-Étienne, Saint-Martin-d'Arossa......	4,654
	Berlier......	36e (2), 39e, 65e (2).		
7e, Maucune......	Pinoteau....	17e léger, 3e, 15e...	*Croix-des-Bouquets*....	3,996
	Montfort....	40e léger (2), 404e, 105e (2).......	Camp de Biriatou, Croix-des-Bouquets.......	
9e, Boyer........	Boyer.......	2e léger (2), 118e (3) 119e (2)......	*Cambo*, col du Poirier, camp d'Urugne......	6,515
	Gauthier....	120e (3), 122e (2)...	Camp du Bordagain....	
II. *Centre.*	CLAUSEL.....	....	*Sare*................	
4e, Conroux.....	Rey.........	12e léger (2), 32e (2) 43e (2)........	*Camp de Sare*.......	4,962
	Baurot......	45e, 55e, 58e.......		
5e, Maransin.....	Barbot......	4e l., 34e, 40e (2), 50e	*Camp de Sare*.......	5,575
	Rouget......	27e, 59e, 130e (2)...		
8e, Taupin......	Béchaud.....	9e lég. (2), 26e, 47e (2)	La Bayonnette, *Insola*..	4,778
	N...........	31e léger (3), 70e, 88e	Port d'Insola.......	
III. *Aile gauche.*	D'ERLON.....	....	*Espelette*...........	
2e, Darmagnac...	Chassé......	16e léger, 8e, 28e (2).	*Camp d'Ainhoa*......	4,447
	Gruardet....	51e, 54e, 75e (2)....		
3e, Abbé.......	Boivin......	27e léger, 63e, 64e (2)	*Camp d'Espelette*....	6,054
	Maucomble..	5e léger, 94e (2), 95e.		
6e, Darricau.....	Saint-Pol....	21e léger, 24e, 96e...	*Camp d'Ibarron*......	4,092
	Mocquery...	28e léger, 400e, 403e.		
Div. de réserve... Villatte.	Jamin (Français)......	34e léger (2), 66e, 82e, 115e (2)........	*Camp de Serres*..... Camp de Cambo..... Camp de Serres..... Camp d'Ascain et de Serres............	8,018
	Br. espagnole.	(A).............		
	St-Paul (ital.)	(B).............		
	Krause (all.)	(C).............		
Cavalerie.				
1re, Soult (Pierre).	Berton......	2e hussards, 13e, 21e chasseurs (D).....	*Pau*, Orthez, Bidache, Sauveterre, Salies... Lescars, Moncin, Pau... Vic-Bigorre, Maubourguet, Puyoo, Tarbes, Pontacq............	3,901
	Vinot.......	5e, 10e, 15e, 22e ch.		
	Sparre......	5e, 12e dragons (E)..		
2e, Treilhard.....	Ismert......	4e, 21e, 26e dragons.	Nogaro, Plaisance, *Barcelone*............	2,342
	Ormancey...	14e, 16e, 17e, 27e dragons............	Lupiac, Montesquieu, Ladevèze.........	
Troupes non comprises dans les divisions.............				8,530
			TOTAUX.....	68,644

Artillerie.		1er octobre.	1er novembre.	*Garnisons.*	
Aile droite..	Com. Blanzat...	22 b. à feu.	27	Bayonne.........	
Centre.....	Com. Lambert..	18	18	Saint-Jean-Pied-de-Port.	
Aile gauche.	Com. Lunel....	20	20	Pampelune......	
Cavalerie..	Com. Grosjean..	12	12	Navarrenx......	
Réserve....	Col Fontenay..	32	32	Lourdes........	
Parc.......	Col. Bruyer....	24	»	Santona........	
	TOTAUX..	125	99	TOTAUX.....	
				TOTAL GÉNÉRAL....	

ARMÉE D'ESPAGNE.

HÔPI-TAUX.	EFFECTIF.	EMPLACEMENTS.	PRÉ-SENTS.	HÔPI-TAUX.	EFFECTIF.	OBSERVATIONS
		SITUATION AU 1er NOVEMBRE.				
.....	.....	*Soubalette.*				ÉTAT-MAJOR.
4,055	5,924	St-Jean-Pied-de-Port.. Saint-Martin-d'Arossa .	5,136	822	6,064	Duc de Dalmatie, général en chef.
1,039	5,234	Bordagain, Ste-Anne, *Ciboure*............ Socory, Cauterabaita..	4,539	1,098	5,821	Comte Gazan, chef d'état-major général. Mathieu-Faviers, ordonnateur en chef.
3,220	10,284	Camp d'*Urtubie*	6,569	2,508	9,200	Tirlet, général de division, commandant l'artillerie. Léry, général de division, commandant le génie.
.....	.....	*Sare.*	5,390	2,475	8,049	Borge, général de brigade, chef d'état-major de l'ar-
2,483	7,672	Camp de Sare				tillerie.
1,194	7,188	Camp de Sare........	5,579	1,364	7,107	Buquet, général de brigade, comm. la gendarmerie.
2,955	8,593	Camp de Sare	4,889	2,838	8,579	Thouvenot, général de brigade, gouv. de Bayonne. (A) Grenadiers, voltigeurs, fusiliers et Royal-Etranger, tous à 2 bataillons (espagn.)
.....	.....	*Espelette.*				(B) 2e léger, 4e et 6e de ligne (italiens).
2,300	6,834	Camp d'*Ainhoa*	4,705	2,131	6,934	(c) 2e léger de Nassau, 4e de Bade, bataillon de Franc-
1,530	7,655	Camp de Finodetta, Mondarain, Chapora, *Espelette*	6,326	1,248	7,647	fort. (D) Hussards de Guadala-
1,235	6,280	Camp de Serres et d'As-cain	5,782	1,200	7,052	laxara, 1er et 2e chasseurs (espagnols). (E) Chasseurs de Nassau,
4,650	10,518	Camp de Serres...... Olenentenborda....... Ciboure............ Sainte-Croix, Belchenia	8,319	4,434	10,672	chevau-légers de la garde royale, hussards de la garde royale, gendarmerie d'élite de la garde royale.
496	4,980	*Pau*, Saint-Palais, Or-thez, Sauveterre..... Lescars, Monein, *Pau*. Vic-Bigorre, Maubour-guet, Tarbes	4,464	135	4,723	NOTA. — Les régiments d'infanterie légère sont seuls désignés en toutes lettres. Les chiffres entre paren-thèses indiquent le nombre des bataillons. Lorsqu'il n'y a pas de parenthèses, le régi-ment n'a qu'un bataillon.
107	2,548	*Barcelone*, Nogaro, Ris-cle................ Marciac, Plaisance, Montesquieu	2,324	74	2,447	Enfin, les noms de locali-tés soulignés sont les quar-tiers généraux des divisions. Par « troupes non com-
420	12,765	....	9,691	403	11,142	prises dans les divisions », il faut entendre l'artillerie,
19,683	96,478	TOTAUX.....	73,722	17,727	98,404	le génie, le train et les ser-vices.
.....	4,633	»	»	»	7,706	
.....	1,684	»	»	»	2,407	
.....	2,370	»	»	»	»	
.....	450	»	»	»	1,239	
.....	56	»	»	»	111	
.....	1,990	»	»	»	1,872	
.....	11,180	TOTAUX.....			13,235	
.....	107,658	TOTAL GÉNÉRAL...	.....	.....	109,232	

ARMÉE D'ESPAGNE.

DIVISIONS.	BRIGADES.	RÉGIMENTS.	SITUATION AU 1er DÉCEMBRE.	
			EMPLACEMENTS.	PRÉSENTS.
I. *Aile droite.*	Reille......		*Beyris*............	
1re, Foy........	Fririon......	6e lég., 69e (2), 76e.	*Bas Cambo, Colhaya*...	5,608
	Berlier.......	36e (2), 39e, 65e (2).	*Bas Cambo*..........	
7e, Leval (A)....	Pinoteau....	40e léger, 3e, 15e....	*Belaye, Anglet*.......	4,704
	Montfort.....	17e léger (2), 101e, 105e (2).	*En avant d'Anglet*.....	
9e, Boyer.......	Menne	2e léger (2), 24e, 148e (3).	*Lesterlocq, Anglet*.....	6,423
	Gauthier......	120e (3), 122e (2)...	*En avant d'Anglet*.....	
II. *Centre.*	Clausel......		*Camp de Marrac*......	
4e, Taupin......	Rey.........	12e léger (2), 32e (2), 43e (2).	*Camp de Marrac*......	6,090
	Béchaud......	45e, 55e, 58e........		
5e, Maransin....	Barbot.......	4e léger, 34e, 40e (2).	*Camp de Marrac*......	5,210
	Rouget.......	50e, 27e, 59e, 130e (2)		
III. *Aile gauche.*	D'Erlon......		*Saint-Pierre-d'Irube*..	
2e, Darmagnac...	Chassé.......	16e léger, 8e, 28e (2), 54e.	*Villefranque*..........	5,914
	Gruardet.....	31e léger (2), 51e, 75e (2).........		
3e Abbé	Beuret, colon.	27e léger, 63e, 64e (2)	*Vieux-Mouguerre*.....	6,372
	Maucomble...	5e léger, 94e (2), 95e	*Petit-Mouguerre*.......	
6e Darricau......	Saint-Pol.....	21e lég., 96e, 119e (2).	*Jatzou*..............	5,519
	Mocquery.....	28e léger, 100e, 103e	*Halzou*..............	
Division de réserve Villatte	Dauture (brig. française)...	(B)		
	Jamin (brigade espagnole)..		*Front de la porte d'Espagne*	5,397
	Krause (brig. allemande)..			
Division Pâris....			*Louhossoa, Saint-Martin-d'Arossa, Bidarray, Irrissary, vallée d'Aspe*.	3,881
Cavalerie.				
1re, Soult (Pierre).	Berton		*Hasparren, Holette, Mendioude*	5,358
	Vinot........		*Bayonne, Bidache, Urt*..	
	Sparre.......	Même composition qu'au 1er novembre.	*Tarnos, Ondres, Saint-Martin-de-Seignaux* ...	
2e, Treilhard....	Ismert.......		*Peyrehorade, St-Palais, Domezain*..........	3,201
	Ormancey ...		*Orthevielle, Peyrehorade*	
Troupes en dehors des divisions.............................				10,077
			TOTAUX.......	73,754

Artillerie.		1er décembre.	16 janvier.
Aile droite.....	Ct Blanzat ...	24 b. à feu.	24
Centre	Ct Lambert...	20	49
Aile gauche...	Ct Lunel.....	22	16
Réserve	Col. Fontenay.	22	12
Cavalerie	Ct Grosjean...	12	6
Division Pâris..	....	4	»
Parc	Col. Bruyer ..	8	»
		112	77

ARMÉE D'ESPAGNE.

SITUATION AU 16 JANVIER.

HÔPITAUX.	EFFECTIF.	EMPLACEMENTS.	PRÉSENTS.	HÔPITAUX.	EFFECTIF.
.....	.....	Beyris................	»	»	»
952	6.573	Bidache, Came, Bardos, Guiche, Hastingues...	4,640	1,514	6,200
1,135	5,839	Camp retranché, Anglet, Beyris.............	4,230	1,218	5,544
2,634	9,064	Baudonne, St-Etienne, St-Martin-de-Seignaux.	5,327	2,734	8,074
.....	.....	Bidache................	»	»	»
2,940	9,428	La Chapelle, camp de Bardos, La Bastide-Clairence.........	5,676	3,233	8,945
1,774	7,133	Marrac et avant-postes.	5,042	1,389	6,492
.....	.....	Biaudos................	»	»	»
3,249	9,245	Biarrotte, Saint-Laurent, Saint-Barthélemy, Ste-Marie.............	5,490	2,426	7,737
1,364	7,797	Mouserolles, St-Pierre-d'Irube.............	5,094	1,935	7,128
1,318	7,013	Ayherre, val d'Ayherre.	5,248	1,755	7,344
1,283	7,180	(Dissoute le 16 décemb.)			
655	5,784	Division Harispe (8e) (c). Brig. Daullanne, Helette. Pàris. id. Baurot, Irrissary, Saint-Martin-d'Arberou	6,633	1,556	8,944
436	5,566	Saint-Estevan, Helette, Otègue, Bardos, Mauléon, Peyrehorade....	3,840	94	4,354
85	3,286	(Partie le 14 janv. pour Orléans.)			
487	13,769	....	7,366	436	10,956
17,989	97,347	TOTAUX......	58,573	17,987	81,622
		Garnisons.			
		Bayonne.............	.....	.....	8,801
		Saint-Jean-Pied-de-Port.			2,407
		Navarrenx............			1,339
		Lourdes.............			444
		Santona.............			1,872
		TOTAL GÉNÉRAL	.....	.....	96,052

OBSERVATIONS.

(A) Le général Maucune étant parti le 13 novembre pour l'armée d'Italie, avait été remplacé dans le commandement de sa division par le général Leval.

(B) 9e et 34e léger, 66e, 82e. Les brigades étrangères conservent la même composition qu'au 1er novembre. La brigade italienne fut envoyée en Italie le 24 nov.

(C) La division Harispe, formée à la fin de décembre, a pris le n° 8 ; elle se compose des 9e léger (2), 25e léger (2), 34e léger (2), 10e (2), 81e (2), 114e, 115e (2), 117e, c'est-à-dire de la brigade Pâris et d'une partie de l'ex-réserve de Villatte, plus le 8e bataillon napolitain.

Les divisions Leval (7e) et Boyer (9e) partent le 20 janvier pour la Grande Armée avec la brigade de dragons du général Sparre. Elles sont suivies de 2 batteries à pied et 2 batteries à cheval, soit 38 pièces. Il ne reste dès lors au maréchal que la division de chasseurs de Soult (Pierre), formée à deux brigades (2e hussards, 5e, 10e, 13e, 15e, 21e et 22e chasseurs).

Armée anglo-portugaise.

DATES.	ANGLAIS.		PORTUGAIS.		TOTAUX.	
	Présents.	Effectif.	Présents.	Effectif.	Présents.	Effectif.
8 août	35,815	55,716	22,297	33,946	58,112	89,762
8 septembre.........	41,388	55,714	23,822	32,944	65,210	88,625
22 octobre..........	43,703	61,389	24,304	36,454	68,007	97,843
5 novembre.........	45,073	61,885	24,888	32,345	69,961	94,230
14 décembre........	44,967	63,001	24,092	31,706	69,059	94,707
1er janvier.........	»	»	»	»	68,250	85,293
17 février.........	42,700	60,687	23,029	29,242	65,729	89,929

E. Packenham, adjudant-général.

Armée espagnole.

ARMÉES.	1er OCTOBRE.				1er JANVIER.			
	PRÉSENTS.		EFFECTIF.		Infant. Artiller. Génie.	Cavalerie.	Présents.	Effectif.
	Hom.	Chev.	Hom.	Chev.				
3e armée	»	»	»	»	14,526	»	14,526	19,630
4e armée	23,404	1,969	33,236 (A	2,484	48,827	4,064	52,891	73,864
Réserve d'Andalousie..	12,159	868	15,583	898	9,056	170	9,226	13,465
Réserve de Galicia ...	1,427	»	2,268	»	3,953	»	3,953	5,850
TOTAUX.....	36,090	2,837	51,087	3,382	76,362	4,234	80,596	112,499

(A) Non compris les divisions Longa, Mend'zabal et Mina qui n'avaient point encore fourni leurs situations. On peut donc compter environ 50,000 présents.

ARMÉE ANGLO-PORTUGAISE.

Armée anglo-portugaise au 1er janvier 1814.

DIVISIONS.	BRIGADES.	RÉGIMENTS.	PRÉ-SENTS.	MALADES absents.	EFFEC-TIF.
1re Howard...	Stopford......	Gardes, 2 comp. de rifles...	5,983	514	7,404
	Hinuber (A)...	Légion germanique........			
	Aylmer.......	62e, 76e, 77e, 85e........	1,573	228	2,319
2e Stewart..	Barnes........	51e, 74e, 92e, 2 ces de rifles..			
	Byng.........	3e, 57e, 4er prov. 2 comp. de rifles.......	7,959	2,670	10,629
	Pringle.......	28e, 34e, 39e, 2 ces de rifles.			
	Harding (P)...	6e, 18e port., 6e caçadores...			
Le Cor (P)...	Da Costa (P.)...	2e, 11e portugais.........	4,168	854	5,049
	Buchan (P.)...	4e, 10e port., 10e caçadores.			
3e Picton....	Brisbane......	45e, 74e, 88e, 4 comp. rifles.			
	N...........	5e, 83e, 87e, 94e.........	6,057	1,740	7,797
	Power (P).....	9e, 21e, port., 11e caçadores.			
4e Cole......	Anson.......	27e, 40e, 48e, 2e prov., 2 ces rifles...........			
	Ross.........	7e, 20e, 23e, 1 comp. Brunswick.......	6,120	2,314	8,434
	Vasconcellos (P)	11e, 23e port., 7e caçadores.			
5e Colville...	Hay..........	1er, 9e, 38e, 47e, 4 ce Brunswick.........	4,688	2,827	7,515
	Robinson......	4e, 59e, 84e, 1re ce rifles...			
	Regoa (P.)....	3e, 15e port., 8e caçadores..			
6e Clinton...	Pack.........	42e, 79e, 91e, 2 comp. rifles.			
	Lambert.......	11e, 32e, 36e, 61e.........	6,097	1,590	7,687
	Douglas (P)...	8e, 12e port., 9e caçadores..			
7e Walker...	N...........	6e, 3e prov, 9 ces Brunswick.			
	Inglis.........	51e, 68e, 82e, chass. britan.	6,049	1,707	7,756
	Doyle (P).....	7e, 19e port., 2e caçadores..			
Division légère Alten......	Kempt.......	43e, 95e (1).............			
	N..........	52e, 95e (1).............	4,683	1,144	5,827
	N (P)........	17e port., 1er, 3e caçadores.			
Div. portug. non attachée.	Bradford (P.)...	13e, 24e port., 5e caçadores.	3,631	1,059	4,690
	Campbell (P.)..	1er, 16e port., 4e caçadores.			
Cavalerie.	Dundas.......	Royal Staff corps........	154		
	Gibson, capit...	43e bataillon de vétérans...	871		
	O'Loghlin.....	1er, 2e Life Guards Royal horse blue..........	754		
	Ponsonby......	3e, 4e, 5e Dragoons Guards.	1,080		
	Vandeleur.....	12e, 16e dragons légers...	802		
Stappleton-Cotton...	Fane.........	13e, 14e id.............	766	292	8,522
	Vivian........	1er, 18e hussards.......	853		
	N...........	1er, 2e Dragoons Guards...	671		
	N...........	3e Drag. Guards, 1er Royal Dragoons..............	700		
	Somerset......	7e, 10e, 15e hussards......	1,438		
	Barbacena (P.)..	1er, 6e, 11e, 12e de cav. port.	844		
	Campbell (P.)..	4e de cavalerie portugaise..	264		
		TOTAUX de l'infanterie.	60,020	16,754	76,774
NOTA. — A., Allemands. P., Portugais.		TOTAUX de la cavalerie.	8,230	292	8,522
		TOTAUX GÉNÉRAUX....	68,250	17,043	85,293

Situation de la place de Bayonne le 1ᵉʳ décembre.

	BATAILLONS.	OFFICIERS.	TROUPE.	EMPLACEMENTS.
9ᵉ léger	4ᵉ	15	597	A la citadelle.
34ᵉ léger	3ᵉ, 4ᵉ	48	696	Id.
1ᵉʳ de ligne	1ᵉʳ	22	590	Id.
26ᵉ id	4ᵉ	19	602	Mousserolles.
66ᵉ id	4ᵉ	25	685	Id.
82ᵉ id	4ᵉ	22	558	Id.
70ᵉ id	1ᵉʳ	22	620	Logé en ville.
118ᵉ id	4ᵉ	19	245	A la citadelle.
119ᵉ id	2ᵉ, 3ᵉ	33	1,141	Id.
120ᵉ id	3ᵉ	17	732	Au Boucau.
Cohorte des Basses-Pyrénées	1	13	377	Logé en ville.
Cohorte des Landes	1	13	388	Id.
Artillerie (9 comp.)	»	23	1,046	1 compagnie au Château-Vieux, 3 au Front d'Espagne, 3 au Front de Mousserolles, 1 au Réduit, 1 à la Citadelle.
Ouvriers d'artillerie (1 c.)	»	5	254	Au Réduit.
Ouvriers d'artillerie (1 c.)	»	4	140	
Sapeurs (1 c.)	»	3	120	Du 2ᵉ bataillon de sapeurs.
Train	»	3	110	Du 4ᵉ bat. bis. A Saint-Esprit.
Totaux	14	276	8,930	

Situation de la place de Bayonne le 1ᵉʳ mars 1814.

BRIGADES.	RÉGIMENTS.	CHEFS DE CORPS.	BATAILLONS.	OFFICIERS.	TROUPE.	EMPLACEMENTS.
Colonel Saint-Martin.	34ᵉ léger	Leclerc	4ᵉ	19	546	Bayonne, 546 hommes.
	Gendarmerie à pied et à cheval	»	»	»	»	
4ᵉ brigade, général Maucomble.	5ᵉ léger	Garnier de Pilvort	1ᵉʳ	15	605	Citadelle et camp retranché, 2,444 h.
	82ᵉ de ligne	Vivien	1ᵉʳ	20	534	
	95ᵉ de ligne	Delassalle	3ᵉ	14	281	
	119ᵉ de ligne	Dodit, Magendie	2ᵉ 3ᵉ	36	994	
	1ᵉʳ chass. à cheval (détachement)	»	»	»	»	
1ʳᵉ brigade, général Beuret.	27ᵉ léger	Mouillet	1ᵉʳ	19	670	Droite du front d'Espagne, 3,057 hommes.
	63ᵉ de ligne	Moutard	1ᵉʳ	20	704	
	64ᵉ de ligne	Aulard et Mace	1ᵉʳ 2ᵉ	32	1084	
	120ᵉ de ligno	Fauchon	3ᵉ	48	599	
	15ᵉ chass. à cheval (détachement)	»	»	»	»	

SITUATIONS DE BAYONNE.

BRIGADES.	RÉGIMENTS.	CHEFS DE CORPS.	BATAILLONS.	OFFICIERS.	TROUPE.	EMPLACEMENTS.
2ᵉ brigade, colonel Gougeon.	1ᵉʳ de ligne.....	Delohr........	1ᵉʳ	20	787	Gauche du front d'Espagne, 3,214 hommes.
	94ᵉ de ligne.....	Beynet, Couderc	1ᵉʳ 2ᵉ	30	1130	
	95ᵉ de ligne.....	Dariban.......	1ᵉʳ	14	778	
	118ᵉ de ligne....	Bernard.......	4ᵉ	49	513	
3ᵉ brigade, général Delorme.	31ᵉ léger.......	Gay...........	4ᵉ	46	545	Front de Mousserolles, 2,947 hommes.
	26ᵉ de ligne.....	Sandricourt (de)	1ᵉʳ 2ᵉ	32	1009	
	66ᵉ de ligne.....	Dupuy.........	1ᵉʳ	25	752	
	70ᵉ de ligne.....	Noël..........	1ᵉʳ	23	641	
Artillerie et génie.	3ᵉ d'art. (10ᵉ, 46ᵉ cᵉˢ).......	....	»	6	228	Répartis dans la place et les camps retranchés, suivant les besoins, 4,483 hommes.
	5ᵉ id. (24ᵉ, 25ᵉ)	....	»	5	265	
	6ᵉ id. (14ᵉ, 20ᵉ)	....	»	5	219	
	8ᵉ id. (2ᵉ cᵉ)...	....	»	3	95	
	2ᵉ cᵉ d'armuriers.	....	»	4	28	
	Train d'artillerie.	....	»	4	420	
	2ᵉ bat. de sapeurs (3ᵉ, 9ᵉ cᵉˢ).....	....	»	5	308	
	Pionn. de Bayonne	....	»	3	436	
	Ouv. d'artill. (12ᵉ cᵉ)..........	....	»	3	68	
	1ᵉʳ bat. de ponton. (4ᵉ cᵉ)........	....	»	1	45	

Ouvrages du camp retranché de Bayonne, armement et garnisons nécessaires en 1814.

OUVRAGES.	Numéros de la carte.	Bouches à feu.	GARNISONS.	OBSERVATIONS.
I. — Front d'Espagne.				
Avancée de Beyris	1			
Fort de Beyris	2	19	4.800	
Batterie intermédiaire	3	2		
— de l'Adour	4	6	500	Dite aussi batterie de Pitrac.
— de la pointe supérieure	5	2		
— des fusiliers	6	4		
— des grenadiers	7	4		
— du séminaire	9	3	1,000	
— des sapeurs	10	5		
Ouvrages de Marrac et avancées	11 12 13	27	2,200	V. la note ci-dessous.
II. — Front de Mousserolles.				
Batterie des auxiliaires	14	5	400	
— des canonniers	15	6	200	
— de Vespals	16	4	100	
Ouvrage à couronne dit « Camp de Pratz »	17 19	35	2.000	
Avancée de Mousserolles	»	»	600	V. la note ci-dessous.
III. — Front de la citadelle.				
Redoutes des cohortes n. 1 et 2	20	40	1,400	
Redoute de Saint-Esprit	21	»		
Citadelle	»	37	700	
Corps de place de Bayonne	»	67	1,000	
Réserve d'artillerie	»	11	»	
Réserve d'infanterie	»	»	3,400	
TOTAUX	»	280	15,000	

NOTA. — En 1814, ce qu'on appelait *avancée de Mousserolles* était dans la réalité un ensemble de trois lignes successives, savoir :

Ligne des avant-postes : Maison Lucia et lisière du plateau de Jupiter.

Ligne de recueil : Grand-Lissague — Monho — Mauledon (maisons ou groupes de maisons fortifiées et reliées par des tranchées).

Ligne de résistance définitive, en avant de l'ouvrage à couronne : batterie de Fortune (n° 18 de la carte), groupe de l'Église, batterie Sallenave.

En avant de Marrac et de la redoute des Voltigeurs (n° 11 de la carte), bordant le côté ouest de la route, s'étendaient de longues files de tranchées parallèles et précédées de trous de loup. Elles flanquaient les ouvrages de Beyris, de l'autre côté du vallon de l'Aritzague.

Sur le front de la Porte d'Espagne, entre la batterie des Sapeurs et l'Adour, le vallon de l'Aritzague, naturellement marécageux, avait été inondé à l'aide des chaussées de la route d'Espagne et des chemins des Capucins (Batschon) et de la Barre (Moulin de Sabalce) qui le traversent et transformés en digues. Le fort de Beyris couvrait l'inondation supérieure ; les batteries du Séminaire à celle de l'Adour défendaient les approches de l'inondation inférieure.

Plus tard, enfin, on créa une *avancée de la citadelle* ; elle englobait l'église de Saint-Étienne et son cimetière fortifiés, ainsi que le nœud des routes de Bordeaux et de Toulouse.

Situation de la garnison de Saint-Jean-Pied-de-Port, au 1er octobre.

Général de brigade BLONDEAU, commandant supérieur.
Chef de bataillon CHURLAUD, commandant l'artillerie.
Capitaine BARABINO, commandant le génie.

	BATAILLONS.	OFFICIERS.	TROUPE.	OBSERVATIONS.
31e léger...............	3e	15	808	
Garde nationale des Basses-Pyrénées........	»	8	508	1re cohorte.
Chasseurs de montagnes.....	3e	9	234	
3e régiment d'artillerie à pied....	»	2	64	9e, 16e compagnies.
Ouvriers d'artillerie............	»	»	4	De la 12e compagnie.
2e bataillon de sapeurs........	»	»	45	Détachement de la 3e ce.
Détachement de cavalerie légère...	»	2	48	
TOTAUX......	»	36	1,681	

Situation de la garnison de Saint-Jean-Pied-de-Port au 16 janvier.

État-major (même composition qu'au 1er octobre).

	BATAILLONS.	OFFICIERS.	TROUPE.	OBSERVATIONS.
25e léger...............	2e, 5e	34	1,665	
31e léger...............	3e	15	533	
Garde nationale des Basses-Pyrénées........	1er, 2e	22	699	Garde nationale d'élite.
Légion des gardes nationales des Basses-Pyrénées........	1er, 2e	32	1,053	1re, 2e cohortes.
Artillerie à pied............	»	3	154	9e comp. du 3e d'artill. et 12e comp. du 6e.
Ouvriers d'artillerie...........	»	»	4	De la 12e compagnie.
Sapeurs............	»	1	45	9e comp. du 2e bataillon et 3e comp. du 4e.
TOTAUX......	7	107	4,053	

NOTA. — Le 25e léger faisait partie de la division Harispe; il la suivit, de sorte qu'au moment où Mina bloqua la place, sa garnison ne s'élevait qu'à environ 2,500 hommes.

PIÈCES ADDITIONNELLES.

N° 1.

Ordre du maréchal Soult.

Olhonce, en avant de Saint-Jean-Pied-de-Port, 23 juillet.

I. — Dans les journées du 23 et du 24, les distributions pour l'avance de quatre jours de subsistances seront complétées à toutes les troupes, et MM. les généraux s'assureront que les cartouches qui auraient été avariées par les dernières pluies sont remplacées.

Le 24, dans l'après-midi, les lieutenants généraux Reille et Clausel, ainsi que le général commandant l'artillerie, feront les dispositions préparatoires pour le mouvement qui devra avoir lieu le 25 au matin. A cet effet, le général Reille fera réunir les trois divisions de l'aile droite (Foy, Maucune et La Martinière) en arrière du rocher de Adarca (ou à Airola), et il les placera de manière qu'elles ne puissent être aperçues par l'ennemi ; il fera relever les troupes de la division Conroux qui sont sur ce rocher ou en avant, ainsi que les postes que cette division fournit dans la vallée de Saint-Étienne-de-Baygorry, auxquels la garde nationale de cette vallée fournira également. Les huit pièces de 3 portées à dos de mulet, avec leurs munitions et le personnel d'artillerie qui sont aux divisions de l'aile gauche seront réunies en une seule batterie sous le commandement d'un capitaine et mises à la disposition du général Reille.

Le général commandant l'artillerie enverra également à la suite de la colonne formée par les divisions de l'aile droite, une réserve de 60,000 cartouches portées à dos de mulets.

Le général Clausel mettra en ligne la division Conroux aussitôt qu'elle aura été relevée par l'aile droite au rocher d'Airola et dans la vallée de Saint-Étienne de Baygorry, et il formera les divisions de l'aile gauche sur les plateaux de la Venta d'Orizon et les hauteurs à gauche d'Arnéguy, où la division Taupin se trouve déjà établie. Il disposera aussi d'un détachement qui, dans la journée et la matinée du 25, devra se diriger par

Béhérobie sur le plateau d'Iropil pour inquiéter et menacer la droite de l'ennemi.

Le général Tirlet commencera dans la journée du 24 à faire monter l'artillerie sur le plateau en avant de la Venta d'Orizon, où il mettra quelques pièces en batterie et fera parquer le surplus. Il emploiera, à cet effet, les attelages de bœufs qui ont été mis à sa disposition; mais il aura soin que les chevaux suivent et qu'à chaque voiture il y ait des canonniers armés d'outils et de bricoles pour aider au besoin à réparer les mauvais passages.

Les batteries d'artillerie à cheval qui ont marché avec les divisions de l'aile droite seront réunies à cette artillerie. Le général Tirlet en disposera.

Il sera ordonné au commandant de la garde nationale des vallées de Baygorry et de la partie des Aldudes que nous occupons, de se préparer avec la totalité des hommes armés dont il pourra disposer à se porter dans la nuit du 24 au 25 sur la montagne dite Hausa, entre le port d'Ispeguy et celui de Berdaritz pour s'en emparer.

Il sera ordonné au commandant des gardes nationales des vallées de Saint-Michel et du val de Laurhibar et des autres vallées à la gauche, de se réunir secrètement dans l'endroit le plus favorable pour ne pas être aperçus, entre Béhérobie et le plateau d'Iropil, afin d'être prêts à déboucher, ainsi qu'il sera dit.

Le détachement que le général Clausel doit commander pour manœuvrer sur sa gauche, se réunira à ces gardes et il mettra un bon chef pour y commander.

Le lieutenant général d'Erlon se disposera aussi dans la journée du 24 à attaquer l'ennemi le 25, à s'emparer du Puerto de Maya et à poursuivre l'ennemi lorsqu'il se mettra en mouvement.

Le général Villatte sera prévenu que l'armée doit attaquer l'ennemi le 25 au matin et qu'il doit se conformer aux dispositions particulières que je lui ai directement adressées.

II. — Le 25, à 4 heures du matin, le mouvement sera général et spontané sur toute la ligne.

Le général Reille se portera, avec les trois divisions de l'aile droite et les huit pièces de montagne qui sont mises à sa disposition, sur Lindux, où il prendra position, et enverra aussitôt des têtes de colonne dans les directions d'Ibaneta, Roncevaux et Espinal, ainsi que vers les ports d'Atalosti, Sahorgain, pour s'en emparer ou du moins empêcher que l'ennemi puisse s'en servir. Il menacera aussi les ports d'Urtiaga, Ernazabal et de Velate.

Dans ce mouvement, il suivra toujours la crête des montagnes et renversera toutes les troupes ennemies qui voudraient s'opposer à son passage. Lorsqu'il sera à la position du Lindux, il formera ses troupes et les disposera de manière à pouvoir résister à tous les efforts que l'ennemi dirigerait contre elles.

Il aura soin en marchant d'observer les mouvements des corps ennemis qui sont dans le val Carlos et dans les Aldudes, ou qui pourraient venir du lac d'Ispeguy ou de la vallée de Baztan, et il fera en sorte de les compromettre s'il en trouve l'occasion.

Il ordonnera aux gardes nationales des vallées de Saint-Étienne-de-Baygorry et des Aldudes d'être rendues le 25, avant le jour, sur la montagne de Hausa, dont elles doivent s'emparer, de s'étendre sur cette montagne autant qu'il y aura possibilité, d'allumer beaucoup de feux (seulement après 5 heures du matin) et de faire de grands mouvements sur tout le prolongement de cette montagne, de manière à faire croire à l'ennemi qu'il y a immensément de troupes. Ces gardes nationales observeront tout ce qui pourrait venir par le port d'Ispeguy, en manœuvrant sur la direction du port de Berdaritz pour s'en emparer, ou du moins empêcher l'ennemi d'en profiter. A mesure que l'ennemi se retirera et qu'elles pourront avancer sans se compromettre, elles gagneront, toujours en suivant la crête des montagnes, le port de Velate, et ainsi obligeront les troupes ennemies qui sont dans la vallée de Baztan à se retirer par leur gauche et abandonner tout leur matériel. Ces gardes nationales ne négligeront aucun moyen pour fatiguer l'ennemi, lui donner des inquiétudes et lui enlever du monde ; lorsqu'elles verront qu'une division du centre, commandée par le général d'Erlon, débouche par le Puerto de Maya, Arizcun et Elisondo, elles enverront un détachement à sa rencontre, pour communiquer, lui donner des nouvelles et lui servir de guide.

Le général Clausel se portera avec les divisions de l'aile gauche sur le plateau en avant de Château-Pignon où il se formera et se disposera aussitôt à attaquer la position d'Alto-Biscar, qu'il est à présumer que l'ennemi défendra faiblement lorsqu'il se verra tourné par les divisions de l'aile droite qui seront en marche sur le Lindux, et que, d'ailleurs, sa droite sera menacée par le mouvement du détachement et des gardes nationales qui doivent manœuvrer dans la direction d'Orbaïceta.

Le général Clausel serrera son mouvement, afin de ne pas donner le temps à l'ennemi de se reconnaître, ni de faire des détachements et pour lui enlever du monde. Il fera passer un détachement dans le Val Carlos pour pousser le corps ennemi qu'il y a, et il lui prescrira de se diriger sur le port d'Ibaneta en s'éclairant militairement.

Il ordonnera aux détachements et aux gardes nationales qui doivent manœuvrer sur sa gauche d'être rendus et réunis sur le plateau d'Iropil le 25, avant le jour, d'y allumer de grands feux et de faire des démonstrations, afin que l'ennemi suppose qu'il y a immensément de monde. Il prescrira à cette colonne de se porter ensuite sur Orbaïceta et de faire des mouvements qui donnent des inquiétudes sérieuses à l'ennemi pour sa droite, en lui faisant craindre d'avoir sa droite coupée à Burguete, s'il n'abandonne promptement la position d'Alto-Biscar.

Lorsque le général Clausel se sera rendu maître d'Alto-Biscar, il poussera vivement l'ennemi et se portera par Ibaneta et Roncevaux sur Burguete où il se formera et attendra de nouveaux ordres, et il enverra de fortes avant-gardes dans toutes les directions. Il se mettra le plus tôt possible en communication avec le général Reille, et fera en sorte que leurs mouvements soient liés, lorsque les colonnes seront arrivées à la même hauteur.

III. — Le général commandant l'artillerie, Tirlet, fera suivre le mouvement à l'artillerie et il se tiendra en mesure de mettre en batterie le plus de pièces qu'il sera possible, aussitôt que l'attaque commencera. Le général commandant le génie enverra un détachement de 50 sapeurs armés d'outils au général Reille pour être employé à réparer les passages sur la direction que l'aile droite doit suivre, et il disposera du surplus des troupes du génie pour les faire marcher en tête de la colonne d'artillerie et les employer à réparer sans cesse les chemins.

Les lieutenants généraux disposeront des régiments de cavalerie légère qui sont sous leurs ordres, ainsi qu'ils le jugeront le plus utile au bien du service.

Il sera ordonné aux généraux Soult et Treillard de réunir les divisions de cavalerie qu'ils commandent en arrière de Saint-Jean-Pied-de-Port le 25 au matin, où ils se tiendront prêts à se porter en avant au premier ordre. En attendant, ils feront manger les chevaux, et feront en sorte que chaque cavalier ait avec lui au moins pour deux jours de fourrage.

Aussitôt son arrivée à Saint-Jean-Pied-de-Port, le général Soult enverra un détachement dans la vallée de Saint-Étienne-de-Baygorry et vers le port d'Ispeguy pour observer ce qui se passera et pour lier communication avec le général d'Erlon. Lorsque les divisions du centre déboucheront, le commandant de ce détachement enverra de fréquents rapports.

IV. — Le but de ces mouvements est de forcer la droite de la ligne ennemie, de s'emparer de la position d'Alto-Biscar et de se rendre maître des principaux passages qui viennent à Pampelune, ainsi que des débouchés par où les troupes ennemies, qui sont dans le Baztan, pourraient se retirer dans cette direction.

Lorsque ce résultat sera obtenu, les divisions de l'aile droite et de l'aile gauche manœuvreront dans la direction du Zubiri.

Il est donc à présumer que les troupes ennemies qui sont dans la vallée de Baztan, aux Aldudes et aux ports d'Ispeguy et de Maya, se retireront aussitôt qu'elles seront instruites du mouvement, ou qu'elles manœuvreront suivant que les positions qu'elles défendent seront dégarnies.

Le général d'Erlon saisira ce moment pour les attaquer vivement et s'emparer du port de Maya, d'où il se dirigera par Arizcum sur Elizondo et ensuite sur le port de Velate ou le port d'Urtiaga par Berdaritz, suivant la direction que l'ennemi aura prise en se retirant, *mais il ne perdra point de vue qu'il doit chercher à se réunir le plus tôt possible au reste de l'armée, dans les directions indiquées, et à communiquer avec le général*

Reille. Il enverra de fréquents rapports au maréchal commandant en chef, surtout par les cols d'Ispeguy et de Berdaritz, lorsque ces passages seront libres.

Le maréchal commandant en chef se tiendra à l'attaque de gauche, commandée par le général Clausel, où tous les rapports lui seront envoyés.

N° II.

Affaires du Lindux et de l'Altobiscar.

Le général Byng occupait une forte position près d'une maison ruinée, dite Mentabarré, où il gardait les débouchés du Bentarté et de l'Ibaneta. Ayant dû détacher un régiment espagnol sur sa droite à Orbaïceta, et un régiment anglais à Val-Carlos, il n'avait avec lui que deux régiments. La brigade Campbell était aux Aldudes et la division Morillo sur les hauteurs d'Irulepe. En réserve, la division Cole était à Espinal, à 18 kilomètres en arrière de Byng au Bentarté, mais à 5 seulement du Lindux, par où s'établissaient les communications entre Byng, Campbell et Morillo.

Cole à Wellington.

Hauteurs devant Pampiona, 27 juillet.

« Ayant reçu de Byng, dans la nuit du 24 au 25, une lettre par laquelle il m'annonçait qu'il s'attendait à être attaqué le matin suivant sur la position qu'il occupait dans le passage de Roncevaux, où il couvrait la route de Saint-Jean-Pied-de-Port à cette localité et à la fonderie d'Orbaïceta, j'ordonnai à la brigade Ross de se porter à la pointe du jour d'Espinal au port de Mendichury pour renforcer son flanc gauche et assurer ses communications avec la brigade Campbell aux Aldudes. En même temps, la brigade Anson vint à Espinal, suivie par la brigade portugaise Stubbs.

« En arrivant sur la position de Byng, je le trouvai fortement engagé avec des forces ennemies très supérieures. Comme leur nombre s'accroissait sans cesse, et comme il paraissait évident qu'elles n'abandonnaient point leur projet, j'ordonnai à Anson de marcher sur Orbaïceta, afin d'y soutenir le régiment espagnol, et à Stubbs de s'établir à la tête du Val-Carlos (village qu'un régiment de Byng occupait), en poussant des piquets sur les hauteurs d'Arola, afin de soutenir un poste de Byng sur les hauteurs de Mendichury.

« Pendant la nuit, l'ennemi, qui avait tourné ces postes, s'avança en forces considérables sur la crête qui conduit au port de Mendichury. En conséquence, je me portai dans cette direction et vis que son avant-garde atteignait presque le chemin du port de Roncevaux aux Aldudes; il n'en était séparé que par un vallon boisé. Vu la difficulté des communications, la tête de la brigade Ross n'y parvint point à temps; cependant le général Ross, avec une grande décision, l'attaqua avec une compagnie de Brunswick Oels et 3 compagnies du 20°, tout ce qu'il avait eu le temps de former; ces compagnies marchèrent à la baïonnette, mais elles durent céder au nombre et se retirer dans la vallée. L'ennemi voulut les poursuivre, mais il fut repoussé avec perte. Le reste de la brigade étant arrivé et Anson que j'avais rappelé étant venu la soutenir, je me maintins sur ce point jusqu'à la nuit.

« Campbell était venu des Aldudes me renforcer; il me rapporta que les forces de l'ennemi s'élevaient à 15,000 hommes au moins.

« Sur ces entrefaites, Byng m'ayant rendu compte qu'il avait été de nouveau attaqué et obligé de se replier sur une seconde position qui laissait l'ennemi maître du chemin d'Orbaiceta sur nos derrières, je me déterminai à évacuer les passages. Il était évident que je ne pouvais les conserver en présence de la grande supériorité des forces qui m'étaient opposées, et qui se montaient à 30 ou 35,000 hommes. La retraite s'opéra pendant la nuit, et le matin suivant (26) j'occupai les hauteurs en arrière de Linzoain, sur la grande route de Pampelune.

« Là, je fus joint par Picton, qui m'informa que sa division était à Zubiri et la brigade Campbell à Eugui.

« L'avant-garde ennemie parut vers 2 heures de l'après-midi. La majeure partie de ses forces se déploya devant mon front à 4 heures; l'ennemi s'étant emparé de la chaîne de hauteurs sur ma gauche, que mes forces ne me permettaient point d'occuper, je me retirai à environ 1500 mètres en arrière sur une forte position que je gardai jusqu'à la nuit, où Picton, amenant sa division à mon secours, prit le commandement. »

Byng à Cole.

Linzoain, 26 juillet.

« L'ennemi a attaqué hier mes avant-postes, à 6 heures du matin, et cherché à tourner la droite de ma position. Il a échoué. Vers 10 heures, il cessa ses attaques et je le vis amener d'immenses renforts et s'avancer sur plusieurs colonnes par les hauteurs à ma gauche. Avant midi, il essaya de nouveau de forcer ma position; il fut repoussé avec pertes à trois reprises successives et nous ne cédâmes pas un pouce de terrain; mais vers 3 heures, les munitions étaient presque épuisées. J'avais devant moi 22,000 hommes, sous les ordres du maréchal Moncey (!), d'après ce que nous a dit un officier blessé qui tomba entre nos mains; sachant votre division opposée à des forces supérieures, soutenues par des renforts en marche, et que si l'ennemi vous forçait il pouvait couper ma retraite, je jugeai prudent de me replier sur une position plus voisine de la vôtre, sans cesser d'occuper le passage de Roncevaux (1). Je pus le faire en bon ordre, sans laisser un seul prisonnier ; j'emmenai tous mes blessés, à l'exception d'une trentaine qui n'étaient pas transportables. L'ennemi ne s'avança que lentement et ne renouvela point l'attaque.

« A 5 heures survint un épais brouillard ; il fut impossible d'apercevoir ses mouvements. Le chemin d'Orbaïceta lui était ouvert, et ses forces lui permettaient d'y détacher assez de troupes pour en imposer au régiment que j'y avais placé. Il était donc nécessaire de le retirer et je reçus, à 8 heures, votre ordre de le faire. L'ennemi avait tenté à deux reprises de le forcer à Orbaïceta, mais il avait échoué, et le régiment effectua heureusement sa retraite (2).

« L'ennemi avait six pièces en batterie ; il a perdu, je crois, environ 1500 hommes. »

N° III.

Rapport de Wellington.

Wellington au comte Bathurst.

San Esteban, 1er août.

L'armée alliée était établie dans les passages des montagnes, afin de couvrir le blocus de Pamplona et le siège de San Sebastian.

La brigade Byng et la division Morillo étaient à la droite, dans le passage de Roncevaux :

Cole, à Vizcarret, en réserve ;

Picton, à Olague, également en réserve ;

Hill occupait la vallée de Baztan avec le reste de sa division et la division portugaise de Silveira ; il avait détaché la brigade Campbell aux Aldudes (3) ;

Alten et Dalhousie occupaient les hauteurs de Santa Barbara, Vera et le port d'Etchalar, et assuraient la communication avec le Baztan ;

Pack était en réserve à San Esteban ;

Longa assurait les communications entre les troupes de Vera et celles de Graham et de Giron sur la grande route d'Espagne ;

Enfin, O'Donnell bloquait Pamplona.

Le défaut de cette position était dans les communications très lentes et

---

(1) La première position de Byng était à Mentabarté, et la deuxième au port d'Ibaneta ; celle-ci découvrait le chemin d'Orbaïceta.

(2) Par le port de Navalo et Burguete.

(3) La brigade Byng faisait partie de la division Hill et la brigade Campbell de la division portugaise ; ces deux divisions étaient donc fort réduites.

très difficiles entre les divisions, tandis que celles de l'ennemi en face des passages étaient courtes et rapides. En cas d'attaque, nos divisions ne pouvaient se soutenir mutuellement, et ne devaient attendre du secours que des derrières.

Le 24 juillet, le maréchal Soult réunit à Saint-Jean-Pied-de-Port la droite et la gauche de son armée, une division du centre et deux divisions de cavalerie. Le lendemain, il attaqua avec 30 ou 40,000 hommes les postes de Byng en avant de Roncevaux. Cole accourut à son secours, et ces généraux parvinrent à conserver leurs positions pendant toute la journée ; mais, dans l'après-midi, l'ennemi les tourna, et Cole jugea nécessaire de se retirer sur Zubiri pendant la nuit.

Le soir du même jour, deux divisions du centre (1) attaquèrent Hill au port de Maya. Le poids de l'action tomba sur Stewart ; il dut d'abord reculer, mais ayant été soutenu par la brigade Barnes, de la division Dalhousie, il reprit la clef de la position. Pourtant, à la nouvelle de la retraite de Cole, Hill crut devoir en faire autant sur Irurita. Ce jour-là, l'ennemi ne dépassa point le port de Maya.

Je n'appris ces événements que dans la nuit du 25 au 26, et je pris aussitôt des mesures pour concentrer l'armée sur sa droite, sans perdre de vue le siège de San Sebastian et le blocus de Pamplona. Elles auraient été remplies le 27 de bonne heure si Cole et Picton n'avaient jugé la position de Zubiri intenable pour le temps pendant lequel il aurait fallu s'y maintenir ; ils se retirèrent le 27, et afin de couvrir le blocus de Pamplona, furent s'établir, la droite (Picton), en avant de Huarte s'étendant vers les collines d'Olaz ; la gauche (Cole et brigades Byng et Campbell), sur les hauteurs en avant de Villaba, appuyant sa droite sur une hauteur qui défend la route de Roncevaux et sa gauche à une chapelle en arrière de Sorauren, sur la route de Lanz. Morillo et la partie disponible du corps d'O'Donnell étaient en réserve.

Enfin, la cavalerie anglaise (Stappleton Cotton) était près de Huarte, derrière la droite, seul terrain où il fût possible de l'utiliser.

La rivière de Lanz coule à la droite de l'armée française et à la gauche des Alliés ; de l'autre côté, une rangée de montagnes tire vers Lizaso et Marcalain, villages par lesquels il était alors nécessaire d'établir la communication avec le reste de l'armée.

Je joignis le 27 Picton et Cole, au moment où ils se rangeaient sur leur position. Peu après, l'ennemi se forma sur une montagne dont le front s'étend de la route de Lanz à celle de Roncevaux ; il porta une division et un gros corps de cavalerie à la gauche de cette dernière, sur une hauteur et dans quelques villages en face de Picton. Alors il attaqua la hauteur de droite de Cole, mais le bataillon portugais et le régiment

---

(1) Non point deux divisions, mais trois, c'est-à-dire le corps entier de Drouet d'Erlon.

espagnol qui la défendaient le repoussèrent à la baïonnette. Reconnaissant l'importance de ce point, je les renforçai avec le 40°, et ce régiment soutenu par les précédents s'y maintint les 27 et 28, en dépit des efforts multipliés de l'ennemi pour s'en emparer.

Au même instant, il s'empara du village de Sorauren et de la route de Lanz. La fusillade dura jusqu'à la nuit sur toute la ligne.

Pack nous rejoignit le lendemain matin (28). Je lui ordonnai d'occuper les hauteurs à gauche de la vallée de Lanz, et sa division se forma en travers de cette vallée, derrière la gauche de Cole, sa droite à Oricain et sa gauche sur les susdites hauteurs. Il venait à peine de prendre position, lorsque l'ennemi, qui avait rassemblé des forces considérables dans le village de Sorauren, l'attaqua. Sa position fut si bien défendue, par le feu de ses troupes légères postées sur les hauteurs de gauche et par celui des hauteurs à la garde de Cole, que l'ennemi fut repoussé sous un feu de front, des deux flancs et de revers avec une perte immense. Soult voulut dégager ses troupes de la vallée de Lanz, et dans ce but attaqua la hauteur de gauche de Cole.

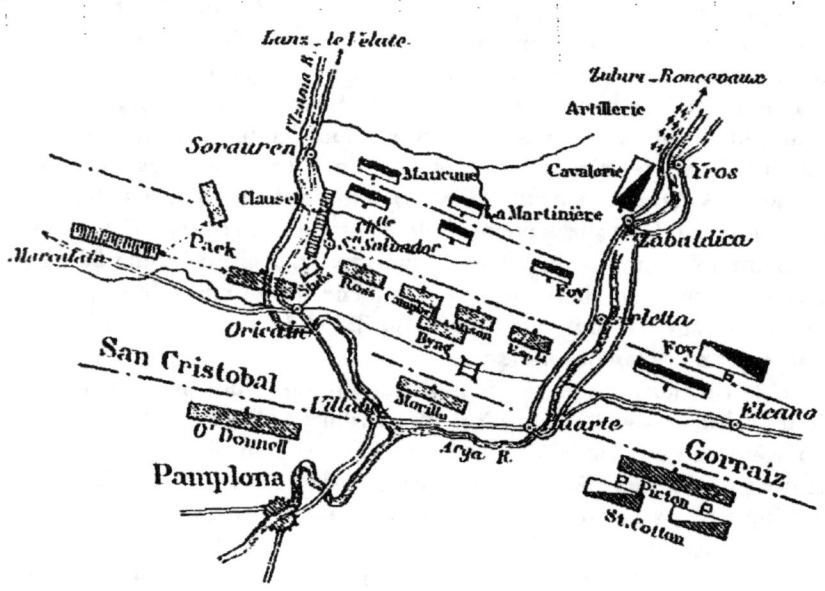

A ce moment, la bataille devint générale sur le front de Cole, et partout elle tourna à notre avantage, si ce n'est au point qu'occupait un bataillon du 10° portugais, de la brigade Campbell. Ayant été écrasé, ce bataillon livra passage sur la droite de la brigade Ross, qui dut évacuer la position. L'ennemi s'y établit. J'ordonnai aux 27° et 48° de charger le corps qui venait de s'installer sur la hauteur, puis ceux à gauche; les deux attaques réussirent et l'ennemi fut culbuté. Pack s'étant rapproché de la gauche de Cole, le combat cessa de ce côté et ne continua que faiblement sur les autres parties de la ligne.

En apprenant que Picton et Cole avaient quitté Zubiri, j'avais ordonné à Hill de marcher par Lanz sur Lizaso, à Dalhousie de se porter de San Esteban sur le même point. Ils y arrivèrent le 28, et Dalhousie poussa jusqu'à Marcalain.

Le corps opposé à Hill poursuivit sa marche et arriva le 29 à Ostiz.

Ainsi renforcé, occupant sur des montagnes une position difficile à enlever, voyant l'impossibilité de rien gagner contre notre front, l'ennemi voulut tourner notre gauche et attaquer Hill. Renforçant ce corps d'une division, dans la nuit du 29 au 30, il occupa en forces la crête des montagnes à gauche de Lanz par rapport à nous, en face de Pack et de Dalhousie.

Je résolus de marcher à lui, et prescrivis à Dalhousie de prendre possession du sommet de la montage par où nous devions tourner sa droite ; à Picton, de traverser les hauteurs sur lesquelles sa gauche était établie et de la tourner par la route de Roncevaux. Toutes les dispositions furent prises pour une attaque de front au moment où l'effet de ces mouvements de flanc se dessinerait (1). Pack tourna le village de Sorauren, dès que Dalhousie eut délogé l'ennemi de la montagne qui protégeait son flanc droit ; puis, il l'enleva de concert avec Byng. Cole attaqua de front, et l'ennemi abandonna une des positions les plus fortes et de l'accès le plus difficile que j'aie vues jusqu'à présent.

A mesure que j'observais la marche de ces opérations, je fis soutenir Hill. L'ennemi se déploya devant lui tard dans la matinée, et se prolongea sur son flanc gauche, ce qui l'obligea à abandonner les hauteurs qu'il occupait en arrière de Lizaso et à se replier sur le rideau voisin, où il se maintint.

L'ennemi se retira pendant la nuit, et le 31 il fit occuper par deux divisions une forte position pour assurer sa retraite sur le défilé de Dona Maria. Hill et Dalhousie s'en emparèrent en dépit d'une vigoureuse résistance. Pendant ce temps, je dirigeai Byng et Cole sur Irurita par le Velate, afin de tourner Dona Maria. A Elizondo, Byng s'empara d'un grand convoi... Ce jour-là, nous continuâmes la poursuite dans la vallée de la Bidassoa, enlevâmes beaucoup de prisonniers et de bagages. Byng s'empara de la Maya, et cette nuit l'armée sera à peu près dans la même position que le 25.

Il est certain que l'ennemi était plein d'espoir de faire lever le blocus de Pamplona. Il avait amené un gros corps de cavalerie, un grand nombre de pièces ; aucune de ces armes, de part et d'autre, n'a pu être d'un grand usage. Il avait renvoyé son artillerie, le 28, à Saint-Jean-Pied-de-Port ; elle est ainsi rentrée sauve en France.

---

(1) Attaque centrale, combinée avec une attaque des deux ailes.

N° IV.

Soult au Ministre.

Zabaldica, 28 juillet.

« Les divisions de l'aile droite et de l'aile gauche partirent hier matin des hauteurs en avant de Linzoain. Celles de Clausel poussèrent l'ennemi qui avait évacué la position de Zubiri et le suivirent, en tiraillant avec son arrière-garde, jusqu'à Zabaldica ; les divisions de Reille opérèrent leur mouvement par la rive gauche de l'Arga.

« En arrivant à Zabaldica, l'ennemi se montra en position sur toutes les hauteurs des débouchés des diverses vallées qui aboutissent à Pampelune, notamment sur la montagne d'Oricain, au pied de laquelle passent les deux routes que les colonnes ont tenues, ainsi que sur la position en arrière et à gauche du village de Huarte qui se lie avec la montagne d'Oricain par un col assez resserré, où l'ennemi a construit un grand ouvrage et établi une forte batterie.

« Pour reconnaître cette position, il a fallu engager les troupes. Les divisions de l'aile gauche, aux ordres de Clausel, prolongèrent leur droite jusqu'au village de Sorauren, dans la vallée de Lanz, qu'elles occupèrent. Leur gauche s'étendit jusqu'à la crête des montagnes dans la direction de Zabaldica, où elles se lièrent à la droite des divisions de Reille, lesquelles prolongèrent leur gauche jusqu'au village d'Elcano, en coupant transversalement la chaîne des montagnes qui est à la gauche de l'Arga.

« L'impossibilité où je fus de faire déboucher l'artillerie et la cavalerie m'obligea de les laisser dans l'étroite vallée de Zubiri.

« L'ennemi avait porté en ligne les troupes qui étaient au siège de Pampelune. La garnison de cette place en profita pour faire diverses sorties, où elle détruisit les camps ennemis et fit sauter les magasins.

« Aujourd'hui (28), après avoir employé la matinée à reconnaître de nouveau la ligne ennemie, j'ai cru nécessaire de faire attaquer les troupes qui étaient en position sur la montagne d'Oricain, dont il était indispensable de s'emparer, pour pouvoir faire déboucher et utiliser mon artillerie. Clausel, avec les trois divisions de l'aile gauche, devait attaquer le revers de la montagne d'Oricain, en partant du contrefort au pied duquel est situé le village de Sorauren, tandis que Maucune et La Martinière, chacun avec une brigade de leur division attaqueraient par diversion cette position de front. Le mouvement a commencé à 1 heure de l'après-midi. Toutes les troupes désignées pour l'attaque devaient s'ébranler en même temps, mais par excès d'ardeur et aussi par l'arrivée inopinée d'une des divisions ennemies (Pack), dont la marche avait été annoncée, une brigade d'une division de l'aile gauche aux ordres de

Clausel, s'est engagée une demi-heure avant ; les dispositions que l'on a dû faire pour la soutenir ont fait successivement engager les autres troupes, et il n'y a pas eu l'ensemble qui avait été prescrit. Cette circonstance et les renforts arrivés à l'improviste à l'ennemi m'ont porté à donner l'ordre que l'attaque ne fût pas poussée plus avant.

« Par un rapport en date du 26 à midi, le général d'Erlon m'instruit qu'il a pris position avec les trois divisions du centre à Elizondo. Le matin, il avait devant lui deux divisions anglaises campées entre Irurita et Berrueta, et *quoiqu'il eût reçu mon ordre de venir joindre l'armée, il n'avait pas cru devoir se mettre en mouvement tant qu'il serait en présence de l'ennemi.*

« Je n'ai pas de rapports de Villatte, et j'ignore encore s'il a passé la Bidassoa pour se porter à Hernani, ainsi que je le lui ai ordonné. »

N° V.

Soult au Ministre.

Zabaldica, 29 juillet.

« La journée a été fort tranquille. Les armées sont restées en présence sans tirer un coup de fusil.

« *D'Erlon est arrivé le 28 au soir à Lanz*, par le col de Velate ; aujourd'hui, il est à Ostiz. Il a suivi les mouvements de Stewart, Pack et Dalhousie, qui arrivèrent au moment du combat de la montagne d'Oricain, et par leur présence firent échouer cette attaque.

« Je n'ai pas de rapport de Villatte depuis le 26, mais *j'ai entendu dire qu'il opérait son passage de la Bidassoa et que Saint-Sébastien était dégagé.*

« *Je suis à mon dernier jour de subsistance,* et j'envoie l'ordonnateur à Bayonne pour presser les arrivages.

« Je vais manœuvrer par ma droite, dans le but de me rapprocher de la frontière, pour prendre des subsistances et donner la main à Villatte. »

N° VI.

Soult au Ministre.

Au bivouac sur les hauteurs d'Etchalar, 31 juillet.

Dans le but d'exécuter le mouvement que je vous ai annoncé, j'ai ordonné à d'Erlon de pousser des reconnaissances sur les routes de Pampelune, sur Lataza et Irurzun ; à Clausel, de se porter sur Étulain et Olague avec les divisions de l'aile gauche; à Reille, de prolonger sa droite jusqu'à Sorauren, d'y rester jusqu'à la nuit et de se porter ensuite également sur Étulain et Olague.

Vers 6 heures du matin, l'ennemi attaqua le village de Sorauren, mais il fut repoussé. A ce moment, des colonnes ennemies se détachèrent des montagnes d'Oricain et de San Cristobal et cherchèrent à déborder notre droite.

Je me portai aussitôt vers Lizaso, où d'Erlon venait d'arriver, et je fis prendre position à ses divisions de la manière suivante :

J'ordonnai à d'Erlon de presser son mouvement, et je portai en ligne les deux divisions de cavalerie. La division Abbé déboucha par Lizaso et alla se former sur le sommet de la montagne, dans la direction de Beunza; la division Maransin se forma en arrière pour la soutenir; celle de Darmagnac fut destinée à faire une fausse attaque contre une forte position entre Beunza-Larrea et Ciganda, où plusieurs bataillons ennemis s'étaient établis.

Le mouvement d'Abbé eut un succès complet; deux divisions anglaises, aux ordres du général Hill, furent renversées et menées tambour battant jusqu'au delà d'Arostegui, Berazain et Beunza; mais la division Darmagnac poussa trop loin la fausse attaque, ce qui lui fit perdre du monde.

J'étais alors maître de me porter sur la grande route de Pampelune à Tolosa, et j'obligeais ainsi l'ennemi, resté en Biscaye, à se retirer précipitamment. Malheureusement, tandis que d'Erlon obtenait des succès, Clausel et Reille éprouvaient des revers.

La division Maucune était à peine établie dans le village de Sorauren, et celle de Conroux commençait son mouvement, que l'ennemi renouvela son attaque sur le village et la poussa avec beaucoup de vigueur. Au même instant, deux régiments que Clausel avait placés en position sur la rive droite, au revers d'une montagne en face de Sorauren, furent forcés; l'ennemi profita de cet avantage pour faire descendre dans la vallée quelques centaines de tirailleurs, et il y eut quelque désordre dans ces deux divisions. Foy avait été destiné à les soutenir; il paraît qu'il ne lui fut pas possible d'arriver assez à temps; il garda la crête des montagnes qui est entre Sorauren et Zabaldica et se trouva lui-même isolé du reste de l'armée; depuis, je n'ai pas eu de ses nouvelles.

Clausel soutint la retraite des troupes de l'aile droite et de l'aile gauche qui se retirèrent par la vallée de Lanz. Le soir, il prit position à Olague.

Les divisions d'Erlon étaient trop engagées sur la droite pour qu'il fût possible de les ramener à la gauche pour venir passer par le col de Velate, Elizondo et le col de Maya; aussi, je fus conduit à diriger l'armée sur San Esteban, et je commençai le mouvement à 4 heures du matin, le 31. D'Erlon eut ordre de faire l'arrière-garde.

L'armée avait entièrement défilé et les divisions du centre étaient formées à la tête du bois, en arrière de Lizaso, lorsque tout à coup elles furent assaillies sur leur flanc par plusieurs colonnes ennemies; l'engagement fut vif; une charge que le 24ᵉ de ligne exécuta à propos le fit tourner à notre avantage.

Hier soir, l'armée prit position à San Esteban et sur les hauteurs en arrière de Dona Maria; à nuit close, je fis remettre la colonne en marche et la dirigeai sur Echalar. Une reconnaissance que j'avais envoyée sur Elizondo rapporte qu'elle y avait trouvé une forte colonne ennemie et qu'au moment où elle se présenta, elle était engagée avec un bataillon que d'Erlon avait laissé sur ce point pour lui garder des munitions et des subsistances. J'espère que ce bataillon aura pu se retirer par le col de Maya.

Clausel a couvert aujourd'hui la retraite de l'armée entre San Esteban et Sumbilla ; il a été attaqué par beaucoup de tirailleurs qui ont débouché d'Elizondo et sont venus s'établir sur les *hauteurs de la rive droite de la Bidassoa, par lesquelles une colonne devait passer;* mais soit qu'elle ait été prévenue trop tard, soit qu'elle n'ait pas été assez forte, cette colonne n'a pu empêcher que les divisions qui fermaient la marche n'éprouvassent quelque perte.

Je fais en ce moment réunir l'armée au col d'Echalar.

Le moral des troupes est très ébranlé et mes effectifs sont beaucoup trop faibles. *La mission que Sa Majesté m'a donnée est excessivement difficile à remplir.*

Nº VII.

Sac de San Sebastian par les Anglo-Portugais, le 31 août et jours suivants (1).

« Pour comble d'épreuves, de malheurs et de sacrifices, à l'assaut et prise de la ville le 31 août, dans lesquels les Anglo-Portugais eurent 500 morts et 1500 blessés, succéda *l'incendie de plus des neuf dixièmes de la cité*. Il commença la nuit suivante et continua les jours suivants, jusqu'à la reddition de la citadelle, huit jours plus tard. Il nous est douloureux de blâmer nos alliés qui, non contents de mettre à sac une population amie, furent jusqu'à l'incendier. Les déclarations judiciaires, en grand nombre, dont les originaux sont conservés dans un casier de la mairie de San Sebastian, et que nous avons lues, confirment malheureusement cette vérité, comme le dit très bien Lafuente dans son *Histoire générale de l'Espagne*.

« Parlant des excès que commirent les Anglais sur le territoire français en octobre, ainsi que des châtiments appliqués par Wellington et de

---

(1) *Histoire générale du Guipuzcoa*, par N. de Soraluce, II, 410 et s.

la proclamation par laquelle il infligeait une sévère réprimande à ses officiers, dont quelques-uns furent envoyés en Angleterre à la disposition du prince, Lafuente ajoute : « *Quel malheur qu'il n'ait pas déployé à San Sebastian un peu de cette louable sévérité !* »

« *Ce ne furent point les Français, non, qui incendièrent cette ville. Et les plus coupables sont Wellington et le général Graham*, quelque douleur que nous éprouvions à donner deux noms si méritants d'autre part pour l'Espagne. Nous comprenons la difficulté de contenir la soldatesque en fureur pendant les premières heures et même un jour après l'assaut, si l'on veut, et qu'il s'agisse d'un peuple ami ou ennemi ; mais ce qui est inexcusable, c'est qu'ils aient autorisé le sac les jours suivants. Bien plus, permettant que les Anglo-Portugais fomentassent l'incendie *avec des matières préparées exprès*, ainsi que le prouvent de si nombreuses déclarations de personnes respectables. *Cela paraît incroyable, et c'est la vérité, et la vérité sans réplique.*

« Le général Rey, qui commandait la place, voulant donner plus de mérite à sa défense, consigne dans sa communication à Soult une inexactitude, en disant que le 31 août, pendant l'assaut, la ville brûlait en beaucoup de points. Or, il ne brûla que cinquante maisons pendant toute la durée du siège. Wellington voulut s'excuser d'après l'assertion du général français, mais toutes les déclarations qui précèdent le contredisent. Sa lettre, datée du 15 octobre à Lesaca et écrite en son nom par son secrétaire D. José O'Laulor, le contredit également.

« Les *Actes de Zubieta*, écrits le 8 septembre à la lueur de l'incendie de San Sebastian, disent entre autres choses :

« L'assemblée déclare qu'à l'exemple de la magnanimité de ses aïeux, sans se laisser abattre par l'épouvantable calamité présente, on doit, par tous les moyens imaginables, repeupler la ville le plus promptement possible ; et considérant que le moyen le plus efficace *d'arrêter l'émigration dans d'autres provinces de la population qui a fui la furie des Anglo-Portugais, de conserver au moins les temples et quelques maisons*, d'obtenir quelques secours du gouvernement, est l'érection d'un Ayuntamiento... etc. »

Ah ! certes, il est loisible à l'historien Southey, décrivant les saturnales des Alliés, le soir de Vitoria, de s'abaisser jusqu'à dire que « *les officiers français transportaient partout les pestilentielles habitudes de leur nation* ». Le général Foy, qui sans doute les avait vus de près, disait des Anglais : « *Au jour du combat, on trouvera les soldats d'Alexandre. Jusque-là, le luxe dont ils sont surchargés rappelle l'armée de Darius.* »

Il parut en 1814, à Tolosa, un mémorandum espagnol intitulé : *Tableau des atrocités commises par les troupes anglo-portugaises à San Sebastian le 31 août 1813 et les jours suivants, exposé aux yeux de la nation espagnole par la municipalité, le chapitre et les habitants de la ville,*

On y lit : « ... Les Français repoussés se retirent dans la citadelle. Le patriotisme des loyaux habitants de San Sebastian éclate de toutes parts ; les mouchoirs s'agitent aux balcons, aux croisées, et l'on se dispose à fêter avec solennité le succès des Alliés. Mais ces barbares y répondent en faisant feu sur ces balcons et ces fenêtres d'où on les applaudit. Un grand nombre d'habitants sont ainsi tués, victimes de leur ardeur à témoigner de leur amour pour la patrie; sinistre présage de ce qui va arriver.

« ... On pille, on viole, on massacre avec une fureur inouïe. A l'approche de la nuit, un épouvantable incendie met le comble à cette horrible scène. De tous côtés s'élèvent les cris des femmes violentées; enfants, vieillards, tous sont en butte à la luxure des soldats : des femmes sont outragées sous les yeux de leurs maris, des jeunes filles sous ceux de leurs parents.... Tout ce que l'imagination peut concevoir de plus odieux, les Alliés le commettent.... Une foule d'habitants courent nus à travers les rues et se cachent dans les égouts pour échapper au massacre. Ils y trouvent d'abord un abri, mais un orage éclate, une pluie torrentielle tombe, et pendant ce temps la ville est dévorée par les flammes.

« Le 1er septembre..., les habitants supplient le général anglais de les laisser sortir de la ville... A moitié nus, blessés pour la plupart, ils se hâtent de fuir.

« La ville brûle toujours...., et quoique, de la citadelle, les Français ne tirent pas un coup de fusil, l'armée anglaise ne fait rien pour éteindre l'incendie.

« Tandis qu'une partie de la ville brûle, on pille dans celle qui est encore intacte, et non seulement ceux qui ont donné l'assaut pillent, mais des soldats venus sans armes du camp d'Astigarraya, éloigné d'une lieue ; les goujats qui suivent l'armée chargent de butin leurs mulets et leurs voitures. Cet affreux désordre continua pendant plusieurs jours et aucune mesure ne fut prise pour y mettre un terme, pour arrêter les soldats.... De tels faits prouvent bien que les chefs autorisaient le désordre; mais ce qui le prouve encore, c'est que les objets volés furent exposés et vendus ouvertement sous les yeux du quartier général.

« Quand les Alliés jugèrent qu'il n'y avait plus rien à enlever, ils achevèrent la destruction de la ville et alimentèrent l'incendie au moyen de matières combustibles qu'on les vit préparer dans la rue Narica et renfermer dans de longues cartouches. Jetées dans les maisons, ces matières les incendient avec une incroyable rapidité..., et bientôt la ville n'est plus qu'un amas de cendres.

« Ainsi périt San Sebastian. »

Trente-six maisons seulement échappèrent au désastre.

Que les admirateurs de Southey en prennent leur parti : voilà l'histoire, et sa risposte est terrible. Connaissant par expérience, aussi bien que ses adversaires, les hasards de la guerre, Wellington n'insulta jamais, et loin de là n'eut qu'égards et respect pour le malheur.

N° VIII.

Wellington à Bathurst.

Lesaca, 2 septembre.

Depuis que le feu avait été repris contre San Sebastian, l'ennemi avait rassemblé la majeure partie de ses forces au camp d'Errugne, et il y avait toute raison de penser qu'il tenterait de secourir la place.

Trois divisions de la 4ᵉ armée espagnole, sous les ordres de Freyre, occupaient les hauteurs du San Marcial et la ville d'Irun; elles couvraient les approches de San Sebastian par la grande route, et étaient soutenues sur leur gauche, en arrière d'Irun, par la division Howard et la brigade Aylmer, sur leur droite par la division Longa, campée près de la sierra de Haya. Afin de les épauler davantage, les 30 et 31, je fis marcher deux brigades de la division Cole sur cette sierra. La brigade portugaise Miller (3ᵉ de Cole) resta sur les hauteurs entre Lesaca et le couvent de San Antonio. La brigade Inglis, de Dalhousie, se porta au pont de Lesaca, et j'ordonnai aux troupes qui occupaient les ports d'Etchalar, Zugarramurdi et Maya d'attaquer les avant-postes français devant ces positions.

Le 31, avant le jour, l'ennemi franchit la Bidassoa aux gués (entre Anderré et le pont de Béhobie), et attaqua désespérément les Espagnols. Ceux-ci le repoussèrent et leur conduite égala celle des meilleures troupes que j'aie jamais vues engagées. Plusieurs attaques furent chaque fois repoussées avec la même bravoure.

Du côté des Français, comme la rivière coule au pied des hauteurs, et celles-ci étant couronnées par une nombreuse artillerie, ils purent jeter un pont à environ 1200 mètres au-dessus de la grande route; et, le soir, y ayant fait passer un corps considérable qui se joignit à celui qui avait franchi les gués, ils attaquèrent de nouveau et désespérément les positions du San Marcial. L'attaque échoua encore, et, finalement, constatant l'inutilité de leurs efforts, ils profitèrent de l'obscurité d'un violent orage pour battre en retraite.

Bien que j'eusse une division anglaise sur chaque flanc de la 4ᵉ armée espagnole, elle s'est montrée si capable de défendre à elle seule ses positions que, le terrain ne permettant pas de les faire agir, ni l'une ni l'autre ne furent engagées.

En même temps qu'il traversait la Bidassoa devant le San Marcial, l'ennemi le franchissait aux gués de Salain (Barrio de Lesaca) avec trois divisions en deux colonnes, devant la brigade Miller. J'ordonnai à Inglis de la soutenir, puis à Dalhousie de se porter sur la Bidassoa et à Alten de soutenir Inglis par tous les moyens en son pouvoir. Inglis jugea impossible de conserver les hauteurs entre Salain et Lesaca ; il se retira sur la position qui se trouve en avant du couvent de San Antonio et s'y maintint.

Ayant échoué dans sa tentative contre le San Marcial, voyant Inglis sur une position d'où il était indélogeable et qui, tout en protégeant la droite de l'armée espagnole, couvrait les approches de San Sebastian par Oyarzun ; sentant, enfin, que d'instant en instant sa situation sur la rive gauche de la Bidassoa devenait plus critique, l'ennemi se retira pendant la nuit. Or la pluie qui tomba dans la soirée gonfla tellement la rivière que la queue de sa colonne dut passer par le pont de Vera. Dans ce but, vers 3 heures du matin, il attaqua la brigade Skerrett, d'Alten, à la fois par le pont de Vera et par la rive gauche de la Bidassoa. Le passage s'effectua au point du jour sous le feu de cette brigade, et les pertes de l'ennemi, dans cette opération, durent être fort considérables.

Tandis que ceci se passait à la gauche de l'armée, Giron attaquait les avant-postes français au port d'Etchalar, les brigades Le Cor et Douglas, des divisions Dalhousie et Colville, ceux de Zugarramurdi et de la Maya.

Dans cette affaire, où une deuxième tentative de l'ennemi pour empêcher l'établissement des Alliés sur la frontière a été repoussée par une partie seulement de l'armée, au moment où San Sebastian était emporté d'assaut, j'ai eu grande satisfaction de constater le zèle et le talent des officiers, la bravoure et la discipline des troupes.

N° IX.

Colonel Michaux au maréchal Soult.

Camp d'Ascain, 20 août.

Votre Excellence a approuvé l'exécution des ouvrages dont je lui ai soumis le projet et qui ont pour but de couvrir Ciboure et de servir de tête de pont à Saint-Jean-de-Luz. Ces ouvrages devant être exécutés sur des propriétés particulières, il est nécessaire que Votre Excellence donne un ordre détaillé qui serve de base aux instructions que je donnerai aux officiers qui conduiront les travaux, et qui puisse être notifié aux propriétaires qui seraient lésés.

J'ai l'honneur de vous proposer que :

1° Le faubourg de Ciboure sera couvert, *à droite*, par une ligne d'ouvrages détachés qui s'appuiera à la chapelle de Bordagain et suivant le chemin qui descend au fort Socoa, en longeant un petit contrefort qui part de la Chapelle et va finir sur la laisse de basse mer; *à gauche*, par une autre ligne d'ouvrages détachés qui s'appuiera de même au retranchement de Bordagain et gagnera la tête des maisons situées au-dessous du Vieil-Hôpital, en suivant la crête du contrefort au bas duquel se trouve le faubourg;

2° La partie sud-sud-est du faubourg sera défendue par une ligne continue au moyen de retranchements en terre et des murs de clôture ou haies vives qui entourent les jardins; cette ligne s'appuiera aux dernières constructions qui sont sur la laisse de basse mer, de la gauche de la Nivelle;

3° Le Vieil-Hôpital et les maisons de la tête du faubourg seront crénelés;

4° Lorsque les ouvrages ci-dessus détaillés auront été exécutés, ou seront près d'être terminés, il sera construit sur le point le plus favorable à l'attaque du faubourg et des ponts de Saint-Jean-de-Luz, deux fortes redoutes capables de recevoir chacune 300 hommes. Ces redoutes seront situées le plus avantageusement possible, l'une pour prendre des revers sur la tête du faubourg et battre les ravins qui descendent de Sainte-Anne, et l'autre pour s'emparer du terrain près d'Olaberita et battre le chemin qui vient de Vera et d'Ascain joindre la laisse de basse mer, près la maison Adrillou (1);

5° Le petit mamelon sur lequel se trouve bâtie la maison Larria (2) sera découvert et rendu propre à l'assiette d'un ouvrage qui découvre le vallon du ruisseau de Socoa; les arbres provenant de la coupe faite seront employés pour palissadement ou abattis, sauf le droit du propriétaire de se faire indemniser;

6° Près du Belvédère, à l'embranchement de la grande route et du chemin qui mène à Saint-Anne, il sera ménagé deux épaulements pour des batteries destinées à battre la grande route;

7° Il sera établi sur la rive droite de la Nivelle, au lieudit Ballicrena (3), un ou deux épaulements pour des batteries destinées à protéger les troupes qui auraient été chargées (?) des ravins à la gauche de la position de Ciboure;

8° Le retranchement en avant du fort Socoa sera mis en bon état de défense.

---

(1) Le texte dit : Andrevita.
(2) Loriahoüta.
(3) Balienia.

N° X.

Ordre du maréchal Soult (A. G.).

Saint-Jean-de-Luz, 23 septembre.

Le maréchal, commandant en chef,

Jugeant à propos de pourvoir à la défense des ouvrages qui ont été construits sur la ligne, et considérant les difficultés que l'artillerie éprouve à nourrir les chevaux qui y sont établis,

Ordonne :

Les divers ouvrages qui ont été construits ou qui sont en construction sur la 1re et sur la 2e ligne de défense de l'armée seront armés en pièces de fonte de divers calibres, suivant la répartition que le tableau joint au présent ordre indiquera (1).

A cet effet, le général commandant l'artillerie se concertera avec le colonel du génie Michaux pour procéder à cet armement, à mesure que les ouvrages seront disposés pour recevoir l'artillerie, ou même que les pièces pourront y être mises à couvert, et il fera immédiatement rentrer à Bayonne l'artillerie de campagne qui est détachée à l'aile droite (excepté une batterie de huit pièces, dont il sera parlé ci-après), celle qui est sur les hauteurs de Serres, les deux pièces qui sont détachées à Sare, et celles qui sont aux divisions de l'aile gauche (excepté une batterie de huit pièces qui sera établie à Cambo).

Ainsi, il ne restera sur la ligne que deux batteries de campagne, une à la disposition du général Reille, qui sera placée en avant d'Urrugne, pour être portée sur les points d'attaque, où elle serait nécessaire et en cas d'événement pour protéger les mouvements des troupes. Cette batterie serait ensuite disposée, si les circonstances l'exigeaient, pour les ouvrages du Bordagain, en augmentation d'armement, et pour renforcer la batterie qui sera établie sur la hauteur de Ballierena, à gauche de Saint-Jean-de-Luz.

L'autre batterie de campagne, qui doit s'établir à Cambo, sera à la disposition du général d'Erlon.

La batterie attachée à la division Foy sera complétée à huit bouches à feu, ainsi que comporte son organisation.

Mais, attendu que les 60 bouches à feu en fer dont il doit être disposé pour cet armement appartiennent à la marine, il sera écrit au commissaire maritime de l'arrondissement de Bayonne, que je l'invite à vouloir bien remettre cette artillerie au général Tirlet.

Le général Tirlet ne fera rentrer l'artillerie de campagne à Bayonne

---

(1) Voy. le tableau suivant, n° XI.

qu'à mesure que les pièces en fer seront établies dans les ouvrages, et qu'elles auront été mises en état de servir; mais il pressera le plus possible cette opération. Il lui sera ensuite donné de nouveaux ordres sur la destination de l'artillerie de campagne.

Il désignera le personnel nécessaire pour le service des bouches à feu en fer qui seront sur la ligne.

N° XI.

Projet de répartition de l'artillerie de marine dans les ouvrages de 1re et 2e ligne, d'après les ordres de S. E. le maréchal duc de Dalmatie.

EMPLACEMENTS.	PIÈCES EN FER.				CARONADES de 24.	TOTAL.
	CANONS DE					
	18	8	6	4		
Fort de Socoa....................	»	»	2	2	»	4
Ouvrages en avant de Bordagain......	3	3	»	»	4	10
Sur la Bidassoa.................	»	4	»	»	»	4
Sainte-Anne....................	»	»	4	»	»	4
Sainte-Croix....................	»	»	4	»	»	4
Tuilerie.......................	»	»	4	»	»	4
Hauteurs de Serres...............	»	»	4	»	2	6
Hauteurs en avant de Sare.........	»	»	4	»	»	4
Ouvrages dépendants d'Ainhoa et d'Espelette	»	»	6	»	»	6
Ouvrages des hauteurs de la Bayonnette et du col de Vera...................	»	»	2	»	2	4
Ouvrages d'Abancen..............	2	2	2	»	4	10
Batterie de Ballierena (A)..........	2	»	»	»	»	2
TOTAL des bouches à feu.....	7	9	32	2	12	60

(A) La batterie de campagne qui sera disponible en avant de Saint-Jean-de-Luz viendrait au besoin se réunir à la batterie de Ballierena.

On se propose d'approvisionner chaque pièce à 50 coups à boulets et 10 à mitraille, et chaque caronade à 50 coups à mitraille.

Le général de division commandant l'artillerie,
TIRLET.

Approuvé :
Maréchal DUC DE DALMATIE.

N° XII.

Colonel Michaux au maréchal Soult.

Ascain, 14 août.

Les ouvrages qui s'exécutent pour couvrir les avant-postes du corps d'armée commandé par M. le général Clausel ont été projetés par lui pour être *fermés*. Par leur position, ils ne doivent servir que de vedettes. Exposés donc à être enlevés ou tournés dès le commencement d'une attaque, s'ils étaient fermés, ils compromettraient les troupes chargées de leur défense.

Dans une position avancée ou en première ligne, une fortification ouverte vaut mieux qu'une fortification fermée, parce qu'elle permet des lignes aisément flanquées par des ouvrages en arrière, qui obligent l'ennemi à des détours longs et pénibles, et surtout parce que si des ouvrages ouverts ont été pris par l'ennemi, on peut les reprendre par un retour offensif, tandis qu'on serait arrêté par la fermeture de la gorge.

Les ouvrages fermés conviennent surtout pour appuyer les flancs, et former la dernière ligne d'une position.

N° XIII.

Ordre du maréchal Soult.

Saint-Jean-de-Luz, 15 octobre.

Le général Reille donnera des ordres pour que la division Maucune soit exclusivement chargée de la garde et défense de tous les ouvrages qui dépendent du Bordagain, de ceux qui sont au col en avant du faubourg de Ciboure, entre le Bordagain et Belchenea, de ceux de Sainte-Anne, de Belchenea et du mamelon qui est en avant de Belchenea; il destinera 200 hommes de cette division pour former la garnison du fort Socoa et *il déterminera pour chaque corps, bataillon ou compagnie, l'ouvrage qu'il sera chargé de défendre et de veiller à sa conservation. Il désignera le commandant de chacun de ces ouvrages, et lui donnera, en conséquence, des instructions.*

Il déterminera aussi des commandants, des chefs de bataillon, des colonels et des généraux de brigade et leur donnera des *instructions par écrit*; il donnera également des instructions *par écrit* au général Maucune.

Ces généraux, officiers supérieurs et officiers de compagnie seront prévenus qu'ils sont responsables, sur leur honneur, de la bonne défense et conservation des ouvrages fortifiés qui sont confiés à leur valeur, et que quelque nombre d'ennemis qui se présente, ils doivent les empêcher de pénétrer et d'obtenir le moindre succès.

A cet effet, si la ligne est attaquée, les troupes de la division Maucune devront constamment se tenir dans les ouvrages qui leur sont assignés, et les commandants de ces ouvrages ne pourront, sous quelque prétexte que ce soit, en sortir, devant tout au plus se borner à porter des éclaireurs en avant, dans les chemins creux et endroits couverts, pour retarder la marche des ennemis et faciliter le ralliement des troupes ; mais, dans aucun cas, le nombre des éclaireurs ne pourra être de plus du tiers de la garnison de l'ouvrage, et le commandant devra avoir la certitude qu'ils peuvent y rentrer sans difficulté.

D'après ces dispositions, il sera ordonné aux généraux, chefs de corps, officiers, sous-officiers et soldats, de se tenir constamment dans les ouvrages qu'ils sont chargés de défendre, et de n'en sortir, ni de permettre que l'on en sorte que pour les corvées qui seront ordonnées pendant le jour après la rentrée des reconnaissances, et que l'on aura la certitude qu'il n'y a rien de nouveau, et *fussent d'ailleurs le service comme dans une place de guerre*, sans que tout ce qui pourrait survenir en avant puisse les détourner de leur devoir.

Le général Reille observera qu'il n'est pas rigoureusement nécessaire de compléter par la division Maucune le nombre de défenseurs que chaque ouvrage doit avoir, si la force de cette division ne le permet pas, attendu que la division Boyer, qui est en première ligne, si elle était repoussée des positions qu'elle occupe, viendrait naturellement se former sous la protection de ces ouvrages, chaque troupe dans la direction qui lui serait donnée, et qu'il serait pris sur cette division pour renforcer la division Maucune, le surplus de la division Boyer devenant alors disponible pour former la *réserve*.

Les généraux Reille et Villatte dresseront le tableau d'emplacement de leurs troupes et il sera rendu compte des instructions qu'ils auront données à ce sujet, ainsi que des officiers qu'ils auront désignés pour commander chaque ouvrage. Les ouvrages qui n'auraient point de dénomination connue prendront le numéro du corps qui les aura construits, ou de la maison le plus à portée.

N° XIV.

Rapport du général Reille, sur l'affaire du 7 octobre.

Soubalette, 18 octobre.

« Le général Montfort ayant rendu compte à M. le général de division Maucune qu'il apercevait des mouvements dans les camps ennemis, et l'avis que m'en donnait ce général m'étant parvenu sur les 7 heures et demie du matin, je donnai de suite l'ordre aux troupes de la 9° division de se former en avant de leurs camps. Un quart d'heure après, ayant entendu le signal des coups de canon tirés de la Croix-des-Bouquets qui annonçaient une attaque de l'ennemi, j'ordonnai aux troupes de la division Boyer de se porter à la Croix-des-Bouquets. Je me rendis de suite à la Montagne de Louis XIV.

Les troupes de la division Maucune étaient placées, ainsi que cela avait été ordonné :

Le bataillon du 3ᵉ de ligne, en avant de son camp et de l'ancien camp du 15ᵉ;
Le bataillon du 17ᵉ léger, au Café républicain;
Le bataillon du 15ᵉ, massé en arrière de Louis XIV;
Le 10ᵉ léger, gardant les positions de Biriatou;
Le bataillon du 101ᵉ, au bas du calvaire;
Le 105ᵉ, à son camp, à la gauche de la Croix-des-Bouquets.

L'ennemi passait la rivière du côté du pont de Béhobie et au grand Jonco; il se formait au pied des hauteurs, sous la protection de ses tirailleurs et de son artillerie placée sur les hauteurs en face; c'était la 1ʳᵉ division anglaise. Une autre division anglaise, que j'ai su depuis être la 5ᵉ, passait les gués au-dessus de Hendaye et celui du bord de la mer. Il paraît qu'elles étaient soutenues par la 4ᵉ division, qui passait la Bidassoa près de la grande maison blanche. En même temps, le 4ᵉ corps d'armée espagnol passait à tous les gués au-dessus de Biriatou et avait une colonne prête à déboucher par le gué de la Nasse (las Nasas de Ariba).

Notre artillerie, placée au Café républicain et sur la chaussée près de Louis XIV, faisait feu sur l'ennemi; mais, celui-ci, profitant des plis du terrain, parvint à obliger à la retraite le camp des 2 compagnies du 3ᵉ de ligne. Secondé ensuite par une colonne venue de sa gauche, il délogea également de la hauteur en arrière le bataillon du 3ᵉ, et y forma ses troupes. Pendant ce temps, la 5ᵉ division anglaise, qui n'avait pu trouver de grands obstacles à Hendaye, puisque nous ne pouvions y avoir qu'une garde de 40 hommes, s'avançait le long de la mer et se dirigeait sur l'ancien camp des Sans-Culottes. J'avais envoyé l'ordre à un bataillon de la division Boyer (le 24ᵉ) d'aller se placer à une ancienne redoute qui se trouve sur le contrefort qui y conduit; mais, voyant qu'il n'y arrivait point à temps, je fus obligé d'y envoyer un bataillon du 105ᵉ, afin de retarder le mouvement de l'ennemi sur ce point. Il ne me restait plus sur la Croix-des-Bouquets que l'autre bataillon du 105ᵉ pour toute réserve.

Cependant, l'ennemi s'avança par la grande route, et surtout du camp du 3ᵉ; il força les bataillons des 3ᵉ et 15ᵉ de ligne, ainsi que celui du 17ᵉ léger à abandonner les hauteurs de Louis XIV, du Café républicain et de se replier sur la Croix-des-Bouquets où ils se rallièrent.

Les Anglais continuèrent leur mouvement; ils attaquèrent la Croix-des-Bouquets de front et par les pentes faciles qui viennent du côté de la mer; malgré le feu de notre artillerie, ils s'emparèrent des hauteurs à droite de la route, et s'y formèrent, faisant face au bataillon du 105ᵉ qui était en bataille sur les hauteurs à gauche, ayant sur ses flancs ce que l'on avait pu rallier des trois bataillons de la brigade.

Ce n'est que dans ce moment que le 118ᵉ arriva au haut du contrefort qui conduit à la Croix-des-Bouquets; le bataillon du 24ᵉ avait été dirigé sur la droite, comme je l'ai dit plus haut, pour s'opposer au mouvement de la colonne anglaise le long de la mer, et la 2ᵉ brigade de la division Boyer n'était encore qu'au village d'Urrugne.

Le 118ᵉ n'avait que les deux tiers de son monde, parce que les travailleurs qu'il avait fournis à 6 heures du matin, ainsi que ses corvées, n'avaient pu encore lui rentrer, et il lui fallait encore dix minutes pour arriver à la Croix-des-Bouquets. D'un autre côté, je voyais le feu engagé depuis un quart d'heure au camp du 101ᵉ; ce qui me prouvait que l'ennemi était maître de Biriatou et de la grande montagne du Rocher. Étant ainsi tourné par la gauche, la colonne anglaise continuant ses progrès par notre droite, ne pouvant avoir l'espoir de reprendre la hauteur de droite de la Croix-des-Bouquets, et encore moins de me maintenir sur cette position, je donnai l'ordre au général Boyer de former le 118ᵉ sur la route et sur les hauteurs du contrefort qui conduit à Bon-Secours (chapelle de Socorry), et de protéger la retraite des troupes de la division Maucune.

Le bataillon du 105ᵉ arrêta quelques instants les efforts de l'ennemi, et donna le temps à l'artillerie et aux troupes de descendre des hauteurs; après quoi il couvrit la retraite par la vieille route. Je ne saurais donner trop d'éloges à la conduite de ce bataillon, et à celle du colonel Maulmont qui le commandait.

La retraite se continua sur Urrugne par les deux routes, et je fis former les troupes au camp des Gendarmes, où j'avais envoyé le général Gauthier prendre position avec la 2ᵉ brigade de la division Boyer. Quelques tirailleurs ennemis entrèrent dans Urrugne; ils en furent chassés de suite. Sur la droite, le 118ᵉ se maintint à Bon-Secours (Socorry), et le 24ᵉ à l'ancien camp des Sans-Culottes.

Le 10ᵉ léger, le bataillon du 101ᵉ, qui étaient avec le général Montfort, et le 2ᵉ léger, qui était au col des Poiriers, avaient été forcés dans leurs positions et vinrent se joindre à leur division au camp des Gendarmes. Le rapport du général Montfort porte qu'en même temps que l'ennemi attaquait Biriatou de front, ses colonnes avaient forcé les compagnies qui gardaient la grande montagne du Rocher, et l'avaient tourné par sa gauche; que les trois pièces de 4 qui étaient à gauche de Biriatou avaient été coupées par ce mouvement, et que le caisson seul, avec une partie des chevaux, avaient pu se retirer sur le camp du 101ᵉ.

Le commandant du 2ᵉ léger rend compte qu'il a été attaqué par environ 10,000 Espagnols; qu'il les a repoussés plusieurs fois et leur a fait perdre beaucoup de monde; mais qu'ayant été débordé par sa droite, il a été obligé de se retirer.

Tel est le résultat de cette affaire. Les troupes de la division Boyer n'ayant pu arriver que pour soutenir la retraite de celles qui étaient en ligne, celles-ci, qui n'avaient que 4,600 combattants, se trouvaient nécessairement trop faibles partout, puisqu'elles avaient contre elles trois divisions anglaises et la 4ᵉ armée espagnole, composant ensemble de 25 à 30,000 hommes.

Notre perte est d'environ 360 tués ou blessés, dont 28 officiers et 30 hommes pris. Le détail en a été fourni à l'état-major général. Celle de l'ennemi paraît avoir été considérable du côté des Espagnols qui ont eu à gravir des positions escarpées où nous avions déjà construit des ouvrages de défense, tandis que sur la droite ils étaient à peine commencés.

N° XV.

Rapport du général Clausel sur les mouvements du centre pendant les 7 et 8 octobre.

(Sans date ni lieu d'origine.)

Monsieur le Maréchal,

Les avis qui nous parvenaient depuis quelques jours du pays occupé par l'ennemi annonçaient une attaque prochaine. J'informai soigneusement les généraux commandant les divisions du corps d'armée des dispositions de l'ennemi, afin qu'ils fussent constamment sur leurs gardes.

Taupin avait reçu des instructions relatives à la défense des positions qu'il occupait au col de Vera et à la Bayonnette, et aux mouvements qu'il aurait à faire, s'il y était forcé. Votre Excellence donna encore directement des instructions à ce général. Celles qu'il avait reçues de moi sur les moyens à employer pour la défense du col de Vera et de la Bayonnette étaient conformes à celles qu'il avait directement reçues de vous.

Comme je pensais que sa gauche était trop faible et que l'ennemi pourrait passer entre la Rhune et sa division, j'avais ordonné à Conroux de multiplier ses postes au col de Sare à Vera, de se bien lier avec lui, et de porter tout le 12ᵉ léger, au premier indice d'un mouvement de l'ennemi, sur le flanc de la Rhune, au-dessus du col de Vera, et ayant derrière lui le rocher et le plateau de l'Hermitage de la Rhune déjà gardés par des postes de la division Maransin. Je le chargeai encore de porter le 32ᵉ entre le poste d'Olhain et la Rhune, pour renforcer le 12ᵉ, et de faire monter sur la montagne le général Rey pour diriger les mouvements de ces deux régiments, dès qu'ils y seraient établis.

Les quatre autres régiments de Conroux restaient dans leurs camps pour couvrir Sare. La division Maransin, à l'exception d'un bataillon qui gardait la redoute de Grenada, était en réserve, pour être portée où les circonstances le demanderaient.

Le 7, à 4 heures du matin, je fus averti que les camps de Galation étaient évacués par les Espagnols qui se portaient dans la direction de Vera. Les tentes de la 7ᵉ division anglaise, en face de Conroux, restaient néanmoins tendues.

J'entendis, vers 7 heures et quart, une fusillade vers Urdach, des coups de canon vers Irun et la Bayonnette. Taupin m'avisa en même temps qu'il voyait les troupes espagnoles des camps entre Ibantely et Sainte-Barbe (Santa Barbara) s'avancer et descendre dans la vallée de Vera, se formant pour l'attaque; la division légère et la 4ᵉ division anglaise formées aussi en colonne, et les troupes de Longa, dans les prairies de Vera, disposées à monter par la route du col de Vera et sur la Bayonnette.

Je me rendis au col de Sare à Vera, après avoir ordonné au 50ᵉ de monter près de l'Hermitage de la Rhune et de se placer sur la route qui y conduit du col de Vera et d'Ibantely, pour appuyer la gauche de Taupin.

Au col de Sare à Vera, j'aperçus une brigade espagnole qui avait repoussé un avant-poste de Conroux. Elle prenait sa direction pour monter à la Rhune. Le 12ᵉ léger était à la position indiquée, sous le rocher de la Rhune; la 32ᵉ montait à Olhain et sur le rocher de Fagadia. On était ainsi en mesure pour la Rhune. Cependant, j'ordonnai encore au général Barbot d'envoyer le 34ᵉ rejoindre le 50ᵉ, et de tenir les deux autres régiments de sa brigade disposés à monter à la Rhune, si ce mouvement devenait nécessaire.

Les troupes de Longa, la 4ᵉ division anglaise, partant du Barrio de Lesaca et de Salain, montèrent à la montagne de la Bayonnette, attaquèrent plusieurs fois la redoute étoilée, et à la troisième attaque, elles s'en emparèrent.

La division légère prit la droite de Vera, après s'être emparée du rocher à droite en sortant de Vera et qui était défendu par quatre compagnies du 31ᵉ léger. La division espagnole tourna la gauche de Taupin et se plaça sur un des contreforts de la Rhune au col de Vera. Le 70ᵉ n'ayant pas tenu dans sa position, le 88ᵉ ne se trouva plus soutenu, fut obligé de s'appuyer à l'Hermitage, et le 31ᵉ léger, réuni à la droite du col de Vera, se trouva tourné.

Pendant que les troupes sortant de Vera s'emparaient du col et se plaçaient entre la Rhune et le col de Vera, et que la redoute étoilée se défendait encore, les Anglais et les Espagnols qui avaient passé la Bidassoa à Biriatou tournèrent la Bayonnette par le camp que venait de quitter le 2ᵉ léger. Ils se portèrent sur la borde (maison) qu'on trouve sur le chemin de la Bayonnette à Jolimont, et coupèrent la communication et la retraite à la brigade Béchaud de la division Taupin. Ainsi, poussé par son centre, tourné par sa droite et par sa gauche, il fut obligé de défiler, avec le 31ᵉ léger, sous le feu des Anglais, tandis que la brigade Béchaud dut prendre la route du Commissari pour arriver à Olhette et de là à Ascain. Dans ce moment, les mulets qui portaient les quatre pièces de 3 ayant été tués, son artillerie fut abandonnée.

Taupin réunit ses troupes entre Ascain et Olhette, à l'exception des 70ᵉ et 88ᵉ, qui s'étaient placés à la droite de l'Hermitage de la Rhune, sur un plateau qui domine la gorge d'Ascain à Sare, et qui découvre celle de Vera à Olhette.

Aussitôt que j'appris que la Bayonnette et le col de Vera étaient au pouvoir de l'ennemi, je fis monter sur la Rhune le restant de la brigade

Barbot, et je lui ordonnai de se placer sur la deuxième crête (Petite Rhune), afin de soutenir les troupes qui étaient soit à l'hermitage, soit sur les chemins de l'Hermitage au col de Vera et à Sainte-Barbe.

Vers 4 heures du soir, trois bataillons espagnols se placèrent entre le rocher de Fagadia et le plateau de la Rhune, après avoir délogé le 32°. Le 12° léger avait pris position sur le plateau de la Rhune, dès qu'il vit les Anglais à la Bayonnette et au col de Vera, et le 32° se mit sur Olhain et les deux rochers dans la direction du plateau de la Rhune.

Dans ce moment, les troupes se trouvaient placées de la manière suivante :

12° léger, sur l'Hermitage de la Rhune, ayant des postes à la gauche, sur l'arête principale descendant vers le camp de Sainte-Barbe ;

32°, avec le général Rey, à Olhain et sur les deux rochers à droite d'Olhain, dans la direction des plateaux de la Rhune ;

A droite de la Rhune et sous l'Hermitage, les 34° et 50° défendaient les chemins de Sainte-Barbe, de Vera, d'Ibantely, du col de Vera à la Rhune ;

Les deux régiments de Taupin, qui avaient appuyé à la Rhune, étaient placés sur le plateau de cette montagne qui domine, comme je l'ai dit, Ascain, et duquel on voit la route d'Olhette au col de Vera.

Plus en arrière et sur la Petite-Rhune, le général Barbot avec le 4° léger et le 40° de ligne.

Le plateau de la Rhune, occupé par le 12° léger, était imprenable par son front, par sa droite et par sa gauche. Six bataillons espagnols voulurent le tourner en forçant les 34° et 50° ; ils furent repoussés et perdirent 600 hommes... La nuit mit fin à ce combat, et l'on resta de part et d'autre dans cette position toute la nuit du 7 au 8, et toute la journée du 8 jusqu'à 4 heures du soir, que l'ennemi, renforcé au rocher d'Olhain, obligea Conroux à se retirer quelques pas en arrière. Les 43°, 45° et 58° prirent position à Sare et au camp de Sainte-Barbe.

Le 8, l'ennemi avait fait paraître différentes colonnes faisant mine de se porter vers Amotz. Des tirailleurs portugais se présentèrent sous la redoute de Grenada, la débordant ; ils engagèrent une fusillade jusqu'à la nuit, et se retirèrent ensuite sans être vus.

Les mouvements qui avaient eu lieu vers Sare à la fin du jour avaient inquiété le commandant du 12° léger, qui craignit de ne pouvoir opérer sa retraite de la Rhune sur le col de Vera à Ascain (*lisez* : de Sare à Ascain). Il communiqua ses craintes au colonel du 34°, qui les partagea, et, avant de m'avertir, ils évacuèrent le plateau de la Rhune et se formèrent sur la hauteur de la Petite-Rhune.

Je ne sus ce mouvement que vers les 11 heures du soir. J'allais expédier l'ordre au colonel du 34° de reprendre la Rhune, lorsqu'un officier qu'il m'envoya m'assura que le colonel, à qui j'avais donné des instructions détaillées, ne s'était décidé à faire ce mouvement que lorsqu'il vit que le seul chemin par lequel il pouvait faire sa retraite de la Rhune sur le col de Sare à Ascain (1) était encore libre. J'eus tort de l'en croire, et de ne point expédier l'ordre positif de remonter incontinent sur la Rhune et de me borner à faire dire au colonel que je pensais qu'il devait s'être trouvé dans la position prévue par mes instructions, pour s'être décidé à évacuer l'Hermitage.

... Taupin était trop éloigné pour que les renforts pussent lui arriver à temps, à cause du grand détour par Ascain; et comme il fallait, d'ailleurs, observer les mouvements de l'ennemi sur le pont d'Amotz, la chose devenait impossible pour nos troupes.

Conroux avait devant lui la 7° division anglaise, qui resta toujours en observation. La 1re brigade de cette division était à portée de fusil. Une brigade portugaise paraissait être en avant de Zugarramurdi, sur la route d'Amotz.

N° XVI.

Wellington à lord Bathurst.

Saint-Pé, 13 novembre.

Depuis le commencement d'août, l'ennemi avait pris position avec sa droite en avant de Saint-Jean-de-Luz; avec son centre sur la rive gauche de la Nivelle, à la Petite-Rhune et sur les hauteurs en arrière de Sare. Sa gauche, composée de deux divisions d'infanterie, sous les ordres du général d'Erlon, était établie sur les hauteurs en arrière d'Ainhoa et au Mondarrain. Il avait une division à Saint-Jean-Pied-de-Port, aux ordres du général Foy, laquelle fut rejointe lorsque l'armée alliée franchit la Bidassoa, par la division Pàris, de l'armée d'Aragon. La division Foy rejoignit l'ennemi en arrière d'Ainhoa, pendant que Hill s'avançait dans le Bastan.

Non content de la force naturelle de sa position, l'ennemi l'avait entièrement fortifiée; *sa droite en particulier avait été rendue si forte que je ne jugeai point profitable de l'attaquer de front.*

Pamplona ayant capitulé le 31 octobre, et la droite de l'armée n'ayant plus à couvrir le blocus de cette place, je mis Hill en mouvement dans le Bastan les 6 et 7 novembre, dès que l'état des chemins le permit, dans le but d'attaquer l'ennemi le 8; mais la pluie qui tomba le 7 les rendit de nouveau impraticables, et je dus remettre l'attaque au 10, où nous avons complètement réussi à emporter les *positions de la gauche et du centre, à les séparer, et par ce moyen à tourner les fortes positions de la*

---

(1) Dans ce rapport, il faut substituer à Col de Vera, *Col d'Insola ou de Vera à Olhette.* Le col de Sare à Ascain est celui de *Saint-Ignace*.

droite derrière la basse Nivelle, que celle-ci dut évacuer dans la nuit. Nous avons enlevé 51 pièces de canon et fait 1400 prisonniers.

L'objet de l'attaque étant de forcer le centre de l'ennemi, et d'établir notre armée en arrière de sa droite, l'attaque se fit en colonnes de divisions, chacune sous les ordres de son chef, et chacune se constituant une réserve.

Hill dirigea les mouvements de la droite composée des :

2ᵉ division................	W. Stewart.
6ᵉ division...............	Clinton.
Division portugaise.......	Hamilton.
Division espagnole........	Morillo.
Brigade de cavalerie......	Colonel Grant.
1 batterie portugaise.....	Lieutenant-colonel Tulloh.
3 batteries de montagne...	Lieutenant Robe,

qui attaquèrent les positions d'Ainhoa.

Beresford dirigea les mouvements du centre formé des :

3ᵉ division...............	Colville.
7ᵉ division...............	Le Cor.
4ᵉ division...............	Cole.

Cole attaqua les redoutes en avant de Sare, ce village et les hauteurs en arrière, soutenu sur sa gauche par l'armée d'Andalousie aux ordres de Giron, qui aborda les postes ennemis sur la droite de Sare, sur les pentes de la Petite-Rhune et les hauteurs derrière le village.

Alten, avec sa division et la division Longa, enleva les positions de la Petite-Rhune, et coopéra avec le centre à l'attaque des hauteurs en arrière de Sare.

La brigade de cavalerie V. Alten suivit les mouvements du centre, et là marchèrent avec cette partie de l'armée trois batteries anglaises, trois batteries de montagne avec Giron, et trois avec Alten.

Des hauteurs du Mandela, Manuel Freyre se mit en marche en deux colonnes sur Ascain, avec ordre de s'opposer à tout mouvement de l'ennemi, de sa droite vers son centre.

Hope, avec la gauche, refoula les avant-postes qui couvraient les retranchements de l'ennemi sur la basse Nivelle; il enleva la redoute au-dessus d'Urrugne (1) et s'établit sur les hauteurs en face de Ciboure.

L'attaque commença au jour. Ayant, à la suite d'une canonnade, obligé l'ennemi à évacuer la redoute de Sainte-Barbe, et celle de Grenada ayant été pareillement évacuée à l'approche de Le Cor, Cole s'empara du village de Sare, qui fut tourné sur sa gauche par l'armée d'Andalousie; Alten enleva la Petite-Rhune. Le tout coopéra alors à l'attaque de la forte po-

---

(1) Redoute de la Chapelle de Sororry.

sition en arrière du village. Colville et Le Cor enlevèrent immédiatement les redoutes de la gauche et du centre, et Alten celles de droite, tandis que Cole (l'armée d'Andalousie à sa gauche) attaquait les positions du centre. L'ennemi fut forcé d'évacuer les positions qu'il avait retranchées avec tant de soin et de travail; il abandonna dans la redoute principale, sur la hauteur, le 1ᵉʳ bataillon du 88ᵉ régiment, qui se rendit prisonnier.

Pendant que ces opérations avaient lieu au centre, j'ai eu le plaisir de voir Clinton, après avoir traversé la Nivelle, enfoncé les avant-postes ennemis sur l'une et l'autre rive, et ouvert le passage à Hamilton sur la rive droite, faire la plus belle attaque sur la droite de la position ennemie en arrière d'Ainhoa, et enlever les retranchements et redoutes sur ce flanc. Hamilton a soutenu Clinton sur sa droite, et tous deux ont coopéré à l'attaque de la seconde redoute, qui a été immédiatement enlevée.

La brigade Pringle, de la division Stewart, a enfoncé les avant-postes de l'ennemi sur la Nivelle, en avant d'Ainhoa; la brigade Byng, de la même division, a enlevé les retranchements et une redoute plus loin sur la gauche ennemie. Dans cette attaque, Morillo a couvert la marche de l'ensemble contre les hauteurs en arrière d'Ainhoa, *en attaquant les postes ennemis sur les pentes du Mondarrain, et en les poursuivant vers Itsassu* (1).

Grâce à ces opérations de Hill, l'ennemi dut se retirer vers le pont de Cambo, à l'exception de la *division qui occupait le Mondarrain*, laquelle, par suite du mouvement de Stewart, *fut poussée dans les montagnes vers Bayyorry* (!)

Dès que les hauteurs des deux rives de la Nivelle furent emportées, je dirigeai sur Saint-Pé Colville et Le Cor par la rive gauche, Clinton par la rive droite. Cole, Alten et l'armée de réserve de Giron occupèrent les hauteurs au-dessus d'Ascain (2), et couvrirent le mouvement de ce côté, tandis que Hill le couvrait de l'autre. Une partie de l'armée ennemie se retira par son centre et passa la Nivelle à Saint-Pé, poursuivie par Colvill et Le Cor qui la franchirent à leur tour à l'approche de Clinton. Ils attaquèrent les hauteurs de la rive droite et s'en emparèrent. Nous nous établîmes ainsi derrière la droite de l'ennemi; mais la journée était si avancée qu'il fut impossible d'aller plus loin, et je dus remettre au lendemain la suite de nos opérations.

---

(1) Ici, il y a... erreur et confusion. La division Abbé se retira du Chappora et de l'Atchulegui sur Cambo; elle ne fut point rejetée sur Bidarray et elle ne fut point non plus poursuivie sur Itsassu. D'un autre côté, nous ignorons pourquoi Wellington ne souffle mot du mouvement de la division Foy, *qui n'avait point rejoint Clausel en arrière d'Ainhoa et mit en déroute la division Morillo.* C'eût été une tache au tableau.

(2) C'est-à-dire au *sud* d'Ascain, que les Français n'évacuèrent que le lendemain.

Dans l'après-midi, l'ennemi évacua Ascain, et Freyre en prit possession ; il abandonna tous ses ouvrages en avant de Saint-Jean-de-Luz pendant la nuit, se retira sur Bidart, et détruisit les ponts sur la Nivelle. Hope le suivit dès qu'il put passer la rivière, et Beresford mit le centre en mouvement aussi loin, qu'après une grosse pluie, l'état des chemins le permit. Dans la nuit du 11, l'ennemi se retira sur le camp retranché de Bayonne.

Quoique forte, notre perte n'est point aussi considérable qu'on aurait pu l'attendre, si l'on tient compte de la force des positions attaquées, et du temps pendant lequel, de la pointe du jour à la tombée de la nuit, les troupes ont été engagées (1).

N° XVII.

Rapport du général Alten au maréchal Wellington.

Au camp, 11 novembre.

1re brigade......	Général Kempt : 43e, 95e (1er, 3e bataillons).
2e brigade.......	Lieut.-colonel Colborne : 52e, 95e (2e bat.).

« Hier matin, à la pointe du jour, la division légère a attaqué la Petite-Rhune. J'ordonnai au général Kempt de chasser l'ennemi de la hauteur rocheuse, tandis que la 2e brigade tournerait l'étoile (de Mouiz) par la gauche. Le 43e, sous les ordres du colonel Napier, a conduit l'attaque de la 1re brigade, et je suis persuadé que rien, si ce n'est la bravoure soutenue de ce régiment, ne pouvait assurer un succès aussi complet. Je suis peiné de dire qu'il n'a pas été obtenu sans la perte de beaucoup de braves officiers et soldats ; il n'en pouvait être autrement, en raison de la force de la position et des ouvrages.

« Ayant ensuite reçu l'ordre d'attaquer la position fortifiée sur les hauteurs au-dessus de Sare, je fis avancer la 2e brigade, soutenue par la 1re. Les retranchements furent successivement emportés, mais non sans de grosses pertes. La redoute sur la hauteur la plus élevée (Suhamendia) ne pouvait être emportée d'assaut ; mais, à l'arrivée de la division Colville sur son flanc, elle se rendit par capitulation au lieutenant-colonel Colborne ; la garnison consistait dans le 1er bataillon du 88e, fort de 500 à 600 hommes.

« Pendant ces opérations j'envoyai Longa prendre possession des hauteurs au-dessus d'Ascain, mais l'ennemi les avait évacuées avant son arrivée.

« La division a pris sur la Petite-Rhune deux pièces, toutes les tentes

---

(1) Elle s'éleva, *non compris les Espagnols*, à 184 officiers et 2,510 hommes.

de l'ennemi, et environ 48 hommes. Elle a perdu, en tués et blessés, 34 officiers et 469 hommes. »

N° XVIII.

Rapport du général Clinton au général Hill.

Saint-Pé, 11 novembre.

1re brigade......	Général Pack : Highlanders.
2e brigade......	Général Lambert : 11e, 32e, 36e, 61e.
3e brigade......	Colonel Douglas : { 8e, 12e portugais. 9e caçadores.

« Avant-hier matin, ma division ayant été rassemblée avant le jour derrière la hauteur qu'occupait notre poste de gauche, et le lieutenant-colonel Brown, du 9e caçadores, avec son régiment, ayant été jeté en avant dans la vallée pour tourner la droite de l'ennemi sur la rive gauche de la Nivelle, ma colonne s'ébranla par la gauche à 6 heures et demie. Elle marcha vers la rivière en se dirigeant au plus près sur la droite de la position ennemie, derrière Ainhoa. L'ennemi ayant abandonné le poste appelé la « maison fortifiée » (Ponçogaray), se retira après une faible résistance devant Brown, que j'envoyai à la découverte d'un point de passage de la Nivelle. Il trouva deux gués cachés par les bois à la vue de l'ennemi, et le passage s'effectua en deux colonnes. Grâce à l'active intelligence de Brown, je pus disposer au pied même de la hauteur les troupes destinées à l'attaque de la droite de l'ennemi.

« Cependant, ayant observé que les extrêmes difficultés du terrain empêcheraient Hamilton de faire le même progrès, et que l'ennemi était resté maître du terrain qui commande la partie de la rivière où il devait passer, j'envoyai deux compagnies de la brigade Lambert, soutenues par un bataillon du 12e portugais, menacer la droite de l'ennemi. Cet objet atteint, les dispositions pour l'attaque furent prises. La brigade Lambert, avec le 12e portugais, couverte par le feu de ses tirailleurs, devait attaquer la hauteur sur laquelle était la droite de l'ennemi. La brigade Pack, avec le 8e portugais, fut formée en deuxième ligne, et eut ordre de suivre à une distance de 200 pas. Le colonel Brown ayant gagné, sous le couvert du bois qui longe le pied de la hauteur, la droite de l'ennemi, s'avança par la crête rocheuse et délogea ses tirailleurs de leurs positions, où ils eussent été en mesure d'augmenter les difficultés de l'attaque. Deux compagnies de la brigade Lambert reçurent l'ordre de gravir la hauteur par la gorge boisée à la droite de l'ouvrage ennemi pour couvrir la droite de l'attaque.

« Aussitôt que Hamilton, après des efforts considérables, parvint au point où il devait attaquer en échelons, j'ordonnai à ma division d'avancer, et je ne crois pas que le rôle assigné à chaque corps eût pu être mieux rempli. La brigade Lambert et le 12e portugais gravirent la hauteur sans un instant d'arrêt. Les difficultés naturelles de l'ascension en ligne d'une hauteur extrêmement raide de 400 à 500 yards étaient accrues par le feu croisé que faisait l'ennemi de plusieurs parapets. Malgré leurs pertes, les troupes n'eurent pas plutôt gravi la hauteur qu'elles s'élancèrent à l'assaut de la redoute, sorte d'ouvrage carré bordé d'un fossé très profond. *L'ennemi n'attendit pas l'assaut ;* intimidé par l'attitude héroïque de cette brigade, il se retira rapidement le long de la hauteur. La brigade Pack soutint l'attaque avec la plus grande fermeté et marcha au sommet de la hauteur avec autant d'ordre que s'il n'y avait eu d'autre obstacle que son escarpement. Le colonel Brown ayant rempli son rôle, poursuivit l'ennemi à quelque distance sur le revers des hauteurs et l'obligea à abandonner plusieurs pièces et caissons. »

N° XIX.

Rapport du général Hamilton au général Hill.

Camp devant Ainhoa, 11 novembre.

« Hier, une heure avant le jour, j'ai quitté notre camp devant Urdach, avec ma division et la batterie Tulloh. A 2 milles environ (3 kilom.) d'Urdach, nous avons quitté la route et marché contre la fonderie française où l'ennemi avait quelques forces qui se retirèrent devant le 10e caçadores et les grenadiers de la brigade O'Neil.

« Je continuai à marcher parallèlement à la division Clinton qui était à ma gauche. Nous traversâmes la Nivelle à plusieurs gués, le 10e caçadores et les grenadiers de O'Neil protégeant ma droite contre les troupes légères de l'ennemi... Nous franchîmes un profond ravin, gravîmes et emportâmes la hauteur fortifiée, aux baraquements de l'ennemi, entre les deux redoutes, tandis que la redoute à ma gauche était bravement enlevée par la division Clinton.

« Lorsque nous atteignîmes le sommet de la hauteur, l'ennemi se retira dans la redoute à ma droite, en mettant le feu à ses baraquements; ils brûlèrent avec une telle violence, que pendant un certain temps notre poursuite se trouva arrêtée. Cependant, les grenadiers de Gomersal et les caçadores qui se trouvaient à ma droite et du côté du vent par rapport à l'incendie, purent poursuivre l'ennemi sur cette redoute; ils s'en emparèrent et le culbutèrent de la hauteur (1). »

---

(1) La division Hamilton était à quatre brigades : 1re Campbell ; 2e Gomersal ; 3e Buchau ; 4e O'Neil.

N° XX.

Rapport du général Stewart au général Hill.

Hauteurs au-dessus d'Espelette, 11 novembre.

1re brigade......	Général Walker (détachée avec Morillo).
2° brigade........	Pringle : 39°, 34°, 28°.
3° brigade........	Byng : 31°, 57°, 66°.
Portugaise.......	Ashworth : { 6°, 16° portugais. 6° caçadores.

« Ma division se rassembla avant le jour, hier matin, à la gauche du village de Landebar, et, au reçu de vos instructions me prescrivant de marcher à l'ennemi en suivant les divisions Clinton et Hamilton, la brigade Pringle refoula à travers la Nivelle les postes qu'il avait sur la rive gauche, en avant d'Ainhoa.

« Lorsqu'elles s'emparèrent de la rive droite de la Nivelle et attaquèrent les hauteurs et redoutes, je suivis en soutien de Hamilton jusqu'à ce qu'elles eussent enlevé les hauteurs sur leur front respectif. Je dirigeai alors les brigades Ashworth et Byng contre la position de l'ennemi sur les hauteurs au-dessus d'Espelette. L'infanterie légère de la brigade Pringle soutint la colonne Ashworth.

« Les brigades Ashworth et Byng enlevèrent bravement la position, ainsi que deux redoutes qui s'y trouvent. »

N° XXI.

Proclamation de Wellington (accompagnée d'une traduction en basque).

Vera, 1er novembre.

Aux Français !

Malgré que le pays qui se trouve vis-à-vis de l'armée soit ennemi, le général en chef désire particulièrement que les habitants soient bien traités, et que les propriétés soient respectées comme elles l'ont été jusqu'ici.

Les officiers et soldats de l'armée doivent se rappeler que leurs nations sont en guerre avec la France uniquement parce que celui qui se trouve à la tête du gouvernement de la nation française ne leur permet pas d'être en paix, et veut les forcer à se soumettre à son joug ; ils ne doivent pas oublier que le plus grand des maux que souffrit l'ennemi, dans sa honteuse invasion de l'Espagne et du Portugal, fut causé par les désordres des soldats, et les cruautés qu'ils exercèrent envers les malheureux et paisibles habitants de ce pays, *avec l'autorisation et même l'encouragement de leurs chefs* (1).

Il serait inhumain et indigne des nations auxquelles le général en chef s'adresse, de venger cette conduite sur les paisibles habitants de la France, et cette vengeance, dans tous les cas, causerait à l'armée des maux semblables et même plus grands que ceux que l'ennemi a soufferts dans la Péninsule, et deviendrait infiniment contraire à l'intérêt public.

On doit donc observer dans les villes et villages de la frontière de France les mêmes règles qui ont été mises en pratique jusqu'ici, et les commissaires de chacune des armées des différentes nations recevront des ordres du général en chef de leur armée respective relativement au mode de payer les provisions et au terme auquel les payements devront avoir lieu.

N° XXII.

(Extrait des *Mémoires de Picton*, t. II, p. 268.)

Les Alliés étaient en mouvement à 3 heures du matin. Une éclatante pleine lune éclairait les chemins de la montagne ; les troupes se rassemblaient en silence, et chaque division suivant son chef descendait les passages sans autre bruit que celui qu'une multitude d'hommes armés fait inévitablement. On espérait, par ces précautions, surprendre l'ennemi, mais il était chaque matin sous les armes avant le jour et les Alliés furent accueillis par la violente canonnade de quelques redoutes. Les divisions se déployèrent. Après une vive fusillade avec les avant-postes, elles marchèrent chacune à l'attaque des redoutes en avant d'elles.

Colville déboucha du port d'Etchalar, se dirigeant en droite ligne sur Saint-Pé ; il avait à environ un kilomètre et demi sur sa droite Clinton, et à sa gauche, à la même distance, Le Cor.

Il arriva qu'un des points les plus forts de l'ennemi, et en réalité la clef de sa position, se trouvait sur la route suivie par Colville. C'était une redoute élevée au sommet d'une colline, bordée d'un fossé profond et précédée d'abatis.

Après avoir traversé plusieurs cours d'eau tributaires de la Nivelle, cette division s'élança contre ce formidable poste, par un mouvement parallèle à celui qu'exécutaient les corps à sa droite et à sa gauche, et qui fit que toute la ligne de défense de l'ennemi fut menacée en même temps. Les avantages de cette attaque simultanée étaient visibles, car le succès d'une division quelconque et les progrès en avant qui en furent le résultat,

---

(1) Langage odieux ! Les Anglais venaient de mettre à feu et à sang la malheureuse ville de Saint-Sébastien, une population amie.

devaient exposer les derrières des ouvrages qui eussent tenu ferme encore.

... L'ennemi battit en retraite dans quelque désordre et précipita sa marche pour traverser la Nivelle et défendre les trois ponts que les alliés devaient franchir. Lord Wellington arrêta les divisions pour leur donner un peu de répit après des efforts aussi continus. Vers 3 heures du soir, il ordonna à Clinton et Colville de reprendre leur marche le long de la rive gauche de la Nivelle et de forcer le passage de deux ponts situés l'un devant le front, l'autre à 500 ou 600 mètres au-dessous de Saint-Pée. C'était, suivant toute apparence, une grosse affaire. La résistance au passage de la division Colville fut considérable, mais après un combat court, quoique vif, elle s'empara du pont.

... Pendant cette série d'engagements, les shrapnels furent employés à déloger l'ennemi des hauteurs ; leur nouveauté et leurs effets destructeurs amenèrent une véritable panique.

N° XXIII.

Le général Hope au maréchal Wellington.

Guethary, 12 novembre, 8 h. 1/2 du matin.

L'ennemi occupait la nuit dernière les hauteurs en avant du village de Bidart, et ses avant-postes occupaient ce matin les mêmes emplacements qu'hier soir. Il s'est retiré de Bidart par la grande route.

Une petite patrouille de cavalerie, soutenue par un peu d'infanterie, a poussé sur Bidart. Aussitôt que j'aurai sous la main la cavalerie du général Bock, j'enverrai une forte patrouille observer les mouvements de l'ennemi.

J'ai prié Vandeleur d'envoyer une reconnaissance le long des pentes qui accompagnent le cours d'eau (Ouhabia), et d'où la route se déroule sur une grande étendue, mais la brume du matin empêche de rien voir.

Le major Tod travaille au grand pont de Saint-Jean-de-Luz. En ce moment, il n'est praticable qu'à l'infanterie ou aux animaux. L'autre a été si abîmé qu'il était impraticable hier, mais on peut le rétablir; pourtant l'accès en est très mauvais, et, vu sa construction, il est douteux qu'il puisse porter de l'artillerie ou de grosses voitures.

Les habitants de Saint-Jean-de-Luz ont manifesté beaucoup de contentement à notre arrivée, et un grand nombre d'entre eux se sont efforcés de sauver les ponts.

La conduite des troupes hier, en traversant Saint-Jean-de-Luz, a été très régulière ; la brigade Aylmer est entrée la première, et je suis obligé à ce général pour les mesures qui ont assuré sa marche.

Pour le moment, j'ai laissé six compagnies du 76e à Saint-Jean de-

Luz et sur les hauteurs de Ciboure, et un petit détachement de Portugais à Socoa.

Nous tâchons de rétablir sur la rivière, entre Guethary et Bidart, le pont que l'ennemi a brûlé hier. Elle ne paraît guéable à la grande route que deux heures avant ou après la haute mer.

Je dois ajouter que les gués de Saint-Jean-de-Luz, au nombre de deux, ne semblent praticables à l'infanterie que pendant deux heures à la fois.

Les habitants sont généralement revenus dans leurs maisons.

N° XXIV.

Wellington à Hope.

Saint-Pé, 11 novembre, 6 h. 1/2 soir.

Tout a réussi comme je le désirais, malgré la lenteur de nos opérations. Bien qu'elles aient commencé à la pointe du jour, il était 1 heure de l'après-midi lorsque je pus mettre les troupes en mouvement sur la rive droite de la Nivelle, et elles ne sont arrivées dans ce voisinage qu'à 5 heures du soir. *Si nous avions pu pousser de l'avant hier de bonne heure, Soult ne se serait point retiré aisément de Saint-Jean-de-Luz.*

Lorsque je suis descendu des hauteurs avant la nuit, j'ai entendu quelques tirailleries devant la position de l'ennemi à Bidart, et j'en ai conclu que vous arriviez sur votre terrain.

N° XXV.

Wellington au général Wimpffen, chef de l'état-major de l'armée espagnole.

Saint-Pé, 12 novembre. (Lettre en français.)

Je vous prie d'ordonner au général Longa de quitter Ascain demain matin et de marcher avec sa division pour se rendre jusqu'à nouvel ordre en cantonnement à Medina del Pomar. Il sera demain à Irun et Oyarzun, et suivra le lendemain la route la plus courte.

Je vous prie de dire au général Longa que je suis fort mécontent de sa troupe pour avoir pillé Ascain dans la nuit du 10, comme elle l'a fait. Il mettra aux arrêts le commandant et tous les officiers qui étaient à Ascain, et je leur ferai faire leur procès pour désobéissance à mes ordres.

P. S. — Ayez la bonté de faire dire au général Longa qu'on vient de me faire un rapport que ses troupes pillent et brûlent partout le pays. Un a été attrapé, que je fais pendre, et je ferai pendre tous ceux que j'attraperai.

Le général Mina m'a fait dire que le régiment de Caramena avait mutiné à Roncesvalles (Roncevaux), avait refusé de marcher, et que les officiers avaient dit que je leur avais promis de l'habillement, et que le régiment ne marcherait pas sans le recevoir. Je vous prie de donner ordre au général Mina de faire désarmer tout de suite le régiment de Caramena. Si je trouve qu'ils se sont mutinés, comme le dit Mina, j'enverrai les officiers à Cadix pour rendre compte au gouvernement, et je ferai transférer les soldats à d'autres régiments de l'armée.

N° XXVI.

Wellington au général Freyre.

Saint-Pé, 14 novembre. (Lettre en français.)

Je suis bien fâché que vous croyiez que les ordres que je vous ai fait passer le 12 étaient causés par aucun doute que vous, les officiers généraux et les officiers de l'armée en général, eussent fait leur devoir ; ou que j'aie cru que l'indiscipline était générale dans le corps d'armée que vous commandez. Il n'y a nul doute que de graves désordres ont eu lieu dans la nuit du 11 et la journée du 12, et que des soldats de toutes les nations y ont participé.

Je ne viens pas en France pour la piller ; je n'ai pas fait tuer et blesser des milliers d'officiers et de soldats pour que les restes des derniers puissent piller les Français. Au contraire, il est de mon devoir, et le devoir de nous tous, d'empêcher le pillage, surtout si nous voulons faire vivre nos armées aux dépens du pays.

J'ai vécu assez longtemps parmi les soldats, et j'ai commandé assez longtemps les armées pour savoir que le *seul moyen efficace d'empêcher le pillage*, surtout dans les armées composées de différentes nations, *est de faire mettre la troupe sous les armes. La punition ne fait rien* ; et, d'ailleurs, les soldats savent bien que pour cent qui pillent, un seul est puni ; au lieu qu'en tenant la troupe rassemblée, le pillage est empêché, et tout le monde est intéressé à l'empêcher.

Si vous voulez avoir la bonté de demander à vos voisins les Portugais et les Anglais, vous trouverez que *je les ai tenus sous les armes des journées entières;* que je l'ai fait cinq cents fois, non seulement pour empêcher le pillage, mais pour faire découvrir par leurs camarades ceux qui ont commis des fautes graves, qui sont toujours connus au reste de la troupe. Même dans la journée du 12, plusieurs divisions étaient sous les armes, et dans toutes, l'appel était fait à toute heure de la journée pour la même raison, et avec les mêmes vues. Jamais je n'ai cru que cette disposition était d'aucune manière offensante aux généraux ou aux officiers de l'armée.

Après cette explication, que je vous prie de faire connaître aux généraux de l'armée espagnole, j'espère qu'on ne croira pas désormais que j'aie l'intention d'offenser qui ce soit ; mais il faut que je vous dise que, si vous voulez que votre armée fasse des grandes choses, il faut bien se soumettre à la discipline, sans laquelle rien ne peut se faire, et il ne faut pas croire que chaque disposition est une offense.

N° XXVII.

Note sur la situation de l'armée depuis les débuts de la campagne.

On a pu s'en rendre compte, le maréchal Soult ne cesse de se plaindre du manque de fourrages, de transports et de fonds. La question du fourrage, une des plus importantes pour la place de Bayonne et pour les corps destinés à opérer sur cette partie de nos frontières, se pose aujourd'hui encore, et l'on peut le répéter : « Une armée ne peut subsister dans « ce pays que sur des magasins largement approvisionnés ». L'expérience de 1813-1814 avait été faite déjà en 1794 et pendant les années suivantes.

Au *Rapport du 12 janvier 1793 fait à la Convention par les commissaires Carnot, Garrau et Lamarque*, envoyés à la frontière des Pyrénées, est annexé un mémoire fort intéressant de l'adjudant général Lacuée. Décomptant à 32,800 le nombre de chevaux et mulets rationnaires de l'armée, Lacuée estimait qu'il devait être constitué un approvisionnement de :

Foin...........................	800,000 quintaux.
Paille..........................	800,000 —
Avoine.........................	332,000 sacs.

Or, à ce moment, il n'existait en magasin que 33,800 quintaux de foin, 8,000 de paille et 28,000 sacs d'avoine. Aussi déclarait-il que « le service manquerait totalement ». Quant à la paille, même de couchage, il ne s'en rencontrerait nulle part : « Comment couchera le soldat ? Je « l'ignore, mais ce ne sera pas sur la paille française, et l'on sait qu'il « n'en trouvera pas en Espagne ».

La Convention passa outre, et les situations périodiques de l'armée des Pyrénées occidentales accusent, en chevaux d'artillerie et de cavalerie seulement, des effectifs croissants (1) :

---

(1) Archives de la guerre.

21 novembre 1793......................	2,089
20 mars 1794......................	3,755
1er septembre 1794......................	6,845

A ces dates, l'armée comptait 40,318, 45,372 et 55,737 hommes *présents*. Quant à *l'effectif*, il s'élevait à 85,600 hommes au 1er septembre 1794. Qu'en résulta-t-il ? Voici trois lettres inédites dont nous devons la connaissance à la bienveillance de M. le général Munier; elles sont extraites des débris du registre de correspondance du général Dessein, chef d'état-major de Moncey.

Au général Marbot.

7 prairial an III.

« Il avait été arrêté, général, qu'on expédierait une pinasse chargée de fourrages pour la 1re division; le départ et le chargement devaient avoir lieu au fort Socoa, où il y avait en magasin un peu de foin ; mais cette denrée ayant manqué tout à coup dans les divers magasins par le défaut des transports, on a été obligé de prendre au Socoa ce qu'il y avait pour la distribution d'un jour aux chevaux de cavalerie, transports, etc., qui sont ici (à Saint-Jean-de-Luz). *La pénurie est au point que depuis quatre (4) jours les chevaux mangent de l'herbe et nous n'avons pas une botte de foin en magasin.*

« Ta division, comme tu le vois, n'est pas la seule à souffrir. Nous gémissons tous comme toi; nos sollicitudes sont les mêmes, mais que faire dans cet état de choses ? C'est de réclamer auprès des commissaires des guerres qui nous prouvent clairement que *le délabrement où se trouvent les transports sont les seules causes de nos pénuries en fourrages.* »

Au général Desnoyers.

14 prairial an III.

« Le fourrage nous manque. Chaque jour voit arriver une nouvelle diminution dans les distributions. Ce ne sont jamais, dit-on, que des mesures provisoires. *Notre position ne peut rester telle, sans quoi le peu de chevaux qui nous restent seront totalement ruinés.*

« Tu dois donc voir, général, que ce n'est pas seulement à Oloron (où se trouvait la division Desnoyers), mais dans toute l'armée que cette disette se fait sentir. Je réclame des représentants des mesures vigoureuses; j'en espère un heureux résultat. »

Le général Moncey aurait voulu faire venir d'Oloron une batterie dont il avait besoin, et dans cette lettre il faisait dire à Desnoyers que « le manque de fourrages l'en empêchait. »

Au général Moncey, commandant en chef.

28 messidor an III.

« Le général Caillet (commandant la cavalerie, à Saint-Jean-de-Luz) est venu se plaindre à moi des rations de foin qu'on distribue aux chevaux, qui ne sont en ce moment-ci que de huit (8) livres. Vous sentirez comme moi que notre cavalerie serait bientôt hors d'état de rendre le moindre service, si on la tenait plus longtemps dans ce régime.

« J'ai reçu également des réclamations de l'état-major de la 6e division. On se plaint que *les chevaux y sont privés d'avoine, de son et même de paille depuis très longtemps, et un grand nombre y sont péris de misère. Si on ne s'empresse de venir au secours du peu qui reste et qui se trouve réduit pour toute nourriture à 10 ou 12 livres de foin par jour, il subira, cela n'est pas douteux, le même sort que les autres.* »

Dans ces lettres, on accuse la pénurie des moyens de transport. Par arrêté des Représentants du peuple du 18 ventôse an III, il avait été accepté des soumissions de propriétaires, par lesquelles ils s'obligeaient chacun à fournir une voiture avec son attelage, ou des mulets à bât, pour les transports militaires. Un article de ces conventions portait que les voitures ou mulets devaient être conduits, soit par le soumissionnaire, soit par les enfants ou parents qui se trouvaient à l'armée. Ces derniers, en conséquence, ou les soumissionnaires, s'ils appartenaient à l'armée (des Basques et des Landais) recevaient des congés réguliers et illimités. Entre ménager sa peau et surmener son cheval ou mulet, l'hésitation n'était guère possible.

Suivant le commissaire des guerres Bailac, « *dans l'armée des Pyrénées occidentales, il aurait dû exister environ 30,000 chevaux de tout service. Le nombre des chevaux n'a jamais été au delà de 15,000 (y compris les bœufs employés au service et recevant leur nourriture des magasins de la République), et cependant il est sans exemple que les rations aient été fournies avec régularité. Assez fréquemment, les distributions ont été réduites à cinq (5) livres de foin, et même entièrement interrompues.*

« Un examen réfléchi portera la conviction dans les esprits sur *la véritable source de ce dénuement* presque continu. Il est connu que les pays voisins de cette frontière ne produisent les denrées propres à la nourriture des chevaux que dans une proportion inférieure aux besoins d'une armée même assez médiocre ; *une forte consommation écarta bientôt à des distances considérables les approvisionnements, de sorte que leur volume et leur éloignement exigeaient l'emploi d'un très grand nombre de transports, et ce qui est surtout digne de remarque, la nourriture des chevaux en route réduisait à peu de chose le produit des arrivages.* On s'étonnera donc peu de l'effrayante mortalité qui a encore plus pesé sur les chevaux que sur les hommes. Les trois (3) régiments de cavalerie qui ont fait la guerre sur cette frontière ont perdu les deux tiers de leurs chevaux, *quoique souvent rafraîchis par des séjours dans l'intérieur où les fourrages étaient moins rares. Sur 5,000 chevaux des transports militaires, il en périt au moins 3,000, seulement pendant les mois de septembre à novembre 1794* (1) ».

Témoin oculaire, originaire du pays, le commissaire Baylac était, par ses fonctions, parfaitement à même de voir et de savoir.

Cette situation, Soult aussi la connut, et le défaut de fourrages entrava ses opérations dans une grande mesure. Ne le voyons-nous point renvoyer son artillerie de campagne sur Bayonne et Dax, sa cavalerie dans le Bigorre? Faute de chevaux, ou mieux de moyens de les nourrir, dans les lignes de la Nivelle, il n'a qu'*une batterie de campagne*, et, pour le reste, de mauvaises pièces de fonte sur affûts qu'en cas de défaite il est dans l'impuissance d'emmener. Absence de cavalerie, absence d'artillerie de campagne, tout confine le maréchal dans une passive immobilité. Si, à toute rigueur, les chevaux et mulets des Alliés complètent leur ration en broutant les ajoncs et genêts du pays basque, les nôtres, ceux des nôtres qui campent dans les Landes où cette misérable ressource n'existe même pas, à Tarnos, Ondres, Saint-Martin-de-Seignaux, dévorent jusqu'au blé en herbe. Vainement le comité patriotique de Bayonne sera-t-il sollicité de passer des marchés pour le fourrage ; il y renoncera bientôt et l'on vit « des voitures et leurs bestiaux arrivés jusqu'à l'Adour, avec leurs chargements, *de points éloignés de plus de 60 lieues de la frontière*. L'emploi de moyens de cette nature éteignait le peu d'énergie qu'aurait pu conserver la population du pied des Pyrénées, naturellement active et brave, mais lasse de sacrifices trop renouvelés. Des réquisitions furent frappées sur trente départements du Sud-Ouest ; le produit aurait été bien au delà des besoins calculés sur l'effectif de l'armée destinée à le consommer. Mais des mesures administratives insuffisantes, ou plutôt nuisibles, étaient par malheur le plus souvent employées, pour opérer dans les magasins de l'armée le versement des objets requis, et nul ordre, nul système ne présidaient à leur rentrée (2). »

A la question des fourrages se joignaient celles du pain et de la solde. On a vu les angoisses du maréchal, notamment pendant les mois de novembre et de décembre : « *Il n'y a du pain à Bayonne que pour demain...* » Comment vivre sur un pays qui, à l'exception de minimes parcelles, ne fournit point de blé? Lacuée, dans son exposé disait : « Il faut s'approvisionner de 90,000 sacs de 200 livres chacun, ce qui ne fera, pour 60,000 hommes, que pour huit mois environ. Il n'y a, dans ce moment, dans les magasins de cette contrée, que 24,000 sacs de blé, ou

---

(1) *Mémoire sur la dernière guerre entre la France et l'Espagne.*
(2) Lapène, *Campagne de 1813 et de 1814 sur les Pyrénées et la Garonne*, p. 211. Pendant les guerres de la Révolution, le fourrage pouvait arriver par la côte, mais en 1813 les Anglais tenaient la mer.

environ. *Ne devant rien espérer du théâtre de la guerre*, cet approvisionnement doit être complet, avant de tirer un coup de canon. »

Ainsi, rien n'avait été préparé pour soutenir la guerre sur cette frontière ; les places fortes n'étaient point à l'abri d'un coup de main et manquaient de tout, et aucun magasin n'était organisé. Il fallait tout créer et tout reposait sur la merveilleuse activité et l'indomptable énergie du maréchal. Ici, écoutons l'adjoint au Commissaire des guerres Pellot :

« Lorsque l'armée marcha sur Pampelune, son éloignement momentané avait rendu à peu près nulle l'impulsion que le maréchal avait imprimée dès son arrivée à Bayonne, à toutes les branches du service. Le versement des subsistances que les départements devaient fournir était ralenti ; les autorités locales, les habitants même, cherchant à se faire illusion, ne croyaient plus au retour prochain de l'armée sur la frontière ; tout languissait dans une fausse sécurité, et rien n'avait été disposé, ni dans le cas d'invasion, ni pour alimenter les troupes. Cet abandon était d'autant plus fâcheux que *le ministère, qui ne s'occupait essentiellement que de l'armée commandée en personne par Napoléon, se bornait à suivre avec l'armée des Pyrénées une correspondance décousue et insignifiante, qui n'amenait aucun résultat. Le gouvernement avait frappé des réquisitions, il avait annoncé des fonds, et sans s'assurer de l'exécution de ses ordres, il feignait de croire avoir pourvu à tous les besoins. Ainsi, la responsabilité du général en chef augmentait en raison du peu de moyens qu'on mettait à sa dispositions, et on le plaçait dans la cruelle nécessité de tout prendre sur lui-même pour conserver l'honneur des armes françaises, sa propre réputation, et l'intégrité du territoire.*

« Le système des réquisitions cache, sous l'apparence d'une juste répartition des charges de la guerre, une source intarissable d'abus ; il pèse uniquement sur le propriétaire rural, tandis que le capitaliste, qui n'a point de denrées, lui échappe. Ce système, né de la Révolution, applicable peut-être sous un gouvernement populaire, exaspère les esprits sous le gouvernement d'un seul. Je n'hésite pas à le dire, c'est une des causes qui ont rendu les départements frappés d'appels, si fatigués du joug de Napoléon, et les mots de *réquisition* et de *corvée*, que le peuple prononçait sans cesse en gémissant, annonçaient déjà son généreux retour au souverain légitime.

« Le système d'achats eût été bien préférable ; mais quel eût été l'homme assez imprudent pour exposer sa fortune, en traitant avec un ministère qui n'inspirait aucune confiance ? On connaît l'état des finances à cette époque ; on avait sous les yeux l'exemple de fournisseurs ruinés, dont les réclamations étaient à peine écoutées du moment où ils ne pouvaient plus faire des avances de fonds. Ainsi, on se jouait de la fortune et de la bonne foi des particuliers, et, dans ce discrédit du gouvernement, l'armée était traitée à peu près comme étrangère sur le territoire même de la France.

« On envoya de la capitale dans les départements méridionaux, même à l'armée, un conseiller d'État et des auditeurs à ce conseil, pour presser le versement des denrées. L'arrivée du conseiller d'État, dont les talents administratifs étaient connus, faisait espérer que sa présence répondrait au but de sa mission ; mais sa frêle santé et un long exercice de fonctions pénibles avaient donné à son esprit une direction lente et indécise qui ne s'adaptait pas aux circonstances ; il cherchait à concilier les besoins urgents du service avec le retard que les départements mettaient à s'exécuter, et ce n'était qu'en biaisant qu'il arrivait aux résultats. D'ailleurs, ses pouvoirs n'avaient pas assez d'étendue, et il craignait de prendre l'initiative ; en un mot, sa mission eût pu être utile, et elle ne le fut point. Il est vrai que les auditeurs inexpérimentés qui furent placés sous ses ordres le secondèrent mal ; ces jeunes gens n'avaient qu'une activité nuisible au succès des opérations ; ils s'immisçaient dans l'administration militaire, dont ils ne connaissaient ni les détails ni l'ensemble, et comme ils étaient, pour ainsi dire, la pépinière des sous-préfectures et des autres emplois civils, ils penchaient naturellement pour les autorités locales, qu'ils auraient dû stimuler (1). »

Ledit conseiller et ses auditeurs arrivèrent à l'armée au mois de janvier ; depuis longtemps la *Caisse patriotique de Bayonne* avait cessé de fonctionner. Après Vitoria, dans les derniers jours de juin, sur l'appel des préfets des Basses-Pyrénées et des Landes, il s'était formé à Bayonne un comité de négociants qui, administré par quatre d'entre eux, prit le nom de Comité de la caisse patriotique de Bayonne et fit au roi Joseph une avance de 500,000 francs. Le remboursement avait lieu sans intérêts sur les crédits ministériels.

« La caisse de l'armée était vide, et les crédits ministériels, qui ne représentaient que des valeurs idéales, n'étaient que rarement suivis de la remise réelle des fonds ; la solde et toutes les dépenses présentaient un abîme effrayant à combler. » Les dépenses afférentes à toutes les branches du service étaient réglées sur présentation à la caisse d'un ordre du commandant en chef.

La Caisse patriotique de Bayonne, en 1813.

« L'artillerie, le génie, les subsistances, les hôpitaux recouraient au comité quand la caisse de l'armée n'avait pas de fonds. Ainsi, le comité, affranchi de toutes les formalités administratives et régi d'après les principes les plus simples d'une banque commerciale, rendait à l'armée des services plus constants que la caisse du Trésor. Le gouvernement, instruit officiellement de cet établissement et voyant l'utilité dont il était à l'armée, lui assigna des crédits sur les départements, pour payer les frais

---

(1) *Mémoire sur la Campagne de l'armée des Pyrénées en 1813-1814*, Bayonne, 1818.

de transport des denrées provenant de réquisitions, et lui délégua également des annuités sur les receveurs généraux, pour acquitter d'autres dépenses.

« Le maréchal écrivit circulairement aux préfets de la Gironde, de la Haute-Garonne, de Tarn-et-Garonne et de Lot-et-Garonne, pour les engager à suivre l'exemple du Commerce de Bayonne, en formant à Toulouse un fonds de 1,500,000 fr. et à Bordeaux un autre fonds d'égale somme : mais l'ennemi était encore bien éloigné de la Garonne, et comme il est rare qu'il y ait du dévouement là où il n'y a pas de danger imminent, les préfets ne trouvèrent pas leurs administrés favorablement disposés : on se déroba au système par des subtilités, et le Commerce de Bayonne n'eut point d'imitateurs. Du rejet de cette proposition et de la supposition gratuite que le Comité de Bayonne trouvait son intérêt particulier à vouer ses services à l'armée, sont nés les obstacles sans nombre qu'il a eus à surmonter, et ces déclamations puériles de quelques individus obscurs, soit contre le comité, soit contre des fonctionnaires de l'armée (1). »

Pellot se fait ici l'écho et le défenseur du Comité. Cette œuvre de générosité et de désintéressement mériterait d'être étudiée, et des circonstances analogues, dans certaines régions mieux favorisées, pourraient faire naître, au profit des armées, des banques militaires utilisant les fonds disponibles du commerce et de l'industrie. Une réglementation sauvegardant les intérêts des déposants et leur assurant une juste rétribution en reconnaissance du service rendu à l'État ne faciliterait-elle point les créations de ce genre? Dans les crises où l'avenir national est en jeu, la fortune privée se mobiliserait en quelque sorte et toutes les forces vives du pays concourraient au salut commun.

N° XXVIII.

Wellington au comte Bathurst.

23 novembre.

La pluie a commencé le 11 et a continué presque sans interruption jusqu'au 19 au soir; elle a mis les chemins et le pays dans un tel état que tout mouvement des troupes est impossible.

La détresse des Espagnols est telle que, le 12, ne pouvant rien entreprendre pour l'instant, je leur ai ordonné de se rendre en cantonnement derrière la frontière ; l'armée de réserve d'Andalousie est bien cantonnée dans la vallée de Bastan, et la partie de la 4ᵉ armée appelée armée de

---

(1) Pellot, *loc. cit.*, 66 et suiv.

Galicia est sur la grande route, entre Irun et Hernani. J'ai renvoyé la division Longa sur les derrières à Medina de Pomar; elle n'est bonne à rien.

Les 12 et 16, Hill a reconnu la tête de pont de Cambo. L'ennemi l'a évacué le 16 et il a fait sauter le pont, *ce qui m'a permis d'établir le lendemain l'armée anglo-portugaise en cantonnements resserrés*; la droite (Hill) à Espelette et Cambo; la droite du centre (Beresford) à Ustaritz et Arrauntz; la gauche du centre à Arcangues et Arbonne; enfin, le corps de Hope sur la grande route, en avant de Saint-Jean-de-Luz, ayant ses avant-postes près d'Anglet.

Il n'est rien survenu d'important, si ce n'est que le 18 l'ennemi a reconnu les avant-postes de Hope, circonstance dans laquelle le général Wilson a été malheureusement blessé. Le même jour, Beresford a refoulé les avant-postes ennemis de l'autre côté du pont d'Urdains, et s'y est établi. Le lendemain matin, avant le jour, l'ennemi a voulu reprendre le pont et le détruire: il a échoué.

N° XXIX.

Major-général Colville au maréchal Beresford.

Ustaritz, 19 novembre.

Au reçu de votre permission de porter les postes de ma division à l'extrémité du bois en avant de ses cantonnements (1), et sur la grande route de Bayonne, j'ordonnai au général Power de diriger la partie de sa brigade qu'il jugerait nécessaire contre les postes ennemis établis dans le voisinage. Il tomba presque par surprise, avec le 11e chasseurs et un bataillon du 9e en soutien, sur l'avant-poste du pont d'Urdains qui est situé sur un étroit canal venant des environs d'Arcangues et débouchant dans la Nive.

Les voltigeurs ennemis qui l'occupaient se déployèrent en tirailleurs sur la rive opposée et ouvrirent un feu violent sur nos troupes. Deux bataillons en colonne les soutenaient, les 32e et 43e, ainsi qu'il résulte des dires d'un prisonnier, et un troisième était un peu plus à droite, le 58e probablement, devant Bassussary.

Encouragé par le peu de monde que le terrain permettait au général Power de mettre en ligne, l'ennemi fit un vigoureux effort pour reprendre le pont, mais il fut vaillamment repoussé et laissa plusieurs morts de notre côté du pont, et parmi eux un officier supérieur.

S'apercevant que nous n'avions point l'intention de pousser plus avant,

---

(1) A Arrauntz-Sainte-Barbe.

l'ennemi cessa le feu et posa ses sentinelles; nous fîmes de même et retranchâmes le poste. Je pense qu'il tiendra un jour ou deux contre toute attaque par de l'infanterie, du moins tant que l'inondation continuera, et j'ai invité le major Henderson, des ingénieurs royaux, à donner à nos postes assez de solidité pour résister aux pièces de campagne que l'ennemi peut amener contre eux. Il y a dans de bonnes maisons avoisinantes et sur place suffisamment de logement pour les troupes nécessaires à la défense du poste.

Ce matin, de bonne heure, l'ennemi a attaqué les postes, mais il a été reçu avec un tel calme et une telle bravoure par le 11e chasseurs qu'il a échoué non seulement dans son attaque, mais dans le but secondaire qu'il se proposait, la destruction du pont. Un baril de poudre à canon y a fait explosion, mais comme l'ennemi n'eut point le temps de le couvrir, l'effet fut incomplet: les parapets seuls ont été renversés et les côtés ébranlés.

N° XXX.

Hope à Wellington.

Guetary, 10 décembre.

Conformément à vos ordres contenus dans la lettre que m'a adressée le 8 courant le quartier-maître général Murray, mes troupes se sont portées hier sur Bayonne en trois colonnes, dans le but de refouler les avant-postes de l'ennemi et de reconnaître les positions qu'il occupe en avant de cette ville.

La colonne de gauche, sous les ordres du général Hay, a été portée un peu en avant, pour tourner la droite de l'ennemi devant Anglet, et a marché par les hauteurs de Biarritz. Celle du centre, commandée par le général Howard, a marché droit sur le village d'Anglet par la grande route. La colonne de droite, sous les ordres du colonel Halket, après avoir traversé la vallée qui s'étend devant nos avant-postes et ceux de la division légère (Alten) près de la tête du marais, s'est tenue un peu en arrière et, passant sous les hauteurs d'Anglet, a gagné le haut de la grande route.

Le terrain était extrêmement favorable à l'ennemi, et il nous a opposé une grande résistance, surtout des deux côtés de la route et sur les hauteurs d'Anglet.

La droite des avant-postes de l'ennemi et les positions successives qu'il occupa pour les soutenir à l'aide des forces qu'il avait devant Anglet, a été tournée, et l'ennemi a été refoulé précipitamment à travers le village sur sa position retranchée (1).

---

(1) Ouvrages de Beyris.

Mes troupes s'établirent alors en arrière d'Anglet, avec leurs avant-postes près des ouvrages ennemis. Elles restèrent dans cette situation pendant toute la journée, ce qui permit de reconnaître les positions de l'ennemi et la nature de la rivière. Le lieutenant-colonel Burgoyne et les officiers de l'état-major y ont été employés (1).

N° XXXI.

Wellington au comte Bathurst.

Saint-Jean-de-Luz, 14 décembre.

Depuis la retraite de la Nivelle, l'ennemi occupait en avant de Bayonne une position fortifiée à grand travail sous le feu des ouvrages de la place : la droite s'appuyait à l'Adour, et dans cette partie le front était couvert par un marais que forme un ruisseau qui se jette dans l'Adour (2). La droite du centre s'appuyait à ce marais et sa gauche à la Nive; la gauche était entre la Nive et l'Adour où s'appuyait la gauche. Ses avant-postes de droite étaient en avant d'Anglet et vers Biarritz; sa gauche défendait la Nive et communiquait avec la division Paris à Saint-Jean-Pied-de-Port. Un corps considérable cantonnait à Villefranque et Mouguerre.

Il était impossible de l'attaquer dans ces positions tant qu'il y demeurerait en forces, sans la certitude de grandes pertes; et le succès était improbable, le camp se trouvant sous la protection immédiate des ouvrages de la place.

Aussi me parut-il que le meilleur moyen de l'obliger ou d'abandonner entièrement sa position, ou de s'y affaiblir au point d'offrir plus de chances pour l'attaquer, était de passer la Nive et de porter notre droite sur l'Adour. En opérant ainsi, déjà dans la détresse pour les vivres, il devait perdre ses communications avec l'intérieur par ce fleuve, et sa détresse allait devenir plus grande encore.

J'avais l'intention de franchir la Nive aussitôt après le passage de la Nivelle, mais le mauvais état des chemins et le gonflement des ruisseaux à la suite de la pluie qui ne cessa de tomber depuis le commencement du mois m'en empêchèrent. A la longue, les chemins et le temps s'améliorant, je préparai un pont de bateaux pour le passage de cette rivière. Le 8, les troupes sortirent de leurs cantonnements, et j'ordonnai à la droite de l'armée, sous les ordres de Hill, de la traverser le 9 à Cambo et dans le voisinage, tandis que Beresford favoriserait et soutiendrait l'opération en faisant passer Clinton à Ustaritz. L'opération réussit com-

---

(1) Il s'agit de l'Adour au-dessous de Bayonne.
(2) L'Aritzague.

plètement; l'ennemi fut chassé de la rive droite de la Nive et se retira sur Bayonne par la route de Saint-Jean-Pied-de-Port. Ceux qui étaient en face de Cambo furent presque coupés par Clinton, et un régiment, rejeté hors de la route, dut marcher à travers champs (1).

L'ennemi réunit des forces considérables sur une ligne de hauteurs parallèle à l'Adour, et plaça sa droite à Villefranque. Le 8e cacadores, le 9e chasseurs et le bataillon d'infanterie légère de la division Clinton emportèrent le village et les hauteurs voisines. La pluie qui était tombée pendant la nuit avait tellement détrempé les chemins, que la journée était presque écoulée avant que la totalité du corps de Hill fût arrivé. Par suite, j'étais heureux de posséder le terrain que nous occupions.

Le même jour, Hope, avec la gauche de l'armée, se mit en mouvement sur la grande route de Saint-Jean-de-Luz à Bayonne et reconnut la droite du camp retranché et le cours de l'Adour au-dessous de la place, après avoir refoulé les avant-postes ennemis du voisinage de Biarritz et d'Anglet. Alten se porta aussi en avant de Bassussary et reconnut les retranchements ennemis. Dans la soirée, Hope et Alten se replièrent sur leurs positions.

Le 10 au matin, voyant que l'ennemi avait abandonné ses positions de la veille sur les hauteurs et s'était retiré dans le camp retranché (de Mousserolles), Hill les occupa, porta sa droite vers l'Adour, sa gauche vers Villefranque et communiqua avec le centre de l'armée, sous les ordres de Beresford, par un pont jeté sur la Nive. Les troupes de Beresford repassèrent sur la rive gauche de cette rivière.

Morillo était à Urcuray, avec la brigade de dragons Vivian à Hasparren, pour observer la division Pàris qui, après le passage de la Nive, s'était retirée vers Saint-Palais.

L'armée ennemie déboucha le 10 au matin du camp retranché, à l'exception de ce qui occupait les ouvrages opposés à Hill. Elle attaqua désespérément les avant-postes d'Alten au château et à l'église d'Arcangues, et ceux de Hope sur la grande route de Saint-Jean-de-Luz, près de la maison du maire de Biarritz (le Barroillet). Elle fut brillamment repoussée et Hope fit environ 500 prisonniers. Le fort du combat tomba sur la brigade Campbell, de service, et sur la brigade Robinson, qui vint à son secours.

A la nuit close, l'ennemi était immobile en face de nous, sur le terrain d'où il avait refoulé nos avant-postes. Pendant la nuit, il dégagea le front de Hope, n'y laissant que des petits postes qui furent aussitôt ramenés. Toutefois, il occupait en forces le pont sur lequel avaient résisté les piquets d'Alten, et il était clair que l'armée était encore devant notre gauche. A 3 heures du soir, nouvelle attaque des postes de Hope repoussée encore.

Le 12 au matin, même attaque et même insuccès. Le combat cessa

---

(1) C'étaient les trois bataillons de la brigade Berlier.

dans l'après-midi et l'ennemi se retira à la nuit dans le camp retranché. Il n'avait point renouvelé, après le 10, l'attaque des avant-postes d'Alten.

Ayant échoué dans toutes ses tentatives contre notre gauche, pendant la nuit du 12 au 13, il traversa Bayonne, et le 13 au matin attaqua Hill avec désespoir.

Dans l'expectative de cette attaque, *j'avais ordonné à Beresford de renforcer Hill de la division Clinton* qui passa la Nive au point du jour, *et en outre, je le renforçai de la division Cole et de deux brigades de la division Picton. L'arrivée attendue de Clinton donna à Hill toute facilité pour exécuter ses mouvements;* mais déjà avant qu'il débouchât, les troupes sous ses ordres immédiats avaient défait et repoussé l'ennemi avec une perte immense. Comme l'attaque principale se fit par la grande route de Bayonne à Saint-Jean-Pied-de-Port, les brigades Barnes et Ashworth furent particulièrement engagées : elles se conduisirent admirablement. La division Le Cor secourut vaillamment leur gauche et reprit une position importante située entre elles et la brigade Pringle, qui était engagée en avant de Villefranque. La brigade Byng, soutenue par celle de Buchan, attaqua une hauteur également importante qu'occupait l'ennemi devant notre droite ; elle s'y maintint malgré tous les efforts qu'il fit pour la reprendre.

On a enlevé *deux batteries* et fait quelques prisonniers. Battu sur tous les points et ayant subi des pertes considérables, l'ennemi dut se retirer dans ses retranchements. Hier soir, il a fait passer un corps de cavalerie sur le pont de l'Adour, et cette nuit les forces opposées à Hill se sont repliées sur Bayonne.

N° XXXII.

Hope à Wellington.

Guetary, 11 décembre.

Hier matin, vers 9 heures, après avoir enfoncé les avant-postes de la division Alten qui se lient avec la droite de mes troupes, l'ennemi refoula ceux de ma colonne de gauche établie à l'est de la route de Bayonne.

Le bataillon de chasseurs de la brigade Campbell formait les avant-postes ; il se conduisit avec la plus grande bravoure. Ayant été soutenu par le reste de la brigade, il contribua efficacement à arrêter la marche de l'ennemi jusqu'à l'arrivée des renforts.

A la première alarme, la brigade Bradford et la division Hay accoururent de leurs cantonnements, et la brigade Robinson occupa fortement le terrain à l'est de la route, devant lequel est la maison dite du Maire. Le reste de cette division, ainsi que les brigades Campbell et Bradford, s'établirent en réserve.

Les gardes et la brigade Aylmer quittèrent aussi leurs cantonnements et arrivèrent dans l'après-midi près du point d'attaque.

Dans le cours de la journée, l'ennemi fit trois vigoureux efforts pour enlever nos positions ; il fut repoussé avec des pertes considérables. Le poids de l'action tomba sur la division Hay et surtout sur la brigade Robinson. Ce général, j'ai le regret de le dire, a reçu une grave blessure, en commandant bravement sa brigade.

La conduite des troupes mérite les plus grands éloges. Elles ont conservé leur position en dépit des circonstances désavantageuses ; et lorsque, fortement pressées, elles durent se replier devant des forces supérieures, elles se rallièrent promptement et, en dépit de la résistance qui leur fut opposée, réoccupèrent leur terrain.

Le combat a cessé à la chute du jour, et l'ennemi, qui a cruellement souffert, est resté en position devant nous (1).

N° XXXIII.

Le général Dumouriez à Wellington.

16 décembre. (Cette lettre est en français.)

Mon cher Lord,

Vous vous donnez la peine, dans votre lettre du 22 novembre, de m'expliquer vos motifs pour avoir préféré entrer sans délai en France, à vous occuper de la Catalogne. Vous avez eu parfaitement raison sous les deux points de vue politique et militaire. Vous verrez par ma lettre du 29 novembre que nous nous entendions avant de nous parler, et que les circonstances que votre sagacité a prévues m'ont rangé entièrement de votre avis.

Je vois devant, dès que les pluies auront cessé et que les chemins seront praticables, deux opérations dont vous avez le choix. La première est de pousser devant vous, d'attaquer et de forcer le camp de Bayonne, et de vous emparer de cette ville ; vous n'y trouverez pas grande ressource militaire, mais vous aurez détruit une armée. A la vérité, à la suite de ce succès, dont je ne doute pas si vous vous y déterminez, vous trouverez à la droite de l'Adour la citadelle à assiéger dans les formes, et ensuite trente lieues de landes à traverser qui vous exigeront cinq à six jours de marche, en y mettant la plus grande rapidité, dans un pays aride, désert, sans ressources, obligé de porter tout avec vous.

---

(1) C'est-à-dire sur le *plateau de Bassussary*. Le 10, en effet, l'armée française s'était emparée de ce plateau mais n'avait pu enlever les hauteurs d'Arangues et du Barroillet, elle coucha sur les positions conquises, à portée de fusil de l'ennemi.

La seconde est de masquer ce camp avec une force à peu près égale, de passer la Nive et le gave de Pau, en vous portant par votre droite jusqu'à Dax, *près du confluent de l'Adour et de la Garonne* (sic), ce qui vous rendrait maître du Béarn et du pays de Soule, où vous trouveriez des subsistances et même des magasins que Soult n'aura eu ni le temps ni les moyens d'évacuer, et plusieurs bonnes villes, comme Pau, Oléron, etc. Une fois sur la Garonne, vous rassembleriez tous les bateaux de ce fleuve et des rivières confluentes pour vous en servir pour porter à Bordeaux la plus grande partie de vos vivres, artillerie et bagages, et même une partie de votre infanterie, pendant que l'escadre de sir G. Collier entrerait dans la rivière. Vous auriez peut-être sur cette route à combattre le général Harispe, peut-être même Suchet (!), mais ils ne tiendraient pas contre votre supériorité. D'ailleurs, je compte beaucoup sur la disposition des habitants, dont le mécontentement augmentera de mois en mois, d'après ce qui se passe sur la Meuse, sur le Rhin et en Italie.

Mais laisser derrière soi Soult avec 50,000 hommes. 1° Vous le masquerez avec un corps à peu près égal, soutenu en arrière par l'armée espagnole en seconde ligne sur les Pyrénées ; 2° il ne cherchera pas à vous attaquer : il sortira certainement de son camp dès qu'il connaîtra votre mouvement par votre droite, mais ce sera pour l'abandonner, ne laisser qu'une forte garnison dans la citadelle, passer l'Adour et le remonter, vous observer, et couvrir Bordeaux et la Garonne. S'il était assez fort pour vous combattre, *étant batailleur de son naturel*, il marcherait à vous : mais dans la position où est la France, il doit ménager la seule armée qui reste dans le Sud, éviter de se compromettre, et surtout rester enfermé entre Bayonne et les Pyrénées.

Voilà les deux seules opérations que je prévois. Vous êtes sur les lieux, *vous êtes à la fois prudent et hardi*: choisissez.

N° XXXIV.

Wellington à Bathurst.

Saint-Jean-de-Luz, 8 janvier 1814.

« Il est incontestable qu'en ce moment le manque d'argent paralyse l'armée.

« Depuis le mois de janvier 1813, l'arriéré de solde s'est accru d'un autre de quatre à six mois. La dette est immense et les engagements de S. M. vis-à-vis des gouvernements portugais et espagnol ne sont point remplis. La location de certains mulets qui suivent l'armée est due depuis vingt-six mois ; nous devons partout en Espagne, et c'est ainsi que nous entrons en France... Ainsi qu'on devait s'y attendre, le prix des denrées s'accroît en proportion des retards de payement, de la difficulté de payer et du défaut de crédit des services de l'armée anglaise.

« Tout récemment, j'ai dû inviter le maréchal Beresford à me renvoyer 50,000 dollars sur les 200,000 expédiés de Lisbonne comme subside du gouvernement portugais, afin d'entretenir les Espagnols; finalement, il m'a été impossible de leur donner la totalité de cette somme, car pour empêcher la cavalerie anglaise de périr, il a fallu lui affecter 10,000 dollars.

« Quant à l'argent de Cadix pour l'armée espagnole, il était prêt le 30 octobre, mais le navire qui devait le transporter n'est arrivé à Cadix qu'à la fin de décembre; il n'est point encore à la Coruna. *Aussi, ai-je dû mettre* 15,000 *Espagnols en cantonnements sur les derrières.*

« Conformément au désir exprimé par le gouvernement, je suis prêt sous tous les rapports, sauf celui de l'argent, à refouler l'ennemi sur la Garonne cet hiver, et je suis convaincu du grand avantage qui résulterait d'une telle opération, mais il m'est absolument impossible de marcher. Mes avant-postes sont déjà si éloignés que les transports de l'armée sont journellement absorbés par le ravitaillement des troupes; il n'y a pas un shilling en caisse pour payer quoi que ce soit que le pays puisse fournir, et notre crédit y est mort.

« Il n'est point de mon devoir de suggérer les mesures à prendre pour notre soulagement. Évidemment un grand et immédiat envoi d'argent d'Angleterre s'impose, et des mesures devraient être prises pour permettre à l'amiral commandant à Lisbonne de convoyer à Pasages, sans perte de temps, l'argent qu'on peut réaliser à Gibraltar, Cadix ou Lisbonne, à l'aide de bons sur le Trésor. »

N° XXXV.

Wellington au général Freyre.

24 décembre. (Lettre écrite en français.)

« J'avais déjà donné ordre le 22 de rappeler celui que j'avais donné le 18 à la division Morillo de *se tenir sous les armes.*

« La question entre ces messieurs et moi est s'ils pillent ou non les paysans français. J'ai écrit et j'ai fait écrire plusieurs fois au général Morillo pour lui marquer ma désapprobation sur ce sujet, mais en vain; et enfin j'ai été obligé de prendre des mesures pour m'assurer que les troupes sous mes ordres ne feraient plus de dégâts dans le pays. Je suis fâché que ces mesures soient de nature à déplaire à ces messieurs : mais je vous avoue que *la conduite qui les a rendues nécessaires est bien plus déshonorante que les mesures qui en sont la conséquence.*

« Je suis, et toute ma vie j'ai été trop accoutumé aux libelles pour ne pas les mépriser : et *si je ne les avais pas méprisés, non-seulement je ne serais pas où je suis, mais le Portugal au moins, et peut-être l'Espagne, seraient sous la domination française.*

« *J'ai perdu* 20,000 *hommes dans cette campagne, et ce n'est pas pour que le général Morillo, ni qui que ce soit, puisse venir piller les paysans français ; où je commande, je déclare hautement que je ne le permettrai pas. Si on veut piller, qu'on nomme un autre à commander, parce que moi, je déclare que si on est sous mes ordres, il ne faut pas piller.*

« *Vous avez de grandes armées en Espagne, et si on veut piller le paysan français, on n'a qu'à m'ôter le commandement et entrer en France. Je couvrirai l'Espagne contre les malheurs qui en seront le résultat ; c'est-à-dire que vos armées, quelque grandes qu'elles puissent être, ne pourront pas rester en France pendant quinze jours.*

« *Vous savez bien que vous n'avez ni argent, ni magasins, ni rien de ce qu'il vous faut pour tenir une armée en campagne, et que le pays où vous avez passé l'année dernière est incapable de vous soutenir l'année prochaine.*

« *Si j'étais assez scélérat pour permettre le pillage, vous ne pouvez pas croire que la France, toute riche qu'elle est, puisse soutenir votre armée. Pour ceux qui désirent vivre des contributions du pays, il paraît essentiel que les troupes ne soient point autorisées à piller. Mais malgré tout cela, on croirait que je suis l'ennemi, au lieu d'être le meilleur ami de l'armée, en prenant des mesures décisives pour empêcher le pillage, et que ces mesures la déshonorent !*

« *Je pourrais dire aussi quelque chose en justification de ce que j'ai fait, qui regarderait la politique ; mais j'ai assez dit, et je vous répète qu'il m'est absolument indifférent que je commande une grande ou une petite armée, mais que, grande ou petite, il faut qu'elle m'obéisse.* »

N° XXXVI.

Wellington à Bathurst.

Saint-Jean-de-Luz, 16 janvier.

« Depuis le 9 décembre où l'armée passa la Nive, Mina avait trois bataillons à Bidarray et à Saint-Etienne-de-Baygorry, observant l'ennemi à Saint-Jean-Pied-de-Port.

« Les habitants de Baygorry s'étaient signalés dans la dernière guerre par leur résistance aux Espagnols, et il se trouvait là des personnes qui, dans la guerre actuelle, manifestaient des sentiments hostiles aux Alliés. J'espérais que mes mesures les auraient amenées à rester tranquilles.

« Malheureusement, les troupes de Mina étaient à une trop grande distance de nos magasins pour que je pusse subvenir à leur consommation, et elles ont dû réquisitionner dans la région que les Français avaient déjà épuisée pendant la longue période du blocus de Pampelune Les irrégularités ordinaires en telles occasions n'ont pas manqué de suivre les réquisitions. »

N° XXXVII.

Picton au colonel Pleydel.

Hasparren, 10 février.

« Nous sommes toujours en avant-postes, toujours en vue de l'ennemi, toujours en alerte. Trois divisions françaises ne sont séparées de nous que par la petite rivière de l'Arran. Dernièrement, l'ennemi a détaché deux divisions d'infanterie et presque toute sa cavalerie dans l'intérieur, du côté de Lyon, dit-on; mais le temps est si pluvieux et les chemins sont si mauvais qu'il est impossible de tirer avantage de la situation où il se trouve. Il en profite pour faire la *levée en masse* et chercher à nous opposer toute la population; c'est un pas bien dangereux, car elle ne paraît pas du tout attachée au régime existant.

« Nous ne recevons aucun renfort, malgré les pertes que nous avons éprouvées pendant les mois de novembre et de décembre. Notre armée se trouve réduite à moins de 60,000 Anglais et Portugais. *Les Espagnols nous inspirent peu de confiance; ils sont plutôt un embarras qu'autre chose.* On a promis 20,000 hommes et nous n'avons pas encore reçu un homme Si nous ne faisons rien, la faute en sera à *eux.* »

Dans une autre lettre, datée de Saint-Jean-de-Luz et écrite dans les premiers jours de décembre, Picton exhale en ces termes sa mauvaise humeur à l'égard des Espagnols : « *Au lieu de nous aider dans nos opérations, ils ne sont qu'un poids mort et ne font que fuir et piller. Nous ferions beaucoup mieux sans ces canailles vantardes et poltronnes* (vaporous poltroon rascals), *dont la conduite irrégulière indispose chacun contre nous.* »

Bons amis, les Anglais. Oh! le document.

« On n'a pu, écrit de son côté Wellington à Bathurst le 16 janvier, persuader les habitants de Baygorry et de Bidarray de rester dans leurs maisons, et sur ces entrefaites le général Harispe, propriétaire et habitant de Baygorry, est arrivé de Catalogne avec la mission d'organiser les efforts des habitants de la contrée contre les Alliés.

« Avec l'aide des habitants de Bidarray et de Baygorry, de la division Pâris et de quelques troupes de la garnison de Saint-Jean-Pied-de-Port, Harispe a marché le 12 janvier contre la division Mina et l'a refoulée dans la vallée des Aldudes.

« Depuis, rien n'a bougé.

« Il ne me paraît pas que la position de l'ennemi à Baygorry et à Bidarray affecte en quoi que ce soit, pour le moment, les autres positions de l'armée. Il vaut mieux l'y laisser que de continuer le débat avec les paysans.

J'ai toute raison d'espérer que l'exemple des paysans de Baygorry ne sera point suivi, si les troupes se conduisent comme elles l'ont fait jusqu'ici. *Nul doute que nous ne sommes point en état d'envahir la France, si les habitants prennent les armes contre nous.*

N° XXXVIII.

Wellington à Bathurst.

Saint-Jean-de-Luz, 20 février.

Le 14, j'ai mis en mouvement la droite de l'armée. Hill a refoulé les avant-postes de l'ennemi sur la Joyeuse et attaqué sa position de Helette, d'où le général Harispe s'est retiré sur Saint-Martin-d'Arberou. Le même jour, j'ai fait porter la division Mina, du Bastan sur Baygorry et Bidarray; et comme le succès de Hill à Helette avait coupé la communication directe de l'ennemi avec Saint-Jean-Pied-de-Port, Mina a bloqué cette place.

Dans la matinée suivante, Hill a poursuivi l'ennemi qui s'était retiré sur une forte position en avant de Garris. Là Harispe fut rejoint par la division Pâris, rappelée de la marche qu'elle avait commencée pour l'intérieur de la France.

Morillo reçut l'ordre de se porter sur Saint-Palais en suivant une chaîne de hauteurs parallèle à celle sur laquelle se trouvait la position ennemie, tandis que Stewart devait l'attaquer de front. La position était remarquablement forte, mais elle fut vaillamment abordée et enlevée sans pertes considérables. Le jour était très avancé lorsque l'attaque eut lieu; elle dura après la tombée de la nuit, car l'ennemi fit des tentatives réitérées pour reprendre la position.... Nous fîmes prisonniers 10 officiers et environ 200 hommes.

La droite du centre de l'armée fit ce jour-là un mouvement correspondant à celui de la droite, et le 15 au soir nos avant-postes furent sur la Bidouze.

Dans la nuit, l'ennemi traversa cette rivière à Saint-Palais et en détruisit le pont. Hill le répara et ses troupes le franchirent le 16. Le 17, l'ennemi fut refoulé à travers le gave de Mauléon : il tenta de faire sauter le pont de Riveyrete, mais il n'eut point le temps de le détruire complètement; on découvrit un gué en amont; le 92° soutenu par une batterie à cheval le traversa, attaqua deux bataillons établis dans le village et les en chassa (1). Pendant la nuit, l'ennemi se retira derrière le gave

---

(1) Le pont de Riveyrete était défendu par un bataillon seulement de la brigade Pâris : craignant d'être tourné par le 92° anglais, ce général le fit sauter et se replia sur la division Harispe qui se dirigea sur Sauveterre. Du 18 au 24 les Alliés restèrent immobiles devant le gave d'Oloron.

d'Oloron et occupa une forte position dans le voisinage de Sauveterre où ses autres troupes le joignirent.

Le 18, nos avant-postes furent sur le gave d'Oloron, et l'on prit des mesures pour permettre à Hill de passer cette rivière à l'arrivée du pont de bateaux.

Depuis le 14, l'ennemi a considérablement affaibli ses forces à Bayonne; il a abandonné la rive droite de l'Adour au-dessus de la ville. La masse de ses forces est sur le gave, et il a conservé son pont de Peyrehorade.

Hier, j'ai quitté le corps de Hill pour mettre en mouvement la gauche de l'armée, que j'espérais trouver en mesure de franchir l'Adour au-dessous de Bayonne, opération en vue de laquelle la marine avait préparé un pont. Mais le temps est si défavorable qu'il n'est point possible de tenter le passage en ce moment; et je retourne auprès de Hill pour diriger ses opérations de ce côté, laissant à Hope le soin de franchir l'Adour dès que le temps le lui permettra.

N° XXXIX.

Combat de Sauveterre (1).

« Le général Picton donna l'alarme à l'ennemi en le menaçant d'une attaque par le pont de Sauveterre. Les Français l'occupaient en grandes forces, mais Picton résolut de gagner l'autre rive par un gué situé à quelque distance au-dessous du pont, en combinant une attaque de flanc avec une attaque de front. Une brigade et quelques compagnies légères couvertes par un détachement du 7e hussards passèrent le gave à gué.

« La rapidité du courant et la nature du lit de la rivière, qui était formé de grosses pierres rondes, rendirent l'opération difficile. L'ennemi ne fit aucune résistance et l'on supposait même qu'il ne s'attendait pas à ce mouvement. Sans soutien, les troupes qui avaient passé gagnèrent aussitôt une hauteur, à travers un chemin étroit et encaissé.

« Arrivées au sommet de la hauteur, elles prirent position derrière une haute terrasse, et la cavalerie retourna au gué. Elles furent surprises toutefois en voyant un corps ennemi considérable s'avancer à grands pas pour les chasser de leur position. Si subite fut cette attaque, qu'avant que des renforts aient pu traverser la rivière, les compagnies légères, absolument sans espoir de résister à des forces aussi écrasantes, s'efforcèrent, par une retraite rapide, de revenir de l'autre côté du gave. Mais les Français étaient sur leurs talons; et, dans le désordre de la fuite, elles furent serrées entre les parois du chemin. Leur destruction parais-

---

(1) D'après les *Mémoires de Picton*, t. II, p. 290.

sait inévitable; quelques hommes pourtant parvinrent à s'échapper et à regagner effarés le gué, dans l'espoir de rejoindre les camarades qui les attendaient de l'autre côté. Cependant, les Français les suivirent de près, tirant sur ceux qui se débattaient dans la rivière. Beaucoup furent emportés par le courant, et tous les blessés coulèrent à fond. Il était douteux qu'un seul homme pût échapper lorsqu'on entendit le son de l'artillerie du côté anglais de la rivière. Une batterie avait reçu l'ordre en toute hâte de couvrir la retraite; elle ouvrit sur l'ennemi un violent feu de mitraille dont la rapidité et la précision arrêta sa marche et permit au peu d'Anglais qui restaient de rejoindre leur corps.

« Cette affaire, bien que si malheureuse par ses résultats, eut pour effet d'alarmer les Français; ils craignirent qu'en traversant le gave en quelque autre point, les Alliés ne parvinssent à déboucher subitement sur leur position et à les obliger à battre en retraite. Le lendemain, le général Picton, ayant jeté un pont de bateaux, fit passer sa division et entra à Sauveterre. »

Suivant Lapène, les Anglais perdirent là 3 à 400 hommes pris ou emportés par le courant. Le passage fut repoussé par les deux bataillons du 119°, et il faut bien reconnaître que l'opération fut conduite en dépit du bon sens; car enfin, lorsqu'une troupe effectue un passage à gué, sans savoir si l'ennemi n'est point posté et dissimulé de l'autre côté de la rivière, le moins qu'on puisse faire est de lui assurer d'abord un point d'appui, une position de recueil. Il ne faut jamais s'aventurer et supposer que l'ennemi n'est point sur ses gardes. *L'ennemi manœuvre toujours bien*; et c'est pour l'avoir oublié que Picton sacrifia tant de malheureux.

N° XL.

Wellington à Hope.

Riveyrete, 25 février.

Hier, nous avons franchi le gave d'Oloron entre Sauveterre et Navarrenx. La nuit dernière, l'ennemi occupait encore ces localités, mais je crois qu'il évacuera Sauveterre cette nuit. Navarrenx est très fortifié. Beresford est avec les divisions Walker et Cole à Hastingues et Œyregave, dont il s'est emparé le 23. Je pousserai nos affaires sur son flanc.

Nous serons ce soir sur le gave de Pau : au dire de tout le monde, nous n'aurons aucune difficulté à le traverser.

J'espère que le beau temps qu'il a fait hier aura amené dans l'Adour la flottille du pont. Je n'ai aucune crainte que Soult tente quelque chose d'ici contre vous, car, d'après ce que j'apprends du département des Landes, il doit éviter d'y faire entrer une armée, et nous sommes si près de lui que probablement il n'en sortirait jamais (1).

Dès que nous aurons passé le gave de Pau et ouvert la route de Bayonne par le Port-de-Lanne, le quartier général nous rejoindra par cette route, ainsi que le corps de Freyre.

Je vous prie d'inviter de Lancey à chercher le meilleur point de débarquement au-dessous du pont en projet, sur la rive droite de l'Adour, puis de là une route conduisant à la rivière en amont de Bayonne, où nous rembarquerions notre matériel, etc.

Je désire aussi que les officiers du génie fassent la reconnaissance de la citadelle, en prévision de son attaque, et qu'ils commencent un bon ouvrage sur la hauteur, où les dix-huit pièces seraient mises en batterie, un autre sur la hauteur d'Anglet, pour commander le débouché du camp retranché ; il faudrait les construire de suite.

N° XLI.

Wellington à Hope.

Sauveterre, 26 février.

J'écris au général Freyre pour l'inviter à marcher: envoyez-lui ma lettre si le pont est prêt (2).

J'ai ordonné que des bateaux fussent amenés d'Urt au Port-de-Lanne, où l'on jettera un pont. Déjà la communication est ouverte avec Peyrehorade. Echelonnez des détachements de dragons à Biaudos et Biarrotte, pour l'assurer.

Vous savez comment vous devez occuper votre terrain. A mon avis, votre principal objet doit être :

Sur la rive gauche de l'Adour: les dunes et la hauteur d'Anglet;

Au centre: le château d'Arcangues et le pont d'Urdains ;

A la droite: les hauteurs de Villefranque jusqu'à la route de Saint-Jean-Pied-de-Port.

Plus tôt la citadelle sera investie, mieux cela vaudra.

Si l'Adour ne peut nous servir de port, nous transporterons notre matériel, etc., de Saint-Jean-de-Luz par le pont, au point où on le rem-

---

(1) Nous craignons de mal traduire : « I am under no apprehensions that Soult will move any thing from hence towards you, as from what I hear of the department of Landes, it is desirable to avoid to get an army into it: and we are now so near him that it is probable he would ever, get out again ».

(2) Dans cette lettre, où il lui fixe son itinéraire et lui donne des instructions, Wellington dit : « *Maintenez la discipline la plus stricte, sans quoi nous sommes perdus.* »

barquera en amont de Bayonne ; là, on fera usage de la navigation de l'Adour.

N° XLII.

Wellington à Bathurst.

Saint-Sever, 1er mars.

Le sentiment que j'avais des difficultés qui attendaient le mouvement de l'armée par sa droite à travers tant de rivières me détermina à passer l'Adour au-dessous de Bayonne, en dépit des difficultés qui s'opposaient à cette opération. *De quelque manière que je marchasse à l'ennemi, il était évident que je ne pourrais compter sur aucune communication avec les ports de l'Espagne et avec Saint-Jean-de-Luz, si ce n'est par la seule route praticable en hiver, celle de Bayonne.*

J'espérais aussi qu'un pont au-dessous de Bayonne me permettrait de me servir de l'Adour comme port.

Les mouvements de la droite de l'armée avaient pour but de détourner l'attention de l'ennemi des préparatifs faits à Saint-Jean-de-Luz et à Pasages pour le passage de l'Adour en aval de Bayonne, et de l'amener à porter ses forces vers sa gauche : ils ont réussi ; mais à mon retour, le 19, à Saint-Jean-de-Luz, je trouvai la mer si mauvaise et le temps si incertain que je pris le parti de pousser mes opérations sur la droite, bien que j'eusse à traverser encore le gave d'Oloron, le gave de Pau et l'Adour.

En conséquence, je retournai à Garris le 21, et j'ordonnai aux divisions Alten et Clinton de quitter le blocus de Bayonne ; à Freyre, de lever ses cantonnements d'Irun et de se préparer à marcher avec la gauche de l'armée. Je trouvai le pont de bateaux rassemblé à Garris, je le dirigeai le lendemain sur le gave de Mauléon, et les troupes du centre arrivèrent.

Le 24, Hill passa le gave d'Oloron à Viellenave avec les divisions Alten, Stewart et Le Cor, tandis que Clinton le franchissait entre Montfort et Laas, et que Picton faisait contre le pont de Sauveterre des démonstrations qui amenèrent l'ennemi à le faire sauter. Morillo bloqua Navarrenx. Enfin Beresford, qui depuis les 14 et 15 était resté en observation sur la Bidouze avec les divisions Cole et Walker et la brigade Vivian, attaqua le 23 les postes fortifiés de Hastingues et de Œyregave, et obligea l'ennemi à se retirer dans sa tête de pont de Peyrehorade.

Aussitôt après le passage du gave d'Oloron, Hill et Clinton marchèrent sur Orthez par la route de Sauveterre : l'ennemi évacua Sauveterre dans la nuit, se retira sur le gave de Pau et rassembla son armée le 25 près d'Orthez, après avoir détruit tous les ponts.

L'aile droite et la droite du centre se réunirent devant Orthez ; la brigade Somerset et la division Picton étaient près du pont détruit de

Berenx, et Beresford avec les divisions Cole et Walker et la brigade Vivian à la jonction des gaves de Pau et d'Oloron.

Les forces opposées à Beresford s'étant mises en mouvement le 25, il traversa le gave de Pau le lendemain matin au-dessous de son confluent avec celui d'Oloron, et marcha sur Orthez par la route de Peyrehorade, vers la droite de l'ennemi. Comme il approchait, Somerset et Picton passèrent au-dessous du pont de Berenx, et je dirigeai Alten et Clinton sur le même point. Hill occupa les hauteurs en face d'Orthez et la route de Sauveterre.

Le 27, au jour, Clinton et Alten franchirent le gave de Pau, et nous trouvâmes l'ennemi dans une forte position près d'Orthez; sa droite sur une hauteur à gauche de la route de Dax et occupant le village de Saint-Boës; sa gauche sur les hauteurs au-dessus d'Orthez et s'opposant au passage de Hill.

Le développement des hauteurs sur lesquelles l'ennemi s'était établi retirait nécessairement son centre et donnait à ses flancs une force extraordinaire.

J'ordonnai à Beresford d'attaquer et tourner la droite de l'ennemi avec les divisions Cole et Walker et la brigade Vivian, tandis que Picton suivrait la grande route de Peyrehorade et attaquerait les hauteurs sur lesquelles l'ennemi avait son centre et sa gauche, avec Clinton et la brigade Somerset. Alten garda la communication et s'établit en réserve entre les deux attaques. J'ordonnai aussi à Hill de passer le gave, d'attaquer et de tourner la gauche de l'ennemi.

Beresford emporta Saint-Boës avec la division Cole, après une résistance opiniâtre; mais le terrain était si resserré que ses troupes ne purent se déployer pour attaquer les hauteurs, quels que fussent les efforts répétés des brigades Ross et Vasconcellos, et il était impossible de tourner la droite de l'ennemi sans étendre démesurément notre ligne.

Je modifiai donc le plan; j'ordonnai à Picton et Clinton d'avancer et je poussai en avant la brigade Barnard à l'attaque de la hauteur sur laquelle l'ennemi avait établi sa droite. Cette attaque, soutenue à droite par les brigades Brisbane et Keane, et à gauche par la brigade Anson ainsi que sur la droite par l'attaque du reste des divisions Picton et Clinton, délogea l'ennemi des hauteurs et nous donna la victoire.

Pendant ce temps, Hill avait forcé le passage du gave au-dessus d'Orthez. Voyant la marche de l'action, il se porta immédiatement avec Stewart et la brigade Fane sur la route de Saint-Sever, c'est-à-dire sur la gauche de l'ennemi.

L'ennemi se retira d'abord dans un ordre admirable, saisissant tous les avantages des nombreuses et bonnes positions que le terrain lui fournissait. Cependant, les pertes qu'il subissait dans les attaques continuelles de nos troupes et le danger dont le menaçait le mouvement de Hill, accélérèrent bientôt son mouvement, et à la fin la retraite devint une fuite où les troupes furent dans la plus extrême confusion.

Stappleton Cotton a saisi l'occasion unique qui se présenta de charger avec la brigade Somerset dans le voisinage de Sault de Navailles où Hill avait chassé l'ennemi de la grande route. Le 7e hussards s'y distingua et fit beaucoup de prisonniers (1).

Nous continuâmes la poursuite jusqu'à ce qu'il fît nuit (2), et j'arrêtai l'armée dans le voisinage de Sault de Navailles. Je ne puis estimer l'étendue des pertes de l'ennemi : nous lui avons enlevé six pièces de canon et une grande quantité de prisonniers ; je n'en connais point encore le chiffre. Le terrain est couvert de ses morts. L'armée était dans la plus extrême confusion lorsque je l'ai vue passer les hauteurs près de Sault de Navailles, et beaucoup d'hommes avaient jeté leurs armes. Depuis, la désertion a été immense.

N° XLIII.

Bataille d'Orthez (3).

« A la bataille d'Orthez, Picton commandait le centre des Alliés formé de sa division, de la division Clinton et de la brigade de cavalerie Somerset. L'aile gauche, aux ordres de Beresford, commença l'attaque sur la droite de l'ennemi, au village de Saint-Boës, où la lutte fut longue et sans grands succès pour les Alliés. Le village enlevé, Beresford s'avança pour chasser l'ennemi de deux hauteurs dominantes en arrière; mais il fallait suivre une étroite langue de terre, bordée de chaque côté par un profond ravin et garnie d'artillerie. On conçoit la difficulté. Cole le tenta avec un courage digne du succès; mais le feu de l'ennemi se croisait en avant, et causa des pertes terribles... Le terrain jonché de morts présentait l'affreux spectacle d'une attaque sans espoir. Une brigade portugaise, après être restée quelque temps exposée à ce feu destructeur, recula et battit en retraite en désordre. Les Français la poursuivirent, et rien, si ce n'est le soutien opportun de quelques troupes fraîches de la division Alten, n'aurait pu empêcher sa confusion de s'étendre à cette aile de l'armée. La bataille prit alors un aspect menaçant : les Français redoublaient leur feu contre les Portugais rompus, tandis que la division Cole, paralysée et vacillante, se courbait sous l'orage.

« Il était réservé à Picton de changer l'issue de la journée. A ce moment, il reçut de Wellington l'ordre de marcher contre la partie de la ligne ennemie à la droite de son centre... Les troupes anglaises empor-

---

(1) Cela ne tient pas debout : la route passe à Sault-de-Navailles, et si Hill nous en avait coupés nous n'aurions pu effectuer notre retraite.

(2) L'arrière-garde française culbuta l'avant-garde des Alliés et arrêta la poursuite.

(3) Extrait des *Mémoires du général Picton*.

tèrent tous les points que l'ennemi chercha à défendre, avec une audacieuse intrépidité qui fut irrésistible.

« Les onze régiments de Picton s'engagèrent désespérément et chassèrent l'ennemi de chaque hauteur où il se hasarda à s'arrêter. Ce mouvement inattendu changea le front de bataille : les colonnes françaises qui s'opposaient à la marche du corps de Beresford, alarmées pour leur flanc et leurs derrières, reculèrent à leur tour, tandis que leur artillerie se retirait partiellement. Alors la division Cole se précipita sur le terrain où tant d'hommes étaient tombés, se déploya, chargea les hauteurs et poussa l'ennemi devant elle avec une perte immense. L'artillerie anglaise s'établit sur une hauteur à la droite de la division Picton, d'où elle ouvrit un feu destructeur sur la ligne entière du centre de l'ennemi. On peut dire que ce fut la conclusion de la bataille; car Soult, voyant son centre totalement déconfit et sur le point de battre en retraite, appréhenda pour ses ailes, et, par suite, abandonna le champ de bataille.

« Hill, étant parvenu à forcer le passage de la rivière au-dessus d'Orthez, marchait rapidement derrière sa gauche, menaçant de couper sa communication avec Sault de Navailles. »

N° XLIV.

Picton au colonel de Pleydel.

Cazères, 4 mars 1814.

.... « Le 26 février, vers quatre heures du matin, la division Picton a passé à gué le gave de Pau, refoulé les avant-postes ennemis et pris position à moins de 4 milles de l'armée du duc de Dalmatie, concentrée dans une forte position montagneuse en avant d'Orthez.

« Les divisions Alten, Cole, Clinton et Walker passèrent sur un pont de bateaux la nuit ou la matinée suivante. Wellington, ayant reconnu de bonne heure la position le 27 au matin, prit immédiatement ses dispositions pour l'attaque, qui *devait être faite sur le centre et les deux flancs*. Le flanc droit, qui s'appuyait au village de Saint-Boës, d'un accès difficile, devait être attaqué par la division Cole, soutenue par les divisions Alten et Walker; le centre par sept bataillons de la division Picton, et le flanc gauche par les trois bataillons restants de cette division, soutenus par la division Clinton en réserve.

« Cole emporta deux fois Saint-Boës et fut repoussé à grandes pertes; mais à l'arrivée d'Alten et de Walker, l'ennemi dut reculer et perdit deux canons. Cela leur permit de se déployer et de poursuivre leurs avantages. Pendant ce temps les trois bataillons de la division Picton, soutenus par la division Clinton, tournèrent la gauche de l'ennemi, le chassèrent d'une très forte position avancée où il avait une batterie formidable, et malgré la résistance la plus acharnée, s'établirent sur le flanc de son centre. *La position ennemie était une sorte de triangle, et les deux extrémités de la base, vigoureusement pressées, étaient impuissantes à se maintenir, lorsque les sept bataillons marchèrent contre le centre et le forcèrent à reculer.* A ce moment, il commença à battre en retraite, et il la protégea par de grandes et solides masses d'infanterie qui occupèrent successivement les points les plus avantageux. Pendant quelque temps, elle se fit en grand ordre; mais, comme le soir approchait, et comme nous pressions de plus en plus ses flancs, le désordre s'accrut graduellement, et, à la fin, les diverses colonnes, mélangées et dispersées, s'enfuirent dans toutes les directions, *comme à Vitoria* (!).

« Bientôt la nuit arriva, et nous dûmes arrêter la poursuite. Nous avons pris, je crois, huit pièces de canon et environ 1500 hommes. *L'armée française est fortement désorganisée et bien réduite par la désertion des conscrits et des gardes nationales;* aussi, je ne pense pas qu'elle se mesurera volontiers avec nous d'ici quelque temps. »

N° XLV.

Affaire des hauteurs de Saint-Étienne (27 février).

Le 16 février, on avait commencé à créneler et retrancher l'église de Saint-Étienne et les maisons avoisinantes (Genestet, Saubagné), y compris le cimetière des juifs et diverses maisons sur la route de Bordeaux. On avait fait une coupure sur les routes de Toulouse et de Bordeaux. Enfin, sur la place de Saint-Esprit, un grand tambour couvrait la barrière du pont et les deux principales rues, mais il n'était encore qu'ébauché.

« Depuis que, le 23, l'ennemi avait passé l'Adour au-dessous de Bayonne pour achever l'investissement de la place, on avait, dit le *Journal du chef de bataillon du génie Genot, de l'état-major,* déterminé au delà des ouvrages extérieurs et de Saint-Esprit, une *ligne d'avant-postes* qui couronnait tous les mamelons du contrefort, depuis l'église de Saint-Étienne jusqu'en arrière de Saint-Bernard. On avait travaillé jusqu'à ce jour à rendre cette ligne défensive, mais elle était encore loin de sa perfection, lorsque le 27, vers une heure après-midi, l'ennemi se présente avec de fortes colonnes sur tous les points de cette ligne. Les troupes qui les garnissaient étant de beaucoup inférieures en nombre, et ne pouvant trouver dans les ouvrages d'avant-postes un appui équivalent à la force des attaquants, durent se retirer sur les redoutes de la citadelle et de Saint-Esprit.

« L'ennemi fit les plus grands efforts pour enlever ces redoutes *et la ville.* On tint ferme partout. Les redoutes du Port et de Tabarès n'étaient qu'ébauchées; on s'y maintint aussi bien que dans les plus avancées. On partit même de cette dernière pour reprendre l'offensive et chasser les tirailleurs ennemis de quelques positions qu'ils occupaient en avant. » Néanmoins, l'ennemi demeura maître de notre ligne d'avant-postes, les maisons Genestet et Saubagné, l'église de Saint-Étienne, le cimetière des juifs, les maisons Amade, Monnet et Heguy. Sa gauche occupa la pointe de Hayet.

A la suite, enfin, de cette seule et modeste affaire, il était parvenu à s'établir sur l'emplacement naturel des premières parallèles, et dominait le corps de place à bonne portée d'artillerie, jusqu'à prendre de flanc et à revers les fronts d'Espagne, de Marrac et de Mousserolles.... Pour un peu, la situation de la défense était intenable, mais Hope était d'avis que « la réduction de la place serait aussi vite obtenue par un blocus que par un siège ». Il savait aussi que les classes inférieures de la population souffraient de la disette des vivres et que la classe riche l'appréhendait. (*Hope à Wellington*, 16 mars.) Bref, la citadelle ne fut point assiégée, ni la place bombardée ; les Alliés se contentèrent d'un blocus. San Sebastian leur avait coûté aussi cher qu'une bataille rangée, et ils ne pouvaient songer à rien entreprendre de semblable. La sortie du 14 avril ne fut qu'une satisfaction donnée à la défense, qu'une affaire d'amour-propre, conçue de telle sorte, pourrait-on dire, qu'elle ne pouvait avoir d'autre résultat que l'effusion du sang, que la perte d'un millier de braves.... Pauvre gouverneur, pitoyable défense.

Hope à Wellington.

Boucau, 27 février.

« Cet après-midi, en vue de permettre aux officiers du génie de reconnaître la citadelle et de s'emparer d'un terrain important, les avant-postes de l'ennemi ont été refoulés et nous sommes demeurés maîtres des hauteurs et de l'église de Saint-Étienne à notre gauche, point de la plus grand importance et, en fait, clef de tout le terrain, que l'ennemi en peu de jours aurait rendu extrêmement fort. Nous avons aussi occupé à notre droite une hauteur au-dessus de l'Adour, d'où l'ennemi aurait pu bombarder notre pont.

« La possession de ces points nous sera très utile dans nos futures opérations ; par là, notre ligne est considérablement raccourcie et la place très étroitement investie. Les troupes se sont parfaitement conduites, et bien que la résistance de l'ennemi ait été plus grande que je ne m'y attendais, j'espère que notre perte a été minime. Je suis désolé cependant de dire que le général Hinuber a été blessé.

« Le 16ᵉ dragons s'est avancé à Saint-Jean-de-Marsac, sur la route de Peyrehorade, et hier une de ses patrouilles a communiqué à Peyrehorade avec la division Walker. Le 12ᵉ dragons s'est porté à Saint-Vincent-de-Tyrosse, sur la route de Bordeaux, et hier le lieutenant-colonel Ponsonby a patrouillé à Saint-Paul, en face de Dax. L'ennemi avait un poste d'infanterie à Saint-Paul, et Ponsonby a été informé qu'il travaillait à une tête de pont à Dax. »

Major général Hinuber au major général Howard.

Devant Bayonne, 1ᵉʳ mars.

« Permettez-moi de vous rendre compte des particularités de l'attaque faite, le 27, par la brigade de ligne de la légion germanique contre la position fortifiée de l'ennemi au village de Saint-Étienne.
Cette brigade était composée de :

1ᵉʳ bataillon : lieutenant-colonel Bodaker ;
2ᵉ   —   lieutenant-colonel Beck ;
5ᵉ   —   colonel Ompteda.
(Débouchant par les chemins creux de Tarnos à Saint-Étienne.)

Le lieutenant-colonel Bodaker, avec 6 compagnies du 1ᵉʳ bataillon, chargea le village et emporta bravement le cimetière et l'église, où l'ennemi était très fortement établi et qui semblaient être la clef de la position. En même temps, les riflemen des 1ᵉʳ et 5ᵉ bataillons, conduits par les lieutenants Brandeis et Wilding, et soutenus par les compagnies Borstell et Holle du 1ᵉʳ bataillon, s'étendirent à droite vers la route de Bayonne à Dax, où l'ennemi s'était couvert d'un retranchement dans lequel il avait placé une pièce de campagne. Les maisons contiguës étaient crénelées, ce qui rendait la position très forte.

« Tout cela fut attaqué immédiatement et enlevé, avec l'aide du 2ᵉ bataillon sous les ordres du lieutenant-colonel Beck. On fit quelques prisonniers et la pièce tomba entre nos mains, mais il fut impossible de l'emmener parce qu'un feu violent partant des ouvrages avancés de la citadelle et dirigé sur elle nous en empêcha.

« Vers 5 heures du soir, une colonne considérable déboucha de la citadelle et, après avoir ouvert sur nous un feu très vif, avança au pas de charge pour reprendre la pièce. On la vit venir et aucun instant ne fut perdu. Une partie des riflemen et le 5ᵉ bataillon, sous le commandement du colonel Ompteda, chargèrent la colonne ennemie et parvinrent à la refouler, soutenus à droite par les riflemen des 1ᵉʳ et 5ᵉ bataillons et une compagnie du 2ᵉ bataillon, commandés par le capitaine Winkstern.

« Une demi-heure plus tard, cependant, l'ennemi s'étant rallié se reporta en avant. Il fut de nouveau chargé et rompu. Ayant été poursuivi plus loin que la première fois, la pièce fut, dans l'intervalle, conduite en arrière et emmenée.

« L'objet du combat étant en notre possession, le feu de l'ennemi diminua, et les Français se retirèrent dans leurs formidables retranchements. A la tombée de la nuit, le feu cessa des deux côtés.

« Les bataillons de la brigade se sont conduits avec la plus grande bravoure et persévérance, les officiers donnant l'exemple le plus louable. Aussi, les pertes sont elles considérables. »

Elles nous sont inconnues ; les Alliés nous abandonnèrent 200 prisonniers. De notre côté, nous eûmes 3 officiers tués, dont le capitaine Roques, aide de camp du général Maucomble, 5 blessés, dont 2 prisonniers ; 51 hommes tués, 169 blessés et 25 prisonniers ; au total : 8 officiers et 245 hommes. La garnison de la citadelle, c'est-à-dire les 5e léger (1), 82e de ligne (1), 119e de ligne (2), et 70e de ligne (1), fut seule engagée.

N° XLVI et dernier.

Pertes des armées du 25 juillet 1813 au 27 février 1814.

Les archives de la guerre n'étant classées que pour leur millième partie peut-être, et, par suite, les recherches étant forcément livrées au hasard, nous n'avons trouvé aucun renseignement en ce qui concerne les pertes subies par notre armée à la sanglante journée du San Marcial et de Vera, à la défense des gaves, à Orthez, enfin. Rien ne s'enfle plus aisément que les chiffres des pertes, et jusqu'à ceux fournis, avant relevé certifiable, par les généraux sont grossis. Napoléon écrivait à Fouché, en 1807, au sujet cette exagération ordinaire : « Il faut se figurer que l'on ne sait pas plus ce qui se fait dans une armée que ceux qui se promènent dans le jardin des Tuileries ne savent ce qui se passe dans le cabinet. Qu'est-ce que 2,000 tués pour une grande bataille... »

Les seuls chiffres authentiques que nous puissions donner sont les suivants : autant de guillemets, autant de points d'interrogation.

	OFFICIERS.				TROUPE.		
	Tués.	Blessés.	Prisonniers.	Totaux.	Tués ou blessés.	Prisonniers.	Totaux.
Armée française.							
Sorauren (25 juillet-2 août)	101	277	»	»	10,448	3,200	13,648
Bidassoa (7 octobre)	14	43	22	79	998	576	1,574
Nivelle (10 novembre)	40	107	27	174	2,865	1,231	4,096
Bataille de Bayonne	38	222	11	271	5,095	555	5,650
Blocus de Bayonne (23-27 fév.)	3	7	2	12	303	27	330
Sortie du 14 avril	7	49	2	58	844	10	854
Armée anglo-portugaise							
Sorauren (25 juillet-2 août)	43	331	17	391	6,017	688	6,705
San Marcial-Vera	29	159	5	193	2,309	151	2,460[1]
Bidassoa (7 octobre)	4	40	»	44	530	5	535
Nivelle (10 novembre)	26	455	3	484	2,440	70	2,510
Bataille de Bayonne	32	233	17	282	4,292	473	4,765
Siège de San Sebastian	70	234	6	340	4,597	459	4,756[2]
Sortie du 14 avril	8	36	6	50	563	230	843
Du 14 au 17 février	1	22	»	23	167	42	209
Bataille d'Orthez	18	134	1	153	2,048	69	2,117

[1] Dont 1579 Espagnols.
[2] Dont 135 officiers et 1564 soldats espagnols.

En dehors de celles qu'ils éprouvèrent au San-Marcial et à San Sebastian, les pertes des Espagnols sont inconnues. Elles furent *énormes*, et l'on peut augmenter d'un tiers les chiffres donnés pour Sorauren, et doubler ceux qui se rapportent au passage de la Bidassoa et à la bataille des lignes de la Nivelle.

Nous estimons que, du 25 juillet 1813 au 27 février 1814, l'armée française perdit plus de 1200 officiers... *d'infanterie*. Dans cet intervalle, 4 généraux sont tués et 12 blessés, dont 6 si grièvement qu'ils sont admis à la réforme.

Alors que les Anglais entretiennent dans leurs « Cemeteries » des environs de Bayonne la mémoire de leurs morts, de notre côté, *rien*; aucune plaque commémorative, pas même le nom d'une place ou d'une rue ne rappellent à l'étranger, à l'habitant l'immortelle défense du maréchal Soult, des vétérans des armées d'Espagne et des conscrits de 1813.. Or à qui, si ce n'est à eux, Bayonne doit-il de porter encore sa fière devise : « *Nunquam polluta* » ?

Sur la tombe du lieutenant-colonel Lloyd, tué le 11 décembre au passage de la Nive, dans l'église de Bidard, est gravée cette phrase : « Lecteur, à quelque nation que tu appartiennes, réfléchis en contemplant ce tribut de l'affection conjugale que *l'amour de la patrie, l'honneur et le respect des hommes méritants et valeureux sont naturels dans tous les pays.* » Noble exemple à imiter.

THÉÂTRE DES OPÉRATIONS DU MAR

Echelle de $3\frac{1}{20.00}$

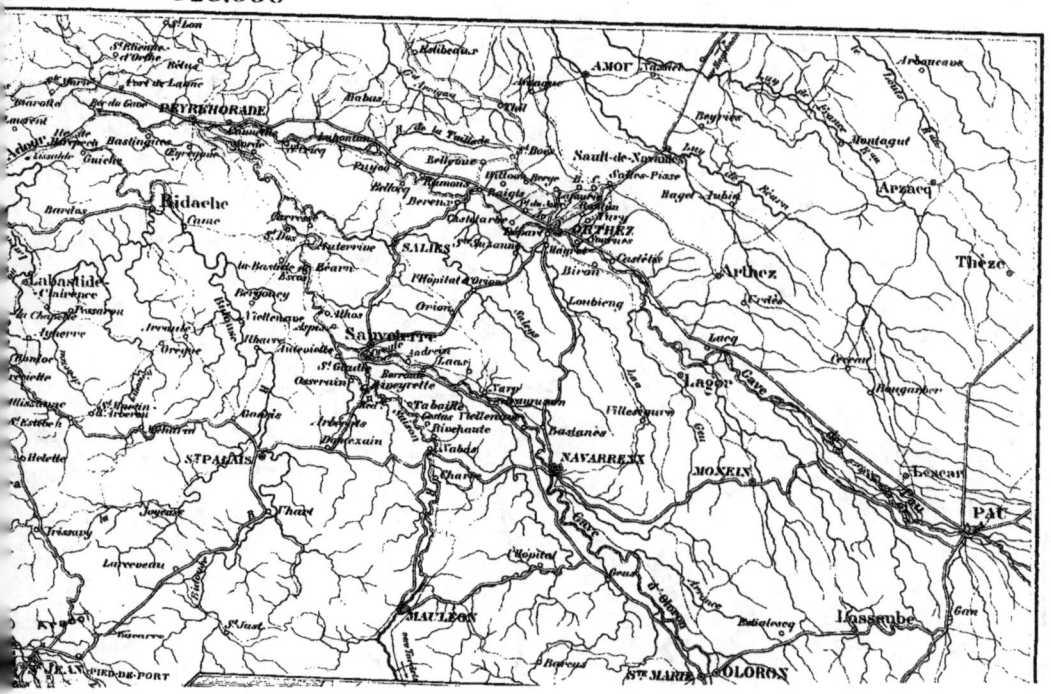

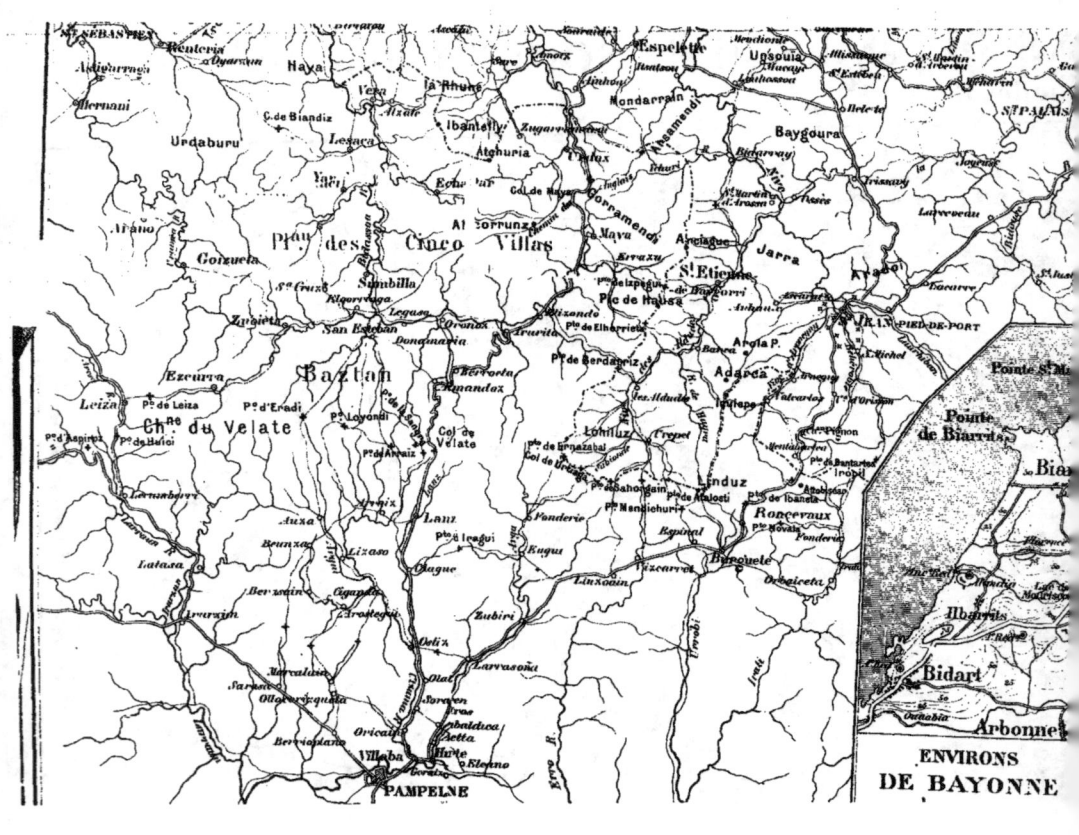

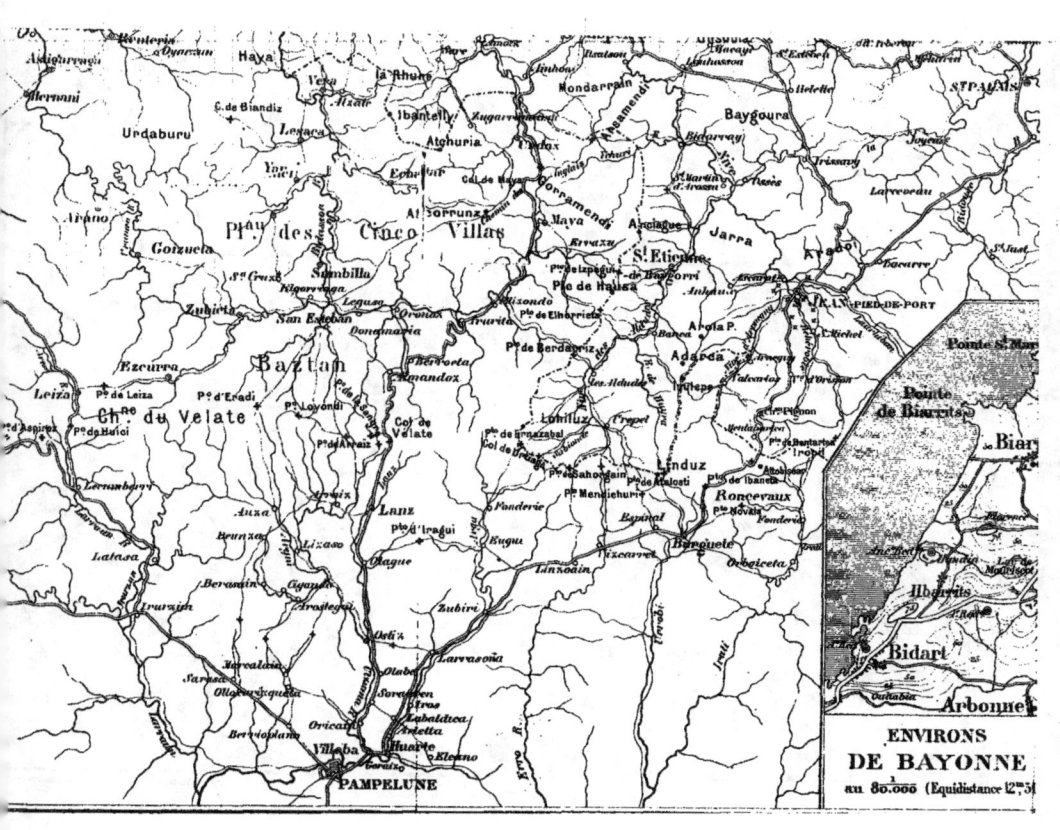

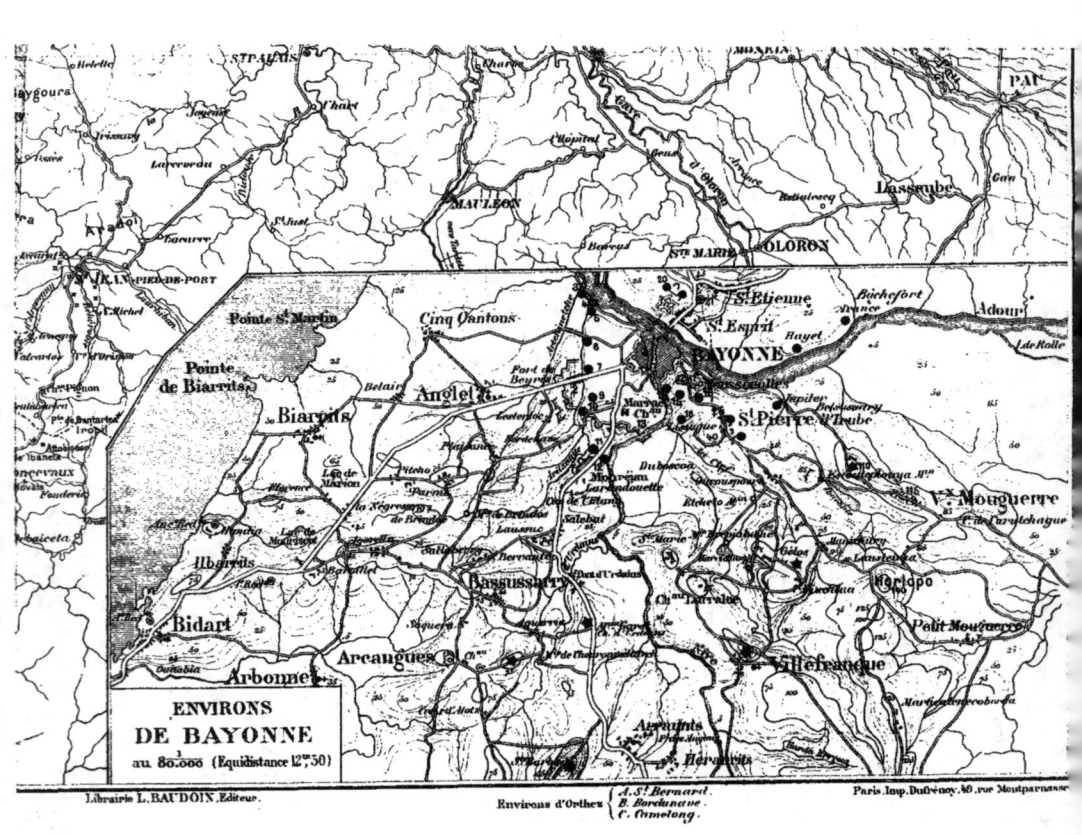

TABLE DES MATIÈRES

Iʳᵉ PARTIE

Retraite de Vitoria. — Réorganisation de l'armée.

			Pages.
Chap. Iᵉʳ.	—	Retraite de Vitoria (21 juin au 1ᵉʳ juillet)...	1
— II.	—	Soult réorganise l'armée....................	14
— III.	—	Situation des armées alliées................	27

IIᵉ PARTIE

Sorauren. — Vera et le San Marcial.

Chap. IV.	—	Esquisse du théâtre de la guerre..........	37
— V.	—	Désastre de Sorauren et de Sumbilla (25 juillet au 2 août).........................	45
— VI.	—	Bataille de Vera et du San Marcial (31 août).	67

IIIᵉ PARTIE

Défense de la Bidassoa.

Chap. VII.	—	Mesures de défense.....................	81
— VIII.	—	Structure de la région du Mondarrain à Hendaye................................	90
— IX.	—	Combat de la Croix-des-Bouquets (7 octobre).	96
— X.	—	Combats de la Rhune, d'Ainhoa et de Sainte-Barbe (7 à 13 octobre).................	108
— XI.	—	Inquiétudes du maréchal.................	121

IVᵉ PARTIE

Défense de la Nivelle.

Chap. XII.	—	Organisation des lignes de la Nivelle.......	129
— XIII.	—	Description des lignes....................	135
— XIV.	—	Trouée de Sare...........................	142

TABLE DES MATIÈRES.

			Pages.
Chap. XV.	—	Bataille de Sare (10 novembre)............	147
— XVI.	—	Combats d'Ainhoa et du Gorospila (10 nov.).	169
— XVII.	—	Causes de la défaite de la Nivelle. — Rapport du colonel Michaux....................	177

Vᵉ PARTIE

L'armée devant Bayonne.

Chap. XVIII.	—	Retraite sur Bayonne. — Soult échappe à un nouveau désastre................	181
— XIX.	—	Bayonne, la Nive et l'Ursuya.............	191
— XX.	—	Camp retranché de Bayonne.............	199
— XXI.	—	Situation des armées devant Bayonne......	211

VIᵉ PARTIE

Bataille de Bayonne.

Chap. XXII.	—	Passage de la Nive (9 décembre)..........	229
— XXIII.	—	Combats d'Arcangues et du Barroillet (10 décembre)...........................	240
— XXIV.	—	Journées des 11 et 12 décembre..........	256
— XXV.	—	Bataille de Saint-Pierre-d'Irube (13 déc.)....	264
— XXVI.	—	Conclusions......	279

VIIᵉ PARTIE

Défense des gaves. — Bataille d'Orthez. Passage de l'Adour.

Chap. XXVII.	—	Protection de l'Adour...................	289
— XXVIII.	—	Machination de Valençay. — Départ de trois divisions............................	309
— XXIX.	—	Le duc d'Angoulême....................	318
— XXX.	—	Défense des gaves.....................	326
— XXXI.	—	Bataille d'Orthez (27 février).............	345
— XXXII.	—	Passage de l'Adour (du 23 au 25 février)....	360

Pièces additionnelles... 393

Paris. — Imprimerie L. Baudois, 2, rue Christine.

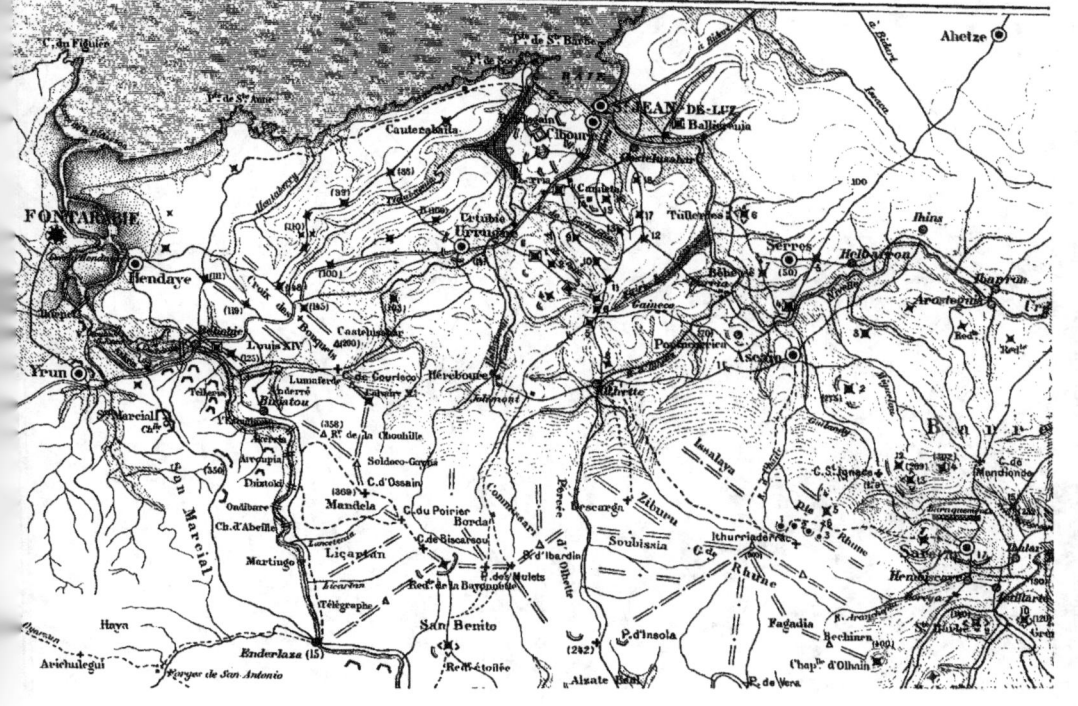

ES LIGNES DE LA NIVELLE
Echelle de 1/80.000

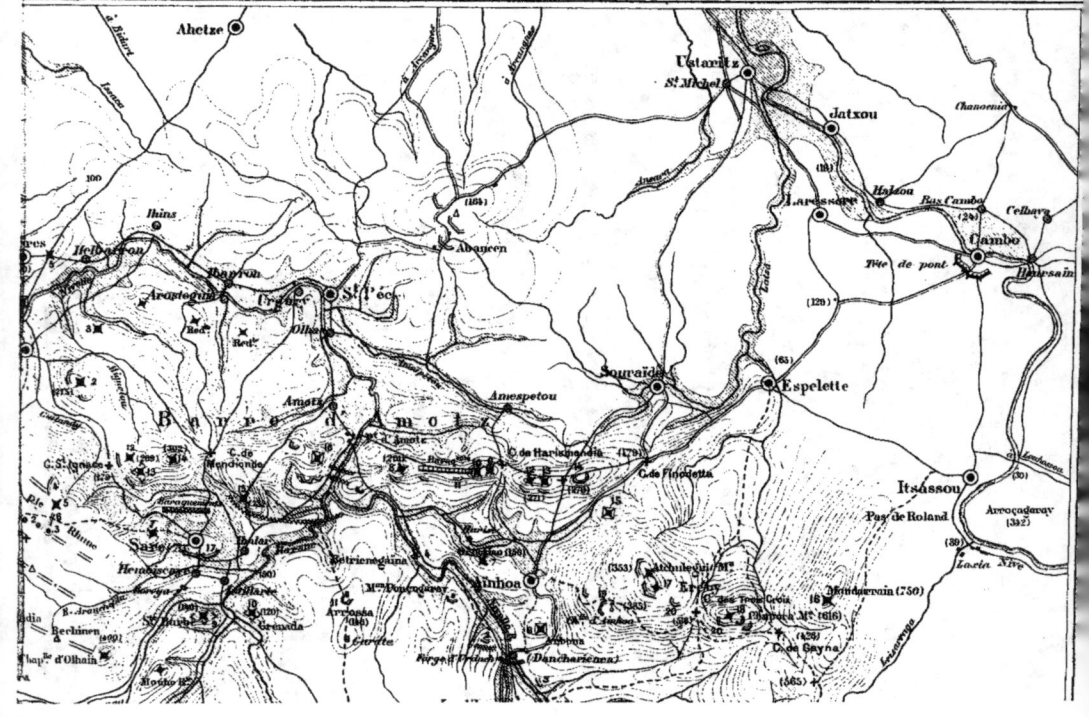

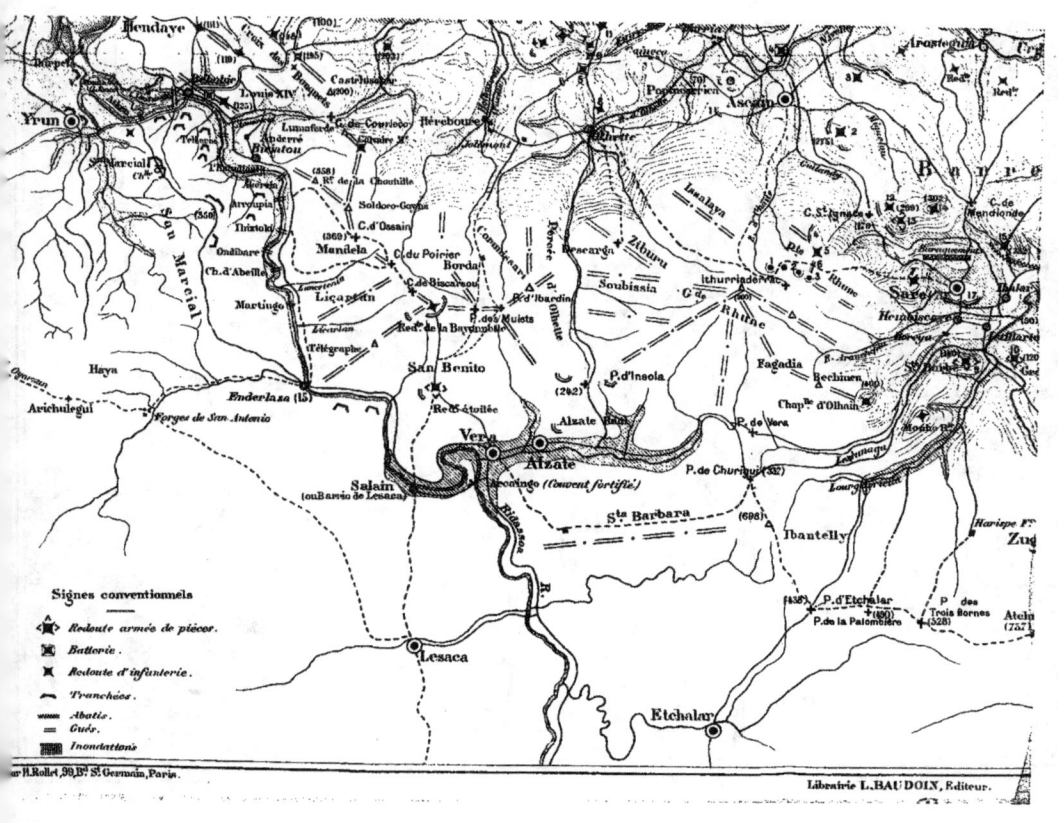

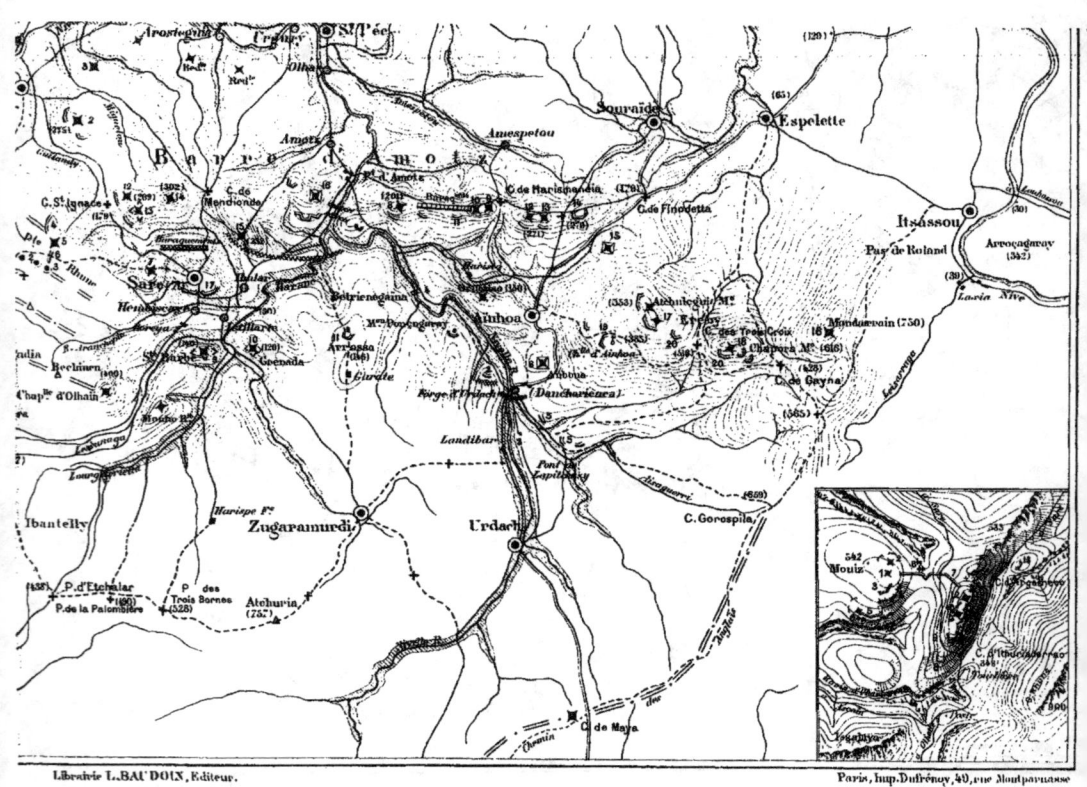

www.ingramcontent.com/pod-product-compliance
Lightning Source LLC
Chambersburg PA
CBHW051619230426
43669CB00013B/2104